河村哲二 編
Tetsuji Kawamura

グローバル金融危機の衝撃と新興経済の変貌

中国、インド、ブラジル、メキシコ、東南アジア

The Impact of
the Global Financial Crisis
and the Transformation of
Emerging Economies

ナカニシヤ出版

は　し　が　き

　本書は、文部科学省科学研究費補助金基盤研究(A)「海外学術調査」（課題番号 21252004、2009-12 年度「金融危機の衝撃による経済グローバル化の変容と転換の研究——米国・新興経済を中心に」、研究代表者法政大学経済学部教授　河村哲二）によって、4 年間にわたって実施した幅広い現地実態調査を中心とする共同研究プロジェクトの研究成果に、その後の各種研究成果を加えてまとめたものである。2008 年秋のリーマン・ブラザーズの破綻（世にいう「リーマン・ショック」）前後から急速に深刻化したグローバル金融危機・経済危機の衝撃による世界経済の大きな構造転換を、「グローバル成長連関」とその危機という視点から、とりわけこの間の著しい経済発展を通じて、グローバルな「パワーシフト」の焦点として注目を集めてきた新興経済の変貌を中心として、現地実態調査による豊富な具体的事例に基づいて解明したものである。とくに本書全体を通じて大きな焦点となっているのは、次の 2 点である。

　第一に、新興経済全体の経済発展のフレームワークの転換の問題である。第二に、成長を続けてきた新興経済地域全体に、中長期的にみて、経済成長・開発戦略の転換と多様化の趨勢が現れていることである。

　グローバル金融危機・経済危機は、経済グローバル化の進展によって出現した「グローバル成長連関」そのものの危機であった。今般のグローバル金融危機・経済危機は、一般には、金融グローバル化と金融部門の投機的膨張（「ファイナンシャライゼーション」）の趨勢のなかで、制度不備を含む「証券化メカニズム」を中心として発展した金融バブルが、サブプライム危機と住宅バブル崩壊をきっかけに大きく破綻したことによるものとして、すぐれて金融的現象として論じられている。しかし実際には、そうした表層的なとらえ方を超えて、この間の経済グローバル化——企業・金融・情報グローバル化と政府機能の新自由主義的転換を主要経路とする——を通じて出現した

i

「グローバル成長連関」が、その金融メカニズムの不備を通じてグローバルな危機に陥ったものである。そのため、「100年に一度」「世界大恐慌以来最悪」といわれるほど深刻な事態となったものである。

　本書の大きな分析のフレームワークとなっている「グローバル成長連関」とは、「グローバル・シティ」機能と基軸通貨ドルを擁するアメリカを中心とした世界的な資金循環構造（「新帝国循環」）が、グローバル金融センターニューヨークの金融ファシリティを結節点と拡大の「エンジン」として結合した、グローバルな規模の新たな経済成長のフレームワークとして、アメリカをはじめとする先進国経済のみならず、とりわけ BRICS や「成長するアジア」などの新興経済地域の著しい経済成長をもたらしたグローバルな枠組みとして作用してきたものであった。しかし、2007年春から進行したサブプライム危機に端を発するアメリカ発のグローバル金融危機の「第一幕」は、異例の規模の財政支出・主要中央銀行の「非伝統的」手法による異例の金融緩和によって、「グローバル成長連関」の崩壊はかろうじて食い止められ、全体的金融システムの崩壊と経済破綻は回避されたが、2010年からは主要国の財政危機、とりわけ EU の「ソブリン危機」・ユーロゾーン危機に発展し、危機の「第二幕」が進んだ。主要国の政府機能による大規模な財政発動・非伝統的金融緩和阻止・危機対策、さらには金融等各種政府規制を通じて、この間の「市場主義」・「新自由主義政策」を含め、中長期的にみても、経済グローバル化そのものが大きな転機を迎えているのである。

　そうしたグローバル金融危機・経済危機の衝撃は，中長期的にみて極めて大きいものである。とりわけ経済成長・経済発展のグローバルな規模のフレームであった「グローバル成長連関」そのものが深刻な危機に見舞われ、大きく機能不全に陥ったことによって、新興経済地域全体が大きな変貌を迫られている。むろん、金融危機・経済危機後も、アメリカ、ヨーロッパ、日本等の先進地域の経済回復の遅滞と新興経済地域の経済発展を通じて、グローバル経済の「パワーシフト」の趨勢は引き続きみられる。しかし、一方では、中国、インド、ブラジル、メキシコ等の「地域大国」が内需中心の経済成長へのシフトを指向し、内需連関を形成する方向に動いている。これに対し、

はしがき

単独では内需連関を形成するには限界のある ASEAN、韓国など東南アジア周辺諸国、中南米の周辺諸国では、地域経済統合をさらに指向する動きが強まっている。アメリカ、ヨーロッパ、日本等の先進諸国および「地域大国」も、内需連関へのシフトが簡単には進まないことに対応して、むしろ、FTA、EPA など個別的 TPP 等のより包括的な統合フレームワークを通じて、よりリージョナルな経済統合へのアクセスを強化する趨勢がみられる――中国の「一帯一路」はその典型例である。むろん、各国・各地域は、それぞれ内発的諸条件を異にし、実に多様で複雑な動きをみせている。また、主要グローバル企業も、そうした情勢に対応して、それぞれ多様な企業戦略を展開し、非常に複雑な動きをみせている。

　本書は、グローバル金融危機・経済危機の衝撃によるこうした世界経済的な構造転換の主な趨勢について、アメリカを軸とする「グローバル成長連関」の変容の問題を大きな分析のフレームワークとして、アメリカおよび新興経済地域、とりわけこの間の世界的な経済の「パワーシフト」の焦点となってきた中国をはじめ、ブラジル・中南米、インド、東南アジアの主要国・地域の経済発展モデルの転換や産業実態の変容を、現地実態調査に基づく豊富な具体的事例を活用して解明し、グローバル金融危機・経済危機後のグローバル経済の構造的な変容を明らかにすることを目指している。

　本書の基礎となった現地実態調査は、調査対象とした各国・各地域の企業関係者の方々、政策当局者、現地の研究協力者など、実に多数の方々のご協力とご助力をいただいてはじめて実現できたものである。ここですべてのお名前をあげることはできないが、この場を借りて深く感謝申し上げたい。また、出版事情が厳しさを増すなか、本書の出版をこころよく引き受けいただいたナカニシヤ出版と、煩瑣な編集の労を執っていただいた同社編集部酒井敏行氏には、深く御礼を申し上げたい。

2018 年 7 月 1 日

編者　河村哲二

＊文部科学省科学研究費補助金基盤研究(A)「海外学術調査」によって実施した現地実態調査の概要は以下の通りである。

① 2009 年度　アメリカ、メキシコ、韓国（8月23日～9月23日）
　金融危機の最大の震源地であるアメリカにおいて金融危機・サブプライム問題の重点的な実態の調査と、2010 年度以降のアジア・中国地域、中南米地域等に関する基本点を確認する目的で、メキシコ（国境地帯）および韓国において、12 名が参加して次の4点を中心に実施。1）アメリカ合衆国・カリフォルニア州（シリコンバレー・サンフランシスコ地域、ロサンゼルス地域）で、金融およびサブプライム問題の実態およびグローバル・シティ状況の実状調査。2）グローバル金融センター・ニューヨーク市にてアメリカおよびグローバルな金融状況とグローバル・シティ状況の実態を調査。3）メキシコ：カリフォルニア調査と関係させて、ティファナ市において旧マキラドーラ地区における日系企業および産業政策的転換の実態を調査。4）韓国：釜山・ソウル地域を中心に、グローバル・シティ状況とグローバル金融危機・経済危機の影響を焦点として調査。

② 2010 年度　東南アジア（ベトナム、タイ、マレーシア、シンガポール）およびインド（8月22日～9月22日）
　1997 年のアジア通貨金融危機を経て、とりわけ今回のグローバル金融危機・経済危機のインパクトのもとで、経済統合・相互連携関係を強めつつある東南アジアおよび経済成長を加速しているインドを対象に、14 名が参加して主に次の3点を中心に実施。
　1）東西（ホーチミン－バンコク／シンガポール－チェンナイ-デリー）およびアセアン南北（バンコク－シンガポール-ジャカルタ）回廊を軸とする「産業発展コリドー」に沿って、自動車産業、電機産業を中心に日系・欧米系・現地系主要企業の工場・事業拠点の操業と経営実態、サプライチェーンの実態調査。2）各主要都市のグローバル・シティ的都市機能の発展と相互連携、およびインフラ整備の状況などの実態調査。3）各種政府機関（JETRO、アジア経済研究所、インド商工省、外務省など）にて、経済統合戦略や開発・工業化戦略に関する、政府機能・政策面の解明のための聴き取り調査。以上と関連し、調査地域各地の研究連携拠点（ホーチミン経済大、チュラロンコン大、シンガポール国立大、インド・RIS、タタ研究院等）と研究会を開催し、情報交換・研究交流を実施。

③ 2011 年度　中国の現地実態調査（2011 年8月22日～9月23日）
　世界経済的な新興経済の「パワーシフト」の最大の焦点である中国について、グローバル金融危機・経済危機のインパクトと、中国経済発展構造の転換を焦点に、沿海部～内陸部をカバーする包括的な現地実態調査を実施。中国は、経済グローバル化のなかで「改革開放」政策のもと、外資依存の輸出指向工業化戦略を軸に沿海部を中心に著しい工業発展と経済成長を達成し、かつての社会主義計画経済から市場経済化を実現してきた中国が、グローバル金融危機・経済危機のインパクトのもとで急速な工業化・経済発展と改革による各種の諸問題に直面し、経済発展モデルの大きな転換を迫られている。こうした視点から、内陸部（西安・成都とその周辺地区）および沿海部で、工業化・経済発展の最先進地域である華南・珠江デルタ地域（広州、東莞、深圳、仏山、珠海等）、および長江デルタ

はしがき

（上海、蘇州、杭州、寧波とその周辺地域）、首都北京を対象に、14名が参加して、次の2点を中心に調査した。

　1）内需主導型成長モデルへの転嫁の模索の事態調査。中国は、グローバル金融危機・経済危機の第一幕（リーマン・ショック前後）、第二幕（ヨーロッパ・ソブリン危機）によるインパクトによって、それまでのとりわけ1990年代以降のアメリカを軸とする「グローバル成長連関」と連動した外資依存の輸出主導型成長戦略とそれに主導された沿海部中心の「世界の工場」としての成長モデルから、国民経済的によりバランスのとれた内需連関型の成長モデルへの転換と移行という課題に直面している。しかも、それは、近い将来に見込まれる少子高齢化・人口減を見据えた中期的な課題としても追求する必要に迫られている。こうした中国経済が直面する課題は、中国中央政府による第12次5カ年計画（2011～15年）で、すでに基本が打ち出されている。とくに、今回の調査では、第12次5カ年計画において、中国全土の21城市（都市）地区を指定し、それぞれ高新技術開発区（ハイテク・リサーチパーク）・経済開発区等の「経済特区」をリード役にして推進するとともに、高速鉄道・高速道路網等で連結し、「グローバル・シティ」的都市機能の発展（グローバル企業・中国現地企業の本社機能、ビジネスサービス・金融、研究開発、IT・バイオ・新エネルギー等のハイテク産業集積、住居・環境配慮型都市環境整備等の一体的開発）と、その相互連携を内需連関の軸とする構想と具体的措置が打ち出され、推進されている点を中心に実態調査。

　2）中国政府の国民経済的な経済発展の内需型への転換戦略のもとで、従来の沿海部中心の輸出主導型の工業集積への影響と転換の現状を、自動車、電機、金型・金属加工・部品産業について、日系・欧米の外資系企業および中国現地企業について、事業・経営・立地戦略の変容、操業・生産システム・労務管理などの変化の実態を、日本の大震災津波・原発危機にさらにタイ洪水問題が加わったサプライチェーン問題の影響を含めて、重点的に調査。

④ 2012年度　南米（ブラジル、チリ、アルゼンチン）（2012年8月22日～9月23日）。

　グローバル金融危機・経済危機のインパクトのもとで、輸出志向工業化戦略から国内・内需連関志向への転換と、先進諸国から新興経済地域への「パワーシフト」という上記実態調査研究を通じて明らかになった主要な変容圧力のなかで、地域大国（中国、インド、ブラジル等）と周辺諸国（地域大国以外の各地域の諸国）の地域統合といった戦略的対応の違いまた相互関連の問題を南米において解明することを焦点とし、同時に、各主要都市におけるグローバル・シティ的状況や歴使・文化的状況、通貨・金融問題などを中心に、ブラジル（サンパウロ、マナウス、リオデジャネイロ、およびその周辺地域）、チリ（サンチャゴ、バルパライソ、およびその周辺地域）、アルゼンチン（ブエノスアイレスおよびその周辺地域）、ウルグアイ（モンテビデオ）において、15名が参加して、実態調査。また、現地日系人業界団体や、国連などの政策当事者への聞き取り調査と、現地研究者とのセミナーなどを通じ、情報交換を行った。

v

目　　次

はしがき　i

第Ⅰ部　グローバル金融危機と新興経済の経済発展フレームワークの変貌

第 1 章　「グローバル成長連関」の危機とアメリカ経済 ——————— 3
———［新興経済］の経済発展のグローバルフレームワークの転換

河村哲二

はじめに ——「グローバリゼーションの時代」とその危機　3

1．「グローバル成長連関」の出現とアメリカ経済　7

2．金融危機・経済危機とグローバルな経済フレームワークの転換　13

おわりに　22

第 2 章　産業立地のグローバル化と集積間ネットワーク ——————— 30
———日系電機・電子企業のイノベーションへの課題

近藤章夫

はじめに　30

1．多国籍企業の立地論と現代的意義　32

2．グローバル化時代の研究開発とイノベーション　37

3．立地とイノベーションからみた日系電機・電子企業の課題　43

おわりに　47

第 3 章　工業機能の集積による国家的都市システムの空間構造の変容 — 55
———韓国の事例から

朴　倧玄

はじめに　55

1．2000年の工業機能の集積から見た都市の空間的分布パターンと
人口規模　*59*

2．2011年の工業機能の集積から見た都市の空間的分布パターンと
人口規模　*66*

3．工業機能に特化した都市の変容　*73*

おわりに　*77*

第Ⅱ部　中国経済の発展フレームワークの変貌と転換

第4章　グローバル金融危機と中国経済の構造的脆弱性 ——— *83*

王　京濱

はじめに　*83*

1．世界金融危機前後における実体経済と金融構造の変化　*86*

2．地方財源不足下での4兆元積極投資　*98*

3．不動産ブームと経済構造の脆弱性　*105*

おわりに　*120*

第5章　中国における発展モデルの転換と課題 ——— *124*

李　捷生

はじめに　*124*

1．従来型発展モデルの再考　*125*

2．雇用・分配制度の改革　*133*

3．地域開発方式の変容　*138*

おわりに　*148*

第6章　中国の株式所有構造と企業効率についての再検討 ——— *154*
　　——上場企業381社の検証

王　東明

はじめに　*154*

1．所有構造の変化　*159*

2．上場企業の株式所有と企業効率　　*163*

　　3．上場企業 381 社の実証分析　　*168*

　おわりに　　*177*

第 7 章　日中合弁企業のペア・マネジメント ———————— *184*
　　　　　　——海信日立の事例を中心に

範　　大鵬・時　　晨生・郝　　燕書

　はじめに　　*184*

　　1．合弁企業の概要　　*185*

　　2．海信日立の運営管理の特色　　*193*

　　3．多国籍企業論と海信日立の事例　　*199*

　おわりに　　*208*

第Ⅲ部　インド、メキシコ・ブラジル、東南アジアの経済成長戦略の変貌と転換

第 8 章　東南アジアにおける産業編成の転換 ———————— *213*
　　　　　　——自動車産業を中心に

折橋伸哉

　　1．日本の自動車メーカーにとっての ASEAN　　*213*

　　2．日本自動車メーカーの ASEAN 事業のあゆみ　　*214*

　　3．近年の変化——インドネシアの台頭を中心に　　*224*

　おわりに　　*231*

第 9 章　金型産業にみるアジアの GVC の変化 ———————— *236*
　　　　　　——日本依存から多極化への転換と韓国・中国の台頭

馬場敏幸

　はじめに　　*236*

　　1．金型産業とは？　　*237*

　　2．インド、タイ、中国、韓国の金型産業

目　次

　　　── グローバル需給構造と国際競争力　239

　おわりに　262

第10章　NAFTA 体制下におけるメキシコ自動車産業の発展過程とその課題 ── 266

芹田浩司

　はじめに ── 本章の目的・構成　266

　1．ラテンアメリカ諸国における開発モデルの変遷および理論的
　　　枠組みの検討　269

　2．メキシコにおける開発モデルの転換：NAFTA 体制確立の背景　273

　3．NAFTA 体制におけるメキシコ自動車産業の成長パターンと
　　　発展上の課題　275

　4．SI 育成の重要性およびその理論的根拠　282

　おわりに　284

第11章　世界金融危機後の中国企業のグローバル化 ── 290
　　　── ブラジルへ進出する中国自動車企業を中心に

苑　志佳

　はじめに　290

　1．リーマン・ショック前後における中南米・ブラジルと中国との経
　　　済関係の変化　292

　2．中国自動車企業の対ブラジル直接投資の背景と要因　296

　3．中国自動車メーカーのブラジル進出戦略の検証 ── 奇瑞汽車、江淮
　　　汽車、長安汽車 3 社を中心に　308

　おわりに　ブラジルに進出した中国企業が提示した
　　　　　　インプリケーション ──「後発国型多国籍企業」　314

第12章　2000 年代のインドにおける新たな機会と新たな回帰 ── 322

加藤眞理子

　はじめに　322

ix

1．インドにおける流動性　*325*

2．「雇用なき成長」と女性の経済的価値　*329*

3．貧困層への効果　*340*

おわりに　課題と展望　*342*

索　　引　*349*

第Ⅰ部

グローバル金融危機と新興経済の 経済発展フレームワークの変貌

第 *1* 章

「グローバル成長連関」の危機とアメリカ経済

──［新興経済］の経済発展のグローバルフレームワークの転換

河村哲二

はじめに──「グローバリゼーションの時代」とその危機

　この間、20~30 年間にわたって、世界経済のグローバル化が大きく進展してきた。「グローバル化」（Globalization）は、さまざまな捉え方があるが、もっとも一般的にいえば、企業、金融、情報、その他、経済・社会・政治のあらゆる活動がますます国境を越えて広がり、一国・一地域の事象が国境を越えて互いに影響しあう関係が、飛躍的に高まってきている現象である（Sassen［1996］, Steger［2004］など）。戦後の世界経済は、1970 年代を境に大きく変容した。1960 年代末から 70 年代初めの世界的インフレーションの高進、固定為替相場制による戦後 IMF ＝ドル体制の崩壊と変動相場制への移行、1974~75 年の「戦後最大の不況」とそれに続くスタグフレーションなど、1970 年代半ばを境にして、先進諸国を中心とした戦後の「持続的成長」の時代が終わり、戦後世界経済は大きな転換期を迎えた。その後の世界経済でとくに目立った現象が、グローバリゼーションであった。その影響は、各国・各地域の政治・経済・社会関係、さらに思想・文化や学問潮流にも幅広くおよび、世界的な経済社会の大きな変容をもたらしてきた。そのダイナミズムの中心を占めたのは、経済グローバル化であった。

　企業活動や金融取引が国境を越えて（クロスボーダー）グローバルに広がり、市場主義が拡大し、各国・各地域の内部の周辺領域にも市場関係の浸透度が高まった。インターネットに代表される情報化・IT 化が顕著に発展し、情報のグローバル化も大きく進んだ。そうした動向を基本動因として、政府

機能も、戦後経済が大きな特徴としていたケインズ主義に代表される「管理型」政府機能から、規制撤廃・自由化・市場主義を特徴とする新自由主義へと政策の軸が大きく転換し、そうした企業・金融・情報のグローバル化を大きく促進してきた。

こうした経済グローバル化は、実に幅広い影響を世界経済に与えてきた。各国・各地域の内部（ナショナル、サブ・ナショナルなレベル）に目を向ければ、①企業システムや経営組織、会計制度、金融制度・金融市場、さらには労使関係・労働市場など経済の中心部分、②財政・税制、「福祉国家」・社会保障制度、経済開発戦略や産業政策などの政策・政府機能の面、③消費行動やライフスタイル、地域経済全般、ローカルコミュニティや社会関係全般など、実に幅広い分野でグローバル化の影響を見て取れる。さらに思想、文学、芸術などの文化的側面にもその影響が現れている。

そうした各国・各地域の内部的な変容と相互促進的に、グローバルなレベルでは、IMF、WTO など国際機関や地域経済統合（FTA や EPA を含む）その他の国際協定の複雑な動向とも連動しながら、世界的に産業集積・国際分業関係の変化が加速し、国際的な資金循環の構造を変容させた。その結果、国際通貨・金融システムにもさまざまな転換が生じた。また、そうした動向に対応しようとする EU や ASEAN など、地域統合の動きも進んだ。一面では、そうした経済グローバル化や地域統合の動向とも密接に関連して、非常に強固なものとみられていた、国家主権を至上とする近代国民国家や国民経済の枠組みも、相対化され、流動化した。のちにみるようにグローバル・シティとそのネットワークが世界各地で重層的に発展し、新たなグローバルな規模での都市連関を形成し、国民国家枠を超えたグローバルな新たな連関がグローバルな経済発展の中心的な場として形成されてきている（Sassen［2001］［2006］）。

むろん、その一方で、グローバル化による社会経済的あるいは政治的な影響は、ネガティブな面も伴い、世界的に反グローバリズムの潮流も現れ、さまざまな批判がなされてきた。金融グローバル化に伴う世界的な金融不安性と通貨・金融危機の頻発の問題（Soros［1998］など）、新興経済など世界的な

第1章 「グローバル成長連関」の危機とアメリカ経済

経済成長の加速が、資源・エネルギー問題、地球温暖化や廃棄物の増大など、環境問題を地球規模で深刻化させたことにも批判が高まった。新自由主義による政府規制の撤廃や市場主義の拡大に対しては、各国・各地域内部やさらに世界的な「格差」拡大と社会崩壊を促進するものとして、多くの批判が現れた（Stiglitz [2002], Mitteleman [2000] など）。アフリカなどの崩壊国家の問題、中東イスラム世界の動乱、あるいは各地の地域紛争、テロリズムの問題など、世界各地で顕在化している政治・軍事的な危機の進行もグローバリゼーションと結びつけて論じられることが多い。

　グローバリゼーションの行きつく先についても、さまざまな議論が現れた。グローバリゼーションは、結局は終わりを迎える、という議論も出された（Gilpin [2000] など）。その一方で、グローバリゼーションの進展が一段と拡大し、世界はますますグローバルな世界に進むとみる議論も現れた。アメリカ的な社会経済・政治システムの編成原理が世界大に拡大するとみるアントニオ・ネグリとマイケル・ハートの「帝国」の議論（Hardt and Negri [2000]）や、グローバル化が世界にビジネス・モデルの一大転換をもたらすことを強調するT. L. フリードマンの「世界のフラット化」の議論（Freedman [2005]）、あるいは1990年代のアメリカの異例の長期好況を「IT革命」と結びつけた「ニューエコノミー」論（代表的なものとしては、Webner [1997]）などは、そうした議論の初期の代表例といえよう。

　しかし、本書の議論との関係でとりわけ注目されるのは、こうした趨勢のなかで、中国、インドなどBRICsやアジアなど新興経済地域で工業化や経済発展が顕著になり、これまでの世界経済の中心を占めてきたアメリカ、ヨーロッパ、日本などの先進経済から、新興経済地域に政治、経済的な中心が大きく移動する「パワーシフト」が生じ、近代以降の世界的経済発展に、長期的な転換が生じているという議論が登場したことである[1]。

　しかし、こうした議論では、なぜそうした新興経済地域が出現したのか、各国・各地域の内発的な諸条件に注目する議論は多いが、そのグローバルなフレームワークやダイナミズムに立ち入った分析は、かならずしも十分なされてきたとはいえない。むろん、同じく新興経済諸国・地域といっても、そ

5

れぞれ事情を異にし、同じようにかつての開発途上地域とされている諸国や地域でも、成功したところとうまくいっていないところが分かれてきており（「南・南問題」）、工業化や経済各国・各地域の内発的な諸条件の相違の問題が大きい。しかし、とりわけ 1990 年代から 2000 年代前半にかけて、いわゆる新興経済地域は、工業化と経済成長を加速してきており、経済グローバル化の趨勢と関連した、そうした諸国・地域に共通したグローバルな枠組みの問題も同様に重要である。

　しかも現在、世界経済は、再び、グローバルな規模で大きな転換期を迎えている。2008 年秋のいわゆる「リーマン・ショック」前後からとみに深刻化した、アメリカ発の深刻なグローバル金融危機・経済危機は、新興経済地域も巻き込んで、「100 年に一度」、1930 年代の「大恐慌以来最悪」（Greenspan [2008]）とも表現される事態となった。

　今回のグローバル金融危機の原因については、さまざまに議論されているが、この間の金融部門の膨張（「ファイナンシャライゼーション」＝「金融化」）と金融グローバル化の趨勢の上に、制度不備を含む「証券化メカニズム」を中心とする投機的信用膨張が、サブプライム・ローン危機と住宅バブルの崩壊をきっかけに破綻したものと捉える見解が一般的である。2008 年秋（いわゆる「リーマン・ショック」直後）に初めて開催された「G20（世界主要 20 カ国首脳会議）」の声明（G20 [2008]）が典型的である。しかし、グローバル金融危機は、単に金融バブルの発展とその崩壊という金融現象だけに止まらない。アメリカのサブプライム問題に端を発した金融危機は、急速にグローバルな規模に拡大し、アメリカだけでなく新興経済地域やその他の地域を巻き込み、世界的に実体経済に大きな縮小圧力を生じ、グローバルな規模の金融危機・経済危機に発展した。それは、むしろ、この間の経済グローバル化で出現した世界的な経済拡張の仕組みが金融危機で破綻し、大規模な金融麻痺を通じて、そうした経済拡張の連関が破綻し、いわば逆回転することによって、世界的に経済が急速に縮小に転じ、一時は 1930 年代の「世界大恐慌」の再来が危惧されるような事態となったものであった。

　その意味で、この間 20〜30 年間にわたって進展してきた経済グローバル

化のなかで出現した、そうした世界的な経済拡張の仕組みそのものが問題となる。そうしたグローバルな仕組みを、本書では「グローバル成長連関」とよんでいる。それは、世界的な経済グローバル化が進展するなかで、ほぼ1990年代に出現したものとみることができる。しかし、それは、どのような特質をもち、またどのような経緯で登場したのであろうか？　そうした点が明確にならないと、個々の内発的諸条件の相違を超えて、新興経済地域全体で著しい経済発展を可能とした共通のグローバルな枠組みも、また、その今後の動向も明らかにすることはできない。続いて、今回のグローバル金融危機・経済危機がアメリカを最大の震源として生じたことに見て取れるように、そうした動向のダイナミズムの中心を占めた、アメリカ経済の動向にそって、少し立ち入ってみておこう。

1.「グローバル成長連関」の出現とアメリカ経済

（1）　アメリカを中心とする「グローバル成長連関」の出現と新興経済の発展

　ここでいう「グローバル成長連関」とは、ごく単純化すれば、①「グローバル・シティ」とその重層的なネットワークの発展と、②「新帝国循環」ともよばれるアメリカを中心とするグローバルな資金循環の構造が結びついた、アメリカ―新興国関係を軸とする世界的な経済成長の仕組みのことである[2]。

　この間進んだ経済グローバル化の中心を占めた企業・金融・情報のグローバル化と、それに対応した政府機能の新自由主義的転換と市場主義の拡大は、実際には、アメリカの動向を最大の震源とするものであった。それは、さかのぼれば、戦後世界経済の中心を占めたアメリカの持続的成長の構造とメカニズム[3]が、1960年代末に行きづまり、70年代に大きく衰退したことに始まったとみることができる。そうした事態に対応して、戦後システムを再編・転換してゆこうとするアメリカの主要企業や金融の動向がもっとも基本的な動力となったものとみることができる。「グローバル化」とは、「アメリカ化」であるとみる見方が一般に広くみられるのは、そうした事態を端的に表現したものといえよう。

第Ⅰ部　グローバル金融危機と新興経済の経済発展フレームワークの変貌

　戦後世界経済の中心を占め、先進国を中心とした世界的な持続的成長をリードしたアメリカ経済であったが、1970 年代を境に戦後の持続的成長の構造とメカニズムが崩れ、1970 年代末にかけて、非常に深刻な国際競争力の後退に直面した。アメリカの戦後の基幹産業（自動車、鉄鋼、機械、電機、その他重化学工業）を担った主要企業は、エネルギー価格の高騰・「賃金爆発」による高コストと、世界的な低成長への移行による内外の国際競争の激化に対処すべく、次々と海外生産を加速し（「オフショアリング」）、また、成長するアジアなどの新興経済地域からの製品調達・半製品・部品等の輸入を拡大した（「グローバル・アウトソーシング」）。

　そうしたアメリカの主要企業の動向は、国内では、「成熟した寡占体制」を特徴としていた企業体制の組み替え（「リストラクチャリング」・「リエンジニアリング」などとよばれた）を伴いながら、世界的には、日本や、ヨーロッパ企業を巻き込んで、企業活動のグローバル化の趨勢を促進した。兵器製造・軍需産業を軸とした部分は国内に維持されたが、アメリカ経済の産業空洞化が大きく進んだ。しかし、同時にそれは、アメリカ経済の成長構造がグローバル化にシフトしたことを意味していた。そうしたグローバル化した主要企業の本社機能を軸とした、「グローバル・シティ」機能が全米各所の主要都市で発展し、その連関がグローバルな規模でネットワークを形成しながら、アメリカの経済成長の主な「場」として発展したのである。これが、「グローバル・シティ」としての新たな都市領域とそのネットワークの発展である[4]。

　世界最大のグローバル・シティであるニューヨークには、国際基軸通貨ドルによって国際決済機能が集中する関係をベースとして、金融機能が大きく集積し、グローバル・シティ機能の中核を形成している。また、「成長するアジア」の最大のゲートウェイであるロサンゼルス、世界最大の IT 集積を要するサンフランシスコ・シリコンバレーのような全米各地の中核都市には、グローバル企業の本社機能（グローバル事業展開の統括と経営企画・管理機能、研究開発など）が集積することにより、そうした機能を支える、法務、会計、金融、コンサルタント、情報、人材派遣などの専門ビジネスサービス、

8

第1章 「グローバル成長連関」の危機とアメリカ経済

さらにはショッピングセンターや商業施設、レストラン、アミューズメント、エンターテインメントが集積し、都市機能の拡大と関連した公共施設、インフラ建設や住宅建築なども拡大していった。ビジネス関連の専門職ばかりでなく、建設・建築労働者や、都市機能を支える雑多な職務が増大し、それを目指して、全米から、さらに中南米やアジアなどから世界的な労働力・移民流入が進んだ。グローバル・シティ機能は、グローバル企業・金融のグローバルな利益・所得形成が支え、内需拡大をリードする。こうしたグローバル・シティ機能の連関が、グローバル資本主義化時代のアメリカの経済成長の中心的な「場」となったのである。

アメリカ経済の軸がこうした「グローバル成長連関」にシフトした結果、国民経済的には、アメリカには、膨大な「オフショアリング」・「グローバル・アウトソーソング」を通じた財・サービス輸入を中心として、巨額の経常収支赤字構造が出現した。しかし、国際基軸通貨ドルを擁するアメリカには、国際決済が集中するグローバル金融センター・ニューヨークの金融機能を軸として、アメリカを中心とするグローバルな資金循環構造が出現（「新帝国循環」）した。国際基軸通貨ドルによる国際決済機能とニューヨークの金融ファシリティ・金融市場を通じて、集積するドルを原資に、アメリカの銀行は膨大な信用創造が可能であり、そこにゴールドマン・サックスなど投資銀行、さらには各種機関投資家・ファンド、さらにヘッジファンドが関与し、レバレッジド・ファイナンスを膨張させ、デリバティブと金融工学を駆使した投機操作を含む金融膨張を拡大した。こうして、「ファイナンシャライゼーション[5)]」と金融市場の「カジノ化」が大きく進行し、同時に、ニューヨークを中心とするこうした金融膨張を拡大の基本「エンジン」として、グローバルな規模で投資が拡大しながら、アメリカを軸とする世界的資金循環（「新帝国循環」）がグローバルに経済成長を加速する「グローバル成長連関」が出現したと捉えることができる。

アメリカでは、グローバル金融センターとして決済・運用市場と各種金融ファシリティを備え「グローバル成長連関」の中心的な結節点の機能を担うニューヨークを筆頭に、ロサンゼルス地域やサンフランシスコ・シリコンバ

9

第Ⅰ部 グローバル金融危機と新興経済の経済発展フレームワークの変貌

レーなど、全米各地に重層的に出現した「グローバル・シティ」とそのネットワークが、アメリカに世界的な富を集中し、所得形成と内需の拡大を導く中心的な「場」として機能することとなった。それによって、アメリカ経済自体が「グローバル成長連関」による経済成長に大きくシフトした。アメリカ国内のサブセンター、さらに国際的にも各地域に、「メガコンペティション」を繰り広げる各国・各地域系のグローバル企業の多種多様な本社機能と国際金融連関を軸として、ロンドンや、東京、上海、その他、さまざまな程度で「グローバル・シティ」が重層的に形成され、グローバルな経済発展の連関を形づくっている。こうした「グローバル成長連関」の構造とメカニズムが、中国や「成長するアジア」だけでなく[6]、とりわけ 1990 年代以降、インド、ブラジル、ロシアなどの他の BRICs 諸国の経済成長を加速する基本的な世界的フレームワークを与えてきたのである。こうした関係こそ、本書の基本的な分析フレームワークとしてもっとも重視する点である。

（2） 「グローバル成長連関」とアメリカ発のグローバル金融危機

今回のグローバル金融危機・経済危機の原因や本質について、実にさまざまな議論があるが、もっとも強調すべきは、この間の経済のグローバル化を通じて出現した、こうしたアメリカを軸とする「グローバル成長連関」そのものの危機であることである。その直接の原因としてとくに注目すべきは、その金融メカニズムである。すでに指摘したように、グローバル金融センター・ニューヨークには、米ドルの国際基軸通貨性により、世界の財・サービス、資本取引・金融取引の決済機能が集中し、金融市場その他世界最大の金融ファシリティが歴史的に集積している。「グローバル成長連関」は、アメリカのグローバル資本主義化による経常収支の巨額の赤字構造を基礎にして、そうした国際決済機能と金融ファシリティによってニューヨークに累積するドル資金をベースとしたアメリカの銀行システムによる膨大な信用創造を通じた金融膨張によって、いわば「水増し的」に――「レバレッジド」といいかえてもよいが――、アメリカおよび世界の経済拡張が促進されるメカニズムを伴うものであったのである。

第1章 「グローバル成長連関」の危機とアメリカ経済

　そうした金融膨張のメカニズムが、アメリカおよび世界の「成長エンジン」の役割を果たす一方、ヘッジファンドなどの大規模な投機的投資資金の形成を伴いながら、クロスボーダーな投機的金融操作と相まって、金融不安定性と金融市場のシステミックリスクをグローバルに拡大した。これこそが、「ファイナンシャライゼーション」（「金融化」あるいは「金融膨張」）（Epstein ed. [2006] など）・金融グローバル化とそれに伴う金融市場の「カジノ化」（Strange [1998] など）として表現されてきた事態であり、最近はとくに「シャドウ・バンキング」問題として論じられている[7]。とりわけ、その中心を占めたのが、金融工学手法を駆使した、債権・資産担保の証券化商品の大量発行による「証券化メカニズム」を通じた金融膨張であった。こうした「シャドウ・バンキング」システムの発展は、とりわけ1990年代に本格化し、2000年代に大きく「バブル」的に発展したアメリカの「住宅ブーム」と相互促進的に大きく拡大した住宅抵当貸付担保証券化証券（RMBS）を中心として進んだ。

　こうした事態は、戦後パックス・アメリカーナの衰退と転換として、1970年代初めの「金・ドル交換性の停止」と「変動相場制」への移行、さらに「レーガノミクス」が生み出した「双子の赤字」を原因とする「ドル不安」の高進という、金融リスクと不確実性の増大を大きな原因として進行したものであった。直接にはそうした戦後IMF＝ドル体制の崩壊に伴う金融リスクと不確実性の高まりが、金融・為替市場のボラティリティと変動リスクを高め、「レーガノミクス」の金融自由化——1960年代末以来のインフレーションの高進を通じ、ニューディール型銀行・金融規制と関連して大きく進んだ「銀行迂回（ディスインターメディエーション）」を最大の原因とする——を促すと同時に、とりわけ「金融革新」としてもてはやされた、金融工学的手法を駆使した新金融商品と金融操作（ジャンクボンド・LBOローン等を伴うM&A金融、プログラム取引、ポートフォリオ・マネジメント、デリバティブの隆盛など）の発展を伴いながら、金融市場にまたがるクロスボーダーの金融操作・金融取引を大きく拡大させ、金融グローバル化を顕著に進展させながら、金融市場の「カジノ化」を促進した[8]。

11

第 I 部　グローバル金融危機と新興経済の経済発展フレームワークの変貌

　こうした金融的発展は、アメリカを軸とする「グローバル成長連関」の出現とともにその拡大の「エンジン」となり、アメリカやヨーロッパ、日本などの先進諸国の拡大だけでなく、とりわけ、中国を筆頭にした BRICs や、東南アジアなどの新興経済の顕著な経済拡大のフレームワークを与えるものとなった。しかし同時に、世界的な金融不安定を拡大し、1980 年代末から繰り返し周辺部で通貨・金融危機を発生させるとともに、そうした「証券化メカニズム」による金融膨張の制度欠陥とシステム不備が、とりわけ今回のグローバル金融危機の大きな原因となったといってよい。

　その経緯をやや立ち入ってみておけば、まず、1990 年代末のアメリカにおける「IT バブル」の発展とその崩壊後の 2000 年代の「住宅バブル」の発展そのものが、そうした「グローバル成長連関」とその金融メカニズムを中心的な関係として生じたものであった。アメリカ発のグローバル金融危機の発端となったアメリカのサブプライム・ローン危機は、グローバル・シティ機能の発展と結びついた大都市周辺の新興住宅街を中心に、サブプライム（標準以下の格付）住宅抵当貸付の大幅な拡大を伴いながら、住宅抵当貸付を裏付けとした RMBS の拡大と相互促進的に進んだ投機的な金融膨張が破綻したものであった。

　そうした事態は、サンフランシスコ・シリコンバレーとその周辺、ロサンゼルスとその周辺などを中心として、カリフォルニアに典型的に現れた。とくに 2006 年の夏を境に住宅価格が低下し始めると、そうした金融メカニズムの欠陥があらわになり、2007 年春から次第にアメリカのサブプライム・ローン問題が顕在化した。サブプライム住宅抵当貸付をベースとした低格付の RMBS 証券化商品価格が暴落を始め、金融危機の引き金を引いた[9]。

　2007 年夏前後からベアスターンズの危機、「パリバ・ショック」を経過しながら、アメリカ、ヨーロッパを中心に広がった金融不安は、アメリカの 5 大投資銀行の一角を占めていたリーマン・ブラザーズが破綻した 2008 年秋のいわゆる「リーマン・ショック」前後から急速に悪化した。証券化商品（住宅担保ローンなど各種の債務を担保とした小口化証券）の価格の暴落が拡大し、株価の暴落と相まって、銀行や各種ファンド、その他、金融部門に

巨額の損失を発生させ、大型金融破綻が相次いだ。その結果、グローバルな規模で金融の機能麻痺が広がり、グローバル金融危機に発展した。消費の急減や輸出の急減など、実体経済にも大きな縮小の圧力が加わった。「グローバル成長連関」の拡大の「エンジン」となっていた、ニューヨーク金融市場を中心とし、イギリス、EU 地域を巻き込んで膨張していた金融メカニズムがほとんど停止した。その結果、「グローバル成長連関」の経路を逆にたどって、アメリカ、EU、さらには日本といった先進国・地域だけでなく、「グローバル成長連関」のなかで拡大していた中国やインド、東南アジア、あるいはブラジル、メキシコなど中南米の新興経済にも大きな縮小圧力を加えた。全体として世界的な経済の落ち込みは、1930 年代の「世界大恐慌」の再来さえ危惧させる事態となったのである。

　こうして、今回のアメリカ発のグローバル金融危機・経済危機は、「証券化メカニズム」を中心とした「シャドウ・バンキング」システムの発展が内包した制度不備とシステム欠陥が直接の原因となってそうした金融的発展を破綻させ、イギリスやヨーロッパの主要金融機関を巻き込んで、グローバルな金融危機・経済危機に発展したものであったのである。

2．金融危機・経済危機とグローバルな経済フレームワークの転換

（1）「グローバル成長連関」の危機と先進経済
――危機の「第一幕」・「第二幕」が開示したもの

　むろん、単純に、1930 年代の「世界大恐慌」が再現されたわけではない。こうした急速な経済の縮小に対しては、主要国の財政・金融手段を中心に緊急経済対策が発動された。もう少し具体的にみておくと、第一に、金融危機・経済危機が急速に悪化した 2008 年 9 月以降、アメリカの連邦準備制度を筆頭に、EU の ECB、イングランド銀行、日銀など主要中央銀行による MMF、CP 市場の買い取り措置、極端な低金利（ゼロ金利）政策や量的緩和・大規模な流動性供給など、通常は平時には行われない「非伝統的」な異例の金融対策とともに、中央政府による公的資金の投入による銀行その他の

第Ⅰ部　グローバル金融危機と新興経済の経済発展フレームワークの変貌

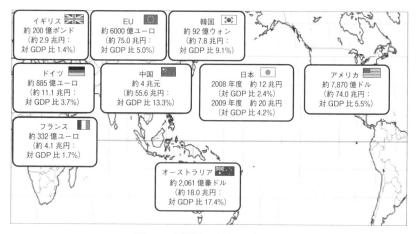

図1-1　主要国・地域の景気対策

備考：1．対象期間：2008年9月の世界経済危機発生後から2010年4月まで。
　　　2．日本の2008年度は3つの経済対策の財政措置の規模、2009年度は2つの経済対策の国費の規模から執行停止分を除いた額。
　　　3．各国・地域の額は財政出動および減税額の合計。
　　　4．中国の「約4兆元」は事業規模であり、うち1兆1800億元が国費。他の諸外国については国費。
　　　5．為替レートについては2010年4月の月平均値とし、1ドル=94.0円、1ポンド=143.9円、1ユーロ=125.0円、1ウォン=0.1円、1元=13.9円、1豪ドル=87.5円で換算。
資料：各国公表資料、各種報道資料等より経済産業省が推計。
出所：経済産業省『通商白書』2010年版、1-1-1-17図（http://www.meti.go.jp/report/tsuhaku2010/2010honbun_p/2010_01-1-1.pdf）

　救済や国有化、救済合併など直接、間接の金融面での破綻防止措置が打たれた。その結果、全面的な金融崩壊は、かろうじて食い止められた。第二に、内需の急激な縮小を補い有効需要を創出して経済拡大を図るために、戦時期以来の異例に大規模な赤字財政出動を通じた有効需要の追加による景気浮揚策が打たれた。アメリカの経済回復・再投資法（2009年2月、7800億ドル以上）や中国の財政措置（4兆元規模）を筆頭に、各国で、大規模な公共投資や大型減税、またアメリカのGMやクライスラーの経営破綻の処理に対する巨額の財政支援なども含め、戦時期以来の異例に大規模で直接的な財政出動が図られた。グローバル金融危機・経済危機の「第一幕」における各国政府の財政措置は、アメリカでは、GDPの5.5%、EUで5.0%、中国で13.3%にも上った（図1-1）。

こうして、2008 年 11 月の G20 声明で確認された、「非伝統的」手法を含むほとんど「あらゆる手段」（G20［2008］）が、国際協調を伴いつつ実行されたことで、2009 年 4 〜 6 月期を境に、世界的な規模の急速な経済の下降は一段落し、2010 年初めには回復が展望されるに至った。しかし、こうした措置によって、金融危機・経済危機から完全に脱却できたわけではなかった。とりわけ、大きな問題として現れたのが、ユーロゾーンの財政危機であった。それは、統一通貨ユーロの導入にもかかわらず、各国が財政主権を保持するという、現在の EU・ユーロのシステムの基本的な限界が顕在化した事態であった。

危機の「第一幕」の衝撃によって、ギリシャを筆頭に、EU・ユーロゾーン（ユーロ導入諸国）の「弱い諸国」（ギリシャの他、スペイン、ポルトガル、アイルランド、イタリアなど）の財政破綻への危惧が大きく拡大した。これらの諸国は、それぞれ国内的な問題を抱えていたが、金融危機・経済危機の影響によって財政状況が大きく悪化したため、そうした諸国の国債を大量に保有していた、とくにヨーロッパ系銀行やファンドの破綻への危惧が拡大して、金融不安が広がり、危機の「第二幕」が進行したのである。ユーロゾーン危機は、ECB の最後の「貸し手」機能の実現、ESM 創設、銀行同盟および関連する諸機構の創設の進展という主に三つが相まって、12 年 7 月を最後に沈静化に向かい（田中［2012］）、グローバル金融危機「第二幕」の危機的な局面はひとまず過ぎ去った。

しかし、その後も、アメリカや EU、日本など主要国は、非常に大きな財政制約の問題に直面し、経済回復はなかなか進まない事態が続いている。「グローバル成長連関」の拡大の「エンジン」であった民間金融部門の活動は不活発なまま、結局、連銀や ECB、さらには日銀の異例の規模の金融の「量的緩和」（QE）に大きく依存して、全体が維持される関係となっている。

第一に、財政制約が大きく増大した。連邦政府による主要国中最大級の財政スペンディングを実施したアメリカでは、2009 年度から連続して、史上最大の 1 兆ドル超の連邦財政赤字が発生し続けた。その結果、連邦政府債務は、2011 年 2 月には法定上限の 14 兆ドルに到達した。曲折を経て同年 8 月

第Ⅰ部　グローバル金融危機と新興経済の経済発展フレームワークの変貌

には上限が 16 兆ドルに引き上げられたが、赤字削減と連動しており、ブッシュ減税（2010 年に 2 年間延長）の期限切れ（2012 年末）による打ち切りの問題も含め、いわゆる「財政の崖」問題に直面した。大統領選挙と同時に実施された上・下院選挙でも解消されなかった上・下院の「ねじれ」が加わって（上院は共和党、下院は民主党が多数派を占めた）、財政再建に向けた増税措置と支出削減をめぐって、国論は二分され、財政再建問題は、政治的アポリアの状態が続いた。実際には、その結果、財政赤字削減が進んでいるが、実体経済的には回復を遅滞させるものとなった。その背景には、「グローバル成長連関」による経済の拡大に乗ったグローバル企業・富裕層と、取り残された多数の中・低所得者層との間の隔絶した所得格差などの大きな社会的亀裂と「分断」が横たわっている[10]。2009 年度以降も住宅市場は低迷し、失業率は低下したものの横ばいのまま推移している。

　経済回復が足踏み状態を続けるなか、第二の問題は、中央銀行機能の限界が顕在化していることである。グローバル金融危機の「第一幕」（さらに「第二幕」）で大きく高まった財政制約のもとで、結局は、アメリカ、ヨーロッパ、日本がすべて、中央銀行による異例に大規模な金融の「量的緩和」に依存する状態となった。アメリカでは、財政問題の政治的アポリアのなかで、連銀の「大規模資産買い取り（large-scale asset purchases: LSAPs）による大規模な「量的緩和」に依存する度合いを高めた（図 1-2）。

　金融危機が深刻化した 2008 年 11 月 25 日に、連銀は、金融危機の「第一幕」の中心を占めたアメリカ住宅金融・住宅市場の崩壊を防ぐ目的で、GSE 直接債務 1000 億ドル、MBS5000 億ドルの買い入れ措置による第 1 次の「量的緩和措置」（QE1）を発表し、2009 年 3 月にさらに長期財務省証券の買い取り（3000 億ドル）と、MBS 直接債務 1000 億ドル、MBS 購入 7500 億ドルに購入規模を追加拡大し、2010 年 3 月の終了までに、財務省ノートと MBS の購入を中心に、1 兆 7500 万ドルに保有規模を拡大した[11]。こうした措置により、アメリカのマネタリーベースはほぼ倍となった。その後、こうした連銀の「量的緩和」措置は縮小に転じたが、ユーロゾーン危機による金融危機の「第二幕」が深刻化するにつれ、2010 月 8 月から「量的緩和措置」

16

第1章 「グローバル成長連関」の危機とアメリカ経済

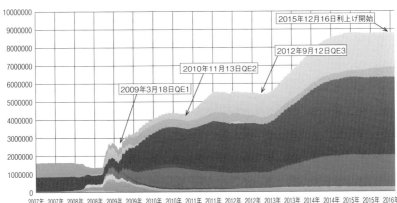

図1-2 アメリカ連銀の資産構成の推移（量的緩和）：2007年1月―2016年2月
出所：クリーブランド連銀（https://www.clevelandfed.org/our-research/indicators-and-data/credit-easing.aspx）。

の復活が示唆され、同年11月3日には、6000億ドルの財務省証券の追加買い入れプログラム（QE2）が発表され、2011年6月22日に終了するまでに、月約750億ドルのペースで続けられた。

連銀は、2011年6月末までに予定通りQE2を終結させたが、9月21日には、「オペレーション・ツイスト」（満期まで6〜30年を残す財務省長期証券4000億ドルの買い入れと同額の満期まで3年以下の財務省証券の売却操作、およびMBS・機関債の返済金を財務省証券ではなくMBSに再投資）に転換した。しかし、その後もアメリカの失業率は高止まりし、住宅市場の低迷も続くなど、回復は大きく進展しなかった。こうした事態に対応し、2012年9月13日、財政問題の解決の政治的アポリアが続くなか（後述）、連銀は、失業率の「かなり」の改善がみられない限り、月400億ドルのMBSを買い取るQE3を開始した。さらに「財政の崖」問題を目前にして、12月12日には、短期証券の売却なしに長期財務省証券を買い取りを継続（月450億ドル）措置を発表し、QE3を拡充した。

2012年末の時点で、連銀は財務省長期債券1兆5670億ドル[12]、MBS 1

17

第Ⅰ部　グローバル金融危機と新興経済の経済発展フレームワークの変貌

兆 4100 億ドル、GSE 債務 1750 億ドルの、合計 6 兆 1520 億円を買い取り、マネタリーベースを大きく拡大した（「オペレーション・ツイスト」による財務省短期債売却分 6670 億ドルを除く）。

　グローバル金融危機・経済危機の「第一幕」・「第二幕」の緊急危機対策を通じて、主要国の財政機能が大きく限界に直面し、米連銀を筆頭に、ECB、さらに「アベノミクス」の路線にそった日銀による「異次元金融緩和」（2013 年 4 月 3 日・4 日日本銀行金融政策決定会合で導入決定）を中心に、主要中央銀行による大幅な金融の量的緩和がグローバル経済全体を支えている状態が続いたのである。

　こうした「非伝統的」な手段を含む政府・中央銀行の緊急措置は、一方で、中央銀行による無制限の流動性供給によって民間金融部門を肩代わりして支え、深刻な金融危機とそれによる民間金融の機能麻痺とシステム崩壊を食い止めると同時に、金融機能の麻痺による急激な経済の下降圧力を、中央政府財政出動による需要創出と組み合わせて防止しようとするものであった。それは、大規模で深刻な金融危機による「グローバル成長連関」の逆回転に歯止めをかけるために、1930 年代の世界大恐慌と第 2 次大戦の戦時経済を経て戦後現代経済の特徴として組み込まれた政府機能が、大規模に発揮されたものといってよい。その意味で、この間のグローバル資本主義化のイデオロギー的表現といってよい「新自由主義」は、政策思想の面からいえば、そうした現代資本主義の政府機能の特質を潜在化させていたにすぎず、古典的自由主義とは異なるまさに「新」自由主義であったといってよい。

　こうした現代経済の政府機能を通じた危機回避措置の結果、世界経済が「グローバル成長連関」の破綻によって 1930 年代の「大恐慌」型の世界恐慌に陥ることはかろうじて回避された。しかし、依然として、世界経済は大きな問題を残したままである。その意味では、「グローバル成長連関」が単純に、旧に復しているわけではない。アメリカや EU、日本などの先進経済も、また新興経済地域やその他周辺諸国・地域も、そうした事態に直面せざるをえない状態となったのである。

　各国とも財政赤字が急速に拡大し、アメリカ、日本をはじめ、大幅な財政

赤字と政府債務の累積を招き、とりわけユーロゾーンにおけるグローバル金融危機が「第二幕」に展開するに至って、政府財政の機能の限界を大きく顕在化させた。

EU では、そうした限界を超えるべく、EFSM（欧州金融安定メカニズム）、ESM（欧州安定メカニズム）などによる EU 諸国の共同した救済と支援を通じた危機対応が模索されたが、ドイツやその他主要国の国内的反対を大きな原因として対応が進まず、結局、ECB による国債買い取りスキームにより危機はひとまず沈静化した。しかし、「弱い諸国」の金融機能の低迷と財政再建に向けた財政緊縮が不可避な状況が続いており、EU 全体も大きな財政制約の下で、失業率は高止まりして、経済の回復は遅滞を続けた。

アメリカでは、住宅市場の低迷が続き、経済回復が進まず失業率は高止まりしたまま、2009 年度から、連邦制の財政赤字は連続して史上最大の 1 兆ドルを超え、連邦政府債務は法定上限に達した。グローバル資本主義化のプロセスで進んだ大きな所得格差の拡大を背景として、財政再建をめぐる富裕層と中低所得者層の間の亀裂は非常に大きく、国論は二分されており、いわゆる「ティーパーティ」・共和党保守派と民主党の間の対立を通じて、政治的なアポリア状態に陥り、先延ばしを繰り返してきた。結果的には、むしろ財政赤字が縮小する効果を生じたが、大規模な財政支出増は大きな困難に直面した。結局、とりわけオバマ政権の下では、連銀による 3 次にわたる金融の「量的緩和」措置（大規模な債権買取スキーム）が、アメリカ経済の成長の構造とメカニズムの軸となった「グローバル成長連関」を金融的に支える状況が続くことになった。

日本では、バブル経済崩壊後の「失われた 20 年」で累積した政府債務に、震災・原発危機が加わり、その対策・復興による財政悪化で、1000 兆円超に達しており、第 2 次大戦期を超える史上最悪となった。安倍政権の登場により、財政再建を棚上げした財政支出と組み合わせた「アベノミクス」で円安・株高の演出にひとまず成功したかに現れた。しかし結局それは、アメリカの量的緩和のフレームワークの枠内で、日銀の「異次元金融緩和」に大きく依存した金融的な展開や、大きな財政制約の下での公共投資に依存するも

のであり、その「第三の矢」とされた「新成長戦略」は、「国家戦略特区」
の設置や、TPP戦略などに代表されるように、グローバル金融危機・経済
危機で大きな限界を示している。それは、ここでいう「グローバル成長連
関」に依拠した「グローバル資本主義化」戦略にすぎず、それ以外の有効な
「新成長戦略」は打ち出せていない[13]。

　こうして、経済グローバル化の趨勢のなかで、新自由主義・市場主義の下
で潜在化していた現代の政府機能が財政・金融的に大規模に発揮されて、
「グローバル成長連関」の崩壊を回避させた。しかしさらにそれが、ユーロ
ゾーン危機による「第二幕」に展開するなかで、主要国の大きな財政制約を
顕在化させた。そのため、結局は、連銀、ECBを中心に、さらに日銀、イ
ングランド銀行などが加わって、中央銀行による異例の金融の量的緩和措置
（QE）が発動された。それは実質上、一時は麻痺状態に陥って機能不全が続
く民間金融部門を、中央銀行の信用膨張で肩代わりして支え、それが「グロ
ーバル成長連関」の大きな破綻を回避させる事態となったのである。

　それが一方では、2010年にかけてみられたように、資源・食料価格の高
騰や、中国沿海部の不動産バブルを発展させる原因ともなったが[14]、「成長
戦略」の視点からみれば、主要中銀行の「量的緩和」は、まさに「流動性の
罠」に陥った。そうした金融の異例の「量的緩和」は、いずれにしても緊急
措置であり、通常の市場経済的機能が復活される必要がある。しかしそうし
た方向に向けての「出口戦略」は時間を要する。アメリカの連銀は、アメリ
カ経済がゆっくりであるが回復傾向をみせていることを受けて、2013年12
月から「量的緩和」の縮小（tapering）を開始[15]し、徐々に終結に向かう方
向を模索し始めた。それは、アメリカを起点とする流動性供給が縮小するこ
とを意味するため、2014年秋からの世界的な原油価格の急落を伴いながら、
中国経済など、新興経済諸国経済の破綻への危惧が広がる事態を招いた。
EUでは、逆に、ヨーロッパ経済が停滞傾向を強めるにつれて、ECBは、
2014年6月にいわゆる「マイナス金利」を導入し、さらに2016年初めから
「量的緩和」の強化に踏み出した。日本でも、「アベノミクス」の「3本の
矢」の一環として、2014年10月末に日銀が突然「質的・量的緩和」の第2

弾（いわゆる「異次元金融緩和」）に踏み出した。主に円安効果を通じた企業業績の回復で景気の上昇はみられたが、厳しい財政制約のもと、第三の矢である「新成長戦略」は不発に終わっている。2016年2月の「マイナス金利」の導入は、むしろ国際金融市場の不安定を促進したのであった。

　アメリカでは、アメリカ連邦準備制度は、2015年12月には、9年半ぶりに、政策金利であるフェデラルファンド金利の誘導目標を年0〜0.25％から0.25〜0.50％に引き上げ、2008年末から続くゼロ金利政策を解除した。しかしグローバル金融危機・経済危機の震源となったアメリカ経済の回復の動きは緩慢であるとともに、連銀の「出口戦略」は、アメリカ経済の再減速だけでなく、とりわけ、アメリカの金利引き上げによる新興経済からの資金流出と通貨下落、資金不足の加速が新興経済全体の成長の制約になることが危惧される関係にある。アメリカの利上げの思惑だけでもそうした動きが現れ、FRBの「出口戦略」の金利引き上げのペースも、そうした事態の進行を勘案しながらの緩慢な動きとならざるをえない。実際にも、中国経済は、不動産バブルの崩壊や経済の大きな減速が顕在化し、経済成長の「内需」転換も大きな限界を示した。中国需要の減退は、資源輸出国や中国市場に依存する新興経済諸国・地域にも大きな影響を与える。ロシアは、中国経済の減速とアメリカ国内経済の回復の柱の一つとして注目されているシェール・オイルの供給増を主因とする原油価格の下落に、さらにクリミア問題の経済制裁が加わって経済不振が続いた。

　こうして、グローバル金融危機・経済危機によって大きく動揺した「グローバル成長連関」に対して、アメリカ、EU、さらには日本など中央銀行による異例の規模の金融緩和措置が、機能回復が十分でない民間金融部門の機能を補完して大枠としてはその基本部分を支え続けるという関係は、通常の金融市場機能にとっては異例の事態である。しかし、その解消と市場機能の「正常化」を図る「出口戦略」は、とりわけ民間金融部門の機能不全が継続するなかでは、脱却の道筋には大きな不確実性を伴う。

　新興経済の経済成長のフレームワークという視点でみれば、主要中央銀行の異例の「量的緩和」によって「グローバル成長連関」がかろうじて支えら

21

第Ⅰ部　グローバル金融危機と新興経済の経済発展フレームワークの変貌

れているという関係の解消は、いまだ緒についたばかりである。しかも、そうした異例の金融緩和措置の解除が進めば、同時に、「強欲」な金融活動の抑制と金融システムの再生を図る金融規制、野放図な企業活動のグローバル化に対するさまざまな規制など、各国および世界的な政府による経済過程への介入の強化の趨勢が再現する可能性が高い。そのため、「グローバル成長連関」の拡大の起動的メカニズムとなっていた「シャドウ・バンキング」が旧に復することは非常に考えにくい。その制度欠陥および金融当局の規制不備を伴うシステム欠陥の是正と投機的発展の防止を目的とする各種規制——ヨーロッパの金融取引税導入問題や、棚上げになっているアメリカの「ボルカールール」の問題を含むドッド＝フランク法の実施、あるいは BIS の「バーゼルⅢ」など——の実施の程度いかんによっては、「グローバル成長連関」の拡張の起動的メカニズムが、大きく制約される可能性がある——トランプ政権の動向が大きな不確定要素であるが。

　それは、ドルの国際基軸通貨性とニューヨークの金融ファシリティによる金融膨張を拡張の「エンジン」として大きく拡大した、グローバル金融危機前の「グローバル成長連関」に代わるような、新しいグローバルな規模の経済拡張の連関が再出現するのは、かなり難しいことを意味している。こうした事態は、新興経済に即してみると、「グローバル成長連関」を通じたグローバルな経済拡張に依存する経済成長戦略は、中長期的にみても大きな限界があることを示している。その意味では、今や、この間世界を覆い尽くすかのように進んだグローバル資本主義化の趨勢は、大きな転機を迎えているといってよい。

おわりに

　以上のグローバル経済の実態の分析をふまえて、新興経済地域に視野を広げて中長期的にみると、そこにはいくつかの大きな問題と課題があることがわかる。たしかにこの間の「グローバル成長連関」の作用によって大きく経済発展・工業化を加速してきた新興経済は、長期・歴史的な大きな視点でみ

ると、すでにグローバル金融危機・経済危機への対応で登場した「G20」にも見て取れるが、アメリカ・ヨーロッパ・日本などこれまでの先進地域から、新興経済地域に重心が移る世界経済的な「パワーシフト」が進んでゆく趨勢にあるということもできる。しかし、グローバルに経済拡張をもたらす可能性のある、中国やインド、ブラジルなどの地域大国の「内需連関」の構築は、やはり中長期的な課題であり、実際には、本書で詳しくみるように、中国を筆頭に、その経済発展・工業化の発展のグローバルフレームワークを含め、新興経済はさまざまな国内的問題と課題を抱えている。

　とりわけ問題の焦点は、「グローバル成長連関」に依存した経済成長戦略が大きく限界を示し、アメリカ、日本の経済回復の遅滞と、ヨーロッパ経済の停滞が続くなかで、「グローバル成長連関」の作用によって1990年代以降とみに成長を加速してきた中国を筆頭に、インド、ブラジル、ロシアなどBRICs諸国や、その他「成長するアジア」諸国も、欧米向け輸出の減退によって輸出志向工業化・成長戦略の限界に直面し、また、ロシア、ブラジル、その他資源輸出依存の大きい諸国は、資源需要の減退と価格の下落によって、成長モデルの転換を迫られていることである。

　こうした事態に対応して、新興経済地域の成長戦略にも、分岐が現れている[16]。第一に、中国、ブラジル、さらにインドネシアなど人口規模が大きく成長の潜在力の大きな地域大国では、内需連関の形成による内需型成長への転換を模索している。中国では「第12次5ヵ年計画」で、そうした方向が打ち出されてきた。しかし今や、中国を筆頭に大きな限界に直面している。中国は「不動産バブル」崩壊と、中国版「シャドウ・バンキング」の問題を中心として、金融システムの崩壊の危機と、大きな過剰生産能力の圧力のもとで経済の大きな減速に直面し、経済減速が常態化する「新常態」への適応を掲げざるをえなくなっている。

　第二に、個別国のレベルではそうした内需型の成長連関の形成に限界があるASEAN（東南アジア諸国連合）など「成長するアジア」諸国やメキシコ、チリなど南米周辺諸国は、FTA、EPA網の拡大や、AFTA（アジア自由貿易圏）や「ASEAN＋6」によるRCEP（東アジアの地域包括的経済連携）、

第Ⅰ部　グローバル金融危機と新興経済の経済発展フレームワークの変貌

メルコスール（南米南部経済同盟）その他のより包括的な枠組みを通じて、地域経済統合をより強化する方向を志向している。

　「グローバル成長連関」というグローバルな経済成長のフレームワークのもと、相互経済連関の拡大を伴って、工業化と経済発展を続けた新興経済は、グローバルな規模の経済発展フレームワークの大きな転換が進む趨勢のなかで、内発的なさまざまな条件を異にしながら、新たな経済発展の方向を模索しているのが現状であるといえよう。しかし、そこには、それぞれ大きな問題と課題を抱えている。単純な「パワーシフト」論は妥当しない。本書が試みているように、各国・各地域内部に立ち入った分析を要するものである。

〈注〉
1)　新興経済地域（emerging economies）とは、かつての開発途上地域のうち、工業化、経済発展がとくに著しい地域を総称する用語である。新興市場地域（emerging markets）という用語も幅広く使われているが、どの国・地域を含めるかは、論者によってかなり異なる。とくに地域大国であるブラジル、ロシア、インド、中国に注目したBRICsという用語が使われ、その代表例とされるが、本書では、「成長するアジア」のもう一つの中心地域であるアジアNIEsおよびASEAN諸国や中南米のメキシコやチリなども含め、新興経済地域を捉えている。BRICsの最初の用例については、O'Niel [2001] をみよ。また、「パワーシフト」ないしは「パワートランジション」論については、各種論じられているが、さしあたりTNI [2014], Cox [2012], Eichengreen [2011] などをみよ。また、グローバル・ガバナンスと関連した包括的な議論としては、日本国際問題研究所 [2013] をみよ。
2)　「グローバル成長連関」については、河村 [2008]、簡略版としては同 [2011] [2013] など、各所で論じてきた。内容はそれぞれ重複しているが、とくにアメリカ経済のグローバル化の動向を含め、グローバル金融危機との関連で立ち入って総合的に分析した最近のものとしては、河村 [2015a] をみよ。
3)　以下、戦後現代資本主義世界経済の中心を占めた、戦後アメリカの持続的成長の構造とメカニズムの内容およびその特質、限界と衰退については、主に、河村 [2003] 第3章および第4章の議論をみよ。
4)　「グローバル・シティ」の概念については、R.ライシュが90年代初頭に事実上提起し（Reich [1991]）、S.サッセンが概念化し発展させたものである（Sassen [2001] など）。
5)　「ファイナンシャライゼーション」（「金融化」あるいは「金融膨張」）について、多くの分析があるが、グローバル金融危機直前のものとして、Epstein ed. [2006] をみよ。
6)　アジアNIEs、ASEAN、さらには中国を中心とした「成長するアジア」の著しい

経済発展は、とりわけ「太平洋トライアングル構造」の出現が大きなフレームワークとして作用したものとみることができるが、それは、ここでいう「グローバル成長連関」の地域的な出現とみることができる。それは、アメリカが戦後アメリカの持続的成長構造とメカニズムの衰退を通じて1970年代末にかけて非常に深刻な産業競争力問題に直面したことを背景とした、日米摩擦の激化と円高の高進が大きな原因として出現した。そして、アジアNIEs、ASEAN諸国、さらに沿海部を中心とする中国との相互取引による内部的な深化を伴って、1990年代からは、グローバルな規模のアメリカ–新興経済関係を軸とした「グローバル成長連関」のもっとも重要な一部として組み込まれて、いっそうの展開を示すことになったとみることができる。河村[2015b]および詳しい議論は、主に河村[2011]第2章をみよ。

7) 「シャドウ・バンキング」システム（あるいは「パラレル・バンキング」システム）の問題は、金融グローバル化によって伝統的な金融システムとその規制メカニズムの外で発展した新しい金融メカニズムの発展として注目され、金融市場の「システミック・リスク」の増大として、グローバル金融危機の前からその制度不備やシステム欠陥が問題として指摘され（PIMCO[2007]など）、さらに、その後、今回のグローバル金融危機を招いた原因として論じられるようになっている。李[2013]、またThe Finacial Crisis Inquiry Commission[2011]、U.S. Senate[2011]、Financial Stability Board[2011]などをみよ。

8) 以上の点については、すでに河村[2009][2013]など各所でさまざまに論じたが、とくにもっとも最近の包括的な議論としては、河村[2015a]をみよ。

9) 河村[2015a]第1章で、詳しく論じている。

10) 「財政の崖」問題とそれをめぐる民主党、共和党の対応については、さしあたり、財務省[2012]、U.S. CBO[2013]などをみよ。

11) 田中[2013]も、同様の見解を示している。「激しいユーロ危機が2011年後半から12年春・夏のギリシャ離脱危機まで続いた。だが12年7月を最後に危機は沈静化へと向かった。……ECBの「最後の貸し手」機能の実現、ESM創設、銀行同盟および関連する諸機構の創設への進展、これら3つが相まって、ユーロ危機の沈静化をもたらしたのである」。

12) 以上、米連銀の第1次～第3次の「量的緩和」措置（QE1～QE3）の骨子とその直接的効果の分析については、ECB、イングランド銀行、日銀の量的緩和措置も含め、Fawley and Neely[2013] pp. 61-78をみよ。また、Federal Reserve Bank of New York[2014]をみよ。

13) いわゆる「アベノミクス」の「第3の矢」とよばれる「新成長戦略」の中心となる「国家戦略特区」とその概要については、さしあたり、日本経済新聞[2013]、日本経済再生本部[2013]、新藤[2013]などをみよ。なお、グローバル金融危機と東日本大震災・原発危機という「二重の危機」に対する日本の経済社会再生の方途に関しては、別稿で「衣・食・住・食・文化」が一体となった、基礎的ローカル・コミュニティのレベルからの再生が必要な点を提起している。河村[2013]の序論を参照されたい。

14) 食料価格の高騰が、エジプト、中東などでの暴動の大きな背景となっているといわ

れる。その意味では、これもグローバル金融危機・経済危機の一環として捉えることができるであろう。こうした側面については、Brown [2011] および、The Fund for Peace [2011] のとくに p.4 をみよ。

15) アメリカの連銀の「量的緩和」の縮小（tapering）の開始については、とりあえず、Board of Governors of the Federal Reserve System [2013] および Federal Reserve Bank of New York [2014] をみよ。

16) こうした方向については、文部科学省科学研究費補助金基盤研究(A)「海外学術調査」、課題番号 21252004、2009-2012 年度、研究代表者　法政大学経済学部教授河村哲二によって 2009～2012 年度に実施した、アメリカ（韓国、メキシコ国境地帯も含む）、東南アジア（ベトナム、タイ、マレーシア、シンガポール）・インド、中国および南部（ブラジル、アルゼンチン、チリ）の現地実態調査（詳細は「はしがき」に記載）の研究成果として明らかになった点である。また本章は、同補助金基盤研究(C)研究課題 26380327、2014-2017 年度「グローバル金融危機・経済危機からのアメリカ経済の回復過程の特質と問題点の実態研究」、研究代表者　法政大学経済学部教授河村哲二の研究成果を追加してまとめている。なお、本書と同様のフレームワークで、グローバル資本主義・グローバル金融危機と新興経済を論じたものとして、SGCIME 編『グローバル資本主義の現局面Ⅱ　グローバル資本主義と新興経済』日本経済評論社、2015 年がある。

〈参考文献〉

河村哲二 [2003]『現代アメリカ経済』有斐閣。

――――[2008]「アメリカの 1990 年代長期好況とニューエコノミー――戦後パックス・アメリカーナの衰退と『グローバル資本主義』下の景気循環」SGCIME 編『グローバル資本主義と景気循環』御茶の水書房、第Ⅰ集第 4 巻第 1 章。

――――[2011]「グローバル資本主義の現局面」SGCIME 編『増補新版　現代経済の解読』御茶の水書房、序章。

――――[2013a]「アジア工業化・経済発展の世界経済的フレームワークとその転換」馬場敏幸編『アジアの経済発展と産業技術――キャッチアップからイノベーションへ』ナカニシヤ出版、第 2 章。

――――[2013b]「グローバリゼーション・ダイナミズムと日本の「二重の危機」からの再生―「3.11」東北震災被災地の視点から――三陸の港町・漁村の価値と可能性に向けて」河村哲二、岡本哲志、吉野馨子編著『「3.11」からの再生――三陸の港町・漁村の価値と可能性』御茶の水書房、序章。

――――[2015a]「アメリカ発のグローバル金融危機・経済危機とグローバル資本主義の不安定性」SGCIME 編『グローバル資本主義の現局面Ⅰ　グローバル資本主義の変容と中心部経済』日本経済評論社、第 1 章。

――――[2015b]「グローバル資本主義の展開と新興経済」SGCIME 編『グローバル資本主義の現局面Ⅱ　グローバル資本主義と新興経済』日本経済評論社、序章。

財務省 [2012]「山場を迎える『財政の崖』問題」『マンスリートピックス』14、2012 年 12 月 21 日（http://www5.cao.go.jp/keizai3/monthly_topics/2012/1221/topics_014.

pdf）。

新藤義孝（地域活性化担当大臣）[2013]「国家戦略特区コンセプト」（http://www. kantei.go.jp/jp/singi/tiiki/ kokusentoc_wg/pdf/concept.pdf）。

田中素香 [2013]「ユーロ危機の沈静化と今後の課題」中央大学、*ChuoOnline*（http:// www.yomiuri.co.jp/adv/chuo/research/20130207.htm）。

日本経済再生本部 [2013]「国家戦略特区における規制改革事項等の検討方針」（http:// www.kantei.go.jp/jp/singi/tiiki/kokusentoc_wg/pdf/kettei.pdf）。

日本経済新聞 [2013]「戦略特区の概要決定」2013 年 10 月 18 日（http://www.nikkei. com/article/DGXNASFS1800G_Y3A011C1MM0000/）。

日本国際問題研究所 [2012]『新興国の台頭とグローバル・ガバナンスの将来』（http:// www2.jiia.or.jp/pdf/resarch/H23_GlobalGovernance/13_AllReports.pdf.）。

福山仁 [2012]「山場を迎える「財政の崖」問題」財務省『マンスリー・トピックス』 No. 014、2012 年 12 月 21 日（http://www5.cao.go.jp/keizai3/monthly_topics/2012/ 1221/topics_014.pdf）。

李立栄 [2013]「シャドーバンキングの実態と規制強化の方向性」日本総合研究所『JRI レビュー』6(7)（http://www.jri.co.jp/MediaLibrary/file/report/jrireview/pdf/6784. pdf）。

Board of Governors of the Federal Reserve System [2013] *Press Release*, December 18, 2013（http://www.federalreserve.gov/newsevents/press/monetary/20131218a.htm）.

Brown, Lester R. [2011] "The New Geopolitics of Food: From the Middle East to Madagascar, high prices are spawning land grabs and ousting dictators," *Foreign Policy*, May/June 2011（http://www.foreignpolicy.com/articles/2011/04/25/）.

Cox, Michael [2012] "Power Shifts, Economic Change and the Decline of the West?," London School of Economics, *International Relations*, 26 (4)（http://ire.sagepub. com/content/26/4/369.short?rss=1&ssource=mfr）.

Eichengreen, Barry [2011] *Global Shifts*, the Bank of Finland's 200th anniversary symposium, Helsinki, May 5-6, 2011（http://eml.berkeley.edu/~eichengr/Global_ shifts_5-17-11.pdf.）.

Epstein, Gerald A. ed. [2006] *Financialization and the World Economy*, Edward Elgar Pub.

Fawley, Brett W. and Christopher J. Neely [2013] "Four Stories of Quantitative Easing," *Federal Reserve Bank of St. Louis Review*, January/February 2013, 95(1).

Federal Reserve Bank of New York [2014] *Statement Regarding Purchases of Treasury Securities and Agency Mortgage-Backed Securities*, January 29, 2014（http://www. newyorkfed.org/markets/opolicy/operating_policy_140129a.html）.

Financial Stability Board [2011] *Shadow Banking: Strengthening Oversight and Regulation Recommendations of the Financial Stability Board*（http://www.fsb.org/ wp-content/uploads/r_111027a.pdf?page_moved=1）.

Freedman, Thomas L. [2005] *The World Is Flat: A Brief History of the Twenty-first Century*, Farrar, Straus and Giroux（伏見威蕃訳『フラット化する世界（上）、（下）』

第Ⅰ部　グローバル金融危機と新興経済の経済発展フレームワークの変貌

日本経済新聞社、2006年、2008年).

G20 [2008] *Declaration of the Summit on Financial Markets and the World Economy* (November 15, 2008) (Ministry of Foreign Affairs of Japan: http://www.mofa.go.jp/policy/economy/g20_summit/index.html).

Gilpin, Robert [2000] *The Challenge of Global Capitalism: The World Economy in the 21st Century* (古城佳子訳『グローバル資本主義——危機か繁栄か』東洋経済新報社、2001年).

Greenspan, Alan [2008] *Remarks in "This Week with George Stephanopoulos" interview*, September 14, 2008, (http://blogs.abcnews.com/politicalradar/2008/09/greenspan-to-st.html).

Hardt, Michael and Antonio Negri [2000] *Empire*, Harvard University Press (水嶋一憲・酒井隆史・浜邦彦・吉田俊実訳『〈帝国〉——グローバル化の世界秩序とマルチチュードの可能性』以文社、2003年).

Mittelman, James H. [2000] *The Globalization Syndrome*, Princeton University Press (田口富久治・柳原克行・松下冽・中谷義和訳『グローバル化シンドローム』法政大学出版局、2002年).

O'Niel, Jim [2001] "Building Better Global Economic BRICs," Goldman Sachs, *Global Economics Paper*, 66, November 30, 2001.

Sassen, Saskia [1996] *Losing Conrol?: Sovereignity in An Age of Globalization*, Columbia University Press (伊豫谷登士翁訳『グローバリゼーションの時代』平凡社、1999年).

——— [2001] *The Global City: New York, London, Tokyo*, 2nd edition, Princeton University Press (伊豫谷登士翁・大井由紀・高橋華生子訳『グローバル・シティ——ニューヨーク・ロンドン・東京から世界を読む』筑摩書房、2008年).

——— [2006] *Territory, Authority, Rights*, Princeton Unversity Press (伊豫谷登士翁監修、伊藤茂役訳『領土・権威・諸権利』明石書店、2011年).

Steger, Manfred B. [2003] *Globalization: A Very Short Introduction*, Oxford University Press (櫻井公人・櫻井純理・高嶋正晴訳『グローバリゼーション』岩波書店、2005年).

Stiglitz, Joseph [2002] *The Globalization and Its Discontents*, W. W. Norton & Company (鈴木主税訳『世界を不幸にしたグローバリズムの正体』徳間書店、2002年).

Strange, Susan [1998] *Mad Money: from the Author of Casino Capitalism*, Manchester University Press (櫻井公人・櫻井純理・高嶋正晴訳『マッド・マネー——世紀末のカジノ資本主義』岩波書店、1999年／岩波現代文庫、2009年).

Soros, George [1998] *The Crisis Of Global Capitalism: Open Society Endangered*, Public Affairs (大原進訳『グローバル資本主義の危機』日本経済新聞社、1999年).

The Fund for Peace [2011] *The Food Crisis: Origins & Threats*, September 2011 (http://library.fundfor peace.org/library/ttcvr1120-threatconvergence-foodsecurity-11e.pdf).

The National Financial Crisis Inquiry Commission [2011] *The Financial Cisis Report: Final Report of the National Commission on the Causes of the Financial and Economic*

Crisis in the United States, Offical Government Edition, Submitted by Pursuant to Public Law 111-21, January 2011 (http://www.gpo.gov/fdsys/pkg/GPO-FCIC/pdf/GPO-FCIC.pdf).

The Transnational Institute [2014] "*Shifting Power: Critical perspectives on emerging economies,*" TNI Working Papers, Sepmber 2014 (http:/www.tni.org/files/download/shifting_power.pdf).

U.S. Congressional Budget Office [2013] *Fiscal Cliff Deal,* Janyary 4, 2013 (http://www.cbo.gov/publication/43835).

U.S. Senate [2011] Permanent Subcommittee on Investigation, Committee on Homeland Security and Governmental Affairs, *Wall Street and The Financiar Crisis: Anatomy of a Financial Collapse,* April 13, 2011 (http://www.hsgac.senate.gov//imo/media/doc/Financial_Crisis/FinancialCrisis Report.pdf?attempt=2).

U.S. Senate [2011] Permanent Subcommittee on Investigation, Committee on Homeland Security and Governmental Affairs, *Wall Street and The Financiar Crisis: Anatomy of a Financial Collapse,* April 13, 2011 (http://www.hsgac.senate.gov//imo/media/doc/Financial_Crisis/Financial CrisisReport.pdf?attempt=2).

Webener, Steven [1997] "The End of the Business Cycle?," *Foreign Affairs,* July 1997 (http: //www. foreign   affairs. com/articles/53227/steven-weber/the-end-of-the-business-cycle).

第Ⅰ部　グローバル金融危機と新興経済の経済発展フレームワークの変貌

第 *2* 章

産業立地のグローバル化と集積間ネットワーク
——日系電機・電子企業のイノベーションへの課題

近藤章夫

はじめに

　現代はグローバリゼーションの時代といわれる。とくに、1990年代以降、東西冷戦の終結を契機に、世界的に市場経済が広がったことでヒト（人材）・モノ（物財）・カネ（金融）・情報の流動性が飛躍的に高まっている。各国・地域の政治、経済、社会、さらには文化面まで、非常に広範な分野に及ぶ特徴的な現象として、グローバリゼーションはその影響の正負をめぐり世界的な論争を惹起してきた[1]。その賛否はともかく、ソ連崩壊以後の20年間でめまぐるしく経済環境が変化したことは間違いない。

　グローバリゼーションの主因は、企業や資本とそれに付随する制度の変化である。企業活動のグローバル化とそれにともなう競争の激化、ICT（情報・通信技術）を核とするイノベーションの加速化、各国における新自由主義的政策への傾斜というそれぞれの動きが相互に作用し、それに加えてIMF、WTOなどの国際機関による経済ルールの「標準化」やFTAなどを軸とする地域経済統合への動きが重なり、グローバル化は複合的かつ重層的な発展プロセスとして観察される。かつての世界経済の中心はアメリカ、西欧、日本の3極構造といわれ、北半球に経済発展の地域が集中していたことで「南北問題」や「南南問題」などが問題視されていた。しかし、先進国（OECD加盟国）は2016年現在で35カ国にまで増え、他方「南側」の発展途上国の多くが高い経済成長をみせるとともに、BRICsやVISTAなどと称される新興国などが台頭するに至り、かつての経済環境から大きく変貌する

30

こととなった。

　こうした世界規模での経済発展を牽引してきたのは主に多国籍企業（MNCs）である。多国籍企業は企業規模に関係なく母国を含めた 2 カ国・地域以上で事業活動を行う企業として定義されるが、実際には資本規模が大きく、寡占的な支配力を有する大企業を指すことが通例である。近年では、グローバル企業などとも呼ばれ、世界各地での事業所の「最適立地」を通じて世界経済に大きな影響力をもっている[2]。これまで多国籍企業の立地論に関しては数多くの理論的、実証的研究が蓄積されてきており、その嚆矢も 1960 年代に遡る[3]。本章の問題意識の一つは、それらの蓄積をふまえたうえで、グローバリゼーション時代における多国籍企業の立地論に拡充するべき論点は何かを論じることにある。

　他方、グローバリゼーションと同時に、現代経済ではイノベーションの重要性が高まっている。現代の知識経済社会において研究開発とイノベーションは企業活動の両輪であり、それらの地理的側面もグローバル化のなかで変容してきた。具体的には、垂直統合型ビジネスモデルで採られていた「クローズド・イノベーション」から産官学連携やコンソーシアム形式に代表される「オープン・イノベーション」へ研究開発活動が変化するなかで、多国籍企業は中核的な機能を集積・クラスターと連動させて、グローバルにネットワーク化してきている。もう一つの問題意識は、こうした多国籍企業の立地においてイノベーション中心の活動がもたらすさまざまな側面がどのようにグローバリゼーションと連動しているのかについて考察することである。

　本章では、日系電機・電子企業の多国籍化とグローバリゼーションとの関係について考察することを目的とし、とくに研究開発とイノベーションとの関係で論点を整理したい。日本を取り巻く経済環境は 2000 年代後半以降、厳しい状態が続いている。グローバル化による新興国の台頭に代表されるように、日系企業のかつての国際的な競争優位は崩れつつあり、歴史的な円高基調が続いたことによる国内生産への逆風や、隣接する中国、台湾、韓国などの東アジア諸国における急速なキャッチアップから、事業の再構築が進んでいる。とくに、電機・電子の分野は、先端技術をベースにして他産業を牽

引する基盤産業として位置づけられているが、1990年代以降、顕著に競争
劣位になるケースがみられる。たとえば、DRAMやフラッシュメモリなど
の半導体デバイス、液晶パネルやプラズマディスプレイパネルなどの薄型ディスプレイ（FPD）、代替エネルギー関連技術として市場の成長が著しい太
陽電池セルなどがその代表例である（小川［2009］3-7頁）。これらのケースの
背景にあるのは、グローバル化にともなう市場の競争環境の変化に加え、
1990年代以降における企業組織の再編、研究開発活動の変化、イノベーション指向型の産業・公共政策の高まりなど、研究開発とイノベーションを取
り巻く非市場的な経済環境の構造変化が大きいと考えられる。

　以上の背景と目的から、本章では日系電機・電子企業を題材として、多国
籍企業の立地論をベースに、グローバリゼーションとイノベーションからみ
た経済地理について、立地と集積からみた現代経済への含意を明らかにした
い[4]。なお、本章で取り扱う事例は主に2000年代を念頭においており、「ア
ベノミクス」以後の動向については別稿にゆだねる。

1. 多国籍企業の立地論と現代的意義

（1）　プロダクトサイクル論とその後
　多国籍企業の行動パターンを立地論の視点で初めて本格的に分析したのは、
アメリカ経済学者のレイモンド・ヴァーノンである。ヴァーノンの研究は経
済地理学における多国籍企業論の嚆矢であるとともに、その後の各国企業の
国際化やグローバル化を議論するうえでの基盤的視座を提供してきた。ヴァーノンの研究史を紐解くと、ウェーバーの工業立地論を継承したフーヴァー
に影響を受け、ニューヨーク大都市圏の産業立地について共同研究を行い、
そこで得られた知見がプロダクトサイクル論へとつながっていく。ヴァーノンはニューヨークに立地している生産活動について労働力指向型、輸送費指
向型、外部経済型などに分類し、大都市圏を中心、周辺、郊外の三つの地帯
に分けて、それぞれの生産活動の立地要因に適した地帯に応じて、立地調整
や立地移動が生じるメカニズムを明らかにした。

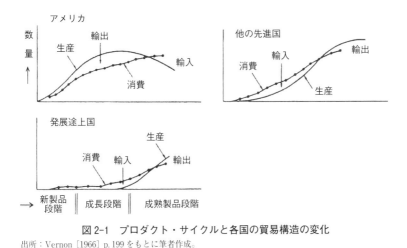

図 2-1　プロダクト・サイクルと各国の貿易構造の変化
出所：Vernon［1966］p. 199 をもとに筆者作成。

　ヴァーノンのプロダクトサイクル論は、ニューヨーク大都市圏における生産活動の地帯間移動で明らかとなった立地要因に関して、大都市圏から国際関係へ空間スケールを拡張するとともに、市場における製品（プロダクト）の「寿命（サイクル）」の視点を付加したものである。製品のライフサイクルとは、新製品段階、成長段階、成熟段階、衰退段階に分けられる。アメリカの多国籍企業を事例にして、新製品段階では外部経済が発展しているアメリカ本国に立地する優位をもつが、成長段階では規模の経済を追求するために他国へ移転するインセンティブが高まる。さらに、成熟段階に至ると競合企業との関係で生産コストの低減が競争条件になるので発展途上国の安価な労働力が重要な立地因子になることを示した（図2-1）。プロダクトサイクル論の貢献は、このようにアメリカ企業が本国から海外へ移転していく多国籍化を立地論の視座から解釈できることとともに、アメリカ・他の先進国・発展途上国間の貿易構造の変化についても製品のサイクルから説明できることを示した点にある。
　ヴァーノンが展開したこうしたプロダクトサイクル論に対して、ハイマー（Hymer［1976］）は、アメリカからヨーロッパ、ヨーロッパからアメリカという立地の拡大について多国籍企業の先進国間の相互浸透現象を論じている。

第Ⅰ部　グローバル金融危機と新興経済の経済発展フレームワークの変貌

ハイマーによると、海外直接投資は、多くの場合相手国企業に対して優位性をもつような寡占的市場構造を特徴とした産業において起こり、こうした優位性は、寡占市場における多国籍企業の投入要素の低コスト調達、製品差別化、流通・マーケティング面、情報・知識面などの側面から説明されている。ハイマーの議論は、ラグマン（Rugman［1981］）らの「内部化理論」につながっていく。ラグマンは「内部化とは、企業内に市場を作り出すプロセスで、企業特殊的優位を世界的規模で維持するための一つの手段である」点を強調した。なお、ダニング（Dunning［1993］）の「OLIアプローチ」は、ハイマーによる所有（Ownership）、ヴァーノンによる立地（Location）、ラグマンの内部化（Internalization）という、三つの優位性に関する理論の統合を試みたものといえる。

　このように、その後の多国籍企業の立地論にヴァーノンの研究は多大な影響を与えた。プロダクトサイクル論で明らかとなった多国籍企業の動態的立地パターンは現代においても大いに有効性をもつ。ヴァーノン以後、多国籍企業の組織内資源を加味した組織論的アプローチや、製品ではなく生産工程によって説明するアプローチ、国家ではなく集積やクラスターを立地条件とみなすアプローチなどの複合的な説明によって、多国籍企業論は豊富化されてきた。1990年代以降のグローバル化をふまえると、次にあげるキーワードを取り込んだアプローチが求められている。第一に、多国籍企業における研究開発とイノベーションの重要性増大である。製品の価格競争だけでなく、製品の新奇性や創造性をいかに実現するかが多国籍企業の立地因子にも作用するようになった。第二に、世界的な市場の拡大である。かつて発展途上国は労働力を提供する立地環境として位置づけられてきたが、中間層以下の所得水準が向上して新たに新興国市場として大きなマーケットになってきている。そのため、途上国への立地は市場開拓を目的とした「現地化」が進んでいる。第三に、製品のライフサイクル短縮化である。PCやデジタル家電など多くのプロダクトで製品寿命が短くなったため、自社資源の「選択と集中」が進むとともに外部資源の積極的な活用がみられる。その結果、生産活動における企業間関係や協業関係が国際的に広がることで、以前にみられた

先進国と発展途上国間の比較優位性が変わりつつある。こうした新たな動向を考えるうえで象徴的な事例を次にあげる。

（2）　米国アップル社のグローバルネットワーク

　米国アップル社は2000年代に入って急激に成長した企業の一つであり、現代経済でもっとも注目されるグローバル企業である。株式の時価総額では2011年に世界一となり、日本の大手電機・電子企業8社（日立、三菱電機、東芝、富士通、NEC、ソニー、シャープ、パナソニック）の時価総額と比べても、8社合計額の約4倍弱に及んだことで話題となった。これだけの規模に成長したのは、同社の主力製品であるPC、携帯電話などの高機能電子機器がグローバル市場で競争優位を獲得したことによる。とくに、2007年に販売が開始された、スマートフォンと呼ばれる高機能携帯電話「iPhone（アイフォーン）」や、ノートPCと携帯電話に続く新たなモバイル機器のジャンルを創出したタブレット端末「iPad（アイパッド）」の爆発的普及が今日のアップルを支えている（Lashingsky [2012]）。

　アップルは毎年公開しているサプライヤー責任情報「Supplier Responsibility」の報告書のなかで、2011年版で初めて生産委託や部品調達にかかわる主要なサプライヤー企業のリストを公開した[5]。近年の電機・電子産業では設計・開発と生産の専業化が進んでおり、アップルも自社で製造設備をもたずEMS（電子機器受託製造サービス）を利用するファブレス企業である。通常、ファブレス企業やEMSは取引先の情報を秘匿にすることが多く、製造関連のサプライヤーではきわめてまれである。公開に至った背景には、労働条件の悪い外国工場に委託しているという批判を受けた対応で、企業の社会的責任（CSR）をふまえて透明性を高める狙いが指摘されている[6]。

　公開された主なサプライヤーは表2-1のとおりである。アップルの報告書によると、公開された156社のサプライヤーが総調達額の97％を占めるという。国籍でみると、アメリカ国籍の企業数が43社と多くなっているものの、大部分は日本を含むアジア系の企業が占めており、さらに実際の生産拠

第Ⅰ部　グローバル金融危機と新興経済の経済発展フレームワークの変貌

表2-1　アップル社の国籍別サプライヤー数

国籍	企業数	主な企業
アメリカ	43	Cypress、Fairchild Semiconductor、Intel、Micron、Qualcomm、Sandisk
台湾	43	AUO（友達光電）、奇美電子、Foxconn、Quanta Computer、Wintek
日本	32	エルピーダメモリ、村田製作所、シャープ、ソニー、東芝
中国（香港を含む）	11	Broadcom、BYD
シンガポール	9	HomeFlextronics
韓国	8	Hynix、LG、Samsung
上記以外の国	12	STMicroelectronics（仏・伊）、Infineon（独）、NXP Semiconductor（蘭）
合計	158	※

＊公表されたのは156社だが、国籍の異なる合弁企業2社は両国でカウントした
出所：アップル社の資料にもとづいて筆者作成。

点の立地でみれば中国・台湾などに集中していることが想定される。日本の企業は32社を数え、大手電機・電子メーカーの東芝、NEC、ソニー、シャープ、パナソニックや、電子部品・半導体メーカーの村田製作所、TDK、エルピーダメモリ、ロームだけでなく、高度な専門技術を有する中堅・中小企業も含まれていた[7]。

　こうしたアップル社の事業構造と公開されたサプライヤーから、現代の多国籍企業の立地論として重要な視点が浮かび上がってくる。近年の電機・電子企業では、事業プロセスのなかで上流と下流の付加価値が高く、中間の組立工程では付加価値が低いことから、縦軸を付加価値、横軸を上流から下流に至る事業プロセスとしたとき「スマイルカーブ」が描かれる。ファブレス企業であるアップルではスマイルカーブの両端である設計・開発およびロジスティクス・販売・サービスに特化し、部品生産や組立製造をグローバルにアウトソーシングしている。こうした生産連鎖（production chains）でつながった関連サプライヤーの総従業員は全世界で100万人を超え、製造プロセスではグローバル生産ネットワークが特徴となっている。

　従来の多国籍企業は、生産、販売、管理など複数の機能別組織から構成され、主たる機能組織である中枢管理機能、研究開発機能、生産機能のそれぞれで立地パターンが形成されてきた。そのなかで、多くの電機・電子企業は

垂直統合型ビジネスモデルを指向し、生産機能の階層的立地（locational hierarchy）が観察されてきた（近藤［2007］）。アップルの事例はこうした多国籍企業の「内部組織」の地理的配置とは異なり、スマイルカーブにもとづく価値連鎖（value chain）を反映した立地のネットワーク化であり、それぞれの「立地単位」のもつ比較優位性を束ねることで規模の経済性や連結の経済性を高めている。その意味で、「企業の境界」を超えた立地間のフレキシブルなネットワークが新たな論点として重要になってきている。

2．グローバル化時代の研究開発とイノベーション

（1）　研究開発のネットワーク化

　多国籍企業の立地がネットワーク化していくなかで、そのキードライバーである研究開発とイノベーションの様態にも特徴的な動きがみられる。とくに、次の3点が構造要因としてあげられる。第一に、研究開発の特性が変化してきたことである。かつては、基礎研究を出発点とし、そこから創出された科学技術を応用して、新製品の開発につなげるという線形的（リニア）な研究開発が主流であった。すなわち、まず基礎研究を行い、その後、応用研究→開発→設計→製造→販売・マーケティングへ直線的に流れていくという、リニアモデルが支配的であった（Rosenbloom and Spencer［1996］邦訳 23-113 頁，西村［2003］59-77 頁など）。このモデルでは基礎研究に力をいれることが成功要因として考えられており、研究が成功すれば事業化もうまくいくという「プッシュ型モデル」ともいわれる。ヴァーノンのプロダクトサイクル論が提唱された 1960 年代から 70 年代にかけては主流であった。しかし、現代の科学技術では、複雑化や不確実性が飛躍的に増大して科学的知見が必ずしも事業化に結びつかないという、研究と開発の間に横たわる「死の谷（デスバレー）」現象が顕著になってきている。このため、研究開発から事業化に至るプロセスには、開発動向を見据えた科学研究への影響、マーケティングから研究開発へのフィードバック、製造から開発へのインプリケーションなど、研究開発における各プロセス間の相互関係が高まりつつある。その意味で、

第Ⅰ部　グローバル金融危機と新興経済の経済発展フレームワークの変貌

現代の研究開発は、かつてのリニアモデルからノンリニア（非線形）モデルへ変化しつつある（Rosenbloom and Spencer [1996] 邦訳 277-304 頁）。

　第二に、研究開発を行う企業組織の視点でいえば、垂直統合型企業の研究開発効率、すなわちイノベーション創出率が低下してきたことである。先の点とも関連するが、リニアモデルによる研究開発では伝統的な大規模ヒエラルキー企業に強みがあった。伝統的な大規模ヒエラルキー企業は、「チャンドラー型企業」とも呼ばれ、垂直統合型ビジネスモデルと整合的であり、自社で研究開発を行うことを基本としてきた（徳田ほか [2011] 25-29 頁）。こうしたチャンドラー型企業における研究開発組織の本質的側面は、「ウォーター・フォール・モデル」といわれる（Klein and Rosenberg [1986]）。しかし、電機・電子などのハイテク製造業では、垂直統合型ビジネスモデルと比較して水平分業型ビジネスモデルの競争優位性が議論されるようになってきた（佐野 [2009] 124-169 頁）。こうした水平分業型ビジネスモデルでは、各企業が自らのコア・コンピタンスに即した事業分野に特化し、専業特化型企業として他社と協業する形をとる。そのため、研究開発においても他社との共同開発や、外部リソースの積極的活用などが特徴的であり、企業の境界を超えた外部アクターとの協業が中心となる。複雑性や不確実性が増大する現代の研究開発環境においては、研究開発のリソースを自社だけに求めるのではなく外部に幅広く求める水平分業型は、研究開発の効率やイノベーションの創出の側面で垂直統合型に比べて優位性をもつ。

　第三に、上記の点を総括すると、イノベーションを実現する方途として「オープン・イノベーション」指向が高まっていることである（徳田ほか [2011] 25-51 頁, 真鍋・安本 [2011] 8-34 頁）。ここでいうオープン性とは、企業の境界を超えて外部のアクターと積極的に連携していく動きを意味する。1990 年代以降、かつての研究開発組織の象徴的存在であった「中央研究所」の終焉が喧伝され、それに代わる動向として産学連携や産官学連携などが脚光をあびるようになってきたのも、オープン・イノベーション時代を象徴する動きの一つといえる（西村 [2003] 127-150 頁）。日本の製造業企業では、研究開発の自前主義が根強く、NIH（Not Invented Here）症候群に陥ってい

表2-2　研究開発組織とイノベーションの模式図

研究開発プロセス	イノベーション	R&D組織	企業形態	地理的側面
リニアモデル	クローズド・イノベーション指向	ウォーター・フォール・モデル 中央研究所	垂直統合型企業（チャンドラー型企業）	階層的立地（企業内空間的分業）中心-周辺型立地展開
ノンリニアモデル	オープン・イノベーション指向	スパイラルモデル（連鎖型モデル）産学連携 共同研究開発（コンソーシアム・アライアンス）	専業特化型企業 ベンチャービジネス	集積・クラスターの立地優位性 集積間のグローバルネットワーク

出所：既存研究にもとづいて筆者作成。

ることが研究開発の効率性低下要因とされてきた。こうした自前主義での研究開発組織の構築を、クローズド・イノベーションと位置づけるならば、現代の先進的企業においては、研究開発を通じた効率的な知識創造と知識活用が競争力の維持と向上に必要であるため、オープン・イノベーションの重要性が高まっている。

表2-2は研究開発組織とイノベーションの特徴を模式化したものである。研究開発のプロセスをリニアモデルとノンリニアモデルに大別すると、1990年代以降の構造変化はクローズド・イノベーション指向からオープン・イノベーション指向への移行と捉えることができる。クローズド・イノベーションでは、垂直統合型（チャンドラー型）企業に強みがあり、研究開発組織では基礎研究を行う中央研究所を頂点とし、その成果は各開発拠点や生産拠点に階層的に展開していくことを特徴とする。そのため、中心から周辺への立地展開が特徴である企業内空間的分業と親和的であるといえる。一方、オープン・イノベーションでは、特定の事業領域に特化した専業特化型企業やベンチャービジネスが躍進しており、企業の境界を超えて外部リソースを探索していく様態として、共同研究開発や産官学連携などが常態といえる。ノンリニアモデルでの研究開発では、さまざまなプロセスの相互関係が発生するとともに、外部アクターとの緊密な連携が必要になってくるため、アクター間の地理的近接性が重要になってくる。この点から、オープン・イノベーシ

ョンを実現する「場」として集積・クラスターの役割が注目され、それらの集積間を結ぶネットワーク化が進んでいるといえよう。多国籍企業の立地動向には、オープン・イノベーション指向にともなう研究開発のネットワーク化が関係している。

（2） イノベーションと集積・クラスター

　研究開発とイノベーションの動きについて、日本の電機・電子産業のなかでも中核的な事業部門である半導体産業を事例に検討する。現代の半導体産業は、水平分業と国際分業の進展とともに、科学技術への依存度が高まっており、製造業の特性に加えてサイエンス型産業の色彩が強まっている。サイエンス型産業とは、基礎的な科学の重要性が高く、科学技術の成果が事業に利用されるまでの時間が短い産業を指す（後藤・小田切［2003］3-4 頁）。サイエンス型産業の特性が注目される理由には、さまざまな科学技術分野で生み出される創造的な発見・発明が市場を通じて社会生活に変革をもたらす「サイエンス・イノベーション」への関心が高まってきていることがある。現代においては経済成長にはイノベーションが不可欠であるとの認識が広がりつつあるが、その原動力としてサイエンスへの期待が高まっており、広い意味で知識の生産活動とイノベーションとの関係が論じられるようになった。

　こうした背景には、イノベーションをめぐる国際競争が激しくなっていることがあげられる。アメリカでは「Innovative America」と題する 2004 年のアメリカ競争力評議会報告で国家的イノベーションシステムの振興が打ち出され、他方 EU では欧州委員会（European Commission）が 2006 年に「Creating an Innovative Europe」と題する報告書を刊行するなど、2000 年代に入って企業戦略だけでなく、国家戦略や公共政策においてイノベーションがキーワードとなりつつある。経済社会の広い分野で、既存の産業構造や諸制度、技術や製品などの「創造的破壊」を促すようなキードライバーをいかに見出すかが重要な課題となっている。

　グローバリゼーションの文脈で企業の立地とイノベーションを考えるうえで重要な点は、イノベーションの創出を促すシステムにはいくつかの空間ス

ケールがあるということである（戸田 [2004]；與倉 [2009]）。北米、EU、東ア
ジア、という大陸レベルのスケールから、日本など各国のナショナルスケー
ル、都市や集積・クラスターなどの地域スケールまで縮尺に応じたイノベー
ションシステムが考えられる。とくに近年は、サブナショナルスケールとし
ての地域イノベーションシステムが EU を中心に議論されており、これは日
本においてもクラスター戦略との関連から経済産業省の産業クラスター計画
や文部科学省の知的クラスター事業などで議論されてきた。

　地域イノベーションシステム論で鍵となるのは、イノベーションの地域性
をどのように考えるかという点である。科学者・技術者の国際的な流動が高
まりつつあり、国境を越えた共同研究や共同開発が一般的になっている現代
において、知識の生産活動はボーダーレスである。とくに、研究活動では英
語が事実上の国際公用語となり、グローバルスケールの人的なネットワーク
が密となっていることを鑑みると、サイエンスはグローバル化が常態となっ
ている。一方で、アメリカのシリコンバレーやボストン周辺、イギリスのケ
ンブリッジ、インドのバンガロール、台湾の新竹など特定の地域が「ハブ」
として知識生産の中心地となっているという観察的事実がある。新製品や新
規ビジネス、新しいアイデアなどがこうした集積・クラスターから続々と創
出されているということは、経済的価値をもつ「テクノロジー」がローカル
化していることとみることもできる。すなわち、経済的価値を創出する実質
的な場として集積・クラスターが位置づけられるということである。

　半導体産業では 90 年代中頃から、回路設計の微細化にともなう複雑性増
大から研究開発のモジュール化が進んだ結果、ファブレスや IP ベンダーな
どのベンチャー企業が数多く台頭した。とくに、半導体産業の揺籃地である
シリコンバレーはベンチャー創出が顕著となっている（Saxenian [1994] pp.
16-29）。アメリカ半導体メーカーの Intel などは世界各地の主要な集積地に
おいて新規ベンチャーへの投資を活発化させており、事後的なバイアウトも
含め、研究開発の「アウトソーシング」を行っているといえる。このような
新規事業へのベンチャーキャピタルや既存大企業の投資、カーブアウトやス
ピンアウトによるベンチャー創出などの動きは半導体産業にとどまらず、サ

イエンス型産業全般にみられる傾向となっており、より大きな流れでみると
イノベーションシステムにおける知識創造と知識活用の点でベンチャー企業
の役割が高まっているといえる（後藤・小田切［2003］133-167頁）。

　集積やクラスターについては、旧来の産地や企業城下町などの特徴的な事
例にもとづいた競争優位性に関する議論だけでなく、知識生産のコーディネ
ーションやネットワーク、研究開発におけるベンチャーの意義などからも現
代的な意義が再考されている（水野［2011］）。知識はコード化可能な形式知と
属人的な暗黙知に分類できるが、このうち後者の暗黙知は対面接触によって
のみ伝播するのでローカルスケールでしかアクセスできないとされる。その
ため、イノベーションを実現する必要条件として内外の知識へのアクセスを
考えたときに、さまざまなアクターが地理的に近接していてかつ集積してい
る状態が有利に働く。一方で、研究開発のシーズ発掘やベンチャー創出など
もローカルスケールにおける地域資源、風土、制度、地域労働市場などの特
性によって大きな影響を受ける。揺籃期のベンチャーなどは規模が小さく、
事業を進めるうえで十分な知識・ノウハウが欠如しているケースが多いため、
地域におけるサポーティングインダストリーが重要になってくる。

　こうした点から、イノベーションを実現していくうえでの地理的な要件が
論じられてきた。従来のリニアモデルが限界をむかえ、不確実性と複雑性が
高まっている現代経済において、研究開発から事業化に至るプロセスではさ
まざまな段階で異なるアクターが相互に学習することによってイノベーショ
ンの実現確率が高まるとされる。また、地理的に近接した状態では知識のス
ピルオーバーが起こりやすく、新しい発見や発明が次の知識創造や知識活用
につながるという正のフィードバック効果がいくつかの事例研究から明らか
になっている。このような学習効果とフィードバック効果から、イノベーシ
ョンにおいては地理的近接性が重要であり、ビジネス支援環境としての集
積・クラスターの厚み（thickness）が鍵となる、という論点である。

　集積やクラスターの議論の焦点は、輸送費用や取引費用の低減効果という
点からイノベーションの創出確率の上昇効果という点に移っている。集積と
イノベーションの関係性について、近年の議論では、イノベーション創出に

は外部とのつながりが重要であるという主張が多くみられ、さらに、新奇性のある知識が循環するにはアクターの多様な相互作用も条件となる。集積やクラスターをイノベーションの文脈で考える際には、近接性だけでなく多様性と結合性という要素も重要になる。グローバリゼーションの文脈において、多国籍企業の立地の優位性を維持するためには、集積・クラスター内部での連関と、域外における多層的な空間スケールにまたがるネットワークをいかにイノベーションにつなげていくのかが大きな課題である。

3．立地とイノベーションからみた日系電機・電子企業の課題

（1）　日系電機・電子企業を取り巻く経済環境

　日系電機・電子企業は、前節までの論点整理によって明らかとなったグローバル化時代の研究開発とイノベーションの動向にうまく合致してきたとはいいがたい。日本の電機・電子企業は 1980 年代に強い国際競争力を有して世界を席巻した。その結果、家電、半導体・電子部品などの多くのセグメントで生産額を伸ばして世界市場におけるプレゼンスを高めた。こうした日本の産業競争力の源泉については、さまざまな論者によって解釈されてきたが、製造現場の暗黙知を共有する仕組み、部門間の頻繁なコーディネーション、系列関係に代表される企業間の長期相対関係など、企業組織内の知識活用に日本の優位性があったとされる（青木・ドーア［1995］13-48 頁，浅沼［1997］3-14 頁，伊丹ほか［2006］1-18 頁）。アメリカやヨーロッパの産業・企業にキャッチアップしていく段階でのリニア的な技術開発では、こうした摺り合わせの強みが日本製造業の競争力となっていたとみることもできる。

　1990 年代に入ると、一部の製造業を除いて日本の国際競争力に翳りがでてきた。とくに半導体産業はきわめて深刻な不況期を数度経験し、メモリなどキードライバーとなる製品で国際競争力が弱化していった。日本とは正反対にアメリカでは 1990 年代に産業競争力が復活し、とくに IT や半導体などの分野で競争優位となった。このような 80 年代から 90 年代を通じての日米産業の対称的な栄枯盛衰プロセスの要因についてもさまざまな論点が提出

されてきた（宮崎［2008］10-40頁，小川［2009］3-35頁，青島ほか［2010］25-65頁）。

　これは、イノベーションの文脈から整理すると、ITの爆発的普及によるデジタル化と東西冷戦の終結による本格的な経済のグローバル化を背景にして、事業の不確実性や複雑性が増して、これまでの研究開発や事業プロセスとは異なる動きが生じたからだといえる。具体的には、組織内外のコーディネーションのあり方がモジュール化と呼ばれる方向にシフトし、垂直統合的な摺り合わせで競争劣位となる部分が出てきたことである。電機・電子企業は設計、製造、検査までを自社で行う垂直統合型ビジネスモデルで80年代を席巻したが、90年代は各工程に特化した専業企業が台頭し、とくに半導体産業では水平分業型ビジネスモデルが顕著になり、アメリカをはじめ台湾や韓国の成長によって日本の地位が低下した。

（2）　立地とイノベーション

　戦後の電機・電子企業の立地は地方分散を特徴としていた（末吉［1999］，近藤［2007］）。電機・電子産業は労働集約的な工程を数多く含むため、国内では大都市圏から地方圏へ安価な労働力を指向して工場が分散した。工業統計表によれば、電気機械器具製造業の地方圏のウェイトは事業所数、従業者数それぞれにおいて、1955年の15.7%、21.2%から、2000年には50.6%、59.4%まで上昇した。また、こうした立地パターンは国内から海外へも同様に進み、海外生産比率も同様に、1980年以前は数%程度であったが2000年には21.9%にまで高まった。日系電機・電子企業の多国籍化の歴史は古く、1960年代には台湾や東南アジアに進出しており、低価品を中心に生産工場が国内から進出してきた。企業規模とエレクトロニクスの市場が拡大するにつれ、その立地範囲も国内から海外へと広がっていったといえる。

（3）　パナソニックのテレビ事業の事例

　日系電機・電子企業の立地調整は、製品の技術革新、市場の拡大、競争環境の激化などの影響を受けている。たとえば、製品の技術革新という点でいえば、ブラウン管テレビから薄型テレビ（FPD: Flat Panel Display）への刷

第2章　産業立地のグローバル化と集積間ネットワーク

新、新たなモバイル電子機器（スマートフォン）の登場など、新技術に転換する過程で工場立地とネットワークも変動している。

　薄型テレビに用いられるディスプレイパネルは主に液晶パネルとプラズマディスプレイパネル（PDP: Plasma Display Panel）があり、それぞれ液晶テレビとプラズマテレビとしてブラウン管テレビに代わって2000年代に消費量が拡大した。テレビ生産は1990年代から本格的にグローバル化が進み、薄型テレビ産業の生産拠点は東アジアに集中した。とくに、薄型テレビの最盛期には、パネル生産は日本、韓国、中国（台湾を含む）の3カ国で9割以上を占めた。旧来のブラウン管の生産がアメリカ、ヨーロッパ、アジアと分散したのに対し、薄型パネルの生産が東アジアに一極集中したことは示唆的である。

　こうした競争環境のなか、薄型パネル・メーカーは生産拠点への重点投資、パネル部材・関連サプライヤーとの近接性重視、工業団地などの政策的優遇措置や地域資源の活用などを背景に、立地の集中をはかった。液晶パネルで集中投資を続けたシャープは亀山、サムソン電子は天安（チョンアン）・湯井（タンジョン）、PDPはパナソニックの茨木・尼崎などが生産拠点であった。こうした立地の集中には地理的近接性と集積の視点から合理性があったといえる。たとえば、パナソニックのPDP事業の立地調整をみると、阪神大都市圏の茨木や尼崎への立地集中は地理的近接性が一つのキーポイントとなっていた。研究・開発・生産が一体となって迅速に量産するために、各部門間の緊密な情報交換・共有をはかる必要が高まったということが背景にあった。ブラウン管テレビの生産と異なり、ディスプレイパネル生産では非常に薄いガラス板に電子部品を組み付けるため、設計部門や生産技術部門などが量産技術の確立までに何度も試行錯誤する。そのため、本社工場（パナソニックの場合、茨木工場）と量産拠点の近接性はこうした試行錯誤を容易にする一つの要件であった。近接性を最大限に活かして、パナソニックは高槻、茨木、尼崎の立地間でスムーズに量産の立ち上げを行ってきた。

　パナソニックは2000年代にPDP事業へ傾斜していったが、ブラウン管テレビからPDPへの転換のなかで、立地調整はどのように進行したのであ

45

第Ⅰ部　グローバル金融危機と新興経済の経済発展フレームワークの変貌

ろうか。ワッツの分類（Watts [1987]）に従うと、立地調整は複数工場企業が生産設備を再編成するプロセスと定義され、工場の新設、既存工場での変化（in situ adjustment）、工場閉鎖などの各フェーズがある。テレビ事業のリストラクチャリングにともなう立地調整を各フェーズで分類すると、まず、ブラウン管およびテレビ部材の工場閉鎖が生じた。松下のブラウン管生産は、松下電子工業の高槻工場と宇都宮（平出）工場で行われ、最終組立工場の茨木、宇都宮のそれぞれに近接していた。宇都宮工場は 2003 年 8 月に閉鎖、高槻工場は 2004 年 9 月までに量産ラインが海外へ移管され、試作ラインの一部のみを残すこととなった。それにともない、ブラウン管の周辺部材を生産していたサプライヤーの多くも国内工場の閉鎖、もしくは海外への移管を進めた。

　次に、ブラウン管テレビ生産設備から薄型パネル生産設備への切り替えにみられる既存工場での変化があった。1998 年に PDP 事業部が発足した当時、PDP の生産設備は高槻工場に試作レベルのラインをもつだけであったが、2001 年 6 月に茨木に第 1 工場が建設され、高槻工場と茨木工場それぞれに PDP の生産設備が本格的に導入された。2004 年 4 月に稼動を開始した茨木第 2 工場にも、ブラウン管生産設備を移管して空いたスペースに建設された。また、従業員の配置転換においても、2000 年に製造子会社の松下プラズマディスプレイが設立されたときに、松下本体から子会社の全従業員に相当する約 700 人が出向扱いとなり、各工場への配置転換が進んだ。開発部門では、高槻工場からは約 400 人の従業員が 2004 年に茨木第 2 工場などに異動、同年にテレビの茨木工場とその他 AV 製品の門真工場に分かれていた開発部隊を門真に集約すべく、テレビ部門約 1500 人の開発担当エンジニアが門真に異動した。その他の地区では、ブラウン管テレビの国内最大拠点であった宇都宮工場は液晶テレビの組み立て拠点として、液晶パネル生産拠点であった石川工場は東芝との合弁事業のもとで中小型液晶パネルの生産に特化するなど、それぞれ既存工場を活用して生産資源の調整が行われた。

　さらに、既存工場の変化とともに、大規模投資を特徴とする工場の新設が行われた。薄型パネルの生産では企業間の合従連衡が多くみられるが、それ

は特定の映像表示デバイスへの投資額が巨額になったことの証左でもある。そのため、新設される工場は大規模であり、経営自体を大きく左右するほどの投資額となってきた。松下のPDP生産工場は、既存工場を再活用した高槻工場と茨木の2工場に続き、上海工場（2002年）、尼崎国内第3工場（2005年）、尼崎国内第4工場（2007年）の3工場が新設された。この結果、松下のPDP事業におけるパネル生産の工場立地は、最盛期には図2-2のように国内4カ所、海外1カ所となり、パネルの生産地は日本および上海に集中、最終セットにする組立工程に関しては、北米市場はメキシコ、南米市場はブラジル、欧州市場はチェコ、東南・南アジア市場はシンガポールなど最終消費地に近い各工場で、日本からパネルを輸入して組立を行った。

　こうした国内で中核部品を生産し、消費地に近い拠点で組立を行うビジネスモデルは、垂直統合型の典型例であり、日本を中心とした階層的立地の形態をとってきた。薄型テレビ市場の成長期には、こうしたビジネスモデルに優位性があったが、韓国や台湾のパネルメーカーの増産による成熟期に入ると、一転、日本のメーカーは苦境にあえぎ、大規模な設備投資の償却が負担となって急速に競争劣位になっていく。とくに、2008年の金融危機による市場の変質によって、価格競争に陥り、その後、パナソニックはPDP事業からの撤退にまで追い込まれた。その結果、日本を中核とする階層的な立地のグローバル化は頓挫し、テレビ事業自体の見直しと世界的な立地調整が進んだ。パネル生産工場は、中心であった尼崎をはじめ多くが閉鎖され、世界各地の組立工場もテレビ専門から複数製品生産工場への転換を余儀なくされることとなった。パナソニックのテレビ事業の事例は、多国籍企業の立地を考えるうえで、グローバルネットワークのあり方に対して示唆に富んでいる。

おわりに

　現代経済では、グローバリゼーションが進み、そのなかで企業戦略は継続的な研究開発と不断なきイノベーションが軸となりつつある。多くの製造業で研究開発投資が巨額化し、新奇性の高い事業化が求められるようになって

第Ⅰ部　グローバル金融危機と新興経済の経済発展フレームワークの変貌

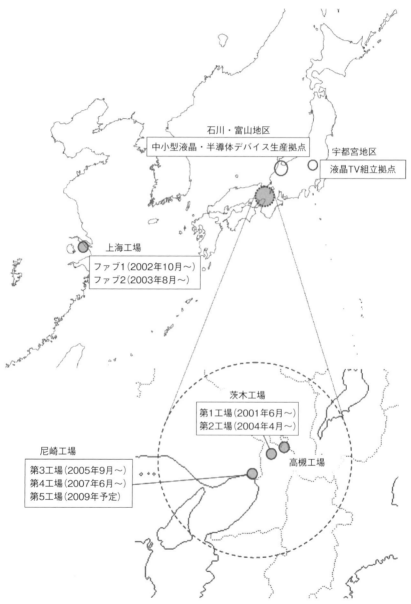

図 2-2　パナソニック PDP 事業の生産拠点（2007 年）
出所：各種資料により筆者作成。

きている。1990年代以降、日本の製造業のかつて「世界一」を誇った国際競争力には翳りがみられ、海外市場でのシェア低下や国内市場の停滞などから、事業再構築を迫られている。その結果、国内生産拠点の統廃合が進み、多国籍化してきた立地戦略も新たな段階へと転換を迫られつつある。本章の問題背景として、研究開発のプロセスが現代ではオープン・イノベーション指向になってきており、それにともない企業形態や地理的側面に変化が生じてきていることを素描してきた。とくに、電機・電子企業では、グローバルからローカルまで多層的なプロセスで研究開発の態様がみられ、それらに共通するのは科学技術の知をいかに事業化していくかという難題への組織的、地理的な対応といえる。

　また、各国・地域の経済発展についても、先端技術の開発や新たな知識創出によるイノベーションが鍵となってきている。絵所が整理したように、新たに中国やインドの成長によって新興国の工業化論でもイノベーションが重要なテーマとなってきた（絵所 [2013]）。エンジニアリング型の産業では、ヴァーノンが指摘したように階層的に展開していくプロダクトサイクルとして、先進国・地域から後進国地域へ波及するとともに、各地に集積・クラスターが形成されてきた[8]。一方、現代の新しい産業の一部はサイエンス型になりつつあり、知識の創出や利活用が競争力に反映されるとともに、研究開発や情報流動の広範なネットワークがみられるようになってきている。アメリカのシリコンバレーなどに注目が集まるように、これまでの段階的な経済発展論とは異なり、飛び地的なホットスポットが「成長の極」としての役割を担いつつある。日系電機・電子企業の立地では、国内を中心に生産拠点の設備投資が進められ、階層的な立地として多国籍化が進んできた。今後は、イノベーション指向のもと、いかにグローバルに集積をハブとしてネットワーク化していくかが課題としてあげられる。各地の集積とグローバルなネットワークとの結合が今後の成長を牽引する駆動力となろう。

　最後に、近年の多国籍企業（グローバル企業）の動向を考えるうえで、立地環境について付記しておく。グローバル企業の競争優位戦略やクラスター論の泰斗であるマイケル・ポーターは論文で次のように指摘している。

第Ⅰ部　グローバル金融危機と新興経済の経済発展フレームワークの変貌

「ある企業が事業展開する国・地域を選択する時には、グローバル市場で最も大きな成功を可能にしてくれるところを選ぶ。すなわち立地の選択とは、国の競争力を測る投票である」（『DIAMOND ハーバードビジネスレビュー』2012年6月号、43頁）。

ポーターの議論をまつまでもなく、国際貿易ではFTAや地域経済統合の拡大にともない、グローバル競争の諸条件を平準化するイコールフッティング（equal footing）の動きが強まりつつある。こうしたグローバル市場のダイナミズムに付随して各国・地域の諸制度の収斂（convergence）が起こり、立地環境（立地条件）の比較優位性にもとづいて多国籍企業の立地調整や立地間のネットワーク形成が行われている[9]。アップルの特徴的な事例の背景には、国家と企業の関係が大きく変化して制度設計の優劣を国・地域が競う姿がある。立地環境の「フラット化」のなかで立地間のグローバルネットワークが一層複雑になっているといえよう。

〈注〉
1)　グローバリゼーションの諸側面をわかりやすくまとめた読み物としては Friedman [1999] [2005] があり、世界的なベストセラーとなった。経済学で肯定的な立場からは Bhagwati [2004]、否定的な立場では Stiglitz [2002] が代表的である。俯瞰した立場からの論点整理には Steger [2009] が有益である。
2)　UNCTAD（国連貿易開発会議）の年次報告書「World Investment Report 2011」によれば、多国籍企業（非金融部門）のうち対外資産（foreign assets）残高で1000億USドル（約8.5兆円）を超える企業は21社、外国の従業員総数で10万人超は27社に及ぶ。
3)　多国籍企業の立地論についてその系譜と発展は、鈴木ほか [2005]、松原 [2006] 74-93頁、宮町 [2012] に詳しい。国際経営の分野では Jones [2005] が包括的に多国籍企業論を扱っている。
4)　本章は近藤 [2012] とその後の研究成果を編集して加筆修正したものである。
5)　http://www.apple.com/supplierresponsibility/reports.html
6)　経済地理学においても、多国籍企業の社会的責任（Corporate Social Responsibility）は重要なテーマとなりつつある。詳しくは、Dicken [2010] pp. 530-537 を参照。
7)　たとえば、アルミ加工の銭屋アルミニウム製作所、プレス部品の東陽理化学研究所、携帯端末向けコイルなどのスミダコーポレーションなど、特定の市場で競争優位をもつ「オンリーワン企業」などもリストに掲載されている。2010年12月17日付ウォ

50

ール・ストリート・ジャーナルがアジア開発銀行研究所などの資料を引用して明らかにしたところによると、iPhone の部品点数のうち日本製が占める割合は 34%でトップシェアとなっていた（2 位はドイツの 17%、3 位は韓国の 13%）。

8)　集積形成に関する論点として、裾野産業の発展や現地化の視点も重要である。アジア諸国における裾野産業の発展については馬場［2005］が詳しい。また、日本的生産システムの現地適応については Abo［2007］や Kawamura［2011］などが参考になる。日本企業のアジア展開と競争力の評価については新宅・天野［2009］を参照のこと。

9)　本章で取り扱った事例は主に B2B（企業間関係）であるが、B2C の視点も多国籍企業の立地論では重要である。新興国の経済成長とともに、中間層である「ボリュームゾーン」や低所得者層の「BOP: Base of the Pyramid」を取り込む市場戦略も多国籍企業の立地に大きな影響を与えている。

〈参考文献〉

青木昌彦・ロナルド・ドーア編［1995］『システムとしての日本企業』NTT 出版。

青島矢一ほか編著［2010］『メイド・イン・ジャパンは終わるのか――「奇跡」と「終焉」の先にあるもの』東洋経済新報社。

浅沼萬里［1997］『日本の企業組織　革新的適応のメカニズム――長期取引関係の構造と機能』東洋経済新報社。

天野倫文［2005］『東アジアの国際分業と日本企業』有斐閣。

石倉洋子・藤田昌久・前田昇・金井一頼・山崎朗［2003］『日本の産業クラスター戦略』有斐閣。

伊丹敬之ほか編［2006］『日本の企業システム第 4 巻――組織能力・知識・人材』有斐閣。

伊丹敬之・伊丹研究室［1995］『なぜ「三つの逆転」は起こったか――日本の半導体産業』NTT 出版。

伊東維年編［2003］『日本の IC 産業――シリコン列島の変容』ミネルヴァ書房。

絵所秀紀［2013］「アジアの工業化とイノベーション――開発経済学からのアプローチ」馬場敏幸編『アジアの経済発展と産業技術――キャッチアップからイノベーションへ』ナカニシヤ出版、3-29 頁。

小川紘一［2009］『国際標準化と事業戦略――日本型イノベーションとしての標準化ビジネスモデル』白桃書房。

後藤晃・小田切宏之［2003］『サイエンス型産業』NTT 出版。

近藤章夫［2007］『立地戦略と空間的分業――エレクトロニクス企業の地理学』古今書院。

―――――［2010］「半導体・FPD 産業における技術開発と投資競争――東アジアの立地と集積に注目して」『研究技術計画』24(4)。

―――――［2012］「グローバリゼーションと多国籍企業の立地」『地理』57(8)。

榊原清則・香山晋編著［2006］『イノベーションと競争優位――コモディティ化するデジタル機器』NTT 出版。

佐野昌［2009］『岐路に立つ半導体産業――激変する海外メーカの戦略と日本メーカの取るべき選択』日刊工業新聞社。

新宅純二郎・天野倫文編［2009］『ものづくりの国際経営戦略――アジアの産業地理学』

有斐閣。

末吉健治［1999］『企業内地域間分業と農村工業化──電機・衣服工業の地方分散と農村の地域的生産体系』古今書院。

鈴木洋太郎・佐藤彰彦・桜井靖久［2005］『多国籍企業の立地論』原書房。

垂井康夫［2008］『半導体共同研究プロジェクト──日本半導体産業復活のために』工業調査会。

徳田昭雄ほか編著［2011］『オープン・イノベーション・システム』晃洋書房。

戸田順一郎［2004］「イノベーション・システム・アプローチとイノベーションの空間性」九州大学『経済学研究』70。

西村吉雄［2003］『産学連携──「中央研究所の時代」を超えて』日経BP社。

野中郁次郎・竹内弘高［1996］『知識創造企業』東洋経済新報社。

馬場敏幸［2005］『アジアの裾野産業──調達構造と発展段階の定量化および技術転移の観点より』白桃書房。

藤本隆宏［2004］『日本のもの造り哲学』日本経済新聞社。

藤村修三［2000］『半導体立国ふたたび』日刊工業新聞社。

松原宏［2006］『経済地理学──立地・地域・都市の理論』東京大学出版会。

松原宏編著［2008］『立地調整の経済地理学』原書房。

真鍋誠司・安本雅典［2011］「オープン・イノベーションの諸相──文献サーベイ」『研究 技術 計画』25(1)。

水野真彦［2005］「イノベーションの地理学の動向と課題──知識、ネットワーク、近接性」『経済地理学年報』51(3)。

──── ［2011］『イノベーションの経済空間』京都大学学術出版会。

宮崎智彦［2008］『ガラパゴス化する日本の製造業──産業構造を破壊するアジア企業の脅威』東洋経済新報社。

宮町良広［2012］「グローバリゼーションと立地」松原宏編著『産業立地と地域経済』放送大学教育振興会、114-135頁。

山﨑朗ほか編著［2008］『半導体クラスターのイノベーション──日中韓台の競争と連携』中央経済社。

湯之上隆［2009］『日本「半導体」敗戦』光文社。

與倉豊［2009］「イノベーションの空間性と産業集積の継続期間」『地理科学』64(2)。

Abo, T. [2007] *Japanese Hybrid Factories: A Comparison of Global Production Strategies*, Palgrave Macmillan.

Bathlet, H. and Gluckler, J. [2011] *The Relational Economy: Geographies of Knowing and Learning*, Oxford University Press.

Bhagwati, J. N. [2004] *In Defense of Globalization*, Oxford University Press（鈴木主税・桃井緑美子訳『グローバリゼーションを擁護する』日本経済新聞社、2005年).

Braunerhjelm, P. and Feldman, M. eds. [2006] *Cluster Genesis: Technology-Based Industrial Development*, Oxford University Press.

Bresnahan, T. and Gambardella, A. [2004] *Building High-Tech Clusters: Silicon Valley and Beyond*, Cambridge University Press.

第2章　産業立地のグローバル化と集積間ネットワーク

Christopherson, S. and Clark, J. [2007] *Remaking Regional Economies: Power, Labor, and Firm Strategies in the Knowledge Economy*, Routledge.

Cooke, P., Heidenreich, M. and Braczyk, Hans-Joachim [2004] *Regional Innovation Systems: The Role of Governances in a Globalized World*, 2nd edition, Routledge.

Dicken, P. [2010] *Global Shift: Mapping the Changing Contours of the World Economy*, 6th edition, Sage.

Dunning, J. H. [1993] *Multinational Enterprises and the Global Economy*, Wokingham England: Addison Wesley Publishing Company.

Friedman, T. L. [1999] *The Lexus and the Olive Tree: Understanding Globalization*, Harper Collins（東江一紀訳『レクサスとオリーブの木──グローバリゼーションの正体』草思社）.

────── [2005] *The World Is Flat: A Brief History of the Twenty-first Century*, Farrar, Straus and Giroux（伏見威蕃訳『フラット化する世界』日本経済新聞社、2006 年）.

Hymer, S. [1976] *The International Operations of National Firms*, The MIT Press.（宮崎義一訳『多国籍企業論』岩波書店、1979 年）.

Jones, J. [2005] *Multinationals And Global Capitalism: From The Nineteenth To The Twenty First Century*（安室憲一・梅野巨利訳『国際経営講義──多国籍企業とグローバル資本主義』有斐閣、2007 年）.

Kawamura, T. [2011] *Hybrid Factories in the United States: The Japanese-Style Management and Production System Under the Global Economy*, Oxford University Press.

Kenney, M. and Florida, R. eds. [2004] *Locating Global Advantage: Industry Dynamics in the International Economy*, Stanford University Press.

Klein, S. and Rosenberg, N. [1986] "An Overview of Innovation," R. Landau and N. Lashingsky eds., *The Positive Sum Strategy: Harnessing Technology for Economic Growth*, Rosenberg, National Academic Press, pp. 275-305.

Lashingsky, A. [2012] *Inside Apple: How America's Most Admired and Secretive-company Really Works*, John Murray Publishers（依田卓巳訳『インサイド・アップル』早川書房、2012 年）.

Lundvall, Bengt-Ake [2010] *National Systems of Innovation: Toward a Theory of Innovation and Interactive Learning*, Anthem Press.

Rosenberg, D. [2002] *Cloning Silicon Valley; the Next Generation High-tech Hotspots*, Reuters.

Rosenbloom, R. S. and Spencer, W. J. [1996] *Engines of Innovation*, Harvard Business Press（西村吉雄訳『中央研究所の時代の終焉──研究開発の未来』日経 BP 社、1998 年）.

Rugman, A. M. [1981] *Inside the Multinationals: The Economics of International Markets*, Columbia University Press（江夏健一ほか訳『多国籍企業と内部化理論』ミネルヴァ書房、1983 年）.

Saxenian, A. [1994] *Regional Advantage: Culture and Competition in Silicon Valley and*

53

第Ⅰ部　グローバル金融危機と新興経済の経済発展フレームワークの変貌

　　　Route 128, Harvard University Press（山形浩生・柏木亮二訳『現代の二都物語』日経BP社、2009年）.

──────［2006］*The New Argonauts: Regional Advantage in a Global Economy*, Harvard University Press.

Steger, M. B.［2009］*Globalization: A Very Short Introduction*, Oxford University Press（櫻井公人ほか訳『新版 グローバリゼーション』岩波書店、2010年）.

Stiglitz, J. E.［2002］*Globalization and Its Discontents*, W. W. Norton（鈴木主税訳『世界を不幸にしたグローバリズムの正体』徳間書店）.

Vernon, R.［1960］*Metropolis 1985*, Cambridge, Mass.: Harvard University Press（蝋山政道監訳『大都市の将来』東京大学出版会、1968年）.

──────［1966］"International Investment and International Trade in the Product Cycle," *Quarterly Journal of Economics*, May: pp. 190-207.

Watts, H. D.［1987］*Industrial Geography*, London: Longman（松原宏・勝部雅子訳『工業立地と雇用変化』古今書院、1995年）.

第*3*章

工業機能の集積による国家的都市システムの空間構造の変容
――韓国の事例から

朴　倧玄

はじめに

（1）　課題と方法

　本章では、工業機能の集積を事例に、アメリカ発金融危機を契機に韓国の国家的都市システムの空間構造がどのように変容してきたのかを明らかにする。

　韓国経済は、1960年代以降、政府によって積極的に推進された重化学工業優先政策と輸出志向工業化戦略によって、急激な経済成長を遂げてきた。その結果、工業機能に特化した多数の工業都市がソウルを中心とする首都圏に集中的に分布し、その成長は著しく、結果として巨大な首都圏を構築することで、ソウル一極集中型の国家的都市システムを発展・成長させてきた。

　このように都市の持つ工業機能は都市経済の空間的・質的成長に大きく貢献しており、工業化によって推進された都市化は従来の国家的都市システムの空間構造を大きく変容させる重要な要因ともなった（阿部［1995］［1997］, 森川［1990］）。

　韓国の工業機能は、ソウルを中心に首都圏と東南圏に集積度を高めていたが、工業分散化政策にもとづき、中部圏、西南圏、東海圏などの地方の過疎地域にも工業立地が見られ、地域経済の活性化に重要な役割を果たしてきた。そこで本章では、都市地理学の都市システム論の枠組みのなかで、アメリカ発金融危機の影響下における工業機能の集積動向を分析し、韓国の国家的都

市システムの空間構造がどのように変容してきたのかを明らかにすることとする。

　工業化を中心に大きく成長してきた韓国の産業構造は、1990年代後半、アジア発通貨危機（1997年）とアメリカのサブプライム・ローン問題の表面化（2008年）によって2度の経済危機を経験した。それは、韓国の産業構造やその受け皿となる都市経済の機能にさまざまな影響を与えた。そこで本章ではアメリカ発経済危機の以前と以降の事例として、それぞれ2000年と2011年の産業構造を取り上げ、工業の集積の変容をみた韓国の国家的都市システムの空間構造の変化を明らかにする。

　具体的には、韓国の国家的都市システムの骨格をなす主要都市における工業機能がどのように特化しているのか、またその都市の空間的分布にはどのような特徴があるのかを分析する。工業機能に特化した都市とは相対的に製造業に寄与する度合いの高い都市であると定義できるが、本章では従業者数の構成比を用いた工業の特化係数を算出して、これをもとに工業機能に特化した都市を特定した。

　分析に際しては、伊藤喜栄や北川博史の分析方法（伊藤［1986］, 北川［1991］［2005］）を採用し、全国・全産業における工業従業者の構成比を基準に、工業機能およびサービス業機能の特化の目安として、特化係数1.0のほかに、1.5、2.0の値を加えた。これらの特化の目安としての区分値を用いて、2000年における54都市を1.0未満、1.0～1.5未満、1.5～2.0未満、2.0以上といった4階級に分類し、その空間的分布パターンを考察する。すなわち、工業の特化係数2.0以上の都市を「工業特化都市」、1.5～2.0未満、1.0～1.5未満をそれぞれ、「準工業特化都市」「平均型特化都市」とする。さらに1.0未満の値を示す都市を「非工業特化都市」と見なす。2000年と2011年の比較を通じて空間的分布パターンの特徴とその変容を分析する。なお、本章で用いる工業分類は、2000年と2008年にそれぞれ改定された韓国標準産業分類表の中分類によるものである。

　資料は、統計局の『韓国経済総調査統計』および『全国事業体調査統計』を用いて、アメリカ発経済危機の前後の比較を通じて韓国の都市システムの

第 3 章　工業機能の集積による国家的都市システムの空間構造の変容

空間構造の変容を考察するために、アメリカ発経済危機の影響前の時期として 2000 年を、その影響下に置かれたと思われる時期として 2011 年をそれぞれ採用した。なお分析対象都市は、韓国の国家的都市システムにおいて重要な役割を演じている主要 79 都市である（図 3-1）。分析対象都市のうち、2010 年に昌原に吸収合併された馬山、昌原、鎮海は、便宜上、旧行政区域にわけて分析することとする。また 2001 年に市に昇格した廣州、華城、2003 年に市に昇格した楊州、鶏龍、抱川など 5 都市は資料の制約などにより、分析対象外とした。

（2）　製造業およびサービス業従業者構成比の特性

　韓国の統計庁の経済総調査をもとに、2000 年、2011 年の産業別従業者数の構成比を算出した。本章では韓国の国家的都市システムを構成する主要都市の間に、工業およびサービス業の割合にどのような違いがあるのかを概観する。

　表 3-1 は、工業・サービス業[1]の従業者構成比とその推移である。まず製造業は 2000 年から 2011 年までに 2.1％低下しているのに対して、サービス業は 4.8％増加しており、平均値から見た産業構成の変動は、サービス業の割合の上昇が確認された。

　都市間の違いを見ると、製造業では最大の割合を示す都市が 58％を超えているのに対して、最少の割合を持つ都市は両年度ともに 3％未満であり、製造業の割合に都市間の格差が存在すると解釈できる。

　一方、サービス業を見ると、2000 年において最小値は 23.2％であるが、2001 年には 26.2％で約 3％の増加が確認されているのに対して、最大値は 60.5％から 72.6％と大きく上昇し、サービス業に大きく特化する都市が存在することを示す。

　変動係数を見ると、製造業は 50％を超え、2000 年の 57.72％から 2011 年の 62.75％まで上昇しているのに対して、サービス業は 20％前後ではるかに小さい。石丸哲史も指摘しているように（石丸 [1992]）、この点から、2000 年から 2011 年の間に韓国の国家的都市システムをなす主要都市全体にサー

57

第Ⅰ部　グローバル金融危機と新興経済の経済発展フレームワークの変貌

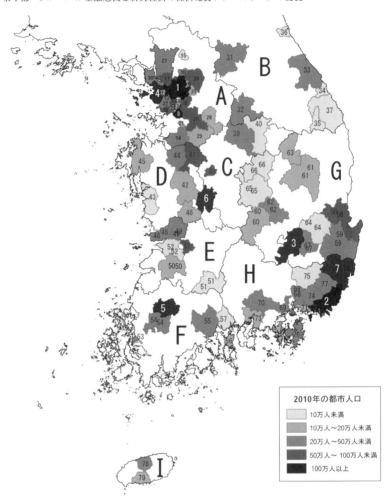

1	ソウル	2	釜山	3	大邱	4	仁川	5	光州	6	大田	7	蔚山	8	水原	9	城南	10	議政府
11	安養	12	富川	13	光明	14	平澤	15	東豆川	16	安山	17	高陽	18	果川	19	九里	20	南楊州
21	烏山	22	始興	23	軍浦	24	儀旺	25	河南	26	龍仁	27	坡州	28	利川	29	安城	30	金浦
31	春川	32	原州	33	江陵	34	東海	35	太白	36	束草	37	三陟	38	清州	39	忠州	40	提川
41	天安	42	公州	43	保寧	44	牙山	45	瑞山	46	論山	47	全州	48	群山	49	益山	50	井邑
51	南原	52	金堤	53	木浦	54	麗水	55	順天	56	羅州	57	光陽	58	浦項	59	慶州	60	金泉
61	安東	62	亀尾	63	榮州	64	永川	65	尚州	66	聞慶	67	慶山	68	昌原	69	馬山	70	晋州
71	鎮海	72	統営	73	泗川	74	金海	75	密陽	76	巨濟	77	梁山	78	濟州	79	西歸浦		

A:京畿道　B:江原道　C:忠清北道　D:忠清南道　E:全羅北道　F:全羅南道　G:慶尚北道　H:慶尚南道　I:済州道

図 3-1　韓国の分析対象都市の人口規模（2010 年）

出所：統計庁『人口動向調査』（2010 年）により著者作成。

第 3 章　工業機能の集積による国家的都市システムの空間構造の変容

表 3-1　製造業・サービス業の従業者構成比（%）とその推移

| | 製造業 | | サービス業 | |
	2000 年	2011 年	2000 年	2011 年
平均値	25.00%	22.90%	40.60%	45.40%
最大値	58.90%	58.20%	60.50%	72.60%
最小値	2.80%	1.80%	23.20%	26.20%
標準偏差	14.43%	14.37%	7.91%	9.29%
変動係数	57.72%	62.75%	19.47%	20.46%

出所：統計庁『経済総調査』により作成。

ビス業が浸透してきたものと考えられる。

　図 3-2 は、製造業とサービス業の従業者構成比の都市別分布の変化を示したものである。製造業とサービス業の従業者構成比の相関係数を見ると、2000 年と 2011 年ではそれぞれ－0.9517、－0.9272 できわめて高く、製造業とサービス業は背反性が強いことが示された。

　2000 年では、製造業は都市によってかなり変動が見られ、おおむね 10～50%範囲内に多くの都市が分布している。製造業の割合が 50%以上の都市ではサービス業の割合が相対的に低い。一方、10%を下回る都市に注目すると、サービス業の割合がきわめて高い都市が分布していることがわかる。

　2011 年では、横軸（製造業）の変動幅は 2000 年に比べてほぼ同じであるが、サービス業の変動幅には大きな変化が確認される。全体的な傾向としてサービス業の割合が上昇している。また 2000 年には、20～50%の範囲に多くの都市が分布しているのに対して、2011 年は 40～60%の範囲に推移している。

1．2000 年の工業機能の集積から見た都市の空間的分布パターンと人口規模

（1）　都市の空間的分布パターン

　図 3-3 は、2000 年の製造業従業者による工業特化係数を用いて分類した都市の空間的分布である。

　まず、工業機能に極度に特化した工業特化都市に注目すると、2000 年で

第Ⅰ部　グローバル金融危機と新興経済の経済発展フレームワークの変貌

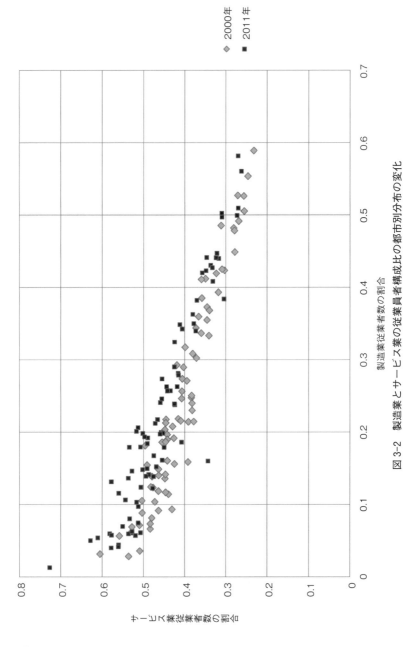

図3-2　製造業とサービス業の従業員者構成比の都市別分布の変化

出所：統計庁『経済総調査』により著者作成。

第3章 工業機能の集積による国家的都市システムの空間構造の変容

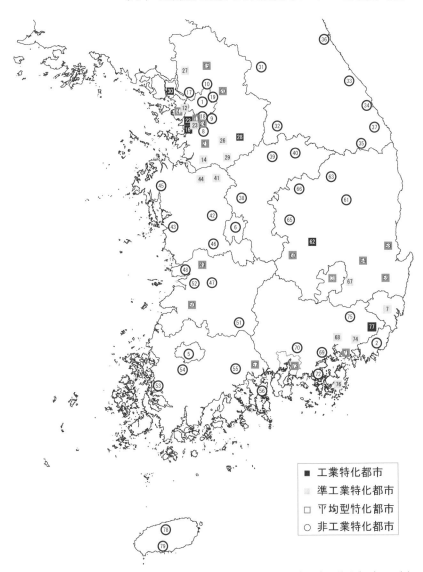

図 3-3 製造業従業者による工業特化係数を用いて分類した都市の空間的分布（2000 年）
出所：統計庁『経済総調査』により著者作成。

第Ⅰ部　グローバル金融危機と新興経済の経済発展フレームワークの変貌

は工業特化係数が 2.0 以上の工業都市は 6 都市を数える。そのうち、安山、始興、利川、金浦など 4 都市が首都圏に分布する。一方、龜尾は大邱の北西部に、梁山は釜山の北西部にそれぞれ分布し、工業機能に特化した地方都市として位置づけられた。

次に、準工業特化都市を見ると、2000 年に工業特化係数の 1.5 以上〜2.0 未満の準工業特化都市は、13 都市を数える。その空間的分布を見ると、広範囲の首都圏に 8 都市、東南圏に 5 都市がそれぞれ分布する。すなわち、富川、平澤、軍浦、龍仁、坡州、安城など首都圏に立地する都市と、天安、牙山など首都圏の周辺地域に分布する 2 都市にそれぞれ工業機能が特化しており、首都圏を核に巨大な範囲にわたって工業機能に特化した都市が分布する。一方、地方都市のなかでは、広範囲の釜山大都市圏の周辺に蔚山、昌原、金海、巨濟など 4 都市が分布し、大邱大都市圏の周辺地域の慶山も工業機能に特化している。

そして最後に、特化係数 1.0 以上〜1.5 未満の平均型特化都市に含まれる都市は、合計 16 都市を数える。首都圏に 6 都市、東南圏に 8 都市、西南圏に 2 都市がそれぞれ分布している。すなわち、仁川、安養、東豆川、南楊州、儀旺、鳥山など首都圏の 6 都市、大邱、浦項、慶州、金泉、永川、鎮海、泗川、光陽など東南圏の 8 都市、そして益山、金堤など西南圏の 2 都市がそれぞれ平均型特化都市として類型化された。

以上の結果から、次の 2 点が明らかになった。

第一に、工業特化都市および準工業特化都市はおおむね首都圏と東南圏に広く分布している。これらの都市は、韓国の高度成長期を支えてきた重化学工業の集積する首都圏、そして繊維工業、鉄鋼・石油化学など基礎素材型の大規模な臨海装置型工場の立地と自動車・船舶などの輸送用機械工業の拡大によって工業機能を集積してきた東南圏に多く分布する。一方、東海圏（江原道）および中部圏（忠清南北道）、西南圏（全羅南北道）に立地する多数の地方都市は非工業特化都市として分類され、工業機能の集積は偏った空間的分布パターンを示す。

第二に、首都圏および釜山大都市圏は、大邱大都市圏とは異なり、周辺地

62

第3章　工業機能の集積による国家的都市システムの空間構造の変容

域における工業特化が著しい。すなわち、韓国の人口第1位、第2位の都市であるソウル、釜山は非工業特化都市に類型化されており、その周辺の多数の都市が工業機能に特化したグループに類型化された。一方、人口第3位の大邱は平均型特化都市として分類され、周辺地域を広範囲の工業機能に特化した都市として位置づけられた。

（2）工業特化都市の業種構成と人口規模の特徴

　表3-2は、2000年における特化係数1.0以上の都市における上位3位の業種を示す。業種構成上[2]の特徴を見ると、単一業種の占める割合が高い都市が多数見られる。とくに巨済のように、単一業種の占める割合が80％を超える都市も存在する。業種構成について第1位業種を見ると、労働集約的な工業である電子が業種構成において第1位である都市は35都市のうち6都市でもっとも多い。

　これらの都市の地理的分布パターンを見ると、首都圏に集中していることがわかる。首都圏に含まれる都市は、利川、坡州、龍仁、烏山、儀旺、安養など6都市で、東南圏では2都市（龜尾、金泉）、中部圏では1都市（天安）である。

　次に、機械が第1位である都市は7都市を数え、昌原、金海を除く5都市（始興、金浦、軍浦、富川、仁川）が首都圏に属す。

　一方、自動車が第1位である都市は、首都圏1都市（平澤）、中部圏1都市（牙山）、東南圏2都市（蔚山、慶州）である。また、繊維については、4都市が業種構成上第1位となった。東豆川を除くと、慶山、永川、大邱など大邱大都市圏に属す都市が多い。また運送が第1位の業種の都市は、巨済、鎮海、泗川など東南圏の南部地域に位置する3都市である。さらに食料品は首都圏1都市（安城）、西南圏2都市（益山、金堤）で業種構成上第1位となった。

　以上の結果から、次の2点が読み取れる。

　第一に、第1位業種構成において首都圏と地方圏との違いが確認された。すなわち多数の首都圏に属す都市は電子、機械の工業機能が特化しているこ

63

第Ⅰ部　グローバル金融危機と新興経済の経済発展フレームワークの変貌

表 3-2　特化係数 1.0 以上の都市における上位 3 位の業種（2000 年）

	都市	特化係数	第1位業種	割合	第2位業種	割合	第3位業種	割合	上位3位業種の占める割合
工業特化都市	始興	2.40	機械	21.8%	金属	16.8%	自動車	9.3%	47.9%
	金浦	2.26	機械	17.9%	金属	13.6%	ゴム	11.9%	43.5%
	梁山	2.15	ゴム	21.0%	繊維	13.5%	金属	11.1%	45.6%
	亀尾	2.15	電子	42.4%	繊維	14.5%	電気	6.8%	63.8%
	安山	2.06	金属	14.7%	機械	10.8%	繊維	9.8%	35.3%
	利川	2.01	電子	60.5%	食料品	10.9%	機械	6.2%	77.6%
準工業特化都市	牙山	1.98	自動車	19.1%	機械	17.2%	電子	16.3%	52.6%
	昌原	1.97	機械	37.1%	金属	14.0%	自動車	12.0%	63.1%
	金海	1.95	機械	16.6%	金属	11.4%	ゴム	9.9%	38.0%
	巨濟	1.83	運送	80.5%	金属	8.8%	食料品	7.9%	97.2%
	坡州	1.74	電子	13.0%	家具	12.6%	食料品	12.5%	38.1%
	軍浦	1.73	機械	25.7%	電子	15.3%	食料品	9.5%	50.6%
	蔚山	1.71	自動車	28.7%	機械	24.8%	化学	10.8%	64.3%
	慶山	1.68	繊維	39.6%	自動車	13.2%	食料品	7.6%	60.4%
	龍仁	1.68	電子	40.6%	ゴム	6.6%	機械	6.6%	53.8%
	富川	1.61	機械	17.9%	電子	15.1%	金属	13.5%	46.6%
	安城	1.57	食料品	19.9%	機械	12.6%	化学	11.5%	44.1%
	平澤	1.52	自動車	21.7%	電子	19.4%	機械	9.2%	50.3%
	天安	1.50	電子	19.3%	機械	13.1%	食料品	9.2%	41.5%
平均型特化都市	永川	1.47	繊維	30.7%	自動車	23.3%	食料品	10.5%	64.5%
	仁川	1.45	機械	16.1%	金属	12.6%	自動車	10.2%	38.9%
	鳥山	1.40	電子	23.0%	紙	9.7%	PC	9.6%	42.3%
	浦項	1.38	一次金属	69.6%	金属	5.5%	非金属	5.0%	80.1%
	儀旺	1.36	一次金属	12.0%	運送	11.1%	機械	11.1%	34.1%
	鎮海	1.29	運送	35.3%	食料品	20.5%	一次金属	9.8%	65.6%
	南楊州	1.26	家具	21.8%	金属	11.4%	繊維	11.2%	44.4%
	光陽	1.23	一次金属	60.8%	金属	13.4%	非金属	9.9%	84.1%
	慶州	1.20	自動車	26.5%	電気	12.4%	機械	10.9%	49.8%
	金泉	1.18	一次金属	13.7%	化学	11.6%	食料品	10.9%	36.2%
	益山	1.12	食料品	14.8%	衣服	13.6%	電子	13.5%	41.9%
	泗川	1.11	運送	28.4%	食料品	25.4%	機械	16.0%	69.8%
	東豆川	1.05	繊維	28.4%	皮・鞄	19.5%	食料品	11.6%	59.5%
	安養	1.02	一次金属	21.1%	電気	14.9%	機械	10.0%	46.0%
	大邱	1.01	繊維	32.1%	機械	11.9%	金属	10.1%	54.1%
	金堤	1.01	食料品	32.9%	自動車	12.3%	非金属	12.1%	57.4%

出所：特化係数分析により著者作成。

64

表 3-3 特化係数による都市類型と人口規模との関係（2000 年）

類型	5-10 万	10-30 万	30-50 万	50-100 万	100 万人以上	合計
工業特化都市 （2≦特化係数）	3 50%	2 33%	0 0%	1 17%	0 0%	6 100%
準工業特化都市 （1.5≦特化係数＜2）	0 0%	6 46%	4 31%	2 15%	1 8%	13 100%
平均型都市 （1.0≦特化係数＜1.5）	1 6%	9 56%	2 13%	2 12.5%	2 12.5%	16 100%
非工業特化都市 （特化係数＜1.0）	9 20%	21 48%	5 11%	5 11%	4 9%	44 100%
合計	13 16%	38 48%	11 14%	10 12.7%	7 8.9%	79 100%

出所：特化係数分析により著者作成。

とに対して、地方圏に含まれる都市は、自動車関連機能（自動車、運送）、消費材（食料品）製造業機能に相対的に特化しているといえよう。

　第二に、東南圏の工業都市は限られた単一業種によって工業機能に特化している。単一業種に占める割合が30％以上の都市は35都市のうち12都市であるが、そのうち、利川、龍仁、金堤を除くと、すべて東南圏に属する都市（龜尾、昌原、巨濟、慶山、永川、浦項、鎮海、光陽、大邱）である。さらに上位3位業種の占める割合が80％以上の都市は巨濟、浦項、光陽の3都市であるが、いずれも東南圏に属する。このように東南圏では限られた単一業種によって工業機能に特化する都市が相対的に多いといえる。さらに、この結果を北川博史の分析結果と比較すると、日本の中部圏は韓国の東南圏と類似した業種上の分布パターンを示すといえよう（北川［2005］）。

　表3-3は特化係数による都市類型と人口規模との関係である。

　特化係数によって分類された四つのタイプの都市（工業特化都市、準工業特化都市、平均型特化都市、非工業特化都市）と階級区分した人口規模との関係を表している。

　各階級の全都市に対する構成比よりも高い値を示すのは、工業特化都市では、5〜10万人、50〜100万人の階級である。また準工業特化都市では、30〜50万人の階級が、この階級の都市構成比16％を大きく上回り、31％を

占める。平均型都市では、10〜30万人、100万人以上の2階級で各階級の全都市に対する構成比よりも高い値をとり、非工業特化都市では10〜30万人の階級が同じ傾向を示す。

このように、工業機能に特化した都市は5〜30万人の人口規模に集中し、そのなかでも10〜30万人の階級は、工業特化都市と準工業特化都市をあわせた全階級のうち42%を占める。工業機能に特化した都市は中都市に集中し、この結果は、小都市に集中するとする北川の分析結果とは異なる（北川[2005]）。この結果は、工業機能の特化した都市の人口規模は韓国のほうが日本に比べて大きいことを示唆する。韓国ではとくに人口10万人未満の小都市では工業機能に特化した都市が多数存在せず、非工業特化都市が相対的に多い。

2．2011年の工業機能の集積から見た都市の空間的分布パターンと人口規模

（1）都市の空間的分布パターン

図3-4は、2011年の製造業従業者による工業特化係数を用いて分類した都市の空間的分布を示すものである。

まず、工業機能に極度に特化した工業特化都市に注目すると、2011年に工業特化係数が2.0以上の工業都市は12都市を数え、2000年（6都市）に比べ2倍に増加した。都市の空間的分布パターンを見ると、中部圏に位置する牙山を除くと、東南圏と首都圏に属す都市から構成されている。すなわち安山、始興、利川、金浦、平澤など5都市が首都圏に、亀尾、巨済、金海、梁山、昌原など6都市は東南圏にそれぞれ属す。とくに、東南圏のうち亀尾を除くと、人口第2位の釜山大都市圏の郊外に工業機能に特化した都市が多数分布すると解釈できる。

次に、準工業特化都市を見ると、2011年に工業特化係数の1.5以上〜2.0未満の準工業特化都市は7都市を数え、2000年（13都市）と比べると相対的に減少していることがわかる。2000年には首都圏と東南圏の南部に立地

第 3 章　工業機能の集積による国家的都市システムの空間構造の変容

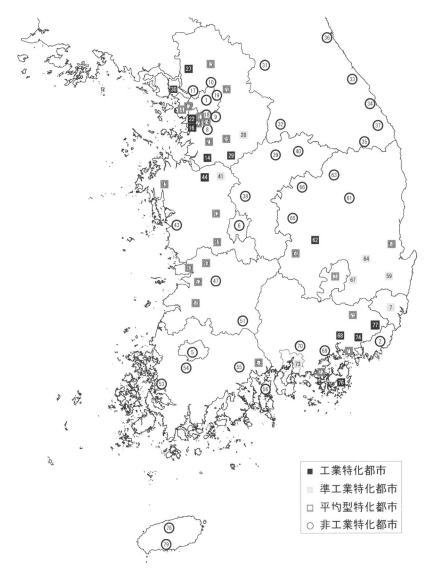

図 3-4　製造業従業者による工業特化係数を用いて分類した都市の空間的分布（2011 年）
出所：特化係数分析により著者作成。

第Ⅰ部　グローバル金融危機と新興経済の経済発展フレームワークの変貌

する都市が多数含まれていたのに対して、2011年では、東南圏の北部都市が多く含まれている。すなわち2000年には首都圏の郊外とその周辺部に立地する多数の都市（富川、平澤、軍浦、龍仁、坡州、安城、天安、牙山）が準工業特化都市として抽出されたが、2011年には、利川、天安を除くと、蔚山、永川、慶山、泗川、慶州など東南圏の北部に位置する都市がこのタイプに分類された。

　最後に、特化係数1.0以上～1.5未満の平均型特化都市に含まれる都市は、合計20都市を数え、2000年（16都市）に比べると若干増加した。その空間的分布パターンを見ると、首都圏に6都市（軍浦、仁川、富川、儀旺、龍仁、南楊州）、東南圏に6都市（金泉、統営、鎮海、密陽、大邱、浦項）、西南圏に5都市（群山、金堤、益山、光陽、井邑）、中部圏3都市（瑞山、論山、公州）である。2000年と比べると、首都圏の都市数は変化せず、東南圏に属する都市数が減少する一方、西南圏および中部圏の都市が多数抽出された。この結果から、平均型特化都市の地理的分布パターンは中部圏や西南圏の多数の都市の成長による巨大な首都圏の拡大現象として説明されるといえる。

　以上の結果から、次の5点が明らかになった。

　第一に、極度に工業機能に特化する「工業特化都市」が多数出現しており、その地理的分布パターンは、首都圏と東南圏に集中している。とくに2000年に準工業特化都市に分類された多数の都市が工業特化都市として抽出され、その空間的分布を見ると、釜山大都市圏の郊外に立地する都市が目立つ。この結果から、極度に工業機能に特化する工業特化都市の立地は、首都圏集中から首都－東南圏集中といった空間構造へ変容し、東南圏の南部地域はアメリカ発経済危機以降、重要な工業機能の軸として成長したといえよう。

　第二に、準工業特化都市が相対的に減少している。このタイプに立地する都市の年次的変化は目立ち、その空間的分布は2000年の結果とは対照的である。前述したように、多数の地方都市は工業機能に特化し、工業特化都市として抽出されたため、相対的に準工業特化都市が減少したと解釈できる。

　第三に、工業機能の空間的偏在が確認されるなか、中心－周辺といった国家的都市システムの空間構造のなかで、東海圏（江原道）と西南圏・中部圏

68

との違いが明瞭である。すなわち東海圏は多数の非工業特化都市を抱えているのに対して、中部圏（忠清南北道）、西南圏（全羅南北道）に立地する多数の地方都市は準工業特化都市、平均型特化都市として抽出された。工業機能の偏った空間的分布は、地方圏のなかでも一層の格差として確認された。

　第四に、2000年、2011年ともに、首都圏では工業機能に特化した都市が首都圏のみならずその周辺部（中部圏）に広く分散し、空間的に一定の広がりを有しているのに対して、釜山大都市圏、大邱大都市圏では、首都圏とは対照的に、狭小な空間的範囲に極度に工業特化した都市が多数分布している。こうした首都圏と地方圏との分布パターンの違いは、日本（北川［2005］）でも確認された[3]。

　第五に、2000年、2011年ともに工業機能の集積の度合いと中心都市からの地理的距離とでは一定の相関関係が確認された。工業機能に極度に特化する都市の多数はソウル、釜山、大邱といった大都市の近距離に分布するが、これらの中心都市から離れるにつれて、工業機能の集積の度合いは低下しているといえる。その結果、ソウル、大邱、釜山からの地理的距離に応じて、工業特化都市、準工業特化都市、平均型特化都市がそれぞれ分布する。以上の点は、韓国の工業機能は首都圏、東南圏といった二極軸から次第に周辺部の地域へ拡散していることを意味し、工業の分散現象（Wheeler and Park［1981］）を示唆するといえる。

（2）　工業特化都市の業種構成と人口規模の特徴

　表3-4は、2011年における特化係数1.0以上の都市における上位3位の業種を示したものである。

　業種構成[4]の変化の特徴は次の5点に要約される。

　第一に、単一業種への集中度が高い都市は多数出現したが、その空間的分布パターンは東南圏に集中する傾向が強い。2000年には、単一業種の占める割合が50％以上の都市は4都市（巨済、浦項、光陽、利川）確認されたが、2011年では巨済の83.5％（運送）が最大であり、単一業種の占める割合がきわめて高い都市は7都市（巨済、統営、鎮海、光陽、亀尾、利川、浦

第Ⅰ部　グローバル金融危機と新興経済の経済発展フレームワークの変貌

表3-4　特化係数1.0以上の都市における上位3位の業種（2011年）

	都市名	特化係数	第1位業種		第2位業種		第3位業種		上位3位業種の占める割合
工業特化都市	牙山	2.93	電子	33.8%	自動車	18.1%	機械	10.6%	62.5%
	金浦	2.57	金属	18.8%	機械	18.6%	ゴム	13.0%	50.5%
	亀尾	2.53	電子	54.5%	機械	7.5%	ゴム	6.7%	68.7%
	始興	2.52	金属	24.3%	機械	23.2%	自動車	8.6%	56.1%
	巨濟	2.51	運送	83.5%	金属	11.6%	食料品	2.3%	97.3%
	坡州	2.26	電子	40.1%	印刷	8.6%	ゴム	6.6%	55.3%
	安城	2.23	機械	16.3%	食料品	13.9%	電子	11.7%	41.9%
	金海	2.17	機械	20.1%	金属	19.8%	ゴム	13.1%	53.0%
	梁山	2.16	ゴム	23.5%	金属	13.6%	自動車	10.2%	47.2%
	安山	2.13	電子	21.1%	金属	13.6%	機械	11.3%	45.9%
	昌原	2.12	機械	28.0%	金属	16.5%	電気	11.1%	55.6%
	平澤	2.06	電子	23.0%	自動車	16.5%	機械	11.0%	50.5%
準工業特化都市	永川	1.93	自動車	25.6%	金属	13.3%	繊維	11.4%	50.4%
	利川	1.83	電子	50.9%	食料品	11.6%	機械	5.6%	68.1%
	蔚山	1.77	自動車	28.3%	運送	28.3%	化学	8.9%	65.5%
	慶山	1.76	自動車	18.7%	繊維	13.7%	ゴム	10.2%	42.6%
	天安	1.73	電子	22.2%	電気	15.3%	機械	14.2%	51.7%
	泗川	1.72	運送	45.6%	機械	16.6%	食料品	9.9%	72.1%
	慶州	1.64	自動車	23.5%	金属	19.0%	機械	9.0%	51.5%
平均型特化都市	群山	1.46	自動車	20.2%	金属	14.7%	化学	9.8%	44.7%
	軍浦	1.42	電子	16.4%	ゴム	12.8%	機械	12.1%	41.3%
	瑞山	1.41	自動車	39.1%	化学	21.3%	石油	12.8%	73.2%
	金泉	1.38	電子	17.3%	自動車	12.6%	食料品	11.2%	41.1%
	富川	1.33	機械	15.8%	金属	15.5%	電子	15.2%	46.5%
	仁川	1.33	機械	17.7%	金属	15.7%	自動車	9.8%	43.2%
	金堤	1.30	食料品	30.5%	自動車	21.2%	非金属	10.6%	62.3%
	統營	1.30	運送	72.7%	食料品	15.0%	金属	5.5%	93.2%
	鎮海	1.24	運送	54.8%	一次金属	17.7%	金属	6.6%	79.2%
	益山	1.22	食料品	19.6%	自動車	14.0%	化学	10.5%	44.1%
	光陽	1.21	一次金属	53.2%	金属	23.4%	非金属	5.6%	82.2%
	儀旺	1.20	機械	13.6%	電子	29.8%	ゴム	10.0%	53.5%
	論山	1.10	食料品	30.6%	ゴム	9.1%	繊維	8.2%	47.9%
	密陽	1.07	繊維	15.8%	食料品	13.4%	金属	12.0%	41.2%
	龍仁	1.04	電子	42.5%	食料品	6.9%	機械	6.5%	55.9%
	公州	1.02	食料品	21.5%	化学	14.6%	電子	12.9%	49.0%
	大邱	1.01	金属	20.2%	繊維	16.3%	機械	12.2%	48.7%
	南楊州	1.00	家具	17.9%	金属	17.5%	ゴム	9.6%	45.0%
	井邑	1.00	食料品	26.8%	ゴム	12.4%	非金属	10.8%	50.0%
	浦項	1.00	一次金属	51.3%	金属	11.0%	食料品	7.1%	69.4%

出所：特化係数分析により著作作成。

項）を数える。巨済、統営、鎮海、光陽といった東南圏の南海臨海工業地帯に位置する一連の都市群には単一業種（運送）の工業機能の集中が著しいといえよう。巨済、統営、光陽は、上位3位業種の占める割合が80％以上で、2000年と比較すると単一業種の特化現象が一層明確になった。東南圏では限られた単一業種によって工業機能が特化する都市が相対的に多いといえる。なお、単一業種の占める割合がきわめて高い都市の業種構成を見ると、運送、電子など生産資材製造業部門の機能が中心である。

第二に、電子、自動車、運送、機械を業種構成上第1位とする都市は依然として多い。そのうち、電子を第1位業種とする都市は、牙山、亀尾、坡州、安山、平澤、利川、天安、軍浦、金浦、龍仁の10都市で、多くの都市はソウルの郊外に立地する。自動車については、利川、蔚山、慶山、慶州、群山、瑞山などの6都市が、運送については、巨済、泗川、統営、鎮海の4都市がそれぞれ業種構成上第1位を占めている。とくに自動車は蔚山を中心とする大都市圏周辺地域に、運送は巨済を中心とした南海臨海地帯にそれぞれ集中している。機械は6都市が業種構成上第1位を占めるが、その空間的分布を見ると、釜山の郊外に立地する金海・昌原と、ソウルの郊外に位置する安城、富川、仁川、儀旺などに特化している。

第三に、特化の度合いによって区分された工業特化都市、準工業特化都市、平均型特化都市とでは、第1位業種の質的違いが明瞭である。まず工業特化都市では、自動車を業種上第1位とする都市は存在せず、電子5都市、機械3都市である。一方、準工業特化都市では自動車関連工業に特化する都市（永川、蔚山、慶山、慶州）が多数見られ、工業特化都市に含まれる都市とは対照的である。さらに、平均型特化都市は、電子3都市、機械3都市、運送2都市、食料品5都市、繊維1都市、家具1都市、一次金属2都市、自動車2都市など、工業特化都市および準工業特化都市に比べて、多様な業種が業種構成上第1位を占める。とくに家具、繊維、食料品など生活資材および消費材製造業部門が第1位を占める都市が多数抽出された。

第四に、繊維の弱体化が顕著である。繊維が業種構成上第1位を占める都市は減少し、自動車、運送、金属が第1位を示す都市が増加している。12

第 I 部　グローバル金融危機と新興経済の経済発展フレームワークの変貌

表 3-5　特化係数による都市類型と人口規模との関係（2011 年）

類型	5-10 万	10-30 万	30-50 万	50-100 万	100 万以上	合計
工業特化都市 （2≦特化係数）	0 0.0%	5 41.7%	6 50.0%	1 8.3%	0 0.0%	12 100.0%
準工業特化都市 （1.5≦特化係数＜2）	1 14.3%	4 57.1%	0 0.0%	1 14.3%	1 14.3%	7 100.0%
平均型都市 （1.0≦特化係数＜1.5）	2 10.0%	12 60.0%	0 0.0%	4 20.0%	2 10.0%	20 100.0%
非工業特化都市 （特化係数＜1.0）	11 27.5%	13 32.5%	6 15.0%	5 12.5%	5 12.5%	40 100.0%
合計	14 18%	34 43%	12 15%	11 13.9%	8 10.1%	79 100%

出所：特化係数分析により著者作成。

の工業特化都市のうち、2000 年においても工業特化都市であった都市は 5
都市である。これらの都市は工業従業者数と特化係数ともに上昇している。

　第五に、2000 年と同様に、第 1 位業種構成において首都圏と地方圏との
違いが確認された。電子、機械の工業機能は首都圏に、自動車、繊維、運送
などの工業機能は東南圏に、それぞれ多く見られる。

　表 3-5 は特化係数による都市類型と人口規模との関係を示す。

　各階級の全都市に対する構成比よりも高い値を示すのは、工業特化都市で
は、30〜50 万人の階級である。また準工業特化都市では、10〜30 万人の階
級がこの階級の都市構成比 43％を大きく上回り、57.1％を占める。平均型
都市では、10〜30 万人、50〜100 万人以上の 2 階級で各階級の全都市に対す
る構成比よりも高い値をとり、非工業特化都市では 5〜10 万人の階級と 100
万人以上の階級が同じ傾向を示す。

　このように、工業機能に特化した都市は 10〜50 万人の人口規模の都市に
集中し、そのなかでも 10〜30 万人の階級では、工業特化都市と準工業特化
都市をあわせると、全階級のうち 47％を占める。この結果を 2000 年と比較
すると、人口規模が大きい 30〜50 万人の階級において相対的に工業機能に
特化する都市が増加したといえる。すなわち 2011 年は工業特化都市と準工
業特化都市をあわせると 31.6％であるのに対して、2000 年は 21％である。

表 3-6　特化係数と工業従業者数の増減による類型

| | | 工業従業者数 | |
		2000 年〜11 年に増加	2000 年〜11 年に減少
特化係数	2000 年〜11 年に上昇	特化度上昇Ⅰ型都市 26 都市	特化度上昇Ⅱ型都市 1 都市
	2000 年〜11 年に低下	特化度低下Ⅰ型都市 5 都市	特化度低下Ⅱ型都市 9 都市

出所：特化係数分析により著者作成。

また 2000 年に比べて、人口 10 万人未満の階級に非工業特化都市が相対的に多く、小都市の工業機能は相対的に弱体化されたといえる。

3．工業機能に特化した都市の変容

　ここでは、北川博史（北川 [2005]）にならい、2000 年、2011 年のいずれかの都市で特化係数 1.0 以上の値をとった都市（工業特化都市、準工業特化都市、平均型特化都市）を抽出して、2000 年から 2011 年までの特化係数と従業者数の増減によって、特化度上昇Ⅰ型都市、特化度上昇Ⅱ型都市、特化度低下Ⅰ型都市、特化度低下Ⅱ型都市といった 4 類型に分類した（表 3-6）。類型化後、各類型の地理的分布パターンを考察し、工業機能に特化した都市の変容を明らかにする。

　図 3-5 は、特化度係数と従業者数の増減による四つの類型における都市の空間的分布を示す。

　まず特化度上昇Ⅰ型都市を分析する（表 3-7）。工業従業者数が増加し、工業特化度も上昇した特化度上昇Ⅰ型都市は、工業従業者数の増加が直接的に工業特化度を高める要因として作用した都市であるといえる（北川 [2005]）。

　特化度上昇Ⅰ型都市に含まれる都市は、おおむねソウルと釜山を軸とする広範囲に広がる首都圏と東南圏に集中し、そのなかでも、首都圏の西南部、東南圏の北西部に分布する。とくに首都圏に属す 6 都市（始興、金浦、安山、坡州、安城、平澤）は、いずれも 2000 年、2011 年に工業特化都市、準工業特化都市に含まれる都市で、従業者数の増加もほぼ 2 万人以上である。業種

73

第 I 部　グローバル金融危機と新興経済の経済発展フレームワークの変貌

図 3-5　特化係数と従業員数の増減による 4 つの類型における都市の空間的分布
出所：特化係数分析により著者作成。

第3章　工業機能の集積による国家的都市システムの空間構造の変容

表3-7　特化度上昇Ⅰ型都市とその業種構成の変容

都市	2000年特化係数	2011年特化係数	従業員増減	2000年 第一位業種		第二位業種		2011年 第一位業種		第二位業種		都市圏
始興	2.40	2.52	20,325	機械	21.8%	金属	16.8%	金属	24.3%	機械	23.2%	首都圏
金浦	2.26	2.57	19,634	機械	17.9%	金属	13.6%	金属	18.8%	機械	18.6%	
安山	2.06	2.13	18,275	金属	14.7%	機械	10.8%	電子	21.1%	金属	13.6%	
坡州	1.74	2.26	36,447	電子	13.0%	家具	12.6%	電子	40.1%	印刷	8.6%	
安城	1.57	2.23	21,333	食料品	19.9%	機械	12.6%	機械	16.3%	食料品	13.9%	
平澤	1.52	2.06	30,948	自動車	21.7%	電子	19.4%	電子	23.0%	自動車	16.5%	
龍仁	1.68	1.04	3,379	電子	40.6%	ゴム	6.6%	電子	42.5%	食料品	6.9%	
牙山	1.98	2.93	45,100	自動車	19.1%	機械	17.2%	電子	33.8%	自動車	18.1%	中部圏
天安	1.50	1.73	30,155	電子	19.3%	機械	13.1%	電子	22.2%	電気	15.3%	
瑞山	0.88	1.41	6,935	化学	37.1%	石油	24.3%	自動車	39.1%	化学	21.3%	
論山	0.83	1.10	1,863	食料品	30.2%	繊維	16.6%	食料品	30.6%	ゴム	9.1%	
公州	0.74	1.02	1,995	食料品	28.9%	繊維	17.5%	食料品	21.5%	化学	14.6%	
金堤	1.01	1.30	1,517	食料品	32.9%	自動車	12.3%	食料品	30.5%	自動車	21.2%	西南圏
群山	0.85	1.46	13,470	自動車	18.3%	食料品	15.3%	自動車	20.2%	金属	14.7%	
井邑	0.76	1.00	763	食料品	26.0%	機械	14.3%	食料品	26.8%	ゴム	12.4%	
梁山	2.15	2.16	20,998	ゴム	21.0%	繊維	13.5%	ゴム	23.5%	金属	13.6%	東南圏
龜尾	2.15	2.53	4,895	電子	42.4%	繊維	14.5%	電子	54.5%	機械	7.5%	
昌原	1.97	2.12	38,387	機械	37.1%	金属	14.0%	機械	28.0%	金属	16.5%	
金海	1.95	2.17	34,218	機械	16.6%	金属	11.4%	機械	20.1%	金属	19.8%	
巨濟	1.83	2.51	25,999	運送	80.5%	金属	8.8%	運送	83.5%	金属	11.6%	
永川	1.47	1.93	2,971	繊維	30.7%	自動車	23.3%	自動車	25.6%	金属	13.3%	
慶州	1.20	1.64	9,913	自動車	26.5%	電気	12.4%	自動車	23.5%	金属	19.0%	
金泉	1.18	1.38	909	電子	13.7%	化学	11.6%	電子	17.3%	自動車	12.6%	
泗川	1.11	1.72	6,311	運送	28.4%	食料品	25.4%	運送	45.6%	機械	16.6%	
密陽	0.76	1.07	1,571	繊維	19.1%	非金属	18.9%	繊維	15.8%	食料品	13.4%	
統營	0.57	1.30	6,641	食料品	54.3%	運送	18.8%	運送	72.7%	食料品	15.0%	

出所：特化係数分析により著者作成。

構成上第1位、第2位に占める割合を見ると、安城を除くと、金属、機械、電子など生産資材製造業の企業に特化している。

　東南圏に含まれる11都市のうち、9都市（梁山、龜尾、昌原、金海、巨濟、永川、慶州、金泉、泗川）は、いずれも工業特化都市、準工業特化都市に含まれる都市である。そのなかでも、昌原、金海、巨濟は顕著な工業従業者数の増加を見せ、準工業特化都市から工業特化都市へシフトしている。おおむねこのタイプに含まれる都市の業種構成上第1位、第2位の業種を見る

第Ⅰ部　グローバル金融危機と新興経済の経済発展フレームワークの変貌

表3-8　特化度低下Ⅰ型都市および特化度上昇Ⅱ型都市とその業種構成

(a)　特化度低下Ⅰ型都市

都市	2000年特化係数	2011年特化係数	従業員増減	2000年		2011年		都市圏
				第一位業種	第二位業種	第一位業種	第二位業種	
利川	2.01	1.83	1,174	電子 60.5%	食料品 10.9%	電子 50.9%	食料品 11.6%	首都圏
儀旺	1.36	1.20	440	電子 12.0%	運送 11.1%	機械 13.6%	電子 29.8%	首都圏
南楊州	1.26	1.00	3,236	家具 21.8%	金属 11.4%	家具 17.9%	金属 17.5%	首都圏
光陽	1.23	1.21	2,205	一次金属 60.8%	金属 13.4%	一次金属 53.2%	金属 23.4%	西南圏
鎮海	1.29	1.24	1,097	運送 35.3%	食料品 20.5%	運送 54.8%	一次金属 17.7%	東南圏

(b)　特化度上昇Ⅱ型都市

| 益山 | 1.12 | 1.22 | −469 | 食料品 14.8% | 衣服 13.6% | 食料品 19.6% | 自動車 14.0% | 西南圏 |

出所：特化係数分析により著者作成。

と、食料品、繊維など消費材、生活資材関連製造業部門の機能が首都圏に比べて相対的に特化している。

　一方、中部圏・西南圏を見ると、8都市のうち5都市（瑞山、論山、公州、群山、井邑）が新たな工業集積により、工業特化度を高めた都市として抽出された。これらの5都市は2000年には非工業特化都市に含まれたが、2011年には準工業特化都市、平均型特化都市に属すこととなった。また第2位までの業種を見ると、食料品、繊維、化学など、消費材、生活資材関連の工業機能、もしくは北川が指摘した地場産業的工業機能に特化しており（北川[2005]）、首都圏および東南圏の多数の都市とは異なる性格を持つことが容易に理解できる。

　次に特化度上昇Ⅱ型都市を考察する（表3-8の(b)）。このタイプに含まれる都市は、2000年から2011年に工業従業者数が減少したにもかかわらず、工業特化度を高めた都市であるが、西南圏の益山のみが抽出された。いずれの年にも平均型特化都市に含まれており、従業員は469人減少した。業種構成上第1位と第2位を占める割合を見ても、他の類型に分類される都市とは異なり、食料品、繊維など消費材関連製造業に特化している。2011年に第2位業種として自動車が上位業種に上昇したとはいえ、それが占める割合は相対的に低く、地場産業的性格が強いといえよう。

　また特化度低下Ⅰ型都市を考察する（表3-8の(a)）。2000年の工業特化係数

第 3 章　工業機能の集積による国家的都市システムの空間構造の変容

表 3-9　特化度低下Ⅱ型都市とその業種構成

都市	2000 年 特化係数	2011 年 特化係数	従業員 増減	2000 年				2011 年				都市圏
				第一位業種		第二位業種		第一位業種		第二位業種		
富川	1.61	1.33	−12,906	機械	17.9%	電子	15.1%	機械	15.8%	金属	15.5%	首都圏
鳥山	1.40	0.91	−1,802	電子	23.0%	紙	9.7%	電子	22.4%	機械	18.2%	
龍仁	1.68	1.04	−4,235	電子	40.6%	ゴム	6.6%	電子	42.5%	食料品	6.9%	
東豆川	1.05	0.90	−708	繊維	28.4%	皮・鞄	19.5%	繊維	33.3%	皮・鞄	15.7%	
安養	1.02	0.76	−7,099	電子	21.1%	電気	14.9%	電子	20.4%	電気	17.6%	
慶山	1.68	1.76	−4,235	繊維	39.6%	自動車	13.2%	自動車	18.7%	繊維	13.7%	東南圏
浦項	1.38	1.00	−17,116	一次金属	69.6%	金属	5.5%	一次金属	51.3%	金属	11.0%	

出所：特化係数分析により著者作成。

に比べて、2011 年の工業特化係数が減少し、工業特化度の低下が見られた
都市である。その空間的分布パターンを見ると、首都圏の南東部（利川、儀
旺、南楊州）と、東南圏の臨海工業地帯（鎮海）に分布する。利川、光陽、
鎮海などのように、単一業種の集中度合いがきわめて高い。業種構成を見る
と、電子、金属、運送のような組立型製造業機能に相対的に特化している。

　そして最後に、特化度低下Ⅱ型都市を考察する（表3-9）。これらに含まれ
る都市は、工業従業者数が減少し、工業特化度が低下した都市であるが、そ
の空間的分布は、富川、鳥山、龍仁、東豆川、安養などの首都圏に集中し、
その他は慶山、浦項など東南圏の北部地域に分布する。業種構成の変化はそ
れほど顕著でなく、電子、繊維、機械、金属の工業機能に特化しているとい
えよう。

おわりに

　本章では、地理学の都市システム論の枠組みのなかで、アメリカ発経済危
機後、工業機能の集積の度合いから見た韓国の国家的都市システムの空間構
造の変容を分析した。その結果は次の 3 点に要約される。

　第一に、工業機能の集積の度合いによって韓国の主要都市 79 市は工業特
化都市、準工業特化都市、平均型特化都市、非工業特化都市に分類された。
工業機能がもっとも集積する工業特化都市および準工業特化都市はおおむね

77

第Ⅰ部　グローバル金融危機と新興経済の経済発展フレームワークの変貌

首都圏と東南圏に広く分布している。極度に工業機能に特化する工業特化都市の立地は、首都圏集中から首都－東南圏集中といった空間構造へ変容し、とくに釜山、大邱の郊外に広く分布する東南圏の多数の都市はアメリカ発経済危機以降、韓国の工業機能の重要な軸として成長してきたといえる。これらの工業機能は、韓国の高度成長期を支えてきた重化学工業の集積する首都圏、そして繊維工業、鉄鋼・石油化学など基礎素材型の大規模な臨海装置型工場の立地と自動車・船舶などの輸送用機械工業の拡大によって工業機能を集積してきた東南圏に多く分布する。一方、東海圏（江原道）および中部圏（忠清南北道）、西南圏（全羅南北道）に立地する多数の地方都市は非工業特化都市として分類され、工業機能の集積は偏った空間的分布パターンを示している。

　第二に、首都圏では工業機能に特化した都市が中心部のみならずその周辺部（中部圏）に広く分散し、空間的に一定の広がりを有しているのに対して、釜山大都市圏、大邱大都市圏では、首都圏とは対照的に異なり、極度に工業特化した都市が狭小な空間的範囲に多数分布する。また、工業機能の集積の度合いと中心都市からの地理的距離との間では一定の相関関係が確認された。工業機能に極度に特化する都市の多数はソウル、釜山、大邱といった大都市の近距離に分布するが、これらの核心都市から離れるにつれて、工業機能の集積の度合いが低下しているといえる。言い換えれば、ソウル、大邱、釜山から地理的距離に応じて、工業特化都市、準工業特化都市、平均型特化都市がそれぞれ分布する。

　そして第三に、単一業種への集中度が高い都市は多数出現したが、その空間的分布は東南圏に集中する傾向が強い。工業特化都市では電子、金属に、準工業特化都市では自動車に、平均型特化都市は生活資材および消費材製造業部門にそれぞれ特化している。人口規模が10〜50万人の階級において相対的に工業機能が特化する都市が増加した。

〈注〉
　1)　サービス業の定義は、2000年と2008年にそれぞれ改定された韓国標準産業分類表

の大分類によることとする。まず 2000 年の定義は、宿泊および飲食店業、通信業、事業サービス業、公共行政・国防および社会保障行政、教育サービス業、保険および社会福祉事業、娯楽・文化およびスポーツ関連産業、その他修理および個人サービス業など 8 部門を指す。一方、2008 年は、宿泊および飲食店業、出版・映像・放送通信および情報サービス業、専門・科学および技術サービス業、事業施設管理および事業支援サービス業、公共行政・国防および社会保障行政、教育サービス業、保険業および社会福祉サービス業、芸術・スポーツおよびレジャー関連サービス業、協会および団体・修理およびその他個人サービス業、下水・廃棄物処理・原料再生および環境復元業など、10 部門を指す。

2)　韓国標準産業分類（2000 年）の中分類により分類し、その内訳は以下のとおりである。「その他機械および装備製造業」（以下、その他機械と称する）、「ゴムおよびプラスチック製品」（以下、ゴムと称する）、「電子部品・映像・音響および通信装備製造業（以下、電子と称する）、「組立金属製品製造業（機械・家具除外）」（以下、金属と称する）、「自動車およびトレーラー製造業」（以下、自動車と称する）、「その他機械および装備製造業」（以下、機械と称する）、「その他運送装備製造業」（以下、運送と称する）、「繊維製品製造業（縫製衣服除外）」（以下、繊維と称する）、「飲食料品製造業」（以下、食料品と称する）、「第一次金属産業製造業」（以下、一次金属と称する）、「家具およびその他製品製造業」（以下、家具と称する）、「パルプ・紙および紙製品製造業」（以下、紙と称する）、「その他電気機械および電気変換装置製造業」（以下、電気と称する）、「皮・鞄および靴製造業」（以下、皮・靴と称する）、「縫製衣服および毛皮製品製造業」（以下、縫製衣服と称する）、「化合物および化学製品製造業」（以下、化学と称する）、「縫製衣服および毛皮製品製造業」（以下、衣服と称する）、「コンピューターおよび事務用機器製造業」（以下、PC と称する）。

3)　北川［2005］は、首都圏、近畿圏では工業機能に特化した都市がその周辺部に分散し、一定の広がりを有するのに対して、中京圏では狭小な範囲に工業特化都市が多数分布していると指摘している。

4)　2008 年の韓国標準産業分類の中分類を用いて分類した。その内訳は次のとおりである。「金属加工製品製造業（機械・家具除外）」（以下、金属と称する）、「ゴム製品およびプラスチック製品製造業」（以下、ゴムと称する）、「電子部品、コンピューター、映像・音響および通信装備製造業」（以下、電子と称する）、「その他機械および装置製造業」（以下、機械と称する）、「その他運送装備製造業」（以下、運送と称する）、「自動車およびトレーラー製造業」（以下、自動車と称する）、「家具製造業」（以下、家具と称する）、「化学物資および化学製品製造業（医学品除外）」（以下、化学と称する）、「食料品製造業」（以下、食料品と称する）、「電気装備製造業」（以下、電気と称する）、「練炭および石油精製品製造業」（以下、石油と称する）、「印刷および記録媒体複製製造業」（以下、印刷と称する）、「繊維製品製造業（衣服除外）」（以下、繊維と称する）、「一次金属製造業」（以下、一次金属と称する）、「非金属鉱物製品製造業」（以下、非金属と称する）である。

第Ⅰ部　グローバル金融危機と新興経済の経済発展フレームワークの変貌

〈参考文献〉

阿部和俊［1995］『日本の都市体系研究』地人書房。

————［1997］『先進国の都市体系研究』地人書房。

石丸哲史［1992］「工業およびサービス業に特化した都市についての一考察——産業別従業者を指標として」『人文地理』44(2)。

伊藤喜栄［1986］「地方工業都市の変貌と地域構造の再編」北村嘉行・竹内淳彦・井出策夫編『地方工業地域の展開』大明堂、第五章。

北川博史［1991］「工業就業人口からみた都市の類型化——おもに高度成長期以降の工業都市の変容について」『地理科学』46(2)。

————［2005］『日本工業地域論』海青社。

森川洋［1990］『都市化と都市システム』大明堂。

Wheeler, J.O. and Park, S.O. ［1981］ "Intrametroplitan Locational Changes in Manufacturing: the Atlanta Metropolitan Area, 1958 to 1976," *Southeastern Geographer*, 21(1).

第Ⅱ部

中国経済の発展フレームワークの
変貌と転換

第4章

グローバル金融危機と中国経済の構造的脆弱性[*]

王　京濱

はじめに

　アメリカのサブプライム・ローンに端を発した金融危機は、2008年のリーマン・ショック後に世界規模へと広がり、各国経済を深刻な停滞局面に陥れた。不況からの脱出を図り、アメリカや日本などの先進国は、「超金融緩和」政策を継続的に実施してきた。こうした先進国の緩和マネーは、国際過剰流動性を引き起こし、新興国への流入を通して、新興国経済に「大いなる不安定」をもたらしたと懸念されている。それのみならず、「緩和マネー」は株価の急上昇を通して、資本市場への影響を強めつつある。2013年3月以降、ニューヨーク株式市場におけるダウ平均株価は、史上最高値をたびたび更新してきた。日本においても、「アベノミクス」に象徴される金融緩和への期待が日経平均株価を大幅に引き上げた（2013年3月において4年半ぶりに12,000円の大台にのせたあとも上昇し続け、2015年12月1日に2万円超の最高値を記録した）。

　日米と対照的に、中国は、世界金融危機勃発後の2008年11月9日にG20およびAPECへの出席を控えた胡錦濤主席が、欧米諸国の輸入減を念頭においた「内需拡大」政策の一環として、GDPの十数％に相当する「4兆元」経済対策（うち、中央財政の支出分は1.18兆元）を発表したものの、金融面では基準金利の引き上げや預金準備金率の引き上げといった引き締め気味の政策を実施した。2009年には、マネー・サプライの前年比増加率は、一時的に27.7％にも達したが、その後の2010年になってからは金融危機以前

の水準に落ち着いてきている。

　しかし、2013 年 6 月 20 日に起きたインター・バンク市場金利の乱高下（オーバー・ナイト金利は 13.44% に高騰）を機に、中国において「銭荒」（資金不足）問題が急浮上した。一部の専門家が乱高下の原因を先進国の緩和マネーの引き上げによるものだと分析した直後に、シャドウ・バンキングの問題が表面化し、たちまちアメリカのサブプライム・ローンに匹敵するほどの金融不安要因としてクローズアップされた。さまざまな推計がなされているが、2013 年末に、中国のシャドウ・バンキング関連の金融資産は 29 兆元、対 GDP 比で 54%、銀行総資産の 22% にのぼると一般的にいわれている。

　シャドウ・バンキングは、1980 年代から債権の市場化や証券化が進められるなか、世界的な潮流となり、少なくとも 2008 年のリーマン・ショックまでは金融イノベーションとして謳歌されてきた。日本では、それを「市場型間接金融」（池尾 [2007]）の一つとして捉えたうえ、資金循環における役割が強調されたのみならず、日本の金融制度のあるべき姿としても規範的に概念化されている。一方で、鹿野嘉昭が喝破したように（鹿野 [2008]）、こうした議論において消費者利益の向上という視点が等閑にされてきたという事実は払拭できていない。王京濱は改革開放後における中国の金融制度改革を概観したあと、金融制度のデザインにおけるリスク・テイカーの不在こそ上述したいわゆる金融イノベーションの本質であり、それは金融危機の種をばら撒くものであると指摘している（王京濱 [2011] [2014a]）。

　中国のシャドウ・バンキングは、一般的に地方融資プラットフォーム、企業間委託融資および理財商品の三つの部分から構成されるといわれている。それは、中央銀行が独立性を持っていない状況下で生じた財政と金融の「鬼子」として捉えざるをえず、単なる金融現象ではなく、中国経済の持っている脆弱性の具現化といわざるをえない。

　ここで中国経済の脆弱性とは、1994 年に「分税制」（地方財政と中央財政の分離）が行われて以降、中央財政収入に比べて地方財政収入が慢性的な不足局面に陥ったなか、1970 年代から形成されていた資金の地域内循環とい

う「属地的経済」が崩壊を迎えつつも、地方の経済成長を目論む地方政府がいわゆる「地方融資プラットフォーム」をやみくもに立ち上げ、政府権力（または権威）により資金を調達する現象をいう。こうして調達した資金は生産的な産業分野ではなく、もっとも GDP に反映されやすい不動産業に短絡的に投下されたため、不動産バブルが引き起こされた。また、まさに市場型間接金融の一つと呼ぶべき企業間における委託融資は、中国市場改革の不徹底に由来する国有企業による国家信用の優位性を利用した「財テク」にほかならない。一方、理財商品の急拡大は、ユニバーサル・バンキング化改革による銀行経営行動の変化を反映しているものであり、「地方融資プラットフォーム」と企業間委託融資の下地となっている。

　このように、中国におけるシャドウ・バンキングの三本柱となっている地方融資プラットフォーム、企業間委託融資および理財商品の間に、共通して地方政府という「シャドウ」が存在している。明らかに、これは金融イノベーションというより、政府投資行動を残存させつつ、不完全に市場化改革を推進してきた過程で生じた現象である。結果的に、中国経済の構造的脆弱性を一層悪化させ、腐敗の温床ともなっている。

　このように、中国は世界金融危機後において、グローバルな量的金融緩和競争に参加せず、一時的な積極的財政で世界金融危機に対応しようとした。しかし、それは結局、中国経済の持っている構造上の脆弱性を増すものとなり、「チャイナ・リスク」を高めてしまった。また、金融危機に対する過度の警戒が政府の経済への介入を助長させ、中国の経済構造を歪めたと考えられる。本章では、世界金融危機前後の中国のマクロ金融状況の変化について検証しつつ、中国の不動産産業をめぐる中央政府と地方政府とのせめぎあいにおける不動産ブームを検証することにより、中国経済の抱える構造的問題について明らかにしていく。同時に、地方融資プラットフォームに象徴されるような資金の地域内への囲い込みにより、資金循環が非効率的となり、経済成長の地域間における内的連関が阻害されたことについての考察を通して、上述した金融危機と中国経済の脆弱性について検証していきたい。

　本章は以下の内容で構成される。第１節では世界金融危機前後の中国経済

のマクロ的状況について分析し、第２節では世界金融危機と中国のシャドウ・バンキングの関係を明らかにする。第３節では中国経済の構造的脆弱性について過熱な不動産ブームを通して考察する。「おわりに」では本章の内容をまとめ、残されている課題について展望を行う。

１．世界金融危機前後における実体経済と金融構造の変化

（１）　実体経済の変化

　中国は世界金融危機後に、金融面において量的緩和こそ実施しなかったものの、低金利政策を継続していた。これに財政面における積極財政が加えられ、マクロ経済構造は大きく変容した。これまでは輸出主導型の経済成長が中国経済を牽引してきたが、世界金融危機を前にして大きく変容した。その結果、内需拡大による成長様式への転換が喫緊の課題となった。しかし、2008 年に繰り出した４兆元にのぼる積極財政資金の投入は、真の内需拡大につながったのか。もしそうでなかった場合、中国経済にどのような影響をもたらしたのか。これらの問題についてまず検討しておかなければならない。

　図 4-1 に中国における需要項目別実質 GDP の構造の推移を示している。内需のもっとも重要なファクターとして家計最終消費が挙げられるが、それの GDP に占める比率は、1981 年に最高水準の 53.0％に達した後、一貫して減少傾向を示している。具体的に、1980 年代においてはおよそ 50％前後で安定的に推移したが、1990 年代においてはそれより３％以内での減少を示した。しかし、2000 年に入ってから急速に縮小し、2010 年には 35.6％との最低水準を記録したあと、2014 年まではわずかながら回復し、37.4％になっている。一方で、政府最終消費の GDP に占める比率は、一貫して安定していて、2014 年では 13.2％であり、1978 年のそれとほぼ同じ水準にある。

　在庫品増加の GDP に占める比率の推移は、景気変動そのものを反映しているため、一定した傾向を示していないが、1989 年における「天安門事件」の影響で 11.5％の最高水準を記録したあと、2000 年の１％にまで減少した。2000 年以降においては、再び増加したものの 2014 年現在まで 2.0％の低い

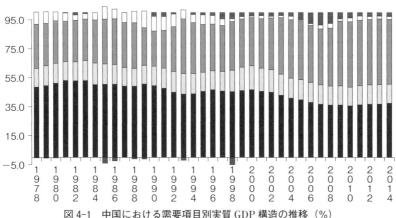

図 4-1　中国における需要項目別実質 GDP 構造の推移（％）
出所：国家統計局『中国統計年鑑 2015』より作成。

水準に落ち着いている。純輸出の GDP に占める比率は、2001 年の WTO 加盟にともない、上昇しはじめ、世界金融危機直前までに最高水準の 8.6％に達した。その後の減少は甚だしく、2014 年現在では 2.7％という低い水準になっている。

これらと対照的に、固定資本形成は 1980 年代において GDP の 30％を占めていたが、天安門事件後に一気に 26％台に落ち込んだ。1990 年代においては、再びシェアを伸ばしつつ、2003 年には 39％にまで拡大した。その後 2008 年までの間は、39％前後で安定的に推移したものの、2009 年以降において急速に拡大し、連続して 45％の水準を超えた。

このように、2004 年までに家計最終消費は GDP の最大の構成要素であったが、その後、固定資本形成が家計最終消費を逆転しながらシェアを拡大し続けた。その結果、2014 年には固定資本形成は家計最終消費より 7 ポイントも高い 44.7％を占めるに至った。

図 4-2 には、GDP の実質成長率を最終消費、資本形成と輸出に分けて、その寄与度を示した。図 4-2 からは、3 大要素の実質 GDP 成長率への寄与度は、21 世紀に入る前までは、激しく変動し、安定した動きを見せなかった。2001 年から資本形成の寄与度は最終消費のそれを逆転し、2010 年まで

第Ⅱ部　中国経済の発展フレームワークの変貌と転換

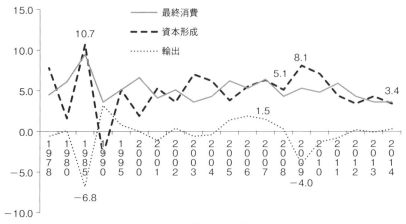

図4-2　3大要素の実質GDP成長率への寄与度

出所：図1と同じ。

に経済成長の最大の牽引役となった。世界金融危機後に、4兆元の投資効果がもたらした経済成長は、おもに資本形成によるものである。それのGDP成長率への寄与度は、2009年に前年の5.1％から8.1％へと押し上げられた。

このように、実体経済の構造変化から、近年における中国経済は内需拡大という大義名分の下で輸出主導型から投資拡大型へと成長様式が変化しつつあることが明白である。こうした状況はどのような金融環境で実現されたのか。それについて以下で考察してみる。

（2）　長期低金利下での銀行・家計行動

中国が世界金融危機後において量的金融緩和を継続的に実施しなかったことは、流動性の状況への考察からうかがえる。図4-3に示されるように、マネー・サプライ（M_2）の前年比増加率は、2001年から15％前後という水準で安定的な推移を示した。それは2009年において一時的に28.5％を記録したが、その後、再び急激に下落し、2014年において12.2％というここ十数年来の最低水準に落ち着いている。

実体経済の成長は、マネー・サプライの増加に追いつかない場合、金余りの現象が現れる。これは一般的に、過剰流動性と呼ばれ、バブルを引き起こ

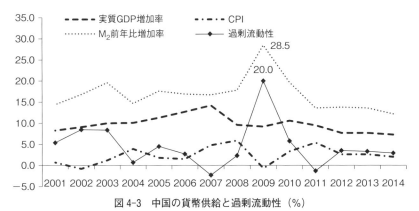

図 4-3　中国の貨幣供給と過剰流動性（％）

注：過剰流動性＝M_2 前年比増加率 − CPI 前年比増加率 − 実質 GDP 成長率
出所：図 1 と同じ。

す元凶ともされる。図 4-3 をみると、中国の実体経済（GDP）は、2008 年までに高度成長を続けていたため、過剰流動性の存在はそれほど顕著なものではなかった。しかし、2009 年におけるマネー・サプライの一時的な急増は、過剰流動性を 20％超の水準に持ち上げた。その後、2010 年から金融政策の引き締め方向への転換にともない、過剰流動性は縮小しつつある。

しかし、量的緩和は顕著でなかったとはいえ、低金利を通した質的緩和は不可能ではない。2013 年 6 月に、習近平国家主席がモスクワで開かれる G20 に出席する直前に、中国人民銀行は貸出金利の自由化を公表した。それまでは、銀行が企業に適用する金利としては、中国人民銀行の決めた貸出基準金利が用いられていた。世界金融危機が発生した当時は、中国人民銀行は直接的に貸出基準金利や預金基準金利を変動させることにより、銀行の信用創造に影響を与えていた。

図 4-4 に示されているように、中国人民銀行は危機発生直後の 2008 年において、数回にわたって、基準金利を引き下げた。2008 年 12 月から、徐々に金利を引き上げる方向に転換し、2011 年 7 月 7 日に 3 年以内貸出基準金利は 6.65％に引き上げられた。こうした金利の引き上げの背景には、2009 年から国内インフレが再燃した事情がある（図 4-3 を参照）。

長期的には、中国の基準金利は 1990 年代の後半から 2002 年にかけて急速

第Ⅱ部　中国経済の発展フレームワークの変貌と転換

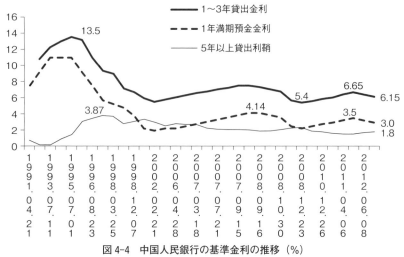

図4-4　中国人民銀行の基準金利の推移（%）
出所：中国人民銀行ウェブサイトより作成。

に低下していた。この時期には、国有企業改革が中国経済の最大の目標であり、銀行借り入れに過度に依存していた国有企業の金利負担を軽減させたいという政府の思惑があった。また、中国は1998年ごろに「不足の経済」に終わりを告げ、「過剰の経済」に突入したことにより、デフレーションが発生していた。

　しかし、2003年ごろから中国経済のデフレは、解消傾向に向かいつつあったが、中国人民銀行はそれに合わせて金利の引き上げを実施しなかった。その結果、1年満期の預金金利と消費者物価でみる実質預金金利は、2004年、2007年、2008年においてマイナスとなっている。一方で、銀行の貸出利鞘も1990年代の前半まで拡大していたが、その後において縮小する一途をたどり、2012年ではわずか1.8%の低い水準にとどまった。

　このような長期低金利は、銀行の貸出行動や家計の預金行動に大きな変化を及ぼした。銀行は、企業への貸出よりも、収益性が高く、リスク負担の少ない地方融資プラットフォームといった融資先に貸出を拡大するインセンティブを持つに至った。一方で、家計にとっては、余剰資金の運用先として銀行預金よりも高い利回りの金融商品が好まれる。こうしたなか、富裕層向け

第 4 章　グローバル金融危機と中国経済の構造的脆弱性

に開発された高利回りの理財商品（最低投資金額 5 万元）が 2004 年に登場
しはじめた。こうした理財商品は、中国の金利自由化の遅れの死角を突く
「金融革新」とも思われるが、これらは世界金融危機後の 2008 年から急膨張
しはじめた。

　西南財経大学信託與理財研究所・普益財富によれば（西南財経大学信託與理
財研究所・普益財富編 [2013]）、2007 年に販売された商品数は 1000 件未満であ
ったが、2008 年では 7000 件を超え、2012 年において 3 万 4080 件にのぼっ
た。この 3 万 4080 件の新規販売について銀行種類別にみると、株式制商業
銀行は 36.99％、国有商業銀行は 28.81％、都市商業銀行は 24.78％、農村
金融機関は 5.53％、外資系銀行は 3.89％を占めている。一方、毎年の新規
発売規模は、2007 年においては 2 兆元以下であったが、2008 年では 4 兆元
強に、2012 年では 30.36 兆元に達した。2012 年における理財商品は、満期
期間については 1 ～ 3 カ月以内のものが全体の 50％超を、3 ～ 6 カ月以内
のものが 30％弱を、期待利回りの分布については、満期を迎えた 2 万 355
件のうち、6 ％超、6~4 ％、4 ％以下の商品の割合はそれぞれ 5.7％、
65.1％と 29.2％となっていて、1 年満期銀行預全金利を上回る理財商品の割
合は 94.5％となった。

　理財商品の急膨張は、金融市場における長期低金利政策に対する反動とも
いえる。しかし一方で、これは、銀行にとって理財商品があくまでも預金よ
り高コストの資金調達である。そのため、銀行は高い利回りでそれらを運用
しなければならない。かつて日本の銀行が 1980 年代の金融自由化による圧
力を受け、行動様式が変化したように、中国の銀行もこうした理財商品で調
達した資金を地方融資プラットフォームに貸し出し、それらは不動産開発資
金として利用されている。地方政府の権力が理財商品を蝕むなか、それに関
する情報のディスクロージャーが問題となりつつある。

　普益財富の研究結果によれば、2012 年 1 月から 2013 年 7 月の 19 カ月間
において、商業銀行が発行した貸付型、または貸付を含むポートフォリオ型
の理財商品は 5516 件あった。こうした商品は、下記の三つのルートを通し
て地方融資プラットフォームに資金を供給したとされる。①地方融資プラッ

91

トフォームが信託会社に信託商品をデザインしてもらい、それを信託会社の理財商品に組み入れる。②銀行は貸付型の理財商品を販売し、地方融資プラットフォームに直接資金を供給する。③銀行が吸収した理財資金を委託貸付という手段で地方融資プラットフォームに供給する（『証券時報』2013年8月8日）。このような状況下では、中国の不動産価格の是正に向けて打ち出される中央政府の一連の規制政策も、その効果がみえてこない。

（3）資金循環と金融資本市場の変化

　上述した実体経済および金融状況が大きく変化したなかで、資金循環はどのような変容を示したか。以下に図4-5に即してこれを考察してみる。

　まず、部門別資金循環については、1990年代の前半においては、民間非金融法人企業部門（以下、企業部門）は中国の資金循環において最大の不足主体であり、その不足金額のGDPに対する比率は年平均で13%にも迫っていた。1995年から実施された国有企業に対する「抓大放小」（大型企業の国有化を維持しつつ小型企業を民営化する）改革にともない、企業部門における資金不足の増加はGDPの増加をはるかに下回り、両者の比率は急速に低下し、2001年には5.2%という低い水準にまで減少した。2001年からWTO加盟による輸出が増加し、民営企業は強い投資意欲を示したため、企業部門の資金不足対GDP比は2003年まで再び上昇した。世界金融危機後における投資型内需拡大が原因で、2008年における同比率は一時的に8.6%に上昇したものの、2010年にこれまでで最低水準の3.7%に低下した。

　一方で、家計部門における資金余剰の対GDP比は、2001年までに一貫して減少傾向を示し、1992年の15.8%から2001年の9.6%にまで縮小した。その後、再び拡大へと転じ、2008年には15.7%に達した。これは、家計部門の貯蓄性向の向上、言い換えれば、個人消費の相対的な低迷が端的に示されているといえよう。

　海外部門への資金供給は、貿易黒字と表裏一体の関係にあり、WTO加盟後、とりわけ2004年以降に著しく拡大し、世界金融危機前に9.8%にのぼったが、2009年には輸出の不振により縮小し、2013年では1.9%になって

第 4 章　グローバル金融危機と中国経済の構造的脆弱性

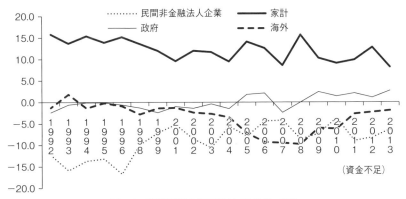

図 4-5　部門別資金過不足対 GDP 比（%）
出所：国家統計局ウェブサイト「マネーフロー表」より作成（2016 年 9 月 9 日アクセス）。

いる。

　政府部門は 1992 年から 2004 年にかけて、純然たる資金不足主体であったが、その後、資金余剰主体に転じている。2008 年の積極財政の実施にもかかわらず、政府部門の資金余剰状態は継続している。

　このように、企業部門は最大の資金不足主体であるなか、不足した資金をどのような方法で調達したのか、それはまた世界金融危機後に大きな変化をみせたのか。図 4-6 に示されるように、資金循環でみる企業部門の外部資金調達においては、銀行借入金は依然として高い比率を維持し、2007 年にいったん 56.7％に縮小したものの、金融危機対策により 2009 年には再び 78.8％という最高水準に逆戻りし、2013 年では 70.0％という高水準を維持している。

　これに対して、企業の外国直接投資と対外債務による資金調達は、1998年からマネーフロー表に突如現れ、28.7％という高い水準を記録した。これは 2008 年までは年平均で 23％を占め、企業部門の 2 番目の調達手段になっていたが、金融危機の影響により 2009 年に 7.5％へと落し、2013 年現在では 12.9％に上昇した。これは、中国が外国直接投資に関する規制を強化した動きや、金融危機による先進国経済の低迷およびチャイナ・リスクに対する認識の高揚が働いていると思われる。一方で、株式を含む有価証券による

93

第Ⅱ部　中国経済の発展フレームワークの変貌と転換

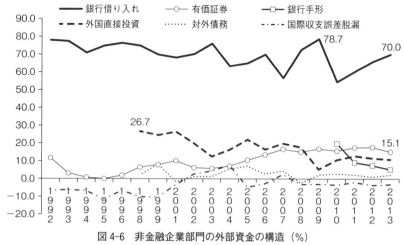

図4-6　非金融企業部門の外部資金の構造（％）

出所：図4-5と同じ。

資金調達の割合が上昇していて、2013年現在では15.1％に達した。

　上述したように、たしかにマネーフローにおける法人部門の資金調達において、銀行借入金の割合はもっとも大きかったが、実体経済全体における銀行貸付の割合はむしろ大幅な減少傾向を示した。表4-1には、中国における実体経済の資金調達金額とその構造を示したものである。この表から明らかなように、実体経済部門は旺盛な資金需要を示し、2013年には史上最高の17.3兆元にのぼり、2002年のそれの8.6倍にも達した。とりわけ世界金融危機後における増加は著しく、2009年のそれが2008年のそれの2倍となった。こうした増加にもかかわらず、資金調達総額に占める銀行貸付の割合は、2002年の92％弱から2012年の52％強に減少した。このうち、世界金融危機後における割合の減少はシャドウ・バンキングによるところが大きい（王・湊［2015］）。

　これに対して、委託貸付や信託貸付、銀行引受手形といったシャドウ・バンキングと呼ばれる資金調達手段の割合は、2008年の12.1％から2013年の29.8％までに高まった。このうち、地方融資プラットフォームの主要な資金源にもなっている信託貸付は、シェアを大きく伸ばしている。

94

第 4 章　グローバル金融危機と中国経済の構造的脆弱性

表 4-1　実体経済の資金調達額とその構造の推移

年	総融資額 (億元)	うち：							
		銀行貸出 (%)	外貨貸出 (%)	委託貸出 (%)	信託貸出 (%)	未割引銀行 引受手形 (%)	社債 (%)	株式 (%)	その他 誤差脱漏 (%)
2002	20112	91.9	3.6	0.9		−3.5	1.8	3.1	2.1
2003	34113	81.1	6.7	1.8		5.9	1.5	1.6	1.5
2004	28629	79.2	4.8	10.9		−1.0	1.6	2.4	2.1
2005	30008	78.5	4.7	6.5		0.1	6.7	1.1	2.4
2006	42696	73.8	3.4	6.3	1.9	3.5	5.4	3.6	2.0
2007	59663	60.9	6.5	5.7	2.9	11.2	3.8	7.3	1.8
2008	69802	70.3	2.8	6.1	4.5	1.5	7.9	4.8	2.1
2009	139104	69.0	6.7	4.9	3.1	3.3	8.9	2.4	1.7
2010	140191	56.7	3.5	6.2	2.8	16.7	7.9	4.1	2.2
2011	128286	58.2	4.5	10.1	1.6	8.0	10.6	3.4	3.6
2012	157631	52.0	5.8	8.1	8.1	6.7	14.3	1.6	3.3
2013	173168	51.3	3.4	14.7	10.6	4.5	10.5	1.3	3.7
2014	164133	59.6	2.2	15.3	3.2	−0.8	14.5	2.7	3.4
2015	152936	73.7	−4.2	10.4	0.3	−6.9	18.5	5.0	3.3
2016 上半	98082	76.3	−3.9	10.7	2.8	−13.0	18.0	6.1	2.9

出所：中国人民銀行貨幣政策分析小組［2013］p.5、中国人民銀行ウェブサイト（2016 年 9 月 9 日アクセス）
より作成。

　その背後には、近年における銀行のビッグバン（ユニバーサルバンク化）
による経営様式の変化があると考えられる。つまり、2002 年ごろから銀行
によるファンド会社の立ち上げがブームとなり、2011 年には銀行による
オープン型ファンド会社が 857 社、クローズ型ファンドが 57 社にのぼってい
る（中国証券監督管理委員会ウェブサイト）。

　また、2005 年以降、国有銀行の株式化が進められ、中国工商銀行、中国
建設銀行、中国銀行、中国農業銀行が相次いで上場を果たし、中国交通銀行
と合わせて 5 大銀行の構造を形成していて、大型銀行、中堅都市銀行、地方
銀行、農村金融機関の階層化が明確になっている。

　しかし、国有銀行の株式会社化が行われたにもかかわらず、中央政府およ
び関連機関がそうした銀行の筆頭株主を占めた。表 4-2 に示したように、中
国工商銀行においては、中央政府の投資会社としての中央匯金投資有限公司
は、35.40％の株式を所有しているほか、中国財政部も直接的に 35.30％の

95

第Ⅱ部　中国経済の発展フレームワークの変貌と転換

表4-2　5大商業銀行のトップ3株主とその所有構造

	トップ3株主	株式種類	持株比率（%）	
			2012年9月	2014年3月
中国工商銀行	中央滙金投資（有）	A株	35.40	35.33
	中国財政部	A株	35.30	35.09
	HKSCC Nominees Limited（香港中央決算代理人有限公司）	H株	24.60	24.48
中国建設銀行	中央滙金投資（有）	H株	57.03	57.03
	香港中央結算（有）	H株	28.22	29.04
	テマセク・ホールディングス（Temasek Holdings）	H株	7.15	7.15
中国銀行	中央滙金投資（有）	A株	67.64	67.72
	HKSCC Nominees Limited	H株	29.24	29.22
	東京三菱UFJ	H株	0.19	0.19
中国農業銀行	中央滙金投資（有）	A株	40.15	40.28
	中国財政部	A株	39.21	39.21
	HKSCC Nominees Limited	H株	8.99	9.04
交通銀行	中国財政部	A株＋H株	26.40	26.53
	HKSCC Nominees Limited	H株	22.28	20.07
	HSBCホールディングス	H株	18.55	18.70

注：中央滙金投資有限公司は2003年に設立された国務院直属の国有企業であり、このほか中国光大銀
　行の株式も保有している。
出所：各銀行の2012年第3四半期および2014年第1四半期報告書より作成。

株式を取得している。中国建設銀行を含むほかの4大銀行にも類似した株式
所有構造がみられる。つまり、企業統治においては政府の意向が依然として
強く反映されているといわざるをえない。
　一方、一連の銀行改革の結果、銀行の資本金が増強されたことにともない、
経営様式も変化した。これまで貸付を通して利鞘収益を獲得していた銀行は、
その主要業務を委託貸付などのリスクの少ない新規業務に移行させつつある。
これを反映して、銀行の不良債権比率は急速に低下した。図4-7に示されて
いるように、2008年からすべての金融機関において不良債権率が飛躍的に
改善されている。ただ、習近平政権になってからは、「ニュー・ノーマル」
の常態化にともない、サプライ・サイド改革が行われ、経済成長が減速して
いる。その結果、2013年以降、銀行の不良債権比率は上昇傾向を示してい

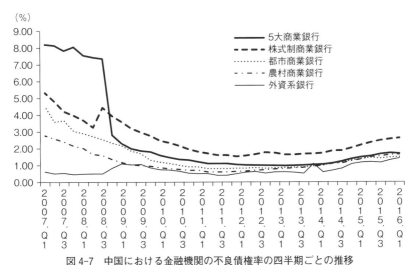

図 4-7　中国における金融機関の不良債権率の四半期ごとの推移
出所：中国銀行業監督管理委員会ウェブサイトより作成（2016年9月9日アクセス）。

図 4-8　中国における上場株式会社数と時価総額対 GDP 比率の推移
出所：中国証券監督管理委員会ウェブサイト（2016年9月9日アクセス）、国家統計局［2015］より作成。

る。

　資本市場は、株式制度をめぐる十数年間にわたる改革をへて、21世紀に入ってから大きく変容した。上場基準の単調化などの問題に対応して2001年から深圳証券取引所にベンチャー企業の上場を促進する動きがみられた。2005年5月から当取引所に中小企業ボードが創設され、これにともない深

圳証券取引所に上場する企業数は急増し、図4-8 に示されているように、2010 年に上海証券取引所を逆転し、2015 年では 1746 社にのぼった。また、2005 年にはじまる非流通株式の流通化改革により、中国の株式時価総額は対 GDP 比で大きく上昇し、2007 年に 121.1％に達した。しかし、世界金融危機の影響で、株価の急落を受け、2015 年の株式時価総額対 GDP の比率は40.2％まで落ち込んだ。資産市場間の関連性の視点に限っていうなら、中国は一層の金融緩和を進めるべきであった。

　中国株式市場の拡大は中国経済における直接金融の拡大を意味すると同時に、経済のグローバル化が急速に進む今日においては世界金融危機につながる橋渡しにもなる。株式市場をめぐる「公開、公正、公平」改革は、中国の株式市場制度そのものを質的に向上させることがあったかもしれないが、株式市場に参加する投資者行動を容易に変えることはできないと思われる。

2．地方財源不足下での4兆元積極投資

　リーマン・ショック発生後、中国政府は早々と内需拡大による経済成長促進策を打ち出し、2010 年までに4兆元の大型投資を発表した。具体的には、1）道路・鉄・電気などのインフラ整備 1.5 兆元、2）四川大地震の復興対策費 1 兆元、3）低所得者向け住宅開発 0.4 兆元、4）農村開発 0.37 兆元、5）技術開発・産業構造調整対策 0.37 兆元、6）環境保護対策 0.21 兆元、7）医療・福祉・教育対策 0.15 兆元といった内容が含まれることになった。投資主体には中央・地方政府のみならず、独立採算の政府機関や企業が含まれ、中央財政支出は 1.18 兆元（全体の 28.5％）、地方財政支出は 1.25 兆元（31.3％）、その他のセクターは 1.57 兆元（39.3％）となっている。

　はたして4兆元にのぼる財政投資は、「また投資を呼ぶ」ような呼び水効果をもたらしたのか。それを検証するには、まず中国の財政構造を明らかにする必要がある。

（1）　属地的経済システムと分税制

　周知のように、中華人民共和国期になってから、中国は重化学工業化戦略を優先的に取り入れた。とりわけ、1958 年に鉄鋼生産の「イギリス超え」を目標にはじまった「大躍進」は、各地域における資源の総動員を意味していた。「大躍進」の失敗にともない、中国をめぐる国際情勢が厳しいものとなると、中国全土を東部沿海、中間と奥地域に三分しながら、奥地域を重点的に建設する「三線建設」がはじまった。これに対して、地方では「小三線」戦略がとられた（呉暁林 [2002]）。「小三線」は、地方政府予算により県レベル以下の地域に建設された地方重工業である。おもな対象産業には、化学肥料、水力発電所、セメント、農業機械、鉄鋼が含まれ、中国では「五小工業」（「小化肥、小水電、小水泥、小農機、小鋼鉄」）とも呼ぶ。

　田島俊雄は、1970 年代における河北省遵化県を事例に農村工業の展開を分析し、食糧生産性の大幅な上昇にともない、農産物加工、日用品製造等の軽工業が発達し、同時に農業生産財の製造・修理を中心に鉄鋼、化学肥料、セメント、機械製造などの重工業も発展していると指摘している（田島 [1980]）。こうした農村工業化は、毛沢東に「勤倹の精神」（ロバの足 3 本からスタート）として賞賛された、農業集団化の模範であったスカンピン組合（窮棒子合作社）や手工業の集団化を前身とし、県内における農地水利基本建設という需要拡大を背景に発展を遂げた。しかし、地方国営の原材料工業の場合、たとえ赤字でも他の県営工業と一括して地方財政のワク内で採算をはかるため、もうかる軽工業で利益の上がらない重工業を支えるという域内資金循環の構造が明らかになった。

　また、田島は、中国鉄鋼業の産業組織について分析し、「重点的大企業による全国的計画的供給と、これを補完する、属地的中小企業による局地的市場的供給との二重構造」という市場・産業の特徴を明らかにした（田島 [1990] 129-130 頁）。ここでの「属地的中小企業」とは、前述した「五小工業」を代表とする地方国有企業のことであり、そうした企業は「局地的市場圏を対象とし、新たに自主権を付与された県財政からの補助金」（108 頁）によって存続が維持されることになる。さらに、田島は「中国国有企業の属地的性

格」を「財政金融システムの属地的性格」と重ね合わせ、中国における「経済システムの属地性」という特徴を指摘した（田島［2000］）。それは「冷戦構造にも規定された計画経済の「分級管理」化＝地方分権化を背景に、財貨サービスのみならず生産要素の供給においても地域内的な循環が形成された」（75頁）と定義した。

　これを受け、王京濱は、改革開放後における中国経済の市場化について、「市場経済発展容認的アプローチ」として定型化したうえで、付加価値の地域内部における分配が地域政府の付加価値最大化との目的と合致したからこそ、改革が容認されていたことを明らかにした（王［2005］）。

　しかし、改革が進むにつれ、国営企業の利潤分配制度における政府の財政収入は減少し、かつてのように「県財政のワク内」で採算を取ることが不可能となった。1980年11月に、国営企業における「撥改貸」が実施され、企業資金は財政投資から銀行借入金へと切り替えられた。その後、国営企業をめぐる付加価値配分が変わり、企業が利潤を直接的に財政へ上納する形式は納税方式に変更された。これは「利改税」であり、1981年から試験的に導入されたあと、1983年の「第1次改革」、1984年の「第2次改革」をへて定着した。

　上述した改革をへて、国営企業が急速に銀行から資金を調達するようになったが、銀行借入金の納税前返済が行われていたため、政府の財政収入は減少した。しかし、これは基本的に国営企業と政府との間における付加価値の配分関係を変えたにとどまり、地域内部における資金循環そのものには大きな影響は及ばなかった。一方で、中央政府と地方政府との経済関係では、財政資金に対する請負制度にもとづいた上納方式が採用されていたため、県や市などの地域財政というワクで地方国有企業の一括採算が取れるような「属地的経済システム」は維持されていた。

　ところが、財政収入の対GDP比は、1980年の25.0％から1993年の12.0％に、国家財政における中央政府の比重は、1980年の24.5％から1993年の22.0％へと急速に低下した（表4-3）。中央政府は、1994年に「分税制」を導入し、各税目を中央税、共通配分税、地方税に区分したうえで、中央政府と

第 4 章　グローバル金融危機と中国経済の構造的脆弱性

表 4-3　財政収支における中央政府と地方政府の変化

	全国財政収入（億元）	うち：中央財政の比率（%）	地方財政の比率（%）	全国財政支出（億元）	うち：中央財政の比率（%）	地方財政の比率（%）
1979	1,146.4	20.2	79.8	1,281.8	51.1	48.9
1980	1,159.9	24.5	75.5	1,228.8	54.3	45.7
1981	1,175.8	26.5	73.5	1,138.4	55.0	45.0
1982	1,212.3	28.6	71.4	1,230.0	53.0	47.0
1983	1,367.0	35.8	64.2	1,409.5	53.9	46.1
1984	1,642.9	40.5	59.5	1,701.0	52.5	47.5
1985	2,004.8	38.4	61.6	2,004.3	39.7	60.3
1986	2,122.0	36.7	63.3	2,204.9	37.9	62.1
1987	2,199.4	33.5	66.5	2,262.2	37.4	62.6
1988	2,357.2	32.9	67.1	2,491.2	33.9	66.1
1989	2,664.9	30.9	69.1	2,823.8	31.5	68.5
1990	2,937.1	33.8	66.2	3,083.6	32.6	67.4
1991	3,149.5	29.8	70.2	3,386.6	32.2	67.8
1992	3,483.4	28.1	71.9	3,742.2	31.3	68.7
1993	4,349.0	22.0	78.0	4,642.3	28.3	71.7
1994	5,218.1	55.7	44.3	5,792.6	30.3	69.7
1995	6,242.2	52.2	47.8	6,823.7	29.2	70.8
1996	7,408.0	49.4	50.6	7,937.6	27.1	72.9
1997	8,651.1	48.9	51.1	9,233.6	27.4	72.6
1998	9,876.0	49.5	50.5	10,798.2	28.9	71.1
1999	11,444.1	51.1	48.9	13,187.7	31.5	68.5
2000	13,395.2	52.2	47.8	15,886.5	34.7	65.3
2001	16,386.0	52.4	47.6	18,902.6	30.5	69.5
2002	18,903.6	55.0	45.0	22,053.2	30.7	69.3
2003	21,715.3	54.6	45.4	24,650.0	30.1	69.9
2004	26,396.5	54.9	45.1	28,486.9	27.7	72.3
2005	31,649.3	52.3	47.7	33,930.3	25.9	74.1
2006	38,760.2	52.8	47.2	40,422.7	24.7	75.3
2007	51,321.8	54.1	45.9	49,781.4	23.0	77.0
2008	61,330.4	53.3	46.7	62,592.7	21.3	78.7
2009	68,518.3	52.4	47.6	76,299.9	20.0	80.0
2010	83,101.5	51.1	48.9	89,874.2	17.8	82.2
2011	103,874.4	49.4	50.6	109,247.8	15.1	84.9
2012	117,253.5	47.9	52.1	125,953.0	14.9	85.1
2013	129,209.6	46.6	53.4	140,212.1	14.6	85.4
2014	140,370.0	45.9	54.1	151,785.6	14.9	85.1

出所：国家統計局［2015］より作成。

地方政府の機能分担を明確にしつつ、中央財政の強化をはかった。

「分税制」の結果の一つとして、中央政府は財政力において地方政府から「強さ」を取り戻した。表4-3に示されたように、全国の財政収入に占める中央財政の比率は1994年以降において一貫して50%前後を維持することができた。一方で、全国の財政支出における中央財政の比率は、2003年までにおよそ30%程度で安定していた。これと対照的に、地方財政の全国の財政収入における比率が縮小するとともに、財政支出における割合が拡大した。

とくに県以下の地域は、中央政府に吸い上げられた税収分と支出拡大分を抱えながら、自力では財政均衡を維持できなくなり、こうした状況から脱出するため、農民に対してさまざまな費用負担を強いた。しかし、21世紀に入り、農家負担を減らすために、負担する費用を一括して農業税にする「費改税」改革が行われ、2006年から農業税そのものを廃止とする政策が実施された。その結果2006年に比べ、2007年における全国財政収入に占める地方財政の比率は45.9%まで低下したと同時に、全国の財政支出に占める地方財政の比率は77.0%に上昇した（表4-3）。

上記のように、中央政府の財政力の強化により、地方財政はますます困窮化せざるをえなくなっているが、不足資金を地域内に呼び戻すための公共債発行は法律で禁じられている。こうしたなかで、世界金融危機が勃発し、中央政府が4兆元の景気刺激投資を推し進めたが、これは地方財政にとってはまさに泣き面に蜂であった。表4-3からわかるように、2008年から2014年にかけて、全国の財政支出に占める地方財政の比率は、78.7%から85.1%までに急拡大していた。

（2）シャドウ・バンキングの膨張

1980年代から地方政府は、財政収支のバランスをとるために、さまざまな工夫をしてきた。地方融資プラットフォームは、1980年代の初頭に広東省に出現した「貸款修路、収費還貸」（銀行から借金して道路を作り、通行料を徴収して借金を返済する）という広東省政府の「改革」に原型を求められる。1988年に中国交通省が「銀行借入れによる道路・橋梁建設および通

行料金の徴収基準に関する規定」を全国に公布したのをきっかけに、地方政府の金融機関との癒着関係が定着した。1994年の「分税制」以後の地方財政収入の相対的縮小と社会インフラ整備の拡大が相まって、社会から広範に資金を集め、地方政府投資の資金源にする必要性を、中央政府は黙認していた。

　しかし、目下のシャドウ・バンキングと呼ぶにふさわしいのは、1997年末に勃発したアジア通貨危機への対処策としての積極財政からである。つまり、アジア通貨危機による影響を防ぐため、中央政府は積極財政を出動したが、地方財政に一定の割合での資金を負担させていた。この時期から地方融資プラットフォームの役割が期待されるようになった。蕭維嘉と趙全厚によれば、1997〜2004年において、地方融資プラットフォームは政府内に設置されていたチームから、都市インフラ整備委員会へと再編され、さらに都市投資会社へと改組されていった（蕭・趙［2013］）。同時に、資金調達も多様化し、ABS（asset backed securitization）といったシャドウ・バンキング手段が採用されるようになった。2004年には、国務院が「投資体制の改革に関する決定」を公布し、地方政府の地方融資プラットフォームの規範化をはかろうとした。これを機に、政府の投資会社へのコーポレート・ガバナンスの導入や投資分野の多様化（中小企業やハイテク産業、工業団地など）が進められ、資金の需要は飛躍的に拡大した。そこで、外部資金による株式参加をはじめ、ファンド、証券化商品といった融資手段が採用されるようになり、地方政府と金融機関の癒着関係は一層強まった。これは、2003年以降に展開される銀行のユニバーサル・バンキング化、国有銀行の株式会社化といった金融改革と重なり、リスクを負担せずに利益を上げたいという銀行の思惑が地方政府の拡大投資の行動とうまく一致した結果でもある。

　一方、2008年の世界金融危機は、地方融資プラットフォームを急膨張させた直接の原因であった。中央政府は実質GDPの8％成長を絶対に達成しなければならない目標に掲げ、4兆元の刺激策を打ち出したが、地方政府は財政難を背景に、実際に金融機関と結託し、地方プラットフォームを通した投資を行っていた。こうした資金の供給元は1998〜2008年においておもに

国家開発銀行であり、1.4兆元の貸出を供給したが、世界金融危機後に各商業銀行も加わっている。

　蕭と趙は、中国人民銀行と中国銀行業監督管理委員会のデータを引用し、地方融資プラットフォームの膨張ぶりについて以下のように説明した（蕭・趙［2013］）。2009年末に、中国の地方融資プラットフォームは3000社から9000社に増加し、総資産額は9兆元にのぼり、借入残高は6兆元に達している。2009年における全国銀行からの新規貸出残高の9.59兆元のうち、40％に相当する3.8兆元は地方融資プラットフォームに流れた。2009年現在、県域に設置された地方融資プラットフォームが全体の6割を占め、5000社を超えている。ただ、借入残高は全体の25％にしか及ばず、1.85兆元にとどまった。一方で、上海を中心とする長江デルタ、広州を中心とする珠江デルタおよび北京・天津・遼寧・山東を中心とする環渤海湾の三つの地域が調達した資金額の割合はそれぞれ30％、11％、20％を占めた。つまり、経済がより発達した東部沿岸地域において、地方融資プラットフォームの大型化が進み、資金の偏在が発生しているといえよう。

　地方融資プラットフォームに関する実態究明が進展していないなか、その大まかな資金運用と調達については項目的に指摘しておくにとどめる。資金運用においては、①社会インフラ、②特別プロジェクト（不動産開発、ハイテク産業）、③中小企業への投資・担保、④地方産業の振興、⑤地方政府の投融資システムの構築といったものが含まれ、とりわけ①社会インフラへの投資は最大の運用先とされている。一方、資本と負債に分けて、資金調達を考察する場合、資本においては①土地、②信託、③株式、④鉱山などの所有権取引収益、⑤不動産といった方式が挙げられ、負債においては①銀行借入、②社債の発行、③その他などが含まれる。このうち、銀行借入は圧倒的な資金調達源となっているといわれている。

　シャドウ・バンキングの別の形態とされる委託貸付についてもアカデミックに解明されていないが、メカニズムはきわめて単純である。企業間における資金取引が法律上禁じられているなか、会社間での資金融通に関する合意がなされた場合、銀行に委託し、銀行は資金余剰方の企業口座から資金不足

方の企業口座に振り込む手続きを行う。この場合、両企業の間に委託貸付契約書は締結されるため、銀行は一切リスクを負担せず、手数料を徴収するにとどまる。

2008年以降、中国の金融部門、とりわけ銀行は、リスク負担能力の著しい低下がみられる。それは、4兆元の大型政府積極投資の実施と中国特有の地方財政状況と合致し、中国経済の構造的欠陥が一気に深刻化した。

このように、世界金融危機は中国における政府行動を金融と強く結び付けた。財源不足の地方政府にとって、税収面のみならず、自ら立ち上げた地方融資プラットフォームの資本を充足させる手段としても不動産バブルが必要であるのは明白である。

3．不動産ブームと経済構造の脆弱性

中国では社会主義時代において、従業員に対する低賃金制度を通して、国有工業部門に人為的に高い利潤がもたらされた。改革後において、とりわけ1990年代の後半から、賃金は企業が自由に決めるようになったが、大量の過剰労働力を抱えるなかで、一般的従業員の賃金上昇は労働生産性の上昇をはるかに下回った。こうして、1980年代にはじまる住宅の市場化改革で住宅が公的支給から個人購入に変わったが、その価格設定は建造原価だったにもかかわらず、一般庶民の購買力をはるかに超えたものであった。1980年代の後半では、住宅価格は平均サラリーマンの年収の40倍にも達している（張・楊編［1991］）。そのため、不動産投資は、おもに外国人向けの別荘・高級マンション、商業用施設に向けられていた。1996年以降は、銀行による個人住宅ローン業務の開始により、個人の住宅資金調達能力が向上し、分譲住宅が徐々に不動産会社のもっとも重要な投資分野となった。1998年に国務院による「都市住宅制度の改革を推進し、住宅建設を加速する通知」が全国に公布されたことを契機に、住宅はそれまでの支給制から市場化へと全面的に移行した。

しかし、中国において都市部の土地は国有であるため、不動産開発は政府

第Ⅱ部　中国経済の発展フレームワークの変貌と転換

から土地の使用権が移譲されたうえで行なわれる。地方政府にとっては、不動産価格の上昇が土地使用権価格の上昇をもたらし、分税制により財源の減少を補う絶好のチャンスとなっている。

（1）不動産投資に依存する経済成長の実態

　第1節において述べたように、中国の GDP 構造における固定資産投資の割合は 1990 年代に入ってから一貫して拡大してきている。中国の固定資産投資には、企業の設備投資のほか、社会インフラ投資も含まれ、社会主義時代から継続性を反映しつつも、基本建設投資、更新改造投資、不動産開発投資、その他の投資との四つの部門からなっている。このうち、基本建設投資は企業などの経済主体が生産能力の増強もしくはプロジェクト収益の拡大を目的に実施した投資であり、更新改造投資は経済主体が既存する設備に対するメンテナンスのために行われた投資である。1997 年以前においては 5 万元以上の投資が統計データに含まれていたが、その後、統計金額は 50 万元以上に引き上げられ、今日に至っている。

　改革開放後、戸籍制度は残されつつも、労働力の移動が可能となった。とりわけ、地方都市を中心に都市戸籍の取得が容易になるにつれ、中国の都市化率は徐々に上昇してきている。1980 年における都市戸籍を持つ人口の総人口に占める比率は 19.4％という低い水準にあったが、1990 年には 26.2％へ、さらに 2000 年には 36.2％へ上昇した。その後、都市化比率は加速し、2010 年に 49.9％に達したあと、2013 年現在では 53.7％となっている（国家統計局「中華人民共和国 2013 年国民経済和社会発展統計公報」2014 年 2 月 24 日）。

　このように、都市化が進展するにつれ、社会インフラのみならず、都市部での不動産投資も拡大されるのはあくまでも自然の現象であろう。2014 年の都市部固定資産投資額は、1995 年のそれの 32 倍強になっている（表 4-4）。また、都市固定資産投資が全社会固定資産投資に占める比率は、1990 年代における年平均では 77.2％であったが、2000 年代におけるそれは 86.3％に拡大した。2011〜14 年では毎年 97％を超えていて、固定資産投資の都市部への偏重が端的に示されている。また、都市部固定資産投資は 2000 年以降

第4章　グローバル金融危機と中国経済の構造的脆弱性

表4-4　都市部固定資産投資と不動産投資の割合

	都市部固定資産投資額（億元）（A）	不動産投資のAに占める割合（％）	2014年の地域別不動産投資の都市部固定資産投資に占める割合（％）			
1995	15643.7	20.13	北京市	54.05	海南省	47.10
1996	17567.2	18.31	天津市	16.20	重慶市	29.90
1997	19194.2	16.56	河北省	15.53	四川省	19.33
1998	22491.4	16.07	山西省	11.66	貴州省	24.92
1999	23732.0	17.29	内モンゴル	7.86	雲南省	25.71
2000	26221.8	19.01	遼寧省	21.70	チベット	4.95
2001	30001.2	21.15	吉林省	9.27	陝西省	14.41
2002	35488.8	21.95	黒竜江省	13.88	甘粛省	9.30
2003	45811.7	22.16	上海市	53.33	青海省	11.05
2004	59028.2	22.29	江蘇省	19.83	寧夏	21.16
2005	75095.1	21.19	浙江省	30.83	新疆	11.19
2006	93368.7	20.80	安徽省	20.41		
2007	117464.5	21.53	福建省	25.56		
2008	148738.3	20.98	江西省	9.03		
2009	193920.4	18.69	山東省	13.99		
2010	243797.8	19.79	河南省	14.58		
2011	302396.1	20.44	湖北省	17.75		
2012	364854.2	19.68	湖南省	14.03		
2013	435747.4	19.74	広東省	29.56		
2014	501264.9	18.96	広西省	13.84		

出所：国家統計局『中国統計年鑑2015』より作成。

において加速し、2001年から2014年における前年比平均増加率は24.3％に達し、名目額ではあるが驚異的な拡大といわざるをえない。一方で、表4-4に示されるように、こうした固定資産投資における不動産開発への投資割合は、1990年代から今日まで一貫して20％前後で安定的に推移してきている。

　また、都市部固定資産投資に占める不動産投資の割合には地域格差が存在し、2000万人超の大都市と成長した北京や上海では、突出して高く、ともに54％を超えている。近年、不動産バブルともいわれる海南省のそれも47％に達した。これに対し、内陸部のチベットではわずか5％弱にとどまった（表4-4参照）。

　固定資産投資、とりわけ不動産への投資拡大による経済高度成長は、上述した都市化による実需拡大という要因のみに裏付けられるものではなく、中

107

第Ⅱ部　中国経済の発展フレームワークの変貌と転換

国独特の政治システムとも密接に関わっている。加藤は、周黎安の「昇進競争」モデルを精緻化しながら、「地方政府では擬似的な市場競争に似た成長競争」がみられ、その担い手としての政府官僚が「程度の差はあれ等しく成長志向的」であり、「経済成長に成功したものが昇進できるという仕組みが形成」された点を指摘し、これを中国の「国家資本主義」の特徴の一つとした（加藤ほか［2013］: 26）。たしかにマクロの政治力学の視点においては、政府官僚の経済成長志向という選好＝昇進は成長分野における政策誘導により達成可能となる。しかし、ミクロの経済学の視点からは、政府官僚は到底直接的に生産活動を行うことができず、むしろ王京濱が指摘したように（王［2005］）、民間経済主体の市場化行動のうち、良い経済成果が得られたものだけに対してあとから容認的に制度化しようとした、「市場経済発展容認的アプローチ」による経済成長であったと思われる。中国における三十数年の改革において、政府政策が常に民間経済活動に立ち遅れている事実を鑑みれば、政府官僚の政策による誘導は必ずしも常態ではなかった。

　ところが、社会インフラ、不動産といった固定資産投資分野においては、土地の非私的所有（農村部では村の集団所有、都市部では国有）という制度を前提に、加藤が政府官僚の行動様式について行った指摘（加藤ほか［2013］）は図星を突いている。この場合、政府官僚はシャドウ・バンキングといった金融手段を利用しながら、短期的な「量」的成長の達成に夢中になり、資源の非生産分野への過度の集中が生じ、経済構造が歪められる。ただ、権力の頂点に立っている中央政府の官僚は「昇進競争」の余地が少なく、地方政府官僚と異なる行動をとる。

　不動産ブームに関しては中央政府と地方政府との間に思惑の違いがある。2010年1月10日に、国務院は「不動産市場の平穏かつ健全な発展を促進する通知」（「国務院弁公庁関於促進房地産市場平穏健康発展的通知」）を発し、「構造調整、投機抑止、リスクコントロール、責任の明確化」を政策目標に、不動産価格の暴騰に歯止めをかけようとした。この規制策は計11条の内容からなるため、「国十一条」と一般的に称され、とりわけ投資目的のセカンドハウスの購入に銀行融資は頭金比率4割以上とし、信用力の低いデベロッ

第4章　グローバル金融危機と中国経済の構造的脆弱性

表4-5　2014年における地方税収に占める不動産関係税の割合

| | 税収総額
（億元） | うち： | | | | |
		不動産税 （％）	土地使用税 （％）	土地譲渡益税 （％）	耕地占有税 （％）	不動産関係計 （％）
全国合計	75876.58	2.4	2.6	5.2	2.7	12.9
北京市	4027.16	3.5	0.4	5.3	0.1	9.4
天津市	2390.35	2.8	1.1	4.9	0.5	9.2
河北省	2446.62	1.9	4.3	4.7	2.0	12.9
山西省	1820.64	1.9	2.2	1.7	1.1	6.9
内モンゴル	1843.67	2.1	4.7	2.8	10.9	20.5
遼寧省	3192.78	2.6	7.8	5.6	6.4	22.3
吉林省	1203.38	2.0	2.7	4.0	4.7	13.5
黒竜江省	1301.31	2.1	3.8	5.0	1.7	12.7
上海市	4585.55	2.2	0.8	5.8	0.3	9.1
江蘇省	7233.14	3.2	2.4	6.2	0.5	12.2
浙江省	4122.02	3.8	2.9	5.0	1.5	13.3
安徽省	2218.44	1.7	4.5	4.4	1.6	12.2
福建省	2362.21	2.6	1.6	9.0	1.4	14.7
江西省	1881.83	1.5	2.2	6.0	4.1	13.8
山東省	5026.83	2.4	5.3	5.1	5.1	17.9
河南省	2739.26	1.7	3.5	4.8	4.6	14.6
湖北省	2566.90	1.7	1.7	6.8	4.2	14.4
湖南省	2262.79	1.8	1.6	3.4	3.3	10.1
広東省	8065.08	2.9	1.9	6.3	1.1	12.1
広西省	1422.28	1.7	1.7	4.8	7.3	15.4
海南省	555.31	2.3	3.7	13.5	2.5	22.0
重慶市	1922.02	2.1	3.3	5.0	2.0	12.4
四川省	3061.07	2.1	2.0	4.9	3.5	12.6
貴州省	1366.67	1.7	1.3	4.7	8.9	16.7
雲南省	1698.06	2.0	1.4	2.6	3.3	9.3
チベット	124.27	0.0	0.1	0.9	0.3	1.3
陝西省	1890.40	2.0	1.5	2.6	4.2	10.3
甘粛省	672.67	2.1	2.4	2.1	0.7	7.4
青海省	251.68	2.1	1.5	1.2	1.8	6.7
寧夏	339.86	2.4	2.9	1.8	1.1	8.3
新疆	1282.34	1.9	1.2	2.5	3.6	9.3

出所：国家統計局『中国統計年鑑2015』より作成。

109

パーに対する銀行融資も規制の対象とされた。しかし、不動産価格は中央政府の規制政策と裏腹に下落する気配を見せなかった。そのため、同年 4 月17 日に、国務院は「一部の都市における不動産価格の暴騰を徹底的に抑止する通知」（「国務院関於堅決遏制部分城市房価過快上漲的通知」、いわゆる「国十条」）を再び通達し、銀行にはセカンドハウスの購入における頭金比率を 50％に引き上げたほか、住宅ローン金利も基準金利の 1.1 倍以下になってはならないとし、3 軒目以降の住宅購入と戸籍地以外の地域での住宅購入に関する住宅ローンの一時停止を命じた。「国十条」の実施を促すために、9 月 29 日に、7 の中央省庁が連名で地方政府に対して、住宅価格の暴騰を抑制するための土地使用規制、住宅ローン規制および住宅購入規制といった諸規制策の導入を呼びかけた。これは一般的に「9.29 新政」（9.29 ニューディール）と呼ばれる。

　さらに、2011 年 1 月 26 日に、国務院は「不動産市場に対するマクロコントロールを適切に実施するための通知」（「国務院弁公庁関於進一歩做好房地産市場調控工作有関問題的通知」）を発した。これには地方政府の責任の明確化や公営住宅建設の拡大、税収システムの強化、差別的住宅ローンの実施、住宅用地供給の管理強化、需給に対する合理的な誘導、公営住宅と住宅価格にかかわる中央政府対地方政府の窓口指導の強化、マスコミによる政策の浸透などの 8 条（このため「新国八条[1)]」と称される）が含まれた。具体的な措置としてはセカンドハウスを購入する際の頭金比率を 6 割に引き上げ、購入後 5 年以内の売却に対し売上高の 5％に当たる営業税を徴収した。これを受け、上海市と重慶市は不動産税（「房産税」）を導入した。

　このように中央政府が不動産市場に対する直接規制策を立て続けに発表したにもかかわらず、中国の住宅価格は一向に下落する気配がなかった。その背景に目をやれば、不動産業者が新規供給を減少させるなどの、いわゆる「下からの対策」を講じていることも大きな要因の一つではあるが、一方で地方政府が不動産不況による地方財源の現象を危惧してテコ入れしていることも、看過できない。

　表 4-5 には、地方税収に占める不動産関係税（不動産税、土地使用税、土

地譲渡益税、耕地占用税）の割合を示している。全国平均では地方税金の12.9％が不動産関係から来た税収であることが、表からは明らかである。遼寧省や海南省および内モンゴルの不動産関係税は20％を超える高さとなっている。全国平均を超えた地域は13にのぼり、多くの地域では不動産市場の「活況」が地方政府にとって望ましい状況にあることは明らかである。

2013年3月1日に国務院弁公室より「不動産市場の抑制に継続して取り組むことに関する通知」（「国務院弁公庁関於継続做好房地産市場調控工作的通知」）が通達され、地方政府における不動産政策に関する責任者の明確化や投機的な不動産購入に対する抑止の徹底、一般住宅および住宅用地の供給拡大、保障的廉価住宅プロジェクトの推進、市場に対する監督管理の強化、および長期的に市場メカニズムによる住宅市場の長期的発展の促進といった内容が含まれていた。それでも2015年においては不動産価格の上昇は止まらなかった。

（2）　不動産価格上昇の実態

中国における不動産価格の上昇については時系列的な指数データが存在せず、その実態についての学術的研究は精緻化をみせていない。本章では、中国国家統計局が公表したデータを指数化することを通してそれに迫ってみる。

まず、住宅価格のマクロ的状況を、図4-9にもとづき考察してみる。図4-9では、1998年における1 m^{2}当たりの価格を100とした場合、2014年には建物平均で316、住宅平均で330になり、とりわけ2008年以降の上昇が著しい。

しかし、価格上昇が建築材料、賃金、土地使用権の取得価格といった建築原価の上昇によるものなら、バブルとは断定できない。図4-9に示したように、建築原価は2003年までは下落していたが、その後は住宅価格に先導された形で上昇を続けている。このなかで、2004年からは住宅価格と建築原価との乖離が顕著に現れ、乖離幅も大きくなりつつある。

また、不動産販売価格の建築原価に対する倍率をみれば、2003年から急激な上昇傾向を示し、2009年以降は2.3倍と高止まりである。不動産業が

第Ⅱ部　中国経済の発展フレームワークの変貌と転換

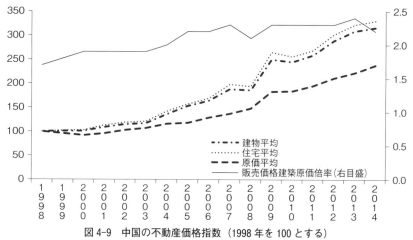

図 4-9　中国の不動産価格指数（1998 年を 100 とする）
注：1 m² あたりの平均価格から都市住民住宅物価上昇を除いた実質値に基づき算出した。
出所：国家統計局『中国統計年鑑 2015』、国家統計局ウェブサイトより作成。

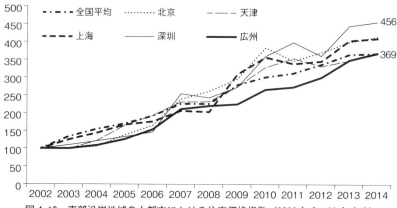

図 4-10　東部沿岸地域の大都市における住宅価格指数（2002 年を 100 とする）
出所：国家統計局『中国統計年鑑』、2003～2015 年各年版より作成。

「暴利産業」と呼ばれるゆえんは、ここにある。

　一方、不動産価格の上昇には顕著な地域性がみられる。これは地域間における所得格差や人口集中の違いといった実需面の違いによる要因も看過できないが、一部大都市での住宅価格の暴騰は大きな社会問題となりつつある。

　まず、東部沿岸地域におけるいわゆる「一線都市」（大都市）について考

第 4 章　グローバル金融危機と中国経済の構造的脆弱性

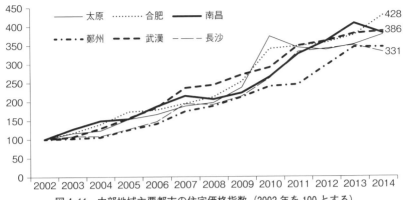

図 4-11　中部地域主要都市の住宅価格指数（2002 年を 100 とする）
出所：図 4-10 と同じ。

察してみると、図 4-10 に示したように、北京と深圳は一貫して激しい上昇をみせている。上海では世界金融危機後に一旦下落したが、2012 年からは再び上昇している。こうして、北京、上海、深圳における 2014 年の住宅価格は 2002 年のそれに比べて 4 倍にのぼったのみならず、こうした大都市では上昇率が一貫して全国の平均を上回っている。

次に、中部地域における主要都市の状況については図 4-11 に示した。中部大都市は一様に 2008 年以降に上昇傾向を強めている。図から明らかなように、中部の大都市は東部の大都市より上昇幅がやや小さい。

また、図 4-12 に示されたように、内陸部の都市における住宅価格も一貫して上昇傾向がみられる。しかし、東部と中部に比べると、内陸部の住宅価格は穏やかな上昇をみせ、2011 年以降の急上昇が特徴的である。

中国政府は金融危機に対応するための新たな成長エンジンとして不動産業に期待していた。1997 年にアジア通貨危機が勃発して以降、輸出産業の不況による経済全体の減速を避けるため、1998 年 7 月 3 日に国務院は「都市部住宅制度改革をさらに深化させ、住宅建設を加速する通知」（「国務院関於進一歩深化城鎮住房制度改革加快住宅建設的通知」）を発し、社会主義時代における住宅配給制度を完全に廃止し、住宅制度の市場化を推し進めた。

2008 年には世界金融危機による経済成長の減速を避けるため、中国政府

113

第Ⅱ部　中国経済の発展フレームワークの変貌と転換

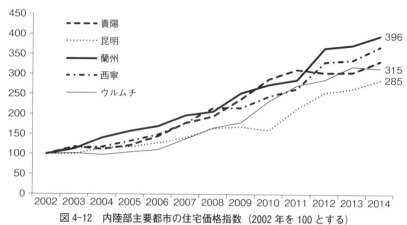

図 4-12　内陸部主要都市の住宅価格指数（2002 年を 100 とする）
出所：図 4-10 と同じ。

は 1998 年と類似した不動産業振興策を実施した。2008 年 12 月 20 日に国務院は「不動産市場の健全的な発展を促進するための若干意見」（「国務院弁公庁関於促進房地産市場健康発展的若干意見」）を通達し、不動産の転売時の営業税の免除措置を購入後 5 年から購入後 2 年に緩和し、不動産開発企業の資金需要に対する支援策を積極的に推し進めるなど、不動産市場の拡大による経済成長の維持に期待をかけていた。上記の政策は、結果として 2008 年以降における住宅価格の暴騰をもたらし、社会の不満が噴出した。そのため、2009 年 12 月 31 日には、これらの政策を取りやめざるをえなかった。

（3）　住宅市場のバブル化

　中国の不動産市場におけるバブル化が喧伝されてから久しいが、王京濱は、日本の 1980 年代後半の不動産バブルと比較して、中国の株式市場が低迷していたため、資産市場における関連性の視点から、バブルは限定的なものであったと結論づけた（王［2007］）。しかし、2007 年からは中国の株式市場における株価が暴騰し、上海株式市場総合指数は 6124.0 の最高値を記録した。これは、2006 年における最高値 2698.9 より倍以上の急騰となったが、世界金融危機の影響を受け、2008 年では最高値 5522.8 で頭打ちしたあと、暴落した。日本のバブルの発生メカニズムにおける「株価高騰→企業の資金調達

の拡大→財テク→資金の銀行への還流→金融自由化の下での不動産貸出増加→バブル」という企業主体型バブルの特徴は依然として中国において観察されていない。これは、中国の住宅市場においてバブルが存在しないことを意味しない。

　中国の住宅価格の高騰をめぐる近年の研究のなかで、アフジャは全体的に住宅価格の上昇がファンダメンタルズ要因により説明可能であるが、高級住宅に限って過大評価されている可能性が否定できないとしつつ、今後においても価格が構造的に上昇し続けることを指摘している（Ahujia *et al.* [2010]）。また、大野早苗と胥鵬は、海外資本の流入に着目し、それが住宅価格の高騰を促進していた可能性について計量分析の結果にもとづきながら示している（大野・胥［2013]）。こうした実証研究の結果からは、中国経済の特質を反映するようなバブルが存在するというなら、それが「富裕層主導型の住宅バブル」にほかならないということが導かれる。しかし、住宅価格の上昇をファンダメンタルズにより把握しようとしても、ファンダメンタルズそのものが動学的に計測されにくい特質を持っているため、ほとんどの場合は不毛の議論になってしまう。そのため、ここでは国民生活への視点で、住宅価格と所得との関係を計測することにより事実を把握することにとどめたい。

　表4-6に中国主要都市における住宅価格と有職者家庭平均年収の倍率を示した。表から明らかなように、全国平均倍率は、住宅市場化が本格化した1990年代末から一貫して減少しつつあることが読み取れる。しかし、各地域における住宅価格年収倍率の動きは、それぞれ異なる特徴を示している。北京や上海では、全国平均より高い水準にあるのはいうまでもないが、前者のそれは2004年までに縮小傾向を示し、全国平均よりも低くなったが、その後2010年まで再び拡大し、全国水準から大きく乖離しつつある。これに対して上海では2005年まで小幅な拡大傾向を示したが、2009年から上海万博を控える直前から最高値を示した。一方、深圳は2003年から全国で最大の倍率を記録して以来、20倍にものぼる高さで安定的に推移してきている。中部地域に位置する太原や南昌、鄭州、武漢、長沙は大きな変動をみせずに8倍から10倍前後で推移している。内陸部に位置する昆明や蘭州、西寧、

表 4-6　住宅価格と家庭平均年収の倍率

	全国	北京	天津	上海	深圳	広州	太原	合肥	南昌	鄭州	武漢	長沙	貴陽	昆明	蘭州	西寧	ウルムチ
2000	15.0	20.1	13.1	12.9													
2001	13.4	17.7	11.6	12.1													
2002	12.2	14.7	10.7	12.0	13.4	11.0	12.4	9.8	10.0	11.5	10.6	8.3	9.6	11.6	9.3	6.9	9.4
2003	11.3	12.7	9.2	13.2	13.4	10.0	12.5	9.8	10.8	10.4	10.6	7.6	9.7	10.8	8.9	7.4	8.1
2004	11.8	11.5	9.8	13.8	14.4	9.9	10.9	10.0	11.2	9.6	11.1	6.7	9.0	10.5	10.1	6.8	6.9
2005	11.6	13.0	11.4	14.0	15.5	10.6	11.3	10.6	10.0	10.3	11.6	7.0	8.1	9.5	9.9	7.0	6.8
2006	10.8	13.2	11.7	12.3	18.1	12.0	10.6	9.4	10.8		12.3	7.1	8.3	9.5	9.5	6.6	6.1
2007	10.6	16.5	11.5	12.1	24.8	15.0	10.4	8.8	10.8		12.9	8.2	8.4	9.6	10.0	7.1	6.3
2008	8.9	14.9	9.7	10.3	21.1	13.8	9.1	8.1	9.0	9.8	11.9	7.2	7.8	10.9	11.2	8.7	9.2
2009	10.0	16.4	10.6	14.0	22.2	13.1	9.8	8.6	9.8		12.4	7.3	9.1	8.4	7.6	7.2	6.0
2010	9.3	18.8	10.8	14.3	27.0	14.0	13.1	10.1	8.9	10.1	10.2	8.1	8.1		7.4	6.3	5.8
2011	8.6	14.7	11.1	12.7	27.5	13.7	10.5	9.4	9.6	9.4	10.5	8.9	8.3	7.9	7.8	6.4	7.6
2012	8.4	14.0	8.8	12.5	23.2	12.8	9.4	9.4	9.7	10.0	10.1	7.9	7.7	8.6	8.8	7.0	7.4
2013	8.2	14.2	8.8	12.7	21.7	13.6	9.4	8.1	10.2	10.5	9.7	7.4	6.4	7.9	8.0	6.7	7.4
2014	7.6	12.9	8.6	11.7	23.6	14.3	8.9	8.3	8.6	9.5	8.8	6.4	6.0	7.5	7.8	6.3	6.7

注：1）家庭平均年収は都市有職者平均年収額に夫婦共働きを想定し計算した。
　　2）住宅価格は 144 m² の新築住宅を想定して算出した。これについては、2005 年 5 月 9 日に国務院が建設省の『住宅価格の安定に関する通知』(「関於穏定住房価格工作意見的通知」) を通達する際に、建築面積 120 m² を「普通住宅」の基準として決めていたが、各地域の実情を考慮し、1.2 倍内での上乗せが認められた。そのため、36 の大都市において、120 m² 基準を厳守した青島市以外のほとんどは 1.2 倍の上限までの 140～144 m² を基準として採用した。ちなみに、2012 年における中国の住宅総投資額 58950.46 億元のうち、建築面積が 90 m² 以下の住宅への投資額は 19446.28 億元であり、144 m² 以上の高級住宅への投資額は 10456.22 億元であったのに対し、140～144 m² の「普通住宅」は 49.3% を占め、29048.32 億元にのぼった。
出所：国家統計局ウェブサイト、『国家数据』より作成。

ウルムチは全国平均水準を大きく下回りながら、近年の縮小傾向が著しい。

　このように、住宅価格対年収の倍率の推移からは、住宅価格の上昇が家庭所得の上昇より遅いことが推測できる。また、倍率それ自体は極端に高いという水準ではないように思われる。これらはアフジャの結論に対する傍証としての可能性が高い。

　しかし、中国の住宅市場は多様かつ多重な構造にある。このことを考慮すると、近年の住宅価格の高騰および価格水準それ自体、大きな社会問題として捉えるべきであろう。つまり、住宅制度の配給制から市場化への移行が完了する 2001 年までに、公的住宅を安く手に入れた家庭とそうでない家庭との間の資産格差は拡大しているからである。1994 年 7 月 18 日に国務院は

「都市住宅制度の改革に関する決定」（「国務院関於深化城鎮住房制度改革的決定」）を通達した際に、公有住宅の個人への払い下げにおいて建築原価の基準が採用され、それにより最低販売価格が決められていた（建築面積 56 m^2 の住宅の販売価格は共働き家庭収入の 3 倍以上（経済発展の進んでいる地域では 4 倍以上）でなければならない）。1998 年 7 月 3 日に国務院が「都市部住宅制度改革をさらに深化させ、住宅建設を加速する通知」を通達した際にも、最低販売価格の建築原価の原則が堅持され、建築面積 60 m^2 の住宅価格は共働き家庭年収の倍率の 4 倍以上に決められていた。これらの政策は、国有資産の流出を避けるための措置として位置づけられるが、公有部門（国有企業や政府機関、教育機関、特別法人など）の正規職員のみが対象であった。こうして公有部門に属する共働きの家庭では、夫婦それぞれの勤務先から住宅を取得し、2 戸以上を持つのが一般的になっている。彼らは 2001 年以降における住宅価格の高騰により莫大なキャピタル・ゲインを獲得しており、既得権益層として定着している。一方、民間部門の就業者や 2001 年以降に都市部に新規就業した者にとって、住宅は高嶺の花となっている。このように、住宅購入者の多様な構造が存在し、住宅市場は複雑である。そのため、住宅市場のバブル化に関する認識には、市民の間で歴然とした差が存在している。

（4） 不動産開発企業

　都市部における土地の国家所有制にもかかわらず、不動産業の「暴利産業化」にともない、多くの企業が参入した。表 4-7 に示しているように、2014 年現在、不動産開発企業数は 9 万 4000 社にのぼり、従業員数は 276 万人、売上高は 6.6 兆元に迫る一大産業として成長してきた。一方で、産業全体に払い込まれる資本金額は大幅に増加したにもかかわらず、負債比率は一向に低下せず、2014 年現在では 77.0％に達している。不動産企業の外部資金に依存する資本構造は明らかである。

　こうした不動産開発企業の資金調達手段を示したのは表 4-8 である。2014 年には不動産企業の資金調達額は 12.2 兆元を超え、とりわけ世界金融危機

第Ⅱ部　中国経済の発展フレームワークの変貌と転換

表 4-7　中国における不動産企業の概況

	2005	2006	2007	2008	2009	2010	2011	2012	2013	2014
企業数（社）	56290	58710	62518	87562	80407	85218	88419	89859	91444	94197
内資企業	50957	53268	56965	81282	74674	79489	83011	84695	86379	89218
国有系	4145	3797	3617	3941	3835	3685	3427	3354	1739	1476
公有系	1796	1586	1430	1520	1361	1220	1023	904	570	457
香港・マカオ・台湾系	3443	3519	3524	3916	3633	3677	3565	3451	3391	3414
外資企業	1890	1923	2029	2364	2100	2052	1843	1713	1674	1565
平均従業員数（万人）	151.62	160.09	171.97	210.04	194.93	209.11	225.70	238.68	259.17	276.01
内資企業	136.67	144.22	154.13	190.60	176.39	190.90	207.55	219.98	239.77	256.18
国有企業	14.01	13.23	12.11	12.75	12.39	15.52	13.54	12.36	6.61	6.15
公有企業	4.10	3.84	3.45	2.96	2.90	2.54	2.12	2.04	1.30	1.14
香港・マカオ・台湾系	9.07	9.77	10.04	10.92	11.00	10.58	11.30	11.68	12.18	12.93
外資系	5.87	6.11	7.79	8.51	7.55	7.63	6.85	7.01	7.22	6.90
資本金額（億元）	13926.98	16172.37	19438.00	27561.90	28966.00	36767.40	46430.63	54735.36	59984.76	76566.04
資産負債比率（%）	72.70	74.07	74.40	72.30	73.50	74.50	75.42	75.20	76.00	77.00
売上高（億元）	14769.30	18046.76	23397.13	26696.84	34606.20	42996.50	44491.28	51028.41	70706.67	66463.80
土地転売収益（億元）	341.40	300.60	427.92	466.80	498.00	519.20	664.66	819.39	671.42	571.95

出所：国家統計局『中国統計年鑑 2009、2013、2015』より作成。

表 4-8　不動産企業の資金調達構造

	資金調達総額（億元）	うち：（%）						不動産資金調達総額対実体経済総融資額の比（%）
		銀行貸付	外国資金	自己調達	うち：自己資本の割合	その他	うち：頭金と手付金の割合	
1998	4414.9	23.9	8.2	26.4		41.0		
1999	4795.9	23.2	5.4	28.0		43.0		
2000	5997.6	23.1	2.8	26.9		47.0		
2001	7696.4	22.0	1.8	28.4		47.7		
2002	9750.0	22.8	1.6	28.1		47.4		48.5
2003	13196.9	23.8	1.3	28.6		46.3		38.7
2004	17168.8	18.4	1.3	30.3		49.9		60.0
2005	21397.8	18.3	1.2	32.7		47.8		71.3
2006	27135.6	19.7	1.5	31.7		47.1		63.6
2007	37478.0	18.7	1.7	31.4		48.2		62.8
2008	39619.4	19.2	1.8	38.6	57.8	40.3	61.1	56.8
2009	57799.0	19.7	0.8	31.1	54.9	48.5	58.0	41.6
2010	72944.0	17.2	1.1	36.5	53.4	45.2	58.5	52.0
2011	85688.7	15.2	0.9	40.9	51.3	43.0	61.0	66.8
2012	96536.8	15.3	0.4	40.5	45.7	43.8	62.8	61.3
2013	122122.5	16.1	0.4	38.8	43.3	44.6	63.3	70.5
2014	121991.5	17.4	0.5	41.3	―	40.6	―	74.3

出所：国家統計局『中国統計年鑑 2015』より作成。

第4章　グローバル金融危機と中国経済の構造的脆弱性

表 4-9　不動産企業の収益状況

	売上高 （億元）	内訳：%				営業利益率 （%）
		土地転売	住宅販売	賃貸料	その他	
1992	528.6	8.1	80.7	1.1	10.1	19.9
1993	1135.9	7.4	76.0	0.9	15.6	22.2
1994	1288.2	7.4	79.1	1.3	12.1	20.4
1995	1731.7	11.2	72.7	1.5	14.6	13.5
1996	1968.8	6.1	77.9	1.5	14.5	5.6
1997	2218.5	4.7	79.1	1.7	14.5	4.2
1998	2951.2	4.5	81.6	1.7	12.2	4.3
1999	3026.0	3.4	84.4	2.1	10.1	3.6
2000	4515.7	2.9	86.3	2.1	8.7	6.4
2001	5471.7	3.5	86.4	2.1	8.0	7.3
2002	7077.8	3.2	86.8	2.0	7.9	8.8
2003	9137.3	3.1	89.2	1.8	5.9	10.1
2004	13314.5	3.1	88.3	2.3	6.4	9.5
2005	14769.3	2.3	90.2	2.0	5.6	13.2
2006	18046.8	1.7	92.1	1.8	4.5	15.5
2007	23397.1	1.8	92.3	1.7	4.2	17.5
2008	26696.8	1.7	91.4	2.0	4.9	19.7
2009	34606.2	1.4	93.9	1.6	3.1	21.1
2010	42996.5	1.2	94.4	1.7	2.7	22.3
2011	44491.3	1.5	93.7	2.0	2.8	21.6
2012	51028.4	1.6	93.0	2.3	3.1	20.8
2013	70706.7	0.9	94.3	1.9	2.8	22.3
2014	66463.8	0.9	94.1	2.2	2.8	18.2

注：営業利益率は、営業税等の税金と諸公課に営業利潤を加算した金額を売上高で
　　割った値である。
出所：国家統計局『中国統計年鑑 2015』より作成。

　後における増大は顕著である。しかし、資金調達手段別にみると、銀行貸付
の割合はほぼ一貫して低下し、自己調達の割合は上昇している。自己調達資
金に占める自己資本の割合は 2008 年の 6 割近くから 2013 年に 4 割強に減少
した。これは、不動産会社の近年における高収益性（表 4-9）にもかかわら
ず、自己資金による投資割合を大幅に減少させたというきわめて特異な構造
を示している。その他の調達源においては、もっとも大きなシェアを占めた
のが頭金と手付金であり、2013 年では 63.3％にのぼった。
　また、表 4-8 に示されたように、不動産企業の資金調達額が中国経済の実

体部門の総融資額に占める割合は、2005 年の 71.3％をピークに一旦減少傾向にあったが、2009 年ごろから再び増加傾向に転じ、2014 年では 74.3％の高い水準を記録した。つまり、中国経済における 7 割強の資金が生産的部門に投下されず、資産形成に注ぎ込まれている。ここからも不動産に依存する中国経済の脆弱的な構造が読み取れる。

おわりに

　本章は近年における中国の金融構造と不動産業に依存する経済構造について検討を行った。金融危機に対する過剰な警戒は政府の経済への介入を助長し、金融自由化改革が後回しにされた。そうしたなかで、銀行や家計は自ら行動様式を変え、高い利回りの商品開発と購入に走った。その結果、シャドウ・バンキングは拡大してしまった。しかし、シャドウ・バンキングは、「分税制」による地方財政基盤の弱体化が起きてから、域内資金循環が阻害された状況下で、社会インフラや不動産への投資拡大により経済成長を維持しようとする構造的脆弱性に本質を求めることができる。こうしたなかで、不動産への投資が過熱したにもかかわらず、長期的低金利の継続や投機的需要の拡大などにより不動産バブルが引き起こされた。

　こうした社会インフラや不動産への過度の依存は、既得権益層の形成を助長し、官僚汚職の温床にもなっている。習近平体制が発足したあと、官僚の資産開示を宣言しただけで、官僚による高級マンションの投げ売りが殺到している。2013 年 1 月に、広州市では 4880 戸、上海市では 4755 戸、福州市では 1240 戸、済南市では 1210 戸、杭州では 412 戸、天津では 112 戸の高級別荘が売りに出されたという（『21 世紀経済報道』2013 年 1 月 24 日）。また、既得権益層が不動産価格の高騰を利用し、莫大なキャピタル・ゲインを手に入れたのみならず、資本の海外逃避をはかり、空前の規模になっている。中国共産党中央紀律検査委員会によると、違法に海外へ持ち出される資金額は2010 年に 4120 億ドル、2011 年に 6000 億ドル、2012 年に 1 兆ドル、2013 年には 1 兆 5000 億ドルに達すると予想されている（『経済観察報』2013 年 1 月 19

日）。

　こうした背景の下、「李コノミクス」と呼ばれる中国の李克強首相が掲げる経済構造調整を重視する政策路線が登場してきた。中国経済を持続可能な安定成長に軟着陸させるため⑴大規模な景気刺激をしない、⑵膨張した信用リスクを抑制する、⑶企業の設備過剰を縮小することを主要政策目標に構造調整（『日本経済新聞』2013 年 9 月 12 日）が行われるという「李コノミクス」の目指す方向性は、本章で検討した中国経済の構造的脆弱性を生成させた地方と中央とのねじれた関係の是正にある。

　また、2015 年 11 月ごろからは、「李コノミクス」という呼び名こそ用いられなくなったが、「サプライサイドの構造改革」（中国語では「供給側結構性改革」）が実質的に「李コノミクス」の後継版として打ち出された。具体的には、過剰整備の解消、企業コストの軽減、不動産在庫の解消、有効供給の拡大および金融リスクの防止といった内容が盛り込まれている。しかし、不動産市場に対しては、確実な政策がないまま、大都市の住宅価格は上昇し続けている。国家統計局によれば、2016 年 6 月現在、70 の主要都市のうち住宅価格が前年同期より上昇した都市は 55 にのぼっていた。そのうち、北京、上海、深圳、広州といった大都市における住宅（福祉住宅を除く）価格は前年同期比で、新築の場合それぞれ 22.3％、33.7％、47.4％、19.4％、中古の場合それぞれ 33.4％、30.5％、38.5％、19.7％暴騰した（国家統計局ウェブサイト、2016 年 6 月 18 日）。中国経済の「バブル化」は一層強まり、その脆弱性の問題はますます深まっている。

〈注〉
　＊　本卓は王泉濱［2014b］「「リコノミクス」形成の背景と本質」『大阪産業大学経済論集』第 15 巻第 1 号をもとに大幅に改稿したものである。
　1）　2005 年 5 月 9 日に、国務院が建設省、発展改革委員会、財務省、国土資源省、中国人民銀行、税務総局、銀行業監督管理委員会からの「住宅価格を安定化させるための意見」（「関於做好穏定住房工作的意見」）を下達したのは「国八条」と呼ばれている。

第Ⅱ部　中国経済の発展フレームワークの変貌と転換

〈参考文献〉

池尾和人・財務相財務総合政策研究所編著［2006］『市場型間接金融の経済分析』日本評論社。

王京濱［2005］『中国国有企業の金融構造』御茶の水書房。

───［2007］「中国近年における不動産価格の上昇とバブル」斉藤日出治編著『グローバル化するアジア』晃洋書房、第5章。

───［2011］「金融制度の変遷──銀行業と株式市場を中心に」中兼和津次編著『改革開放以後の経済政策・制度の変遷とその評価』NIHU 現代中国早稲田大学拠点 WICCS 研究シリーズ4、第5章。

───［2014a］「金融制度──独立性なき金融システムの限界」中兼和津次編『中国経済はどう変わったか』国際書院、第9章。

───［2014b］「『リコノミクス』形成の背景と本質」『大阪産業大学経済論集』15（1）。

王京濱・湊照宏［2015］「中国におけるシャドー・バンキングの構造的特質と日本経済への影響」『大阪産業大学経済学論集』第17巻第1号。

大野早苗・胥鵬［2013］「国際的流動性の中国住宅価格高騰への影響──金融政策、住宅融資、海外資本流入の検証」大野早苗・黒坂佳央編著『過剰流動性とアジア経済』日本評論社、第5章。

呉暁林［2002］『毛沢東時代の工業化戦略──三線建設の政治経済学』御茶の水書房。

鹿野嘉昭［2008］「金融システムの進化と市場型間接金融──消費者利益向上の視点から」『経済学論叢』60（1）。

加藤弘之・渡邉真理子・大橋英夫［2013］『21世紀の中国　経済篇　国家資本主義の光と影』朝日新聞出版。

田島俊雄［1980］『中国の農業工業と雇用問題』東京大学大学院農学研究科博士学位論文。

───［1990］「中国鉄鋼業の展開と産業組織」山内一男・菊池道樹編『中国経済の新局面』法政大学出版局、第5章。

───［2000］「中国の財政金融制度改革──属地的経済システムの形成と変容」毛里和子編集代表『現代中国の構造変動』中兼和津次編「経済──構造変動と市場化」東京大学出版会、第2巻第3章。

Ahujia, Ashvin, Lilian Cheng, Gaofeng Han, Nathan Porter and Wenlang Zhang［2010］*Are House Prices Rising Too Fast in China?*, IMF Working Paper, WP/10/274.

高旭東・劉勇編［2013］『中国地方政府融資平台研究』科学出版社。

国家統計局［1998-2015］『中国統計年鑑』中国統計出版社。

───［2016］「2016年6月份70個大中城市住宅銷售価格変動状況」（2016年7月18日）http://www.stats.gov.cn/tjsj/zxfb/201607/t20160718_1378481.html

西南財経大学信託與理財研究所・普益財富編［2013］『中国理財市場発展報告 2012-2013』中国財政経済出版社。

蕭維嘉・趙全厚［2013］「我国地方政府融資平台発展歴史」高旭東・劉勇編『中国地方政府融資平台研究』科学出版社、第2章。

殷剣峰・王増武編［2013］『影子銀行與銀行的影子』社会科学文献出版社。

第 4 章　グローバル金融危機と中国経済の構造的脆弱性

中国人民銀行貨幣政策分析小組［2013］『中国貨幣政策執行報告 2012 年第 4 季度』中国
　金融出版社。

第Ⅱ部　中国経済の発展フレームワークの変貌と転換

第 5 章

中国における発展モデルの転換と課題

李　捷生

はじめに

　現在、中国経済が大きな転機にさしかかっている。輸出志向型工業化に特徴づけられる従来の発展モデルは、2008 年からの世界金融危機による沿海部輸出産業の不振と、労働者の保護を目指す「労働契約法」の導入による賃金高騰という国内外からの影響を受けて、その存立基盤は大きく動揺した。発展モデルの中心を輸出依存から内需拡大重視へ、また沿海優先から内陸開発重視へと切り替えながら、経済格差の拡大や環境問題などの社会問題の解消に取り組み、雇用の安定と公平な分配の実現を同時に追求していくことが重要である点が、中央政府により認識されるようになった。内需拡大の源泉をどこに求めるか、経済格差の解消と雇用・分配の公平をどう追求するかということは新しい発展モデルを模索するうえで問いかけねばならない点である。

　発展モデルの転換とのかかわりにおいて、注目すべきはつぎの二つの画期的な政策変化である。一つは雇用・分配政策の面において、2010 年に公表された「第 12 次 5 カ年計画」(2011〜15 年) で、「就業優先」(安全雇用) が初めて国民経済の第 1 位の目標として長期発展計画に明記された。さらに 2012 年末に開かれた中国共産党第 18 回大会では、国民 1 人当たりの所得を 2020 年までに 2 倍にすることを目標とし、公平の実現と所得格差の調整をはかるため、中所得者層を拡大し、「オリーブ型の分配構造[1]」を作り上げることを経済改革の重要目標として掲げたということである。

124

今一つは、「第12次5カ年計画」において「新型都市化」構想が打ち出されたことであった。同構想は大中小都市群の協調的発展および都市群間のネットワーク化を地域開発の新しい長期戦略として掲げ、その実施を通じて地域格差の是正を追求しながら、新しい内需連関の創出ひいては持続的成長を実現しようとするものであった。2014年3月の全国人民大会により「国家新型都市化計画」(2014~20年) が正式に採択され、格差是正・内陸重視・内需拡大の方針が地域開発をめぐる国家の長期戦略として固められた。

本章では、まず沿海優先・輸出依存の発展モデルの存立基盤と問題点を沿海部開発区建設と農民工移動の2側面から検討する (第1節)。つぎに従来型発展モデルを見直し、深刻な労働問題と格差問題を解消するために進められた雇用改革を分析するとともに、「就業優先」目標の確立と所得倍増計画の意義を検討する (第2節)。最後に地域の協調的発展と内需拡大を目指す「新型都市化」構想を京津冀経済圏と長江デルタ開発の事例にもとづいて検討する (第3節)。

1. 従来型発展モデルの再考

(1) 輸出志向型工業化と改革開放

中国の「改革開放」はおおむね二つの側面において展開されてきた。すなわち、経済体制の面では「市場メカニズム」が導入され、発展方式の面では輸出指向型工業化戦略が採用されたということであった。これら二つの側面の「改革開放」は、いずれもグローバリゼーションから影響を受けていた。一つは冷戦構造の崩壊にともなう旧ソ連型計画経済の破綻およびイギリスのサッチャー、アメリカのレーガンの「規制緩和」に示された新自由主義的政策からの影響であった[2]。この流れにおいて、1992年の旧ソ連の「ショック療法」と呼ばれた急進的市場化が注目された[3]。中国の改革は漸進的な方式をとったものの、「市場化」の面ではグローバリゼーションに応じる格好であった。

今一つはOECDが発展途上国に推奨する「輸出志向型工業化」戦略が採

用されたことであった[4]。国内的背景として従来の重工業優先の発展方式は資金形成と技術形成の面において限界に達し、消費財不足と雇用不振を招き、社会的不満を招いてしまっていた（李 [2003]）。国際的背景として、パックス・アメリカーナの影響の下で「輸出志向型工業化」はアジア NIEs において急成長し、発展方式の有効性が広く認知されていた（河村 [1998]）。

いわゆるアジア NIEs の発展モデルとは、工業化の推進主体である国家が「周辺性利益」（安価な労働力の存在）を梃子にして外資導入と加工型輸出産業の育成輸出に取り組みつつ、「アジア太平洋トライアングル貿易」と呼ばれる国際分業体制へ主体的に参与していくプロセスを指す（中川 [1997]）。安価な労働力の集積をどう確保するかということは中国の経済改革の重要課題であった。

「市場メカニズム」の導入と「輸出志向型工業化」の推進は相互規定的な関係にある。「市場メカニズム」の導入は「輸出志向型工業化」の推進を経済体制面からサポートする形で漸進的に進められてきた。「工業化」に対する「市場化」のサポート機能は労働移動の規制緩和のあり方からよく示される。一方、規制緩和は農村過剰労働力の輸出部門への集積を促した。「市場による労働力配置」という政府の方針（1993 年共産党 14 期大会）が達成されたかにみえる。他方、農村労働者を対象とする労働基準の整備が立ち遅れ、賃金と労働条件が低位に抑制されたため、低賃金労働を競争力の源泉とする輸出産業が迅速に拡張しえた。市場化の大波は、1990 年代後半から内需中心の重工業部門を担ってきた国有企業にも広がった。経済効率の低下をもたらす元凶とみなされた生涯雇用制度の見直しや期限付き雇用契約制の導入を通じて国有企業から労働市場への労働移動が促された。大規模なリストラが進むなか、国有企業の経済効率が回復し、重工業部門が急成長した。沿海部輸出産業の拡張に必要不可欠なインフラ建設（開発区建設、港湾、道路、工業団地など）や原材料生産（鉄鋼、セメントなど）が国有企業によって担われてきた。

総じていえば、輸出志向型工業化が中国において急速に発展しえた国内要因としてつぎの 2 点があげられる。一つは国有企業の成長によって原材料供

給とインフラ建設が順当に進められ、それによって沿海部大規模の開発区建設が可能とされたことである。今一つは農民工の大量移動と低賃金労働が沿海部輸出産業の競争力を支えたということである。つぎに開発区建設と農民工形成に焦点を当てて、輸出指向型工業化の成立要因と限界を検討しよう。

（2） 開発区建設と農民工移動

A　開発区建設の展開

　経済開発区の展開過程は中央政府の政策の変化に則してみれば、四つの時期に区分することができる[5]。第1期は1980年代初期から1991年にかけての時期であった。この時期において沿海都市の開放政策が打ち出され、労働集約的輸出産業育成が提起された。中心をなすのは、安価な労働力を比較優位に、外資導入を通じて労働集約的輸出産業を育成していくということであった。広東・福建省など華南地域、とりわけ深圳と珠海と広州を中心とする珠江デルタ地域輸出加工区はもっとも成功した地域とみなされていた。

　成功の要因について、沿海地域という立地条件を生かして外資を迅速に誘致すると同時に、地域の労働市場を開放して内陸部農村部の出稼ぎ労働者を大量に集めてきた点があげられる。すなわち繊維・雑貨など労働集約的輸出型業種の外資と安価な人的資源との結合が国際分業における比較優位を創出し、地域経済成長をリードする原動力となった。他方、開発区建設に必要不可欠な原材料が国有企業によって保障された点も無視できない。道路、通信、工場施設の整備だけではなく，農村出稼ぎ労働者を集めるための大規模な労働者宿舎を建設する必要があった。住民数万人規模の町（鎮）に数十万人の出稼ぎ労働者を受け入れる場合も存在する（関［2002］第5章）。短期間に宿舎を整備しえたのは国有企業からの安価な原材料供給と地元政府の投資によるものであった。宿舎の整備は出稼ぎ労働者の生活管理を強化して離職率を下げる役割を果たすとともに、残業や昼夜二交代制に労働者を常時出勤させるための手段でもあった。

　低賃金・長時間労働を競争力の源泉とする輸出産業部門の拡張は労働条件の改善をともなうことがなく、長期的には労働力の確保と定着が望めないと

いう矛盾を生じる。1990年代後半から、これまでのように成長が産業の高度化をともなってくることがなくなり、出稼ぎ労働者の流出による労働力不足の問題が深刻化し、発展の失速を余儀なくされた。

　第2期は1991年から2003年にいたる時期であった。1991年に中央政府により「ハイテク産業開発区」（正式名は「高新技術開発区」）奨励政策が打ち出され、全国各地で「ハイテク産業開発区」が相次いで建設されたが、その建設ブームは2003年に中央政府が開発区の整理・制限政策を提出するまで続いたのであった。この時期では、新技術の誘致と集積が奨励され、それを通じて繊維・雑貨など労働集約的輸出産業から自動車・精密機械・電子など技能・技術集約型産業へと産業構造の高度化の推進がはかられるようになった。もっとも成功した地域は長江デルタ地域（上海市、江蘇省と浙江省）だとみなされている。ただし、長江デルタ地域の高度成長は内陸部への波及効果が欠けたため、沿海と内陸の経済格差問題を深刻化させた要因であった。

　他方、重工業の集積地である東北と華北地域において、東北の沿海都市である大連、華北の中核都市である北京と天津は電子・家電産業や自動車産業を集積し高度成長を成し遂げたが、周辺地域（遼寧省、河北省など）の在来産業の再生と発展を牽引する役割を果たすことができず、地域発展の著しい不均衡をもたらした。東北の重工業は設備の老朽化が進み、深刻な経営不振に陥った。河北省も人材・技術・資金が不足したため、小型の製鉄所とセメント工場の建設を地域開発の重点に据え、鉄鋼生産能力だけでも1億トン以上をもつようになった。小型重工業企業の乱立は北京・華北地域の環境汚染を著しく悪化させ、厳しい規制対象となった。

　開発区建設の問題点は地域発展の不均衡をもたらすほか、地方政府による農業用地の奪い合いを引き起こし、都市と農村の対立を激化させる要因でもあった。国務院認可の「ハイテク産業開発区」が全国で53カ所あったが、省・市・県により認定されたハイテク開発区が乱立するような事態が生じた。2003年末に各種開発区の面積は全国で3万8000km²以上に達し、台湾地域（3万6000km²）の面積を超えた[6]。開発区の建設ブームにともなって地方政府が農民から農耕地を強制的に買い占めて工業用地に充てるという現象が

顕著となり、農民の不平・不満や反発を招いたのである。土地喪失の問題で農民の暴動が各地で続出したと伝えられている。

2003 年に中央政府は開発区の新設を制限し、既存開発区の統廃合を進める政策を緊急通達の形で打ち出した[7]。それをきっかけに開発区建設は第 3 期（2004～10 年）に移行する。2004 年の共産党 16 期三中総から同年の 9 月に開かれた 16 期四中全会にいたって、党中央は従来型発展モデルを見直し、「協調社会」の構築という新たな方針を提起した[8]。地域格差や環境問題などの社会問題の解消に取り込むことが重要であるという点が中央政府により認識されるようになった。2005 年に公表された「第 11 次 5 カ年計画」（2006～10 年）では、地域格差の緩和をはかるため、西部大開発、東北振興、中部振興といった内陸重視の地域戦略が盛り込まれたが、これらの戦略は政府の財政支援に依拠して成り立っており、輸出主導下の沿海部経済との有機的な関連が欠如していた。沿海と内陸との協力体制がなければ、内陸開発の推進は困難であった。

2008 年から世界金融危機の影響を受けて、沿海部輸出産業が低迷し、国内工業生産の過剰、それにともなう雇用不安が広がるなか、「第 12 次 5 カ年計画」（2011～15 年）が公表され、そのなかで「新型都市化」構想が打ち出された。この構想は大中小都市群の協調的発展および都市群間のネットワーク化を地域開発の新しい長期戦略として掲げ、その実施を通じて沿海＝内陸の内需連関を創出し、持続的成長の実現をはかろうとするものであった。開発区建設は地域間の協調的発展を重点とする第 4 期（2011 年～）に移行する。この時期の特徴について、第 3 節で検討する。

B　農民工の大量移動

輸出志向型工業化の存立基盤について、開発区建設とともに、農民工の大量移動と低賃金労働が注目される。ここでは、農民工をどのような形で沿海部に移動させたのか、輸出競争力を支える低賃金構造をどう作り上げたのかというところに焦点を当てて分析する。

第一は農民工の大量移動と移動要因についてである。農民工とは、地元か

第Ⅱ部　中国経済の発展フレームワークの変貌と転換

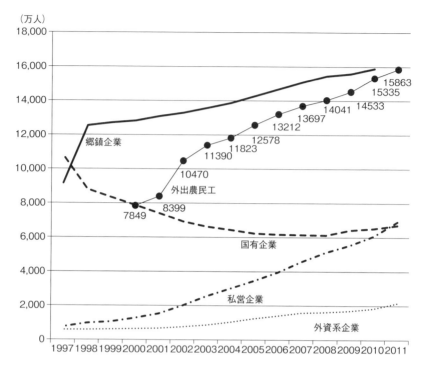

図 5-1　外出農民工の推移

注：(1)　農民工は「外出農民工」（出稼ぎ労働者）の値であり、地元で働く農民工を含まない。
　　(2)　郷鎮企業従業員は他地域からくる出稼ぎ労働者を含む。
　　(3)　私営企業従業員は都市部のみで農村私営企業を含まない。
　　(4)　外資系企業従業員は香港・マカオと台湾系企業を含む。
出所：外出農村工の数字について『中国農村住戸調査年鑑』各年版、「2010年度人力資源・社会保障事業発展公報」を参照。その他は『中国統計年鑑』各年版、を参照。

ら都市など他地域へと出稼ぎにいく「外出農民工」と呼ばれる出稼ぎ労働者と地元企業（郷鎮企業）で働く「在地農民工」からなる[9]。ここでは主に「外出農民工」（出稼ぎ労働者）に分析の重点を置く。図5-1に示したように、出稼ぎ労働者（外出農民工）数は2000～11年の間でほぼ倍増し、1億5863

130

第5章　中国における発展モデルの転換と課題

表 5-1　農民工の移動形態

単位：万人、％

項　目	2011 年		2009 年	
	人数	比率	人数	比率
農民工	25,278	100	22,978	100
①在地農民工	9,415	37.2	8,445	36.8
②外出農民工	15,863	63.0	14,533	63.2
		(100)		(100)
単身離村	12,584	(79.6)	11,567	(79.6)
挙家離村	3,279	(20.4)	2,966	(20.4)
農民工の分布*				
東部地域	10,790	42.7	10,017	43.6
中部地域	7,942	31.4	7,146	31.1
西部地域	6,546	25.9	5,815	25.3
外出農民工移動範囲				
省内地域	8,390	(52.9)	7,092	(48.8)
省外地域	7,473	(47.1)	7,441	(51.2)

注：東部地域は北京、天津、河北、遼寧、上海、江蘇、浙江、福建、
　　山東、広東、広西、海南を、中部地域は山西、内モンゴル、吉
　　林、黒竜江、安徽、江西、河南、湖北、湖南を、西部地域は重
　　慶、四川、貴州、雲南、チベット、甘粛、青海、寧夏、新疆を
　　それぞれ含む。
出所：『中国住戸調査年鑑』2012 年版より作成。

万人となり、都市就業者数の 44.2%に達した。そして出稼ぎ労働者の大半
は東部地域に集中した点が注目される（表 5-1）。

　外出農民工がなぜどのように沿海部に移動したのか。表 5-1 によれば、親
族を農村に残して出稼ぎに行く者が多いのに対して、家族をあげて離村する
ケースは 2 割しかなかった。つまり農民工が労働者として定着していないと
いうことである。彼ら（彼女ら）は農村経済との結びつきを維持しつつ都市
に進出する半農半工の労働者であるといってよい。このことは農民工の性格
を端的に示している。農地と分離した定着労働者になりえない理由として、
農村サイドの要因と都市サイドの要因に分けて検討しよう。

　農村サイドの要因について、つぎの 3 点があげられる。すなわち、①戸籍
制度の拘束である。出身地の農村戸籍を移動先の都市戸籍に切り替えること
が難しく、移動先での定住が制度的に制限される[10]。②農地の集団所有に

よる結びつきである。農地は法的に村落集団所有の形態をとる。農村戸籍をもつ者は農地を占有する権利をもっており、農業収入が収入源の一部をなす[11]。農地占有権は農民工を農村に拘束する機能をもつ側面がある。③国家の食料買付制度との関連である。国家による主要農産物の買付制度が維持されており、買付価格が低く抑えられ、農業生産だけで収入を拡大する道は狭まれた。農民が絶えず出稼ぎに赴いていく理由の一つはここにあった。

都市サイドの要因について、都市戸籍の取得が難しく、定住制限が存在するという点が重要である。雇用政策において農民工の移動を制限する措置として「定住禁止」、「仕事完了時の帰村」などの条項が盛り込まれていた[12]。この定住制限は、出稼ぎ労働者が地域間を転々と移動せざるをえず、高い流動性を有することの原因である[13]。

第二に農民工の低賃金労働を生み出す要因をみよう。低賃金労働の実証分析に関する研究は多く存在する。極端な例として、1980年代末から90年代末にわたり10年間賃金は上がらなかったという現象が広東南部において生じた。広東南部の賃金水準は上海・大連と比べ1.5倍も低いとされ、中国沿海部でもっとも低い水準とされていた（関[2002]72-74頁）。賃金がどう決定されているのかについて、まず労働力の供給源である内陸部農村の貧しさ、また出稼ぎ労働者が農地を占有し賃金以外に農業収入をもつ点があげられる。つぎに労働市場は流動性が高く「買手市場」である場合、雇用をめぐる労働者間競争が激しくなり、賃金を低位に抑制する圧力となる。なお農民工の組織率（労働組合）は低く、賃金決定が主に企業の専権に委ねられる。事実として沿海部では雇用の流動化にともなう「競争的賃金」の形成およびそれに通ずる人件費の低位抑制のメカニズムが作り上げられていた。このような状況のもとでは賃金・分配条件の改善が困難であった。

沿海部輸出産業部門の拡張は農民工の低賃金を競争力の源泉としてきたが、労働条件の改善をともなうことがなく、長期的に労働力の確保が望めないという矛盾を生じる。そうしたなか、90年代後半から出稼ぎ労働者の移動のあり方が変わりつつあった。労働条件の改善を怠ったままで経済開発を進めてきた南沿海部から労働条件がよりよい地域（長江デルタ）へ移動したので

ある。そのため、南沿海地域の発展モデルは労働力不足により大きく動揺した。

2. 雇用・分配制度の改革

(1) 労働者保護と「就業優先」政策

1980年代から90年代にかけて内陸農村から沿海都市への労働移動が進み、沿海部輸出産業の発展に寄与してきたが、他方、農民工の低劣な労働条件の問題も注目され、労働契約制度と労働基準法および社会保障制度の不備が浮き彫りにされた。総じていえば、低賃金問題とならび雇用の流動化、さらに農村・都市間、階層間における経済格差の拡大などが従来型発展モデルのマイナス面として露呈された。労働争議が多発し社会的批判が増幅するなか、社会不安ひいては政治的危機に広がりうるという懸念が深まった。

2007年から08年にかけて労働者保護の強化を目的に「労働契約法」が導入された。この法律は労働基準を明白にし、契約なくしては雇用なしという社会規範を確立させると同時に、労働者の権利や労働組合の権限を拡大させた。労働者権利意識の向上を背景に、争議ルールも簡素化され明文化された（2008年発効「労働争議調整仲裁法」）。長年堆積した労使間の矛盾が一気に公開され、争議・仲裁を通じて問題解決の道が開かれた。

「労働契約法」の導入にともなって、全就業者を対象に雇用の出口を規制する「社会保険法」も2010年に導入された。これまでは農民工を対象とする社会保障制度が存在していなかった。「社会保険法」は中国初の全国的かつ包括的な社会保障制度の「基本法」であり、「基本養老（年金）保険」、「基本医療保険」、「労災保険」、「失業保険」と「出産保険」など五つの項目からなる。保険制度の運営において都市で働く農民工は都市住民と同様に各種保険に加入できるようになった。法体制の整備は労働者保護・生活保障の強化により、長期的には雇用安定・賃金上昇→格差是正・内需拡大→産業構造の改善→生産・消費の好循環にいたる可能性をもたらしている。

「労働契約法」の成立とともに、2008年以降、国有企業と私営企業の就業

表5-2　都市正規就業者の平均名目賃金

年次	都市平均	国有企業	外資、私営
2005	18,200	18,978	19,546
2006	20,856	21,706	22,060
2007	24,721	26,100	25,183
2008	28,898	30,287	29,360
2009	32,244	34,130	31,973
2010	36,539	38,359	35,594
2011	41,799	43,483	42,487

出所：『中国統計年鑑』2012年版。

者名目賃金は急増した（表5-2）。ほぼ同じ時期に世界金融危機が広がるなか、国内産業は大きな影響を受け、雇用状況が一時悪化し、コストアップ・販路低迷が輸出衰退・企業倒産をもたらし大量失業・経済危機につながる可能性も存在した[14]。雇用の維持・創出をどうはかるかは政府の緊急課題であった。2008年から内需拡大中心の発展モデルが提起されてきたのも、雇用の確保をはかることが主要な目的であった。08年末に大規模緊急景気対策や内需拡大政策が打ち出され、国務院は2009～10年の2年間で道路・鉄道・農用機械など10項目にわたる内需拡大分野へ4兆元（約60兆円）を投資することを決定した。これにより、内需関連産業（高速鉄道、建築材料、輸送機器、インフラ建設など）が急速に拡張し、関連分野の作業職、技能・技術職の人材需要が大幅に増加した。インフラや資本財のほか、内需拡大の促進政策は家電、自動車など耐久消費財産業にも広がり、内陸部・農村部での販売を奨励する政策が政府によって導入された。

　2010年後半に「第12次5カ年計画」（2011～15年）の基本方針が公表され、「就業優先」が初めて国民経済の第1位の目標として長期発展計画に明記された。「就業優先」の目標を具体化させるために、2011年12月に人材資源・社会保障部は「就業促進規画」（2011～15年）（以下「就業規画」と略す）を発表した。そこでは雇用創出の目標（新規就業者数）と高度技能者・専門的人材の数値目標が高く設定されるのみではなく、失業率指標、最低賃金水準、年金（養老）・医療・失業保険加入者など安定雇用・社会保障の度合を示す目標も掲げられた。さらに「労働契約締結率」と「団体契約締結率」および

第 5 章　中国における発展モデルの転換と課題

表 5-3　「第 12 次 5 カ年計画規画」期（2011～15 年）の
雇用関連目標

項目	2010 年時点	2015 年目標
都市部新規就業者数（万人）	[5771][1]	[4500]
農業労働力の非農部門への移動		
高度技能者数（万人）	2863	3400
専門・技術職人材（万人）	4686[2]	6800
都市部失業率（％）	4.1	5 以下
養老保険加入者数（億人）	2.57	3.57
医療保険加入者数（億人）	12.6	13.2
失業保険加入者数（億人）	1.34	1.6
最低賃金の年平均上昇率（％）	12.5	13 以上
労働契約締結率（％）	65	90
団体契約締結率（％）	50	80
労働争議仲裁率（％）	80	90

注 1：［　］内は 5 年累積数値。
注 2：2008 年の数値。
出所：2011 年 11 月人的資源社会保障部。

「労働争議仲裁率」など労使関係の安定を示す指標が組み入れられたのである（表5-3）。安定雇用・人材形成・労使関係の協調を政府の中長期計画としてまとめて公表したことは建国以来初めてのことであった。

　2011 年以降、雇用は徐々に回復傾向にあった。表 5-3 は世界金融危機前後における労働市場の需給関係（求人倍率）の変化を示すものである。それによれば、2008 年と 09 年の求人倍率は 07 年に比べ低下傾向にあり、2009年に 0.91 まで下がり、労働需要の不振が表れた。しかし、同年緊急景気対策が実施され、2012 年の求人倍率は 1.07 まで上昇し、需要の回復がみられた。一方、項目別求人倍率は、学歴別では中卒・高卒と技術学校卒、業種別では生産・輸送業と商業、職種別では技能職と技術職などの求人倍率が上昇し、需要が供給を上回った。とりわけ技術学校卒と技能・技術職の人材不足は深刻化した。内需に牽引された製造業は好況に転じた。

　以上、中央政府は「就業優先」を中長期発展計画における第 1 位の目標と

135

第Ⅱ部　中国経済の発展フレームワークの変貌と転換

表 5-4　主要都市項目別求人倍率

年次	求人倍率[1]	学歴別求人倍率				職種別求人倍率				技能・技術ランク別求人倍率[4]			
		中卒及び中卒以下	高卒	技術、専門学校[2]	大学[3]	専門職技術者	事務関連	商業・サービス	生産・輸送作業	一般技能職	高級技能職	一般技術職	高級技術職
2007	0.98	1.05	0.99	0.98	0.91	0.96	0.73	1.05	1.04	2.33	2.54	1.65	1.93
2008	0.95	0.98	0.96	1.11	0.87	1.01	0.70	1.03	1.01	2.01	1.93	1.57	2.05
2009	0.91	0.99	0.95	1.12	0.75	0.83	0.67	0.98	1.01	1.84	1.86	1.44	1.90
2010	1.01	1.10	1.09	1.30	0.79	0.91	0.66	1.10	1.15	1.87	1.89	1.53	1.87
2011	1.06	1.12	1.14	1.36	0.85	1.05	0.73	1.21	1.12	1.88	1.76	1.60	2.34
2012	1.07	1.08	1.11	1.32	0.98	1.09	0.72	1.19	1.11	2.38	2.45	1.64	2.46

注：(1)　求人倍率とは求職者に対する求人の比率を指し、労働の需給を示す重要な指標。1より高い場合、求職者より求人のほうが多いということである。(2)　ここでは「技術学校」、「職業高校」と「中等専門学校」が含まれる。(3)　ここでは、「大専」（3年制短期大学）が含まれる。(4)　一般技能職、高級技能職、一般技術職と高級技術職について、引用資料の「技師」、「高級技師」、「工程師」と「高級工程師」が対応される。
出所：「中国就業」サイト（http://www.chinajob.gov.cn/index.htm）に掲載される「部分城市労働力市場供求分析」（各年）により作成、2012年のデーターについて、各四半期の資料に依拠して作成。

し、そのために発展方式を輸出依存から内需中心へと転換させようとした。政府の景気対策によるインフラ投資の増加、新労働法の導入にともなう賃金上昇＝購買力増大は内需拡大を促す原動力であり、内需拡大に牽引された経済成長は雇用の回復を支える要因となった。

（3）　所得倍増計画と分配改革

　内需拡大をベースに持続的な経済成長を維持しつつ、「就業優先」の目標を実現することを「第12次5カ年計画」は目指しているが、深刻な格差問題の存在は大きな不安定要因である。輸出志向型工業化の下で階層間と地域間の経済格差が大きく拡大した。図5-2は所得格差の度合を反映するジニ係数の推移を示すものである。ジニ係数は2004年より08年にかけて大幅に上昇し、所得格差が急速に拡大したことがわかる。国際的にみても経済格差は大きく拡大した。2008年に中国のジニ係数は0.491であったのに対し、メキシコ0.48（08年）、ロシア0.40（09年）、アルゼンチン0.46（09年）、ブラジル0.55（09年）、インド0.33（05年）であった（国家統計局）。2008年以降、最低賃金の引き上げ、社会保障制度の普及などによってジニ係数は徐々に低

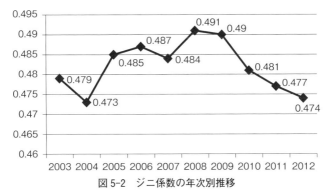

図 5-2　ジニ係数の年次別推移

注：所得格差を示す指標。係数は0と1の間の値をとり、値が1に近づくほど不平等度が高くなる。
出所：国家統計局（http://www.stats.gov.cn/was40/gjtjj_nodate_detail.jsp?channelid =75004&record=43）

下傾向に転じたものの[15]、依然として高い水準にある。

　2012年11月に開かれた中国共産党第18回大会は、GDPと国民1人当たりの所得を2020年までに2倍にすることを目標とし、公平の実現と所得格差の調整を重要課題とした。2013年2月、国務院により承認された「所得分配制度の改革深化に関する若干意見」（以下「意見」と略す）は格差是正の基本構想を打ち出した。すなわち、所得倍増の目標を達成するとともに、所得格差を縮小して中所得者層（「中間層」）を拡大し、「オリーブ型の分配構造」を作り上げるというものである。以上のような、「オリーブ型の分配構造」の形成ひいては所得格差の緩和と公平の実現をともなう発展方式を進めるために、所得分配システムの改革が不可欠とされた。具体的には賃金などを含む第一次分配の改善、社会保障と税金などを含む第二次分配の健全化、農民所得の持続的増加の促進、公正かつ透明な分配秩序の形成、分配改革のための組織体制の強化などである。

　2008年以降、都市就業者の年間平均賃金が2007年の2万4721元から2011年の4万1799元に上昇した（表5-2）。賃金上昇をもたらした要因は主に底上げである。すなわち、2008年に「労働契約法」が発効して以来、労働者の権利意識が高まり、各地が相次いで最低賃金を大幅に引き上げてきた

ということにあった。2010年には30の省・直轄市・自治区が前年に続いて最低賃金を引き上げ、上昇幅は24%であった。2006～10年の5年間に最低賃金は年平均12.5%の伸び率で上昇した。11年に25の省・直轄市・自治区は再度最低賃金をアップし、上昇幅は22%であった。また前掲「就業規画」は11～15年に最低賃金を年平均13%引き上げるとの目標値を提起した。

続いて2012年分配改革の基本構想に関する「意見」（前掲）が公表され、今後の雇用・分配条件改善のガイドラインが打ち出されたのである。趣旨はつぎのようになる。第一に中下位所得労働者の賃金上昇を促進する。そのために2015年までに最低賃金基準を労働者平均賃金の40%以上（現行は35%）に引き上げる。また非公有制企業を対象に、産業レベルや地域レベルの団体交渉制度を作り上げ、団体契約の締結率を80%までアップする。さらに派遣労働制度への規制を強化し「同一労働・同一賃金」を保障する。

第二に国有企業を対象に、賃金総額と賃金水準への規制を強化し、産業別賃金の格差を徐々に緩和させる。国有企業幹部の報酬を厳しく抑制し、企業内部に開かれた賃金格差を縮小させる。その他、戸籍制度と公共サービス制度の改革を進め、農村転出労働者の「市民化」を促進する、などである。「意見」は分配改革に関する基本構想を提起しているが、それをいかに具体化するかが注目される。目標へ着実に進めば、底辺労働者の賃金上昇が当分続き、また大規模な底上げを通じて「オリーブ型の分配構造」が実現する可能性がある。所得格差の緩和と賃金上昇はたしかに一般労働の購買力増進ひいては消費財需要の増加という形で内需拡大に寄与するが、このことは生産財産業における需要不足、生産過剰をただちに解消することが期待できなかった。この点と関連して、第2次5カ年計画により提起された「新型都市化」構想が注目される。

3．地域開発方式の変容

（1）「新型都市化」の推進

すでに前文で言及したように、1980年代の「改革開放」以降、沿海部優

先・輸出依存の開発モデルが打ち出され、沿海部輸出産業が急速に拡大されたが、他方、沿海部と内陸部、都市と農村の経済格差が大きく開かれ、産業開発と人口急増にともなう沿海都市の環境悪化が深刻な問題として浮上した。

2010年に公表された「第12次5カ年計画」（2011〜15年）では、「両横三縦」を中心とする新型都市化戦略が提起された。地域開発政策の変化を示す画期的なものであった。「両横」とは東西方向においてユーラシア大陸横断鉄道沿い、長江沿いルートを横軸に構築される大中小都市群のネットワークを指す。「三縦」とは南北方向において、沿海ベルト地帯、広州〜北京〜ハルビン、昆明〜包頭などの鉄道・道路網を縦軸に構築される大小都市群を指す。図5-3は「両横三縦」をイメージする図である。

新型都市化の「新」は大都市一極集中の従来型都市化を否定し、「大中小都市」間、都市と農村の協調的発展を指向するものであるとされた。すなわち、近隣地域に分布される「大中小都市のインフラ一体化建設およびネットワーク化の発展」を促進し、「大都市を拠点とし、中小都市を重点として、大きな波及作用をもつ都市群を逐次形成し、大中小都市と町（「鎮」）のバランスの取れた発展を促す」ことが新型都市化の枠組みとして提起された。こうした都市化戦略は近隣都市間のインフラ一体化とネットワーク化の推進を通じて、新しい内需連関を創出するとともに、環境問題と地域格差の緩和をはかった。

2014年3月に全国人民大会により「国家新型都市化計画」（2014〜20年）が採択された。それは「第12次5カ年計画」で提出された都市化戦略の実施期間を「第13次5カ年計画」期（2016〜20年）にまで延ばす画期的なものである。都市化長期計画の意義について、共産党中央・国務院の通達は同「計画」が全国の都市化を推進する「マクロ的、戦略的、基礎的計画」であるとしつつ、新型都市化が「農業・農村・農民問題を解決する経路」であり、「地域の協調発展を支える強い力」であり、さらに「内需を拡大し、産業の高度化を促すための重要な手がかり」でもあると位置づけた。

なお長期計画は「両横三縦」の都市化戦略の重要性をあらためて強調したうえ、「東部地域の都市群が都市間の一体化水準と国際競争力を強化するこ

第Ⅱ部 中国経済の発展フレームワークの変貌と転換

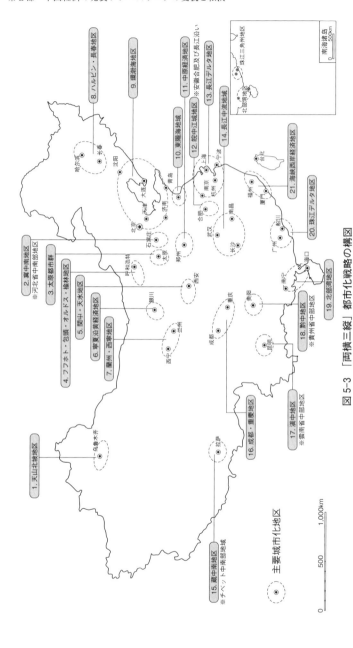

図 5-3 「両横三縦」都市化戦略の構図
出所:科学技術振興機構 HP(「第 12 次五カ年計画」日本語訳、第 3 編 20 章より引用)
http://www.spc.jst.go.jp/policy/national_policy/plan125/chapter05/5_20.html

とを重要とし、また中西部地域の都市群が地域の協調的発展を促す新たな成長極となるべき」と述べた。さらに都市群建設のプロセスにおいて「中小都市の数量を増加し、小都市のサービス機能を増強する」ことが重要と指摘した。

では「国家新型都市化計画」は具体的にどのように実施されるのか。それについて注目すべきは、2014年に「国家戦略」として提起された「京津冀協調発展」計画と「長江経済ベルト」開発計画である。以下、両計画の概要と意義についてみよう。

（2）「京津冀協調的発展」構想

京津冀地域は中核都市である北京市と天津市をはじめ、河北省傘下の保定、唐山、石家庄、邯鄲、邢台、邢台、衡水、滄州、秦皇島、廊坊、張家口、承徳などの地方都市を含めて13の主要都市を抱え、また80余の県をもつ（図5-4）。面積は12万km^2、うち河北省の面積は全体の87％を占めている。人口は1億900万人となっている。

中国の習近平国家主席は2014年2月26日、京津冀（北京市、天津市、河北省）の協調的発展をめぐる関係者会議を主催し、京津冀の協調的発展を重要な国家戦略とすることを明らかにし、その意義について、つぎのように述べた。「京津冀の協調的発展は、未来に向けて新しい首都経済圏を構築し、地域発展メカニズムの革新を推進するうえで必要不可欠であり、また都市群構築の合理化を模索し、地域開発のモデルケースを確立するためにも必要であり、生態文明建設の方策を探究し、人口・経済・資源・環境の協調を促進するうえでも役に立っており、さらに京津冀地域の優位性相互補完と環渤海経済圏の発展促進、北部内陸地区発展をけん引するためにも重要であり、それらをふまえると京津冀協調的発展は重要な国家戦略である」。そして京津冀協調的発展のポイントについて、習は「①総合設計プランの作成、②協調的発展の推進、③産業配置の調整、④都市の空間的配置の調整、⑤環境容量とエコ空間の拡大、⑥近代的交通システムの構築、⑦市場一体化の推進」の7点を明らかにした[16]。

第Ⅱ部　中国経済の発展フレームワークの変貌と転換

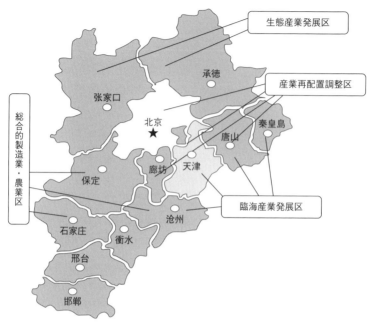

図 5-4　京津冀都市群の概要
出所：人民網 2014 年 2 月 28 日、修正あり。
(http://bj.people.com.cn/n/2014/0228/c233086-20667896.html)

　協調的発展をキーワードに、京津冀を新型都市化のモデルケースに仕立てようとする背景として、これまで地域の閉鎖性と保護主義が横行するなか、地域発展の著しい不均衡、無秩序な工業開発ブーム、それにともなう環境汚染と居住環境の悪化など深刻な都市問題が浮上している。有効な対応策を講じるには、北京・天津・河北 3 地域の協力体制が必要不可欠であることが以前から政府により認識されていた。2004 年に国家発展改革委員会は「京津冀一体化概念」を打ち出した。その後、「第 11 次 5 カ年計画」（2006～10 年）、「第 12 次 5 カ年計画」（2011～15 年）では、京津冀協調的発展の方針も提出された。しかし、地方主義の台頭を背景に、協調的発展の方針を具体的にどう実施していくかをめぐって、京津冀 3 地域の調整と合意が達成できなかった。
　結果として深刻な都市問題はいっこうに改善できず、悪化する一方であった。具体的にまず注目すべきは地域発展の不均衡という問題である。資金・

人材・技術が豊富な中核都市の北京・天津ではハイテク産業、近代的な製造業とサービス業および文化産業が発達し、国有大企業や多国籍企業の多くが同地域に進駐し、交通・通信・サービスなどのインフラも整備されている。それに対して、広大な農地面積と多数の中小都市をもつが、資金・人材・技術が著しく不足する河北省では、産業の近代化が立ち遅れ、低能率・エネルギー多消費の小型工場、とりわけ小型製鉄所、小型セメント工場と小型製紙工場が乱立し、交通・通信などのインフラも未整備である。「改革開放」以来、中核都市としての北京・天津の高度成長は周辺地域（河北省など）への波及効果が欠如していた。

　地域発展の不均衡は、一連の深刻な都市問題を招いた。一つは環境汚染である。京津冀地域では汚染物質（二酸化硫黄〈SO_2〉、窒素酸化物〈NOx〉、粉塵など）の排出量の指標が中国の都市部においてトップレベルにある。北京市内では PM2.5 の観測値が $700\,\mu g$（中国の環境基準値の約 10 倍、日本の環境基準値の約 20 倍）を超過する日が珍しくなかった。大量の汚染物質が長時間にわたり大気中に蓄積し滞留することがよくあり、それによるスモッグが頻繁に発生している。自動車の激増による車両排気ガスが汚染をもたらす原因の一つであるが、周辺地域に乱立される小型製鉄所やセメント工場から汚染物質が多量に排出されることも大きな原因である[17]。農村地域に立地する小型製鉄所やセメント工場は農村の過剰労働力を吸収し雇用を維持する役割を果たしていると同時に、地方財政を支える機能を有している。中央政府は小型製鉄所とセメント工場の整理・閉鎖の政策を打ち出したが、地方保護主義の存在により、大きな進展はみられなかった。

　今一つ注目すべきは、地域発展の不均衡が経済格差の拡大をもたらす要因でもあったことである。2013 年の 1 人当たり GDP は、北京市が 9 万 3213元、天津市が 9 万 9607 元、河北省が 3 万 8716 元であり、北京・天津と河北省の格差が大きく開いている。都市化率も北京市（86.3%）と天津市（83.0%）が 8 割を超えるのに対し、河北省は 48.0% と、全国平均の 53.7%をも下回る[18]。ほかに学校教育、社会保障、最低賃金、公共サービスの水準などの面においても北京・天津と河北省との間に大きな格差が存在してい

る。

　こうした地域発展の不均衡問題と地域格差および環境問題を解消するには、地域の閉鎖性と保護主義を打ち破る必要があり、そのためには有力な指導機関が必要不可欠である。2014 年 8 月、京津冀開発の常設管理機構として「京津冀協調的発展」指導チームおよび事務局が北京で発足し、張高麗副総理・政治局常務委員は中央政府を代表して指導チームの責任者に就任した。同指導チームの主要メンバーには北京・天津・河北の 3 地域の副省長・副市長が入っている。指導チームには強い権限が与えられ、各地域の利害調整と総合的管理を推進する役割が課せられている。最初の取り組みとして交通、生態、産業の三つの重点分野において、交通の一体化、環境保護と産業移転の統合を加速化することが決められた。

　まず交通の一体化について、つぎのような建設プロジェクトが決められている。すなわち、①北京を中心に天津・河北の一部地域もカバーする大環状線と、六つの放射状道路を建設する。②既存の北京国際空港を拡張するほか、北京の南部で河北省に隣接する地域において新空港を建設し、新空港から北京・天津・河北保定にいたる高速道路・電車のネットワークを作り上げる。③天津港、秦皇島港、曹妃甸港、京唐港、黄驊港など五つの港を拡張する[19]。他方、物流の面において、2014 年 7 月 10 日に「京津冀税関区域通関一体化にかかる改革方案」が公表された[20]。それによれば、京津冀を一つの関税地域とみなし、業者や企業はみずから通関地を選択することができる。

　つぎに産業移転について、京津冀の全域が国家発展改革委員会により、4 大機能区に区分された[21]。西北の承徳、張家口が生態保護および生態産業発展区に、中部の北京・天津・廊坊・唐山が産業再配置調整区とされ、南部の石家庄、保定、滄州が総合的製造業・農作業区に、東部秦皇島、唐山、天津（賓海新区）、滄州が海臨港産業発展区にそれぞれ区分された。

　4 大機能区の建設をふまえて、京津冀の経済構造も「二核、三軸、一帯、三重点」という形で構築される。「二核」とは北京・天津を指す。「三軸」とは北京・天津・唐山を主軸に、北京・保定・石家荘を開拓軸に、北京・唐山・秦皇島をもう一つの開拓軸にするものである。「一帯」とは沿海経済ベ

ルトを指し、三つの重点開発区とは中関村、天津濱海新区、曹妃甸工業区を含む。以上のような区分は地域産業の再配置、大規模なインフラ建設と人材移動を必要とする。北京はすでに河北省へと各種産業、商業と教育施設を含む 60 業種を移転することを確定した。今後北京は文化と研究開発と科学技術を、天津は物流と金融・情報技術産業を、河北省は近代的製造業の集積と行政副都心機能を強化することになるとみられる。

　以上のような方針にもとづいて京津冀経済圏の統合が達成されれば、長江デルタ経済圏、珠江デルタ経済圏とともに、1 兆ドル（中国 GDP の約 10％）を超える巨大経済圏が誕生し、首都機能の広域化、大規模な産業移転・人口移動およびインフラ拡張にともなって膨大な内需が生まれるほか、地域発展の不均衡、格差問題と環境問題が改善される見込みである。

（3）　長江経済ベルト開発

　内需拡大の促進と地域格差の緩和をはかろうとする取り込みとして、今一つ注目されるのは長江経済ベルト開発の構想である。2014 年 9 月 25 日に国務院は「長江ゴールデン水路による長江経済ベルトの発展に関する指導意見」（以下「指導意見」と略す）と「長江経済ベルト総合立体交通回廊計画」を公表した[22]。李克強総理はゴールデン水路を拠点に長江経済ベルトを建設し、中国経済の持続的な発展を支えるうえで必要不可欠と強調した。そして長江経済ベルト開発の意義についてつぎのように述べた[23]。「国務院の長江経済ベルト建設における重大な策定と方策を実行することは、効果的に内需を拡大し、経済の安定成長を促進し、地域の経済構造を調整し、中国経済のアップグレードを実現させるうえで、重要な意義がある」。また「長江デルタ地域では、……中西部が経済発展を最大限に旋回させる余地がある。長江経済ベルト建設は、沿海部と中西部の相互支援、良性的なインタラクティブの新しい局面を構築し、改革開放と一連の重大プロジェクトの実施を通じて、長江デルタ、長江中流都市群および成渝（成都、重慶）経済区の三つの「エリア」の産業とインフラを連動させ、生産要素を流動させ、市場統合を促進し、秩序のある産業移転、アップグレードと新型都市集約地の発展を促

第Ⅱ部　中国経済の発展フレームワークの変貌と転換

図 5-5　長江経済ベルト地域と 5 大都市群
出所：中国政府網、2014 年 9 月 25 日「国務院关于依托黄金水道推动长江经济带发展的指导意见」、修正あり。
http://www.gov.cn/zhengce/content/2014-09/25/content_9092.htm

進し、5 分の 1 を超える国土と約 6 億人を直接に推進する強大な発展に向けた新たな原動力を形成しなければならない」というのであった。

長江ベルトとは、横向きに東中西（東部、中部、西部）を貫通し、中国中心地帯の東部沿海部と広大な内陸部を横断する長江流域を指す。その範囲は上海市から、江蘇省、浙江省、安徽省、江西省、湖北省、湖南省、重慶市、貴州省、四川省、雲南省など九つの省と二つの直轄市に跨り、全面積は全国の 21.4％にあたる 205 万 km^2 に及び、GDP は全国の 45.4％（2012 年）を占め、人口は 6 億以上を有する。域内経済のセンターとして 5 大都市圏が取り上げられる。すなわち、開発がもっとも進んでいる長江デルタ都市群（上海、南京、蘇州、無錫、杭州など）、東西を結ぶ枢軸である中流都市群（武漢市、長沙市など）および西部開発のセンターである上流都市群（成都、重慶）と二つの地方都市群（昆明と貴陽）などである（図 5-5）。

他方、長江ベルト地域の東北は経済開発の先進地域の環渤海経済圏（北京、天津、青島、大連など）に接し、西北は新疆、甘粛、西安などシルクロードにつながり、東南は珠江デルタ（広州、深圳など）に隣接し、西南は雲南省

および東南アジアのベトナム、ミャンマーにつながり、中国大陸の東西南北を取り結ぶ交通網の中心地帯に位置づけられる。

「指導意見」における長江経済ベルト建設の大枠を要約すれば、つぎのようになる。

①「長江ゴールデン水路機能の向上」：通航能力のアップ、埠頭配置の最適化、貨物の集積・流通の合理化など。

②「総合的な立体交通回路の建設」：長江沿いの鉄道通路・高速道路網・空港の整備、石油・天然ガスのパイプラインの建設、総合的交通ハブの設置など。

③「イノベーションによる産業構造の転換と高度化」：自主的イノベーションの強化、域内産業の協調的発展と域内技術移転の促進、国際的な産業集積地の育成、サービス産業の近代化、グリーンエネルギーベルトの構築、近代的農業の発展など。

④「新型都市化の全面的推進」：長江デルタ都市群の国際競争力の強化、中流地域都市群の発展、重慶・成都など下流地域都市群の一体化、貴州と雲南における二つの地域的都市群の育成など、五つの都市群形成を促進する。

⑤「全方位的対外開放の新たな競争優位の創出」：域内経済成長における上海のリード役の強化、西南地域への対外開放における雲南省の橋頭保機能の強化、シルクロード経済ベルト（次項を参照）との協同関係の促進、域内統一的な通関体制の構築など。

⑥「グリーン・エコ回廊の構築」：長江の水資源の有効な利用と環境保全、長江沿いの生態環境の回復と維持など。

⑦「地域間協調的発展の保障体制とメカニズムの創出」：地域間協力体制の構築、域内市場の一体化の促進、金融分野の協力と革新の促進、生態環境の協働的保全体制の構築、公共サービスと社会管理の協力体制の建設など。

147

以上で示された具体的な方策の骨格をまとめるとつぎのようになる。まず長江ベルトの運航・交通網とインフラ整備を率先して進めていく（①と②）。つぎに交通網の整備をテコに、下流部発達地域の都市群から上流後発地域への産業移転と技術移転を促進するとともに（③）、長江沿いの複数大中都市群の形成を加速化させる（④）。下流地域の上海が金融・貿易センターの役割を発揮するが、上流地域も東南アジアや中央アジアへの対外開放の窓口として重要な役割を果たす（⑤）。

　他方、問題点としてあげられるのはつぎの点である。すなわち、地域間環境保全体制の構築（⑥）、地域間の協調的発展（⑦）が重要とされている。長江経済ベルト開発は本格的に発足したばかりで、具体的にどのような進展があったのか、まだどのような問題点が存在しているかについて、実態は不明である。しかし、中国の発展モデルがどう変容するかを把握するには長江経済ベルト開発のあり様を明らかにする必要がある。長江によって結ばれる広大な地域の経済連携とネットワーク化を通じて地域格差の緩和を求めながら、新しい内需連関を創出して持続的成長を促進していこうとするための試みであるからである。

おわりに

　本章では、沿海優先・輸出依存型成長から内陸重視・内需主導型成長へと中国の発展モデルが変容する過程を検討した。まず輸出志向型工業化が中国において急速に発展しえた国内要因として注目すべきは、開発区建設と農民工の移動である。沿海部大規模の開発区建設を可能としたのは、原材料生産とインフラ建設が国有企業により担われ、工業用地が地方政府による農用地の買い占めを通じて確保されたことである。つぎに農民工の性格は農村経済との結びつきを維持しつつ都市に進出する半農半工の労働者であるところに示される。

　農民工が労働者として定着しない理由として、現行の戸籍制度のもとで農民が都市戸籍を取得することは困難であり、農地に縛られているという問題

がある。現行の農地公有制のもとで、農民は農地を占有する資格を有する。都市に定着することはこの資格の喪失を意味する。農民工の低賃金労働は労働集約的輸出産業の競争力を支える要因であるが、この場合の低賃金はたしかに労働市場の需給関係、賃金決定における企業側の専権、労働基準法の不備により規定される側面がある。他方、それを可能としている農民工の収入構造にも大きく現されている。

　つまり、賃金だけで家計を賄う都市部労働者の収入構造と異なり、農民工の収入は賃金と農業収入から構成され、賃金は家計を補填する収入の一部としての扱いであるため、賃金を低く抑えることが比較的に容易である。輸出志向型工業化における中国固有の特質として、国有企業の原材料供給と地方政府の投資により支えられる開発区建設のあり方と、農地公有制との結びつきを維持しながら沿海部に進出する農民工の存在が注目される。

　発展モデルの転換を迫った国際要因は、2008年世界金融危機の影響で国際市場が低迷し、沿海部輸出産業の衰退と雇用不安が生じたということであった。国内要因は、輸出産業部門の拡張が労働条件の改善をともなうことがなく、内陸と沿海、都市と農村の経済格差を大きく開いたため、労働争議が多発し社会的批判が増幅するなか、社会不安ひいては政治的危機に広がりうるという懸念が深まったことである。

　新しい発展モデルを模索するにあたり、地域格差の緩和と雇用分配条件の改善をはかりながら、内需主導型持続的成長をどう求めるかということは重要課題である。このような課題に応えるため、雇用・分配と地域開発の両側面から、画期的な政策変化が起こった。雇用・分配面の政策変化について、「就業優先」が初めて国民経済の第1位の目標として長期発展計画（「第12次5ヵ年計画」、2011～15年）に掲げられた。また中所得者層の拡大を目指す「オリーブ型の分配構造」（2012年、中国共産党第18回大会）の構築が所得政策の重要目標とされた。

　他方、地域開発の面においては「国家新型都市化計画」（2014～20年、全人代）が正式に採択された。同計画は大中小都市群の協調的発展および都市群間のネットワーク化を長期にわたって推進し、それを通じて地域格差の是正

を追求しながら、内需主導型成長を実現しようとするものであった。現在中央政府がみずから推進する「京津冀経済圏」（北京・天津・河北）計画が新型都市化のモデルケースとして位置づけられる。「長江経済ベルト」は長江沿いに東部から西部まで6億以上の人口をカバーする広大な地域であるうえ、五つの大中小都市群のネットワーク化を実現すれば、巨大な内需が生み出される。それと同時に東部と西部との地域格差も緩和されると期待された。

　以上みてきたように、内陸重視・内需主導の発展モデルの骨格が徐々に明らかになるが、注目すべき新たな動きも生まれている。「一帯一路」という内陸重視の「対外開放」構想が提起された[24]。「一帯一路」とは、習近平国家主席が2013年9月から10月にかけてカザフスタンとインドネシアを訪問した際に提起した構想である。すなわち、陸上において中国西部と中央アジア・ロシアとヨーロッパ西海岸とを鉄道・道路で結ぶ「シルクロード経済帯」が建設されると同時に、海路において中国南沿海部と南シナ海とインド洋を結ぶ「21世紀海上シルクロード」が開発されるということである。

　「一帯」と呼ばれるシルクロード経済ベルトは、同地域を貫通する既存、または新設予定のアジア＝ヨーロッパ・ランドブリッジ交通網（鉄道・道路が主）を横軸とし、東は中国の黄河流域と長江デルタ、西は中国の新疆、中央アジア、ロシア、西アジア地区を経て、最西端はヨーロッパ西海岸にいたる。東西は1万余km、南北は300～4000kmである。同構想によれば、これまで「改革開放」の優遇政策から遠ざかっていた西部地域は、対外開放の最前線として中国と中央アジアをつなげる枢軸地帯となる。それに対して東部沿海地域は後方基地の役割を演じるようになる。とりわけ中国大陸と中央アジア諸国を結ぶ新疆はシルクロード経済ベルトの貿易センターとして位置づけられ、重慶、甘粛、青海は重要な拠点となる。内需拡大と対外開放の今後のあり方を把握するには、シルクロード経済ベルト開発の動向を明らかにする必要があろう。

〈注〉
　1)　高所得者層と低所得者層が薄く、中所得者層が厚い階層構造を指す。

第 5 章　中国における発展モデルの転換と課題

2)　「新自由主義」とは、政府の経済介入を批判し自由競争と市場原理を重視する考え。「大きな政府」を認める古典的な自由主義に対して「小さな政府」を支持する立場において用いられた。

3)　「ワシントン・コンセンサス」は、1989 年に米政府、IMF、世界銀行などの間で成立した「合意」を指す。合意内容のうち、貿易自由化、直接投資の受け入れ、民営化、規制緩和、所有権法の確立などの条項が広く伝えられ、IMF や世銀から融資を受ける際の条件ともされた。これを背景にソ連・東欧諸国では急進的な市場自由化が行われた。「ショック療法」とは法律・政策転換で私有化・自由化を推進し、短期間に計画経済から市場経済への移行をはかるとのことである（大野［1996］第 1 章）。

4)　OECD［1979］では「新興工業国」（NICs）の基準について①工業生産と工業製品の輸出シェアの拡大、②国内工業部門の雇用比率の増大、③高度成長と先進国との格差の縮小、④輸出志向型工業成長パターンの採用があげられた。

5)　開発区建設の展開過程について、李［2006］を参照されたい。

6)　2005 年 9 月 6 日の国家発展改革委員会・長期規画局長へのインタビューによる。

7)　国務院 1991 年発「12 号命令」では本格的に「ハイテク産業開発区」（中国語は「高新技術産業開発区」）への優遇政策が公表された。2003 年 7 月に国務院は「各種類開発区設立の許可を暫定的に停止する緊急通達」（「関於暫停審批各類開発区的緊急通達」）、「各類型の開発区の整理・整頓、建設用地管理の強化に関する通達」（関於清理整頓各類型開発区加強建設用地管理的通知）を下達した。それによって開発区の新設が制限され、既存開発区の統廃合が進められた。

8)　「協調社会」と「科学的発展観」の内容について、胡錦濤主席は「協調社会とは、民主的な法制度、公平と正義、誠実と友愛、活気に溢れ、安定して秩序よく、人間と自然が協調に共存する社会であり」、そして「社会の協調的発展を促すには、科学的発展観を樹立して実施し、経済建設を中心とすること、人間を基本に経済発展の基礎の上に国民の物資的ニーズと文化的ニーズを絶えず満足させること、社会の公平を重視し、各方面との利害関係を妥当に協調させること、改革、発展と安定の関係を正確に処理し、国民が楽しく仕事して生活し、社会政治の安定や国家の長期的安定を確保することが必要である」と語った（2005 年 2 月 19 日、「省クラス主要指導者の幹部会議」での談話）。

9)　農村周辺に立地する郷鎮企業で働く就業者の多くは「在地農民工」であり、その数は 2010 年で 1 億 5893 万人に達し、農村就業者数の 33.9％となった。郷鎮企業の位置づけについては、第二次産業（鉱業・製造業・建築業など）就業者に占める郷鎮企業就業者の割合は 1980 年の 28.9％の 2227 万人から 2000 年には 55.8％の 9048 万人に、さらに 07 年には 48.7％の 1 億 0042 万人となった。郷鎮企業で働く農民出身の労働者は第二次産業労働者の半数を占めるほど工業生産の重要な担い手となった。李［2011］を参照。

10)　戸籍制度は分断的階層構造を制度化した意味で社会的身分制度の側面が強い（上原［2009］）。

11)　農地のほかに宅地と墓地の占有権も認められる。

12)　国務院「国営建築企業招用農民合同制工人和使用農村建築隊暫行弁法」、同「鉱山

151

第Ⅱ部　中国経済の発展フレームワークの変貌と転換

企業実行農民輪換工制度試行条例」（1984 年 6 月 30 日）。

13) 定住制限について、1990 年代初期に華南沿海地域では滞在期間が 3 年までと限定されていた（関［2002］247 頁）。他地域からの出稼ぎ労働者に「一時滞在証明」（中国語では「暫住証明」、半年更新）を発行し、滞在管理費および更新手数料を徴収した（同 71 頁）。また地域の教育制度、医療制度、労働保険などの面において他地域からの出稼ぎ労働者が適用の対象とされなかった。これらのことは出稼ぎ労働者が定着しえない要因であった。

14) 各種報道を網羅してみると、情況は厳しいものであった。すなわち、労働集約型輸出産業におけるローカル企業、外資系企業は相次いで倒産。2000 万人以上の労働者を雇用している繊維・アパレル産業は 3 分の 2 の企業が経営危機に陥った。製靴産業が集中する広東省では、5000 余社の製靴メーカーのうち、1000 社以上は倒産した。2300 万人の農民工はレイオフされ農村に戻った。雑貨生産が集中する浙江省温州地域では中小零細企業の多くは生産停止。山東省では個別外資系企業の経営者が現地企業を放置したまま撤退したという極端な例も発生した。

15) 李［2012］の数字を引用。

16) 人民網 2014 年 2 月 28 日記事「関心京津冀協同発展、習近平十個月内赴三地考察」。http://bj.people.com.cn/n/2014/0228/c233086-20667896.html

17) 鉄鋼産業の例をみれば、中国の鉄鋼生産は北京に隣接する環渤海地域（河北、河北、天津、山東など）に集中し、この地域の粗鋼生産能力は 4 億トン以上となっている。2011 年に河北省だけで粗鋼と鋼材をそれぞれ 1 億 6500 万トン、1 億 9000 万トンを生産し、国内シェアの 24％、22％を占めた。小型メーカーの乱立は環境問題の深刻化や電力供給の緊迫を誘発する大きな要因とみなされた。世界金融危機が発生する 1 年前の 2006 年の時点で同省の鉄鋼メーカーは 202 社も存在したが、うち製鋼能力をもつメーカーは 88 社しかおらず、粗鋼平均生産量は年間 84 万トンにすぎなかった。製鋼能力をもっていないメーカーの多くは銑鉄のみ生産する小型高炉メーカーであった。国家発展改革委員会は、河北省の 45％の製銑能力、27％の製鋼能力が老朽・小型設備により維持されており、すべて廃棄の対象であるとみている。

18) 『河北日報』2014 年 4 月 10 日。

19) 人民網 2014 年 4 月 9 日記事「京津冀編写交通協同発展計画」。http://cpc.people.com.cn/BIG5/n/2014/0409/c64387-24855161.html

20) 中国商務部 HP2014 年 7 月 23 日記事「北京市推进京津冀区域通关一体化改革实施方案」。http://www.mofcom.gov.cn/article/difang/beijing/201407/20140700671567.shtml

21) 新華網記事。http://jp.xinhuanet.com/2014-06/06/c_133387956.htm

22) 中国政府網。http://www.gov.cn/zhengce/content/2014-09/25/content_9092.htm

23) 2014 年 4 月 28 日、李総理は重慶で討論会を主催し、長江経済デルタ開発について談話を発表した。新華網記事。http://jp.xinhuanet.com/2014-04/29/c_133298491.htm

24) 伊藤［2015］を参照。

〈参考文献〉

伊藤亜聖［2015］「中国『一帯一路』の構想と実態」『東亜』579、9月号。

上原一慶［2009］『民衆にとっての社会主義──失業問題からみた中国の過去、現在、そして行方』青木書店。

大野健一［1996］『市場移行戦略』有斐閣。

河村哲二［1998］「『パックス・アメリカーナ』の経済システム」河村哲二・柴田徳太郎編『現代世界経済システム』東洋経済新報社、第3刷、序章。

関満広［2002］『世界の工場／中国華南と日本企業』新評論、第6刷（初刷は2002年）。

中川信義［1997］『イントラ・アジア貿易と新工業化』東京大学出版会、I章。

李捷生［2003］「第9章中国における『開発体制』の転換」SGCIME編『国民国家システムの再編（第1巻の2）』御茶の水書房、313-336頁。

───［2006］「中国における地域開発の新展開と日本の中小企業」『中小商工工業研究』86。

───［2011］「第10章市場化の展開と労使関係」菅原陽心編著『中国社会主義経済の現在』お茶の水書房、285-326頁。

───［2012］「経済動向──労働」社団法人中国研究所編『中国年鑑 2012』毎日新聞社、178-180頁。

OECD［1979］The Impact of the Newly Industrializing Countries on Product and Trade in Manufactures.

第Ⅱ部　中国経済の発展フレームワークの変貌と転換

第6章

中国の株式所有構造と企業効率についての再検討

—— 上場企業 381 社の検証

王　東明

はじめに

　2013 年 11 月に開催された中国共産党の 18 期「三中全会」は、「改革の全面的深化における若干の重大な問題に関する中共中央の決定」を採択した[1]。この「決定」では、企業の所有制度が公有制を主体とし、さまざまな所有形態の共同発展を求める中国の基本的な経済制度を提唱し、それは社会主義市場経済体制の根幹であると強調した。つまり、この基本的な経済制度の下で、中国は混合所有制の経済を発展させ、国有企業による現代企業制度を整備しながら、株式会社化を促進し、非公有制経済の健全な発展も支持する方針が定められた。今回の三中全会の「決定」から、新しい習近平指導体制は、今までの経済政策を継承しながら、公有制経済と私有制経済の両方の発展を促進し、国有企業改革と関わる混合所有の株式会社制度の確立に力を入れるものと読み取れる[2]。

　周知のように、1990 年代に形成された中国の株式市場は、2015 年末現在の上場企業数が 2827 社を数え、その時価総額も 8.5 兆ドルに達し、世界第 2 位の市場規模となった[3]。しかし、中国上場企業の約半数は国有企業から組織を再編して上場を果たした企業であり、これらの企業は国有支配株式会社と呼ばれている[4]。そのため、発行済株式の半数前後が国有株であり、中国の株式市場は、独特な「移行経済型市場」の特徴を呈しているといわれている。

　その一方、市場競争環境のなかで、国有企業は民間企業と比べ、経営効率

154

が低いと一般的に認識されている。そこで、中国の移行経済型市場環境の下で、上場企業の経営効率はどうなっているのか、また、上場企業の株式所有構造は、企業業績にどのような影響を与えているのかを考察する必要があると考える。

上場企業の株式所有構造と企業効率の関係に焦点を当てる研究は、主に以下のものがある[5]。まず代表的なものは、シュ（Xu）とワン（Wang）の研究である（Xu and Wang [1997]）。この研究は、1995年以前の3年間の上場企業154社を選び、株式所有と企業効率（ROE、ROA、Tobin's Q）との関係を分析し、「国家株比率が高いほど企業の収益性が低い、法人株比率が高いほど企業の収益性が高い、流通A株比率は企業の収益性とほとんど関係がない」という結果を見出した。シュ（Xu）とワン（Wang）の研究を支持しているのは、王忠毅、スゥン（Sun）とトォン（Tong）、チェンヂェイン（Chen Jian）および陳小悦・徐暁東などの研究である（王 [2001]：Sun and Tong [2003]；Chen, Jian [2001]；陳・徐 [2001]）。しかし、チェン（Chen）とゴォン（Gong）の研究では、深圳市場の上場企業（1992～95年）を対象に分析が行われ、以上の分析結果と正反対の結論を得ている（Chen [1998], Chen and Gong [2000]）。それは、国家株が企業業績にプラスの影響を与えているという分析結果である。

また、株式所有構造が企業業績にほとんど影響を与えないという研究もある。それは主に袁国良・鄭江淮・胡同乾、川井伸一、呉淑琨・席西民、向朝進・謝明などの研究である（袁・鄭・胡 [1999]，川井 [2000] [2003]，呉・席 [2000]，向・謝 [2003]）。

そのほかに、個別業種を選んで、その株式所有と企業効率の関係を分析する研究がある。たとえば、陳暁・江東の研究では、市場競争が激しい電子・家電産業において、国有株比率（国家株と国有法人株）は企業業績に負の影響を与えているが、法人株比率（国有法人株を除く）と流通株比率が企業業績に正の影響を与えている。しかし、市場競争の比較的弱い商業（地域性が強い、寡占的）と公共事業（寡占的）においては、以上の関係は成立しないという分析結果を得た（陳・江 [2000]）。今井健一の研究は、家電上場企業

155

第Ⅱ部　中国経済の発展フレームワークの変貌と転換

28社を取り上げて、国有株比率と企業効率の関係に限って分析し、陳・江の結論を支持している（今井 [2002]）。これに対して、朱武詳・宋勇の家電上場企業20社の研究では、1994〜2001年のデータを分析し、以上の分析結果と正反対の結果が検出された。すなわち、競争の激しい家電産業においては、国家株および法人株などの株式所有が企業価値にほとんど影響せず、家電産業の業績に影響を与えているのは、ハイアール（張瑞敏氏）および長虹（倪潤峰氏）などの優秀な経営者の存在があったからだという研究結果が得られている（朱・宋 [2001]）。

　以上のように、中国の株式所有構造と企業業績の関係に関する研究には、さまざまな分析結果があるが、必ずしも統一した結論はないように思われる。その理由は、主に二つある。その一つは、以上の各研究は、取り上げられている上場企業のサンプル数、時期および調査項目がそれぞれ異なり、企業効率指標の選び方も若干違い、長期データにもとづいた分析が少ないからである。そのため、分析結果が異なるのは、不思議ではない。

　もう一つは、株式所有の分類に問題があり、それが以上のさまざまな分析結果を招いた原因ではないかと思われる。というのは、非流通株（国家株と法人株など）と流通株（個人株）という分類は、「同株同権利」の原則を混乱させる一方、法人株の大部分は、国有法人株であり、国家株と国有法人株を合わせれば、一般的に国有株とみなされ、それは同質のものと認識されているからである。国家株と国有法人株について、その定義と概念があるにもかかわらず（国家国有資産管理局企業司編 [1998] を参照）、企業改革の実態は、一部上場企業の国家株が国有法人株に変更され、または、国有法人株が国家株に変更される場合もある。この状況は、いわゆる国家株と国有法人株の間に、「遊動」しているケースである。そのため、株式所有構造に関するデータの一部は、年度ごとに変動し、以上の混乱を招いたと考えられる。

　とはいえ、国家株と国有法人株の間には、その本質的な区別がなく、両者は究極的な意味で、最終的に全人民所有に帰属するものである。この国家株と法人株を二分法にして、企業業績を分析する方法は、一定の限界があるといわざるをえない。今井の研究をみると、シュ（Xu）とワン（Wang）に代表

156

第6章　中国の株式所有構造と企業効率についての再検討

される研究の最大の問題点は、国家株と法人株を代表する主体の属性がほとんど考慮されていない点である。とくに、法人株について、それがあたかもすべて非国有法人であるかのような印象を与えてしまった点に問題視されている。

　以上の研究をふまえて、われわれは、中国の上場企業424社を対象に、1996年から2003年の8年間の株式所有構造と企業業績のデータを検証し、次のような結果を得た（王［2004］を参照）。すなわち、上場企業424社の調査では、「企業業績に対して、国家株が負の影響、法人株が正の影響、流通株は影響しない」という検証結果を得ている。しかし、各年度の状況をみると、2000年から2003年までの間は、株式所有構造と企業業績は、有意な関係が見出されない。さらに、主な業種を取り上げて分析すると、市場競争の激しい業種（紡績・アパレル、電子、製薬・バイオ、情報・通信、卸売・小売、不動産、サービスおよび総合）と寡占的な産業（石油・化学、電気・ガス、交通・運送など）では、以上の424社全体の分析結果が検出されないが、伝統的な旧国有企業の多い業種（金属・非金属、機械・計器）においては、424社全体の結果と同じである。

　以上の調査をしたあと、2005年4月から非流通株改革がスタートしたため、株式市場の構造は大きく変化した[6]。そもそも中国の株式市場は、国有株の流出を防ぐため、制度的に市場で売買できる流通株と売買できない非流通株を設定し、独特な市場構造が形成されてきた。非流通株は主に国家株と法人株（国有法人株を含む）から構成され、発行済株式の6割前後を占めている。しかし、非流通株は、流通市場で売買できないため、株式市場の構造的な問題としてみられている。一方、流通株は個人投資家を中心に売買され、発行済株式の3割前後にすぎない。今回の非流通株改革は、非流通株主が流通株主に現金や株式を対価として払い、非流通株の流通権利を獲得する形で実施された。このように、非流通株主から流通株主への利益の「大移動」は、中国株式市場の「最後の晩餐」といわれ、国有資産の最大の流出事件だと考えられる。結局は、非流通株改革が実施された後、株式投資ブームが引き起こされ、株価が上昇した。2007年10月に、上海市場の株価は、6124ポイン

157

第Ⅱ部　中国経済の発展フレームワークの変貌と転換

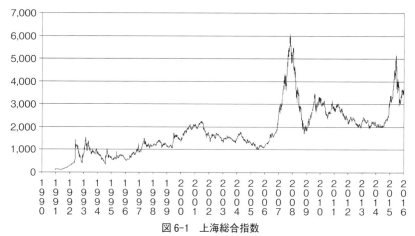

図6-1　上海総合指数
出所：同花順ホームページのデータにより作成。

トの史上最高値を記録した（図6-1）。しかし、2007年末から非流通株改革がおおむね完了した時期、つまりリーマン・ショックの前に、株価は暴落した。その後、非流通株が段階的に流通株に変更され、株式所有の分類には、2008年から「流通解禁待ち株式」という項目が設けられた。現在、発行済株式のほとんどは流通株であるが、以前の国家株、法人株という非流通株の分類は、統計上の項目として使えなくなった。そのため、非流通株改革前の株式所有と企業効率との関係についての分析は、より重要な意味を持つと考える。

さらに、2001年12月に、中国はWTOに加盟した。WTO加盟後、中国は国際経済社会の一員になると同時に、さまざまな市場開放や規制緩和により、国内の市場環境が大きく変化した。この状況のなかで、競争が一層激しくなり、市場競争環境の変化は、企業業績に影響していると予測されている。その意味では、WTOの加盟は、株式所有と企業業績の関係に影響を与えているかどうかを検証する必要があると考える。ところが、2004年に実施した上場企業424社の調査では、各年度の株式所有と企業効率の関係を考察したが、WTO加盟の影響についての検証はしていなかった。

本章は、以上の先行研究をふまえて、革命成功後の中国所有構造の歴史的変化を考察し、非流通株改革以前の上場企業の株式所有と企業効率の関係を

第6章　中国の株式所有構造と企業効率についての再検討

分析する。今回は、上場企業 381 社を調査対象とし、各業種の状況や WTO
加盟による影響を配慮したうえで、非流通株改革以前の 10 年間のプール
ド・データにもとづいて、上場企業の株式所有と企業効率の関係を検証して
みる。

1．所有構造の変化

　中国の所有構造の歴史的変化を振り返ってみると、1949 年の新中国成立
後、人民政府は旧国民党政府が残した推計 100 億ドルないし 200 億ドルの官
僚資本を没収し、それを国有企業（全人民所有制企業）に編成した（凌・
熊・斐［1982］563 頁を参照）。そして、50 年代に入ると、中国は旧ソ連の中央
集権的な計画経済体制を導入し、農業、商工業の「社会主義的改造」が行わ
れ、生産手段は、急速に私的所有から公有制（全人民所有制と集団所有制）
へと変化した。1956 年には、全国工業生産総額に占める公有制の割合は、
98.8%（全人民所有制 54.5%、集団所有制 17.1%、公私合営 27.2%）に達
し、商業、交通、運輸などの業種において、公有制の部分は、絶対的な優位
を確立した（柳・呉編［1987］174-175 頁を参照）。このような公有化運動を実施
した結果、50 年代の後半に、国有企業の基盤が固まり、社会主義経済体制
は、この時点で基本的に確立したとみられている。

　その後は、「大躍進運動」、「人民公社化」、「文化大革命運動」の時期（50
年代の後半から 70 年代の後半まで）を経て、「一大二公」（大規模と公有制
を求める）という考えの下で、生産手段の公有化がさらに推進されてきた
（宗［1996］、陸編［1998］を参照）。「文化大革命」が終息した 70 年代の後半まで
に、経済全体の所有形態を見ると、工業、建築業、交通業、運輸業では、公
的所有（全人民所有制と集団所有制）の一色となり、商業、飲食業、サービ
ス業では、わずかな個人経営が残るのみとなった。1978 年には、全国都市
部の小売総額に占める個人経営の比率は 0.1% であるが、同じ農村の小売総
額に占める個人経営の比率は 2% であり、両者を合わせても 2.1% にすぎな
い。この時期に、小売業以外のすべての業種においては、私的所有の部分が

159

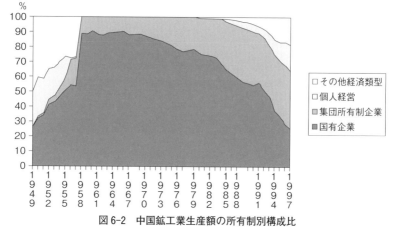

図 6-2　中国鉱工業生産額の所有制別構成比
注：その他経済類型は、私営企業、株式制企業、中外合弁企業、外資企業などの企業形態を指す。
出所：『中国統計年鑑』中国統計出版社、各年版より作成。

ほぼゼロの状況になった[7]。改革開放政策は、ここから始まった。

図 6-2 は、新中国成立後の 48 年間の全国鉱工業生産高に占める各所有制のシェアを示すものである。鉱工業生産に占める各所有制の変化は、次の三つの時期があったと考えられる。50 年代には、所有制の公有化によって、国有部門が急速に拡大し、私的所有企業は基本的に消滅した。60 年代と 70 年代には、鉱工業部門は、公的所有しか残らなかった。そして、改革・開放以降には、国有部門が後退し、私的所有が台頭していることが一目瞭然である。

中国の所有構造の変化は、革命成功以降の社会構造の変動を反映し、つまり計画経済の確立と市場経済の導入という二つの時代の変貌そのものを映していると思われる。特に、改革・開放以降の所有構造の変化は、改革・開放政策の方向性を示している。つまり、1978 年では、鉱工業生産高のほとんどは、公的所有（国有企業 78％、集団所有制企業 22％）であったが、20 年後の 98 年末現在、国有企業のシェアは、28％まで下がり、集団所有制のシェアは、22％から 38％まで上昇した。一方、公的所有以外の部分は、この 20 年間ほぼゼロから拡大し、98 年末現在のシェアは、全体の 4 割前後（個人経営 17％、その他経済類型 23％）に上昇した[8]。そのなかに、個人経営

第6章　中国の株式所有構造と企業効率についての再検討

の上昇が目立つが、「その他経済類型」の伸びも著しい。特に、その他経済類型に属する株式制企業は、国有企業から改組した企業が多く、注目されている。

　また、中国の小売総額に占める各所有制の構成をみると、78年末現在では、公的企業のシェアは、98％（国有企業55％、集団所有43％）に達したが、私的企業のシェアは、わずか2％であった。一方、20年後の98年末現在では、私的企業が公的企業を大きく上回り、小売総額に占める私的企業のシェア（個人経営、その他）は、6割（62％）を超えた。逆に、公的企業のシェアは、9割前後から4割前後（国有企業21％、集団所有17％）まで縮小した[9]。

　90年代後半から、企業改革は、株式会社化を中心とする「現代企業制度」を導入し、所有構造が大きく変化した。特に、98年以降の鉱工業生産額に占める各企業形態は、統計範囲と項目の変更により大きく変化した。表6-1は、98年以降の14年間の鉱工業生産額に占める各企業形態の推移である。すなわち、純粋な国有企業と集団所有制企業が大きく後退し、逆に、有限責任会社と株式会社のシェアが拡大し、それは近年鉱工業生産額の3割を超えた。その一方、私営企業の伸びも大きく、近年では鉱工業生産額の3割前後を占めている。また、外資企業のシェアは、2001年のWTO加盟以降、全体の3割前後まで拡大したが、2008年のアメリカ金融危機以降、そのシェアが縮小し、近年では2割前後で推移している。私営企業と外資企業を合わせた私的所有のシェアは、近年鉱工業生産額の半分を超えた。

　以上のように、新中国成立後の60数年間の所有構造の変化は、大きく分けると、前半の計画経済の約30年間と後半の改革・開放以降の市場経済導入の30数年間という二つの時期に区分することができる。前半の30年間では、計画経済の確立という時代背景の下で、社会全体の所有構造は、私的所有が姿を消し、逆に、国有企業と集団所有制企業が拡大し、公的所有一色の状況となった。後半の改革・開放の30数年間では、所有構造は、公的所有一色の状況から、公的所有、私的所有および株式所有などの混合所有の方向へと変化し、多元化と多様化を呈している。市場経済化プロセスのなかで、

161

表 6-1 中国鉱工業生産額に占める各企業形態の状況

(単位：%)

年度	1998	1999	2000	2001	2002	2003	2004	2005	2006	2007	2008	2009	2010	2011	2012	2013	2014
1. 国内企業		73.93	72.61	71.48	70.70	68.82		69.80	68.39	68.50	70.48	72.15	72.81	74.13	76.11	76.54	77.18
a. 国有企業		30.56	23.53	18.05	15.59	12.99		10.58	9.71	8.98	9.23	8.33	8.16	7.90	8.34	8.03	4.48
b. 集団所有制企業	38.41	17.07	13.90	10.53	8.68	6.65	5.65	4.42	2.90	2.51	1.76	1.75	1.49	1.31	1.18	1.12	0.70
c. 株式合作制企業		3.57	3.38	3.14	2.89	2.29	2.11	1.53	0.97	0.88	0.65	0.66	0.54	0.47	0.44	0.43	0.14
d. パートナーシップ企業		1.24	1.05	0.89	0.85	0.67		0.46	0.41	0.39	0.33	0.24	0.18	0.20	0.12	0.12	0.04
うち国有パートナーシップ企業		0.31	0.27	0.27	0.30	0.28		0.24	0.23	0.23	0.22	0.15	0.10	0.09	0.05	0.06	0.02
集団と集団所有パートナーシップ企業		0.34	0.29	0.20	0.16	0.12		0.08	0.06	0.05	0.04	0.04	0.03	0.03	0.02	0.02	0.01
国有と集団所有パートナーシップ企業								0.08	0.05	0.05	0.03	0.02	0.02	0.04	0.02	0.02	0.00
その他パートナーシップ企業		0.44	0.34	0.31	0.29	0.16		0.07	0.07	0.07	0.05	0.03	0.04	0.04	0.02	0.02	0.01
e. 有限責任会社		9.67	12.75	16.28	18.12	18.69		19.81	22.37	22.30	21.40	22.08	22.36	23.24	24.13	24.17	28.42
うち国有独資会社		4.36	5.27	5.39	5.61	4.97		4.48	4.93	4.53	3.62	4.02	3.91	3.56	3.56	3.29	4.39
その他有限責任会社								15.33	17.44	17.77	17.77	18.06	18.46	19.68	20.55	20.89	24.03
f. 株式会社	17.11	7.22	11.78	13.30	12.75	12.66		10.40	10.61	9.91	9.89	9.16	9.13	9.89	9.70	9.14	9.51
g. 私営企業		4.46	6.09	9.18	11.69	14.75	16.50	22.36	21.24	23.21	26.87	29.55	30.54	29.89	30.73	32.03	33.62
うち私営独資会社								6.03	3.58	3.90	4.92	5.45	5.56	5.24	5.30	5.32	2.03
私営パートナーシップ企業								1.29	0.77	0.79	0.80	0.89	0.90	0.82	0.74	0.73	0.32
私営有限責任会社								14.01	15.71	17.21	19.59	21.31	22.15	21.88	22.78	23.96	28.97
私営株式会社								1.03	1.18	1.30	1.56	1.90	1.94	1.95	2.03	2.03	2.30
h. その他企業	22.91	0.15	0.13	0.11	0.13	0.14		0.24	0.18	0.33	0.35	0.40	0.41	1.24	1.48	1.50	0.28
2. 外資企業	14.91	26.07	27.39	28.52	29.30	31.18	31.43	30.20	31.61	31.50	29.52	27.85	27.19	25.87	23.88	23.46	22.82
a. 香港、マカオ、台湾企業		12.37	12.34	12.41	12.34	12.25		10.97	10.66	10.47	10.11	9.52	9.36	9.18	8.68	8.55	8.56
b. 外国企業		13.70	15.05	16.11	16.96	18.93		19.23	20.95	21.03	19.41	18.32	17.83	16.69	15.20	14.90	14.25
合計 (1+2)		100.00	100.00	100.00	100.00	100.00		100.00	100.00	100.00	100.00	100.00	100.00	100.00	100.00	100.00	100.00
＊国有企業および国有支配企業	49.63	48.92	47.34	44.43	40.78	37.54	34.81	33.28	31.24	29.54	28.38	26.74	26.61	26.18	26.37	25.05	23.73
＊株式制企業	7.78	16.88	27.63	35.25	38.55	41.64	43.16										

注1：1998年以降、一部の統計範囲と項目の変更により、重複計算する項目があり生じ、一部の年度の合計は、100%にならない。

注2：2006年以前は、すべての国有鉱工業企業および本業売上500万元以上の非国有鉱工業企業の数字である。2007年以降の数字は、本業売上500万元以上の企業である。2011年以降は、本業売上2000万元以上の企業である。

注3：2012年以降の数字は、本業売上上の数字である。

注4：株式制企業とは、2つ以上の利益主体が株式投資して経営活動を行う企業組織という。株式合作制企業、パートナーシップ企業、有限責任会社、株式会社、株式合作制会社は、株式制企業に属する。ただし、外資企業は、以上の項目を設けていない。

注5：国有企業および国有支配企業の数字は、「中国統計年鑑」2006年版による。

出所：「中国統計年鑑」各年版により作成。

第6章　中国の株式所有構造と企業効率についての再検討

純粋な公的所有（国有企業や集団所有制企業）が減り、大きく伸びたのは、私営企業や外資企業という私的所有の部分と混合所有の株式制企業である。特に、90年代後半から、企業改革が株式会社化の方向へと進み、国有企業の大部分は、株式会社や有限責任会社に改組し、基幹産業においては、基本的に国有企業や国有支配株式会社によって支配されている。ここで少なくとも言えることは、鉱工業生産において、国有企業・国有支配株式会社と私営企業がそれぞれ全体の3割前後を占め、外資企業が近年全体の2割前後を占め、この三つの部分は、鉱工業生産を支えているということである。特に、基幹産業においては、国有企業および国有支配株式会社は、依然として最大の勢力である。これが中国の所有構造の現状である。

　90年代の後半から、株式会社化のなかで、多くの国有企業は、株式会社へと改組して株式市場に上場を果した。現在、上場企業の半数前後は、その前身が旧国有企業であり、国有株は、発行済株式の半数前後を占めている。そのため、中国の株式市場は、国有企業のための資金調達の場と企業改革の場という二つの場になっているといわれている。しかし、これらの国有支配上場企業は、その経営状況がどうなっているのか、国有株と企業効率の関係がどうなっているのかを考察する必要があると考える。次に、節を改めて、上場企業の株式所有構造と企業効率の関係をみていこう。

2．上場企業の株式所有と企業効率

（1）　株式所有構造

　中国の株式市場は、90年代に形成され、2015年末現在の上場企業数は2800社を超えた。これらの上場企業が発行した株式は、2005年の非流通株改革の前に、売買できる流通株と売買できない非流通株に分類された。流通株は国内投資家向けのA株、海外投資家向けのB株および海外上場のH株から構成され、非流通株は国家株、法人株（発起人法人、外資法人、応募法人）、従業員持株などから構成される。

　表6-2は、上場企業の株式所有の分布である。すなわち、非流通株改革の

第Ⅱ部　中国経済の発展フレームワークの変貌と転換

表 6-2　中国上場企業の株式分布状況

（単位：%）

年末	1992	1993	1994	1995	1996	1997	1998	1999	2000	2001	2002	2003	2004	2005	2006	2007	2008	2009	2010	2011
1. 非流通株	69.25	72.18	66.98	64.47	64.75	65.44	65.89	65.02	64.28	65.25	65.33	64.72	63.95	61.95	62.28	54.02	0.55	0.52	0.36	0.30
国家株	41.38	49.06	43.31	38.74	35.42	31.52	34.25	36.16	38.90	46.20	47.20	47.39	46.78	44.82	30.70	26.85	0.04	0.01	0.01	0.00
法人株（a＋b＋c）	26.63	20.66	22.53	24.63	27.18	30.70	28.34	26.60	23.81	18.29	17.32	16.63	16.40	13.33	5.03	3.83	0.51	0.51	0.35	0.30
a. 発起人法人株	13.14	9.02	10.79	15.93	18.42	22.64	20.90	19.13	16.95	12.71	11.31	10.89	10.59	7.21	3.79	3.22	0.27	0.29	0.22	0.19
b. 外資法人株	4.07	1.05	1.10	1.40	1.23	1.34	1.42	1.31	1.22	0.88	0.91	0.92	0.98	2.95	0.46	0.39	0.20	0.05	0.04	0.04
c. 応募法人株	9.42	10.59	10.64	7.30	7.53	6.72	6.03	6.16	5.65	4.70	5.10	4.82	4.83	3.17	0.77	0.22	0.04	0.17	0.09	0.07
従業員持株	1.23	2.40	0.98	0.36	1.20	2.04	2.05	1.19	0.64	0.46	0.27	0.17	0.13	0.05	0.02	0.00	0.00	0.00	0.00	0.00
その他	0.00	0.05	0.16	0.74	0.95	1.18	1.25	1.08	0.92	0.31	0.54	0.53	0.65	3.74	26.54	23.33	0.00	0.00	0.00	0.00
2. 流通株	30.75	27.82	33.02	35.53	35.25	34.56	34.11	34.98	35.72	34.75	34.67	35.28	36.05	38.05	37.72	45.98	99.45	99.48	99.64	99.70
A株	15.87	15.82	21.00	21.21	21.92	22.79	24.06	26.34	28.43	25.26	25.69	26.67	27.87	29.78	22.08	21.53	27.69	67.62	71.59	75.14
B株	14.88	6.37	6.06	6.66	6.45	6.04	5.30	4.60	4.00	3.13	2.85	2.73	2.76	2.85	1.53	1.12	1.10	1.32	1.04	0.99
H株	0.00	5.63	5.96	7.66	6.88	5.74	4.75	4.03	3.28	6.36	6.13	5.87	5.42	5.42	14.10	23.33	22.22			
流通解禁待ち株式																	48.44	30.54	27.01	23.57
3. 合計（1＋2）	100.00	100.00	100.00	100.00	100.00	100.00	100.00	100.00	100.00	100.00	100.00	100.00	100.00	100.00	100.00	100.00	100.00	100.00	100.00	100.00

注1：その他は、非流通株に応じない増資に対して、非流通株主以外の個人、法人、証券投資ファンドおよび戦略的投資家が購入した増資分の株式を指す。

注2：A株は国内投資家向けの株式で、人民元で売買されている。B株は海外投資家向けの株式で、上海市場では米ドルで売買され、深圳市場では香港ドルで売買されている。B株市場は、2001年6月から外貨を持つ国内投資家にも開放された。2005年～2007年の数字は、流通解禁待ち株式を含む。

注3：H株は中国国内で会社登記し、香港などの海外市場に上場する中国企業の株式を指す。

注4：2009年以降の数字は、H株を除いた。

出所：中国証券監督管理委員会編『中国証券期貨統計年鑑』各年版より作成。

前に、流通株は発行済株式の３割前後を占め、非流通株は発行済株式の６割前後に達した。非流通株のうち、もっとも多いのは国家株であり、それは３割から４割の間に推移し、特に、2001 年の WTO 加盟後の比率が増えている。これは WTO 加盟後の国有大企業の上場が増えたことと関連していると考えられる。一方、法人株は、発行済株式の２割前後から、WTO 加盟後には１割前後まで減った。しかも、上場企業の多くは、旧国有企業であり、これらの企業の法人株の大半は、国有法人株である。

さらに、上場企業の国有株の株主をみると、その代表主体は、統一した基準がなく、政府部門の場合もあるが、国有法人の親会社である集団公司・総公司の場合もある。また国有株の代表主体は、政府部門と集団公司などの間で変更するケースもある。現在、国有株の代表主体は、主に集団公司・総公司、国有資産管理局、国有資産経営公司、企業主管部門および公司・工場などの組織である（川井［2000］6 頁を参照）。

非流通株改革後は、一部の問題企業を除けば、現在、ほとんどの非流通株が流通株に変更された。しかしながら、非流通株が制度上で流通株に変更されても、必ずしもそれをすべて売却するとは限らない。特に、基幹産業においては、政府は国有経済の支配的な地位を維持するために、しばらくの間は国有株を大量に売却しない方針を表明した[10]。この政策の下で、基幹産業において、国有株は、おそらく長期的に支配的な地位を保っていくだろう。この国有株の支配的な立場を維持することは、株式市場の所有構造に重大な影響を与えるのみならず、社会主義市場経済の方向性をも左右することは間違いないであろう。

（2）　企業業績

以上述べたように、中国の株式市場は、国有企業の上場が多く株式所有構造も国有株を中心に構成され、そのため独特な「移行経済型市場」が形成されてきた。このような市場構造の下で、上場企業の効率は、どうなっているかを把握する必要があると考える。以下は、上場企業の財務状況から考察する。

表 6-3　中国上場企業の財務概要

年	1992	1993	1994	1995	1996	1997	1998	1999	2000	2001	2002	2003	2004	2005	2006	2007	2008	2009	2010	2011	2012	2013	2014
上場企業数（社）	53	183	291	323	530	745	851	949	1088	1160	1224	1287	1377	1381	1434	1550	1625	1718	2063	2342	2494	2489	2613
金融・保険の上場企業数（社）										8	9	10	10	10	12	26	27	31	37	41	42	43	45
1社当たり総資産（億元）	9.08	9.95	11.37	13.30	11.98	12.97	14.58	16.97	19.92	25.22	33.93	32.28	41.37	46.09	52.65	152.36	267.19	299.63	417.95	439.30	478.59	534.36	574.47
1社当たり総資産（億元、金融保険を除く）										24.85	23.52	31.48	31.30	34.70	41.21	60.91	70.69	85.09	89.66	97.49	108.60	122.87	132.31
1社当たり純資産（億元）	3.17	5.10	5.59	6.06	5.55	6.48	7.36	8.05	9.26	11.19	11.96	13.24	13.99	14.82	23.30	43.72	44.45	45.03	55.33	57.97	62.86	70.11	78.34
1社当たり純資産（億元、金融保険を除く）										10.97	11.58	12.89	13.48	14.25	16.40	28.81	29.21	27.60	33.95	35.60	38.56	44.35	46.18
1社当たり売上高（億元）	4.26	5.21	5.77	6.82	6.10	6.81	7.37	8.40	9.91	13.34	15.52	19.46	24.74	29.72	35.41	47.19	54.30	49.65	70.10	79.17	98.68	108.70	110.65
1社当たり利益総額（億元）	0.60	0.86	0.88	0.79	0.65	0.77	0.72	0.85	0.93	0.88	1.06	1.47	1.94	1.90	3.56	8.67	6.61	7.96	10.77	11.14	10.82	12.42	12.74
1社当たり純利益（億元）	0.45	0.75	0.74	0.65	0.53	0.63	0.55	0.66	0.71	0.60	0.68	0.98	1.28	1.21	2.37	6.43	5.05	5.84	7.98	8.16	7.88	9.04	9.26
1社当たり純利益（億元、金融保険を除く）										0.58	0.63	0.94	1.22	1.14	1.60	4.10	2.60	2.84	4.24	4.10	3.59	4.08	3.98
ROE（%）	14.28	14.68	13.15	11.26	10.62	11.31	8.14	8.62	8.29	5.53	5.73	7.61	9.08	7.99	11.52	16.73	12.07	13.60	16.04	15.19	13.35	13.58	12.71
EPS（元）	0.35	0.36	0.31	0.25	0.23	0.24	0.18	0.20	0.20	0.13	0.14	0.19	0.23	0.21	0.23	0.42	0.34	0.41	0.49	0.53	0.51	0.55	0.55
BPS（元）	2.44	2.44	2.39	2.29	2.42	2.47	2.46	2.47	2.65	2.48	2.48	2.64	2.66	2.67	2.30	2.85	2.92	3.25	3.43	3.75	4.07	4.29	4.66
負債比率（%、全）	65.02	48.76	50.80	52.20	51.32	48.06	47.58	50.51	51.18	54.50	61.56	65.03	66.69	68.88	83.21	83.60	84.14	85.02	85.74	85.72	85.77	85.75	85.25
負債比率（%、金融・保険を除く）				49.82	49.01	46.49	46.05	46.08	45.09	47.45	49.33	50.35	52.53	54.55	56.22	52.48	54.70	57.55	57.66	59.06	60.05	60.87	60.69

注1：ROEは株主資本利益率。EPSは1株当たり純利益、BPSは1株当たり純資産。売上高は主要業務の売上高を指す。利益総額は経常利益に相当する。

注2：1社当たりの数字は統計数字÷上場企業数である。

出所：中国証券監督管理委員会編『中国証券期貨統計年鑑』各年版より作成。

第6章　中国の株式所有構造と企業効率についての再検討

　今までの上場企業の財務概要は、表6-3に示している。この20数年間の上場企業の資産規模をみると、全体の傾向としては増え続けている。特に、1998年以降、国有企業の株式会社化が進められ、中国石化、華能電力および宝山鋼鉄などの基幹産業に属する大企業の上場が増えている。そのうえ、2006年以降、4大国有銀行と中国人寿保険、中国太平洋保険などの大手金融機関の上場が始まり、1社当たりの資産規模は、大きく増えた。金融・保険を除いた1社当たり総資産と1社当たり純資産は、この20数年間、両方とも10倍以上拡大し、2014年末現在は、それぞれ132億元、46億元に達した。

　また、1社当たり売上も増えており、93年は5億元、2001年は10億元、2014年は110億元に達し、売上の増加は、企業規模の拡大や大企業上場の増加と関連している。しかし、2009年の1社当たり売上は、前年比大きく減った。それはアメリカ金融危機の影響があるが、上場企業の業績は世界経済や景気変動と関連していることがわかる。

　利益について、1社当たり利益総額（経常利益に相当）、1社当たり純利益、株主資本利益率（ROE）は、それぞれ97年のアジア金融危機と2008年のアメリカ金融危機の影響を受けているが、全体としては、上場企業の規模が拡大すると同時に、1社当たり利益も拡大している。その一方、90年代後半から2000年代前半までの時期には、国有企業改革、アジア金融危機およびWTO加盟といういくつかの要素の影響が重なって、収益性指標である株主資本利益率（ROE）と1株あたり純利益（EPS）は、低下する傾向にある。2000年代後半には、ROEは回復し、アメリカ金融危機の影響があったが、景気刺激策により、基本的に上昇する傾向にあり、近年の「新常態」の下で、若干減っている。また、上場企業の負債比率は、WTO加盟後に上昇する傾向にあり、現在の金融・保険を除いた企業の負債比率は60％を超え、やや高い水準にある。

　上述のように、90年代に形成された株式市場では、上場企業の規模が拡大しているが、肝心な収益性指標のROEは、2000年代前半低下する傾向にある。この現象について、上場企業は「規模の拡大と収益性の低下」というジレンマに陥っていると指摘されている[11]。中国経済の高成長のなか、な

167

ぜこのような現象が起きたのか。ここで、改革・開放以降の中国は、市場経済を導入したため、国内競争が次第に激しくなってきた。さらに、WTO加盟後は、市場開放が要求され、中国企業は国際競争に晒され、上場企業でさえも利益を上げるのは簡単なことではない。

　このような市場競争環境のなかで、上場企業の大部分が旧国有企業であり、これらの企業は業績と企業効率が求められ、企業改革の「先頭部隊」とみられ、発行済株式も国有株を中心に構成されている。そのため、中国の株式市場は、独特の「移行経済型市場」が形成されている。そのうえ、国有株を中心とする株式所有構造は、上場企業の企業ガバナンスに重大な影響を与えると同時に、社会主義市場経済の方向性にも左右するとみられている。この「移行経済型市場」の下で、中国を代表する上場企業は、その株式所有構造と企業効率との関係がどうなっているか。さらに、WTO加盟という市場環境の変化は、上場企業の業績にどのような影響を与えているかを把握する必要があると考えられる。以下では、上場企業381社を考察し、その株式所有構造と企業効率との関係を検証する。

3．上場企業381社の実証分析

（1）　分析方法

　本節は、筆者の上場企業424社の実証分析（王［2004］）の追跡調査であるが、それは、上場企業381社の1996年から2005年までの10年間のプールド・データを用いて、株式所有構造と企業効率の関係を分析したものである。今回の分析方法は、以上の先行研究をふまえて、代表的な研究であるシュ（Xu）とワン（Wang）の実証研究（Xu and Wang［1997］、93年〜95年の上場企業調査）と比較するため、シュ（Xu）とワン（Wang）とほぼ同じ方法を採用した。それは中国上場企業の株式所有と企業効率の関係を考える際、現在、一般的に国家株主は企業業績に対するインセンティブが比較的低く、その一方、法人株主は企業業績に対するインセンティブが比較的高く、個人株主は企業業績に対する関心が薄いという認識に基づいている。ここでは、以上の認識の

第 6 章　中国の株式所有構造と企業効率についての再検討

表 6-4　上場企業 381 社の各変数間の相関係数

	ROE（%）	国家株比率（%）	法人株比率（%）	A株比率（%）
ROE（%）	1.000			
国家株比率（%）	−0.019	1.000		
法人株比率（%）	0.048**	−0.817**	1.000	
A株比率（%）	−0.046**	−0.261**	−0.123**	1.000

**.P<0.01、有効サンプル数（N）＝3810。
出所：上場企業 381 社の調査。

　下で、「企業業績に対して、国家株が負の影響、法人株が正の影響、流通株は影響しない」という仮説を想定する。

　そのうえ、2001 年 12 月に、中国は WTO に加盟した。WTO 加盟という市場環境の変化は、上場企業の業績にどのような影響を与えているかを検証する必要がある。また、業種別の特徴や景気変動（GDP）の要素が、株式所有構造と企業効率に与える影響も考察する必要があると考えられる。

　今回は、前回の上場企業 424 社の調査と比較するため、企業の効率指標をROE とした。株式所有の変数は、シュ（Xu）とワン（Wang）と同じく国家株比率、法人株比率、流通 A 株比率を導入した。また、中国の株価は、長い間政府の政策に左右されやすく、経済成長や企業収益と乖離しているため、今回は、シュ（Xu）とワン（Wang）が使用した Tobin's Q という企業の効率指標を利用しないことにした。

　今回の検証は、以上の仮定に基づいて、重回帰分析を行う。全体の分析は、国家株と法人株の間に強い相関関係があるので（表 6-4）、多重共線性を避けるため、モデル 1 とモデル 2 を設定して検証する。この二つのモデルの被説明変数は、いずれも ROE 比率とする。モデル 1 の説明変数は、国家株比率と A 株比率を株式所有の変数とし、コントロール変数は実質経済成長率GDP の対前年比を導入する。また、業種別の分析は、22 業種の業種別ダミー変数を導入し、その場合は、「総合」を参照グループとして検証する。さらに今回、WTO 加盟前後の変化は、WTO 加盟ダミー変数を導入して考察する。中国は、2001 年 12 月 11 日に、WTO に正式加盟した。WTO 加盟の

169

時期は、2001 年末であるため、WTO 加盟ダミー変数は、1996 年から 2001 年までを 0、2002 年から 2005 年までを 1 とする。また、モデル 2 は、法人株比率を国家株比率に入れ替え、他の条件はモデル 1 と同様である。

（2） 上場企業 381 社のデータ

　今回の上場企業 381 社の調査は、上海と深圳に上場している国内投資家向けＡ株企業を対象とし、1996 年以前の上場企業 381 社を選出し、96 年から 2005 年までの 10 年間の ROE、国家株比率、法人株比率、Ａ株比率のプールド・データに基づいて分析する。調査データについては、ROE、国家株およびＡ株の数字は『中国上場企業基本分析』の資料、法人株の数字は『上市公司資料速査手冊』の資料を使用した。また、『1999 年股票年報（深圳証券市場・上海証券市場）』、「金融界」、「証券之星」、「新浪財経」、「和迅」のウェブサイトなどの資料も参考した。

　90 年代に形成された中国の株式市場は、わずか 27 年の短い歴史しかない。今回の調査は、より長い時期のデータを利用し、また、筆者の上場企業 424 社の調査（王［2004］）と比較するため、96 年以前の上場企業を選んだ。しかし、周知のように、中国の上場企業は、会計操作や粉飾決算などの問題が存在し、さまざまな会計不祥事が頻発しており、開示情報の信憑性が疑問視されている[12]。そのため、今回選んだ企業は、以上の資料に含まれている記載ミスや計算ミスの企業および上場停止の企業を除いた。また、10 年間の ROE の数字は、±100％を超える異常値の企業も除外した。今回の調査は、以上の条件に基づいて、最終的に 381 社の上場企業を抽出した。上場企業 381 社の業種別の基本状況は、表 6-5 に示している。以下では、今回選んだ 381 社上場企業のプールド・データに基づいて重回帰分析を行う。

（3） 分析結果

　今回は SPSS という統計ソフトを使って、上場企業 381 社のプールド・データに基づいて重回帰分析を行った。その結果は、以下の通りである。

　表 6-6 は、上場企業 381 社の記述統計量を示している。381 社の全体状況

第 6 章　中国の株式所有構造と企業効率についての再検討

表 6-5　上場企業 381 社の業種別基本データ

業種	項目	ROE(%)	国家株比率(%)	法人株比率(%)	A 株比率(%)
1、農・林・畜・漁業	平均比率	8.93	24.05	43.60	28.64
（2 社）	標準偏差	7.47	14.60	12.74	4.35
2、採掘業（1 社）	平均比率	8.15	24.61	40.71	34.68
	標準偏差	4.92	8.03	8.03	0.00
3、食品・飲料	平均比率	6.33	43.66	15.79	30.97
（14 社）	標準偏差	10.81	22.79	17.79	15.60
4、紡績・服装・毛皮	平均比率	5.26	28.72	26.56	33.35
（13 社）	標準偏差	11.85	23.96	22.87	16.38
5、木材、家具	平均比率	−6.47	4.25	52.81	42.79
（1 社）	標準偏差	27.82	12.75	11.22	3.17
6、製紙・印刷	平均比率	2.01	34.53	24.50	40.36
（4 社）	標準偏差	22.96	24.93	24.36	11.37
7、石油・化学・プラ	平均比率	6.66	35.13	22.42	36.91
スチック（44 社）	標準偏差	11.06	23.58	24.08	14.37
8、電子（8 社）	平均比率	3.75	19.93	38.62	26.85
	標準偏差	14.42	21.34	28.10	11.40
9、金属・非金属	平均比率	5.44	35.64	27.04	29.70
（36 社）	標準偏差	11.37	27.85	25.49	13.44
10、機械・装置・計器	平均比率	5.08	31.20	25.96	32.09
（55 社）	標準偏差	13.26	25.82	25.17	14.78
11、製薬・バイオ	平均比率	5.34	34.25	20.58	36.61
（23 社）	標準偏差	14.94	22.97	22.59	15.82
12、その他製造業	平均比率	2.79	36.59	9.50	26.34
（2 社）	標準偏差	19.15	3.74	4.48	16.09
13、電力・ガス・水道	平均比率	9.16	35.21	29.75	28.79
（20 社）	標準偏差	8.03	23.60	21.74	12.87
14、建築（3 社）	平均比率	5.18	45.10	16.46	35.27
	標準偏差	11.71	15.86	15.29	7.25
15、交通、運送、倉庫	平均比率	9.48	36.81	25.10	31.14
（10 社）	標準偏差	8.49	26.70	25.46	10.78
16、情報・通信技術	平均比率	7.64	23.24	30.79	41.26
（13 社）	標準偏差	11.80	23.80	26.92	23.86
17、卸売・小売・貿易	平均比率	5.76	33.16	22.44	39.67
（48 社）	標準偏差	10.93	17.49	17.37	13.51
18、金融・保険	平均比率	2.07	27.51	36.21	36.27
（2 社）	標準偏差	20.78	24.95	29.23	5.06
19、不動産（20 社）	平均比率	5.70	37.13	21.54	34.07
	標準偏差	13.55	25.94	22.51	16.20
20、サービス（16 社）	平均比率	4.63	31.00	28.82	31.21
	標準偏差	12.21	22.75	23.31	14.45
21、マスコミ・文化産	平均比率	1.03	21.94	49.07	21.31
業（5 社）	標準偏差	19.77	25.09	26.29	9.75
22、総合（41 社）	平均比率	4.91	15.69	37.80	44.67
	標準偏差	13.56	21.22	25.34	21.87
上場企業 381 社	平均比率	5.72	31.27	26.68	35.06
	標準偏差	12.66	24.44	24.19	16.39

出所：同表 6-4。

第Ⅱ部　中国経済の発展フレームワークの変貌と転換

表6-6　記述統計量

	平均値	標準偏差	最小値	最大値
ROE（%）	5.72	12.66	−99.68	77.67
国家株比率（%）	31.27	24.44	0.00	88.58
法人株比率（%）	26.68	24.20	0.00	90.47
A株比率（%）	35.06	16.39	2.39	100.00
実質GDP対前年比（%）	8.63	0.99	7.10	10.20
農・林・畜・漁業	0.01	0.07	0.00	1.00
採掘業	0.00	0.05	0.00	1.00
食品・飲料	0.04	0.19	0.00	1.00
紡績・服装・毛皮	0.03	0.18	0.00	1.00
木材・家具	0.00	0.05	0.00	1.00
製紙・印刷	0.01	0.10	0.00	1.00
石油・化学・プラスチック	0.12	0.32	0.00	1.00
電子	0.02	0.14	0.00	1.00
金属・非金属	0.09	0.29	0.00	1.00
機械・装置・計器	0.14	0.35	0.00	1.00
製薬・バイオ	0.06	0.24	0.00	1.00
その他製造業	0.01	0.07	0.00	1.00
電力・ガス・水道	0.05	0.22	0.00	1.00
建築業	0.01	0.09	0.00	1.00
交通、運送、倉庫	0.03	0.16	0.00	1.00
情報・通信技術	0.03	0.18	0.00	1.00
卸売・小売・貿易	0.13	0.33	0.00	1.00
金融・保険	0.01	0.07	0.00	1.00
不動産	0.05	0.22	0.00	1.00
サービス	0.04	0.20	0.00	1.00
マスコミ・文化産業	0.01	0.11	0.00	1.00
総合	0.11	0.31	0.00	1.00
WTO加盟	0.40	0.49	0.00	1.00

N=3810。

出所：同表6-4。

第6章　中国の株式所有構造と企業効率についての再検討

を見ると、ROE 指標は 5.7%であり、表 6-3 の全上場企業の 96 年から 2005 年までの 10 年間の ROE 平均値（8.3%）より低い。その理由を考えると、おそらく 96 年以前に上場した 381 社は、地方の企業が多く、寡占的業種に属する企業も少なく、その規模と収益力が比較的小さい。90 年代後半から、企業改革が進み、基幹産業に属する中央レベルの大企業の上場が増え、上場企業全体の収益力はアップしていると考えられる。

　また、381 社の株式所有構造を見ると、国家株比率（31.27%）と流通 A 株比率（35.06%）は、表 6-2 の同じ時期の全上場企業 10 年間の国家株比率平均値（40.86%）と A 株比率平均値（35.34%）より低い。その一方、法人株比率（26.68%）は、同じ全上場企業 10 年間の法人株比率平均値（21.86%）より高い。

　今回選出した 381 社の多くは、全上場企業と比べると、国の支配が比較的弱く、法人支配が比較的強い企業である。しかし、法人支配が比較的強い企業は、必ずしも国の影響力が弱いとは言い切れない。なぜなら、法人株のなかに、国有法人株が多く含まれているからである。以上でみてきたように、国有法人株の場合、その代表主体は、国有の親会社である集団公司・総公司のケースが多く、政府部門の直接干渉が比較的弱いが、国有法人株は、本質的に国有株であることに変わりはない。そのため、国有法人株に対する上場企業の企業ガバナンスは、政府部門と国有集団公司・総公司の二重構造になっているケースが多い。また、経営管理の面において、国有法人株の多い企業は、国家株の多い企業より比較的経営の自由度が高く、これは多くの地方上場企業の現状を反映していると思われる。しかし、以上みてきたように、中国の株式分類には問題が存在し、国家株と国有法人株の間に「遊動」しているケースがあり、実際には、この 2 種類の株式を区別することが難しい。表 6-4 をみると、国家株と法人株の間に、負の相関関係が強く、これは別の側面から以上の問題点を表しているのではないかと考えられる。

a．株式所有構造の検証

　上場企業 381 社の重回帰分析の結果は、表 6-7 の通りである。総じていえ

173

第Ⅱ部　中国経済の発展フレームワークの変貌と転換

表 6-7　上場企業 381 社の ROE を被説明変数とする重回帰分析の結果（標準化係数）

説明変数		モデル 1	モデル 2
	定数項	−2.915	−4.400*
株式所有変数	国家株比率	−0.033*	
	法人株比率		0.038**
	A株比率	−0.013	0.000
コントロール変数	実質 GDP 対前年比	0.101***	0.101***
業種別ダミー変数（総合＝0）	農・林・畜・漁業	0.023	0.022
	採掘業	0.013	0.013
	食品・飲料	0.026	0.028
	紡績・アパレル・毛皮	0.007	0.008
	木材・家具	−0.047***	−0.047***
	製紙・印刷	−0.021	−0.021
	石油・化学・プラスチック	0.051**	0.052**
	電子	−0.014	−0.013
	金属・非金属	0.017	0.017
	機械・装置・計器	0.009	0.011
	製薬・バイオ	0.013	0.015
	その他製造業	−0.011	−0.009
	電力・ガス・水道	0.078***	0.078***
	建築業	0.005	0.005
	交通・運送・倉庫	0.061***	0.061***
	情報・通信技術	0.041**	0.041**
	卸売・小売・貿易	0.029	0.030
	金融・保険	−0.016	−0.016
	不動産	0.019	0.020
	サービス	−0.002	−0.001
	マスコミ・文化産業	−0.036**	−0.037**
WTO 加盟ダミー変数（1996〜2001 年＝0, 2002〜2005 年＝1）	WTO 加盟	−0.254***	−0.253***
調整済み R2 乗		0.055	0.055
F 値		9.872***	9.941***

注 1：定数項は標準化されていない係数である。
注 2：*.p＜0.10、**.p＜0.05、***.p＜0.01、N＝3810。
出所：同表 6-4。

ば、381 社の調査は、シュ（Xu）とワン（Wang）や筆者の研究（王［2004］）
とほぼ同じ結果が得られた。すなわち、今回の調査結果は、「企業業績
（ROE）に対して、国家株が負の影響、法人株が正の影響を与え、流通A株

第6章　中国の株式所有構造と企業効率についての再検討

は影響しない」という仮説と一致し、10年間の長期データの分析からも以上の仮説を支持している。その意味では、以上の仮説は、一定の説得力がある。しかし、法人株の大部分が国有法人株であるため、法人株がROEにプラスの影響を与えることは、必ずしも民間法人株によるものかどうかは確認できない。この点については、今後、より詳細な調査研究が必要になると考えられる。とはいえ、民間企業の法人株であれ、集団所有制企業の法人株および国有企業の法人株であれ、法人株の多い上場企業は、全体として国家株の多い上場企業より、利益を求めるインセンティブが強いことが、今回の調査で明らかになった。

b．経済成長による影響

　今回の調査は、筆者の前回の調査（王［2004］を参照）と同じように、景気変動の指標であるGDP成長率をコントロール変数として導入して検証している。その結果は、ROE指標が実質GDP対前年比と有意な正の関係を検出した。改革・開放以後の中国は、この30数年間、10％前後の高成長を達成した。しかし、1989年の天安門事件、90年代後半からの企業制度改革および不良債権処理、さらにアジア金融危機、2008年のアメリカ金融危機などのハプニングは、経済成長と企業の収益にマイナスの影響を与えていると考えられる。しかし、さまざまな危機後の景気対策のための投資の拡大は、その後の経済成長を支え、企業収益にも貢献している。以上の実質GDP対前年比の検証は、ROE指標が経済成長率によって支えられている部分が大きいことを示唆している。今回の調査結果は、前回の調査とほぼ同じ結果を得ており、ROE指標がGDP成長率と有意な正の関係であることを再確認した。

c．業種別の分析

　表6-5は、上場企業381社の業種別の状況である。ここでは、業種別のサンプル数が少ない3社以下の業種を除いてみると、381社の平均ROE（5.72％）を超える業種は、食品・飲料、石油・化学・プラスチック、電力・ガス・水道、交通、運送、倉庫、情報・通信技術、卸売・小売・貿易で

175

あるが、381 社の平均 ROE 以下の業種は、紡績・服装・毛皮、製紙・印刷、電子、金属・非金属、機械・装置・計器、製薬・バイオ、不動産、サービス、マスコミ・文化産業、総合である。食品・飲料[13]、情報・通信などの業種を除けば、ROE の高い業種は、基幹産業や寡占的な業種に属し、国家株比率が比較的高い。一方、ROE の低い業種の多くは、競争的な業種に属し、法人株比率と A 株比率が比較的高い。たとえば、電子、紡績、機械、製薬、小売、サービスおよびマスコミ・文化などの業種は、国の産業政策の保護が少なく、より早い時期から市場競争に晒され、その収益性が比較的低い。

　また、業種別の重回帰分析の結果（表6-7）は、以下の通りである。すなわち、ROE 指標は、石油・化学、電力・ガス、交通・運送および情報・通信の業種と有意な正の関係、木材・家具、マスコミ・文化産業と有意な負の関係が検出された。ここで、ROE 指標に有意なプラスの影響を与えている業種は、国の産業政策の保護や独占的な利益を得ている基幹産業や寡占的な業種であるが、これらの業種は、情報・通信を除けば、国有株比率の高い業種である。逆に、ROE 指標に有意なマイナスの影響を与えている業種は、木材・家具、マスコミ・文化という軽工業や文化産業であるが、これらの業種は、法人株比率が比較的高く、競争的な業種に属していることがわかる。

　以上の業種別の結果調査は、上場企業 381 社の全体の調査結果と異なる。つまり、国有株比率の高い基幹産業や寡占的な業種は、ROE にプラスの影響を与え、これは「規模の経済」や独占・寡占的な利益が企業業績に影響しているのではないかと考える。また、一部の法人株比率の高い軽工業や文化産業は、ROE にマイナスの影響を与えているが、これらの業種は、競争的な業種であり、市場競争が企業業績に負の影響を与えていることが判断できるであろう。その意味では、企業業績に影響する要素を分析する際に、業種別の特徴を把握する必要があると考えられる。

d．WTO 加盟による影響

　中国の WTO 加盟は、「第 2 次の開放」といわれている[14]。WTO 加盟は、関税の引き下げや内国民待遇などの WTO の基本原則を守らなければなら

第6章　中国の株式所有構造と企業効率についての再検討

ない。それと同時に、今後の中国は、国際社会の一員として各国と正常な通商関係を維持しながら、13億人口の市場も世界に開放しなければならない。その意味では、中国のWTO加盟は、大競争の時代が開始し、市場環境の大きな変化をもたらすと考える。

　WTO加盟後の市場競争環境の変化は、上場企業の業績にどのような影響を与えるのかを考察する必要がある。今回の調査は、新しくWTO加盟というダミー変数を導入してROE指標に対する影響を検証している。その結果は、表6-7の通りである。すなわち、WTO加盟はROEに有意な負の関係が検出された。しかも、その標準化係数は、比較的高い数値（－0.25）を得ている。WTO加盟は、企業業績に有意なマイナスの影響を与えていることが明確である。

　WTO加盟後の中国は、直接投資が増え、外国企業も増えている。そのため、中国市場は、国内企業の競争市場になっているのみならず、すでに各国企業の競争の「戦場」になっている。とくに、電子、繊維、小売、サービスなどの競争的な産業においては、国の産業政策の保護が少なく、市場競争が極めて激しいことが一般的な常識である。さらに、近年では、中国の「労働法」(2009年修正案) が施行され、労働コストが上昇した。そのため、労働集約型の産業は、その収益性をアップさせるのが至難の業である。以上の上場企業の業種別の調査をみても、競争的な業種の収益性が低下する現象がみられ、市場競争の激しさを物語っている。今回の調査から、WTO加盟は、中国市場を開放すると同時に、市場競争を一層激化させ、企業業績に負の影響を与えていることが、以上の検証を通じて明らかになった。

おわりに

　今回は、新中国成立後の60数年間の社会全体の所有構造の変化を総括しながら、非流通株改革以前の上場企業381社を取り上げ、1996年から2005年までの10年間のプールド・データに基づいて、上場企業の株式所有構造と企業効率の関係を検証した。ここから得られた暫定的な結論は、以下の通

りである。

　まず第一に、上場企業381社の調査からみると、全体として「企業業績（ROE）に対して国家株が負の影響、法人株が正の影響、流通A株は影響しない」という仮説が成立する。

　第二に、経済成長（GDP）は、株式資本利益率（ROE）に有意なプラスの影響を与えていることが明らかである。

　第三に、上場企業の業種別の検証をみると、一部の基幹産業や寡占的な業種（石油・化学、電力・ガス、交通・運送および情報・通信）は、企業業績に有意なプラスの影響を与えているが、一部市場競争の激しい軽工業（木材・家具）や文化産業は、企業業績に有意なマイナスの影響を与えている。基幹産業や寡占的な業種は、「規模の経済」のメリットを享受し、独占・寡占的な利益を獲得して企業業績に貢献している。これらの業種は、国家株比率が比較的高く、国の支配力も強いと判断される。また、一部の軽工業や文化産業は、市場競争が激しく、法人株比率が比較的高く、「国の保護」が少ないなか、企業業績に負の影響を与えている。

　第四に、WTO加盟は、企業業績に有意なマイナスの影響を与えている。つまり、WTO加盟後の上場企業は、より一層の市場競争に晒され、企業業績にマイナスの影響を与えていることが判明した。

　今回の上場企業381社の調査は、シュ（Xu）とワン（Wang）の研究結果を支持し、前回の424社の調査結果を再確認した。すなわち、株式所有と企業業績の関係は、「国家株比率が高いほど企業の収益性が低い、法人株比率が高いほど企業の収益性が高い、流通A株比率は企業の収益性にほとんど影響しない」という仮説が成立する。しかし、法人株は、すべて民間法人株になるとは限らない。実際の状況としては、法人株の大部分が国有法人株であることを留意しなければならない。国有法人株は、国家株と比べ、国の支配力が比較的弱く、経営管理の自由度も比較的高く、これは企業業績に貢献しているのではないかと考えられる。

　また、今回の調査に関する業種別の分析をみると、一部の基幹産業や寡占的な業種は、企業業績（ROE）にプラスの影響を与えている。この調査結

果は、「規模の経済」のメリットや独占・寡占的な利益が働いているのではないかと思われる。これらの業種は、国家株比率が高く、企業収益にプラスの影響を与えていることが、381社全体の調査結果と逆の動きを示している。その意味では、株式所有と企業業績の関係を分析する際に、業種別の特徴を考慮する必要があると考える。

さらに、今回の調査は、WTO加盟というダミー変数を導入して検証した。WTO加盟は、市場の競争環境を大きく変化させ、大競争の時代に突入したことを意味する。この状況のなかで、市場競争が一層激化し、これは企業収益にマイナスの影響を与えていることが、以上の検証から明らかになった。

総じていえば、この60数年間の中国所有構造の変化は、大きく分けると、二つの流れがあったと考える。すなわち、前半の約30年間は、計画経済体制の下で、企業の国有化や集団所有化が推進され、社会全体の所有構造は公的所有の一色となった時期である。後半の改革・開放以降の30数年間では、所有構造は、多様化と多元化の方向へと変化し、公的所有を中心としながら、私的所有も認められ、混合所有制が提唱される流れである。特に、国有企業改革は、株式会社化を中心に進められ、株式市場を通じての国有資本と民間資本の「結合」をしながら、国有株を中心とする株式所有構造が形成されてきた。そのため、中国の株式市場は、発行済株式の約半数が国有株であり、それは、「移行経済型市場」といわれるようになっている。中国株式市場における公的所有を中心とする所有構造は、「社会主義市場経済」の枠組みと関わっており、また、基幹産業などの中国経済の根幹部分をコントロールしたいという政府の意志も強く反映している。この所有構造の特質は、中国の市場経済の方向性を左右し、それが指針的なものになることは間違いないであろう。

中国は、今大きな転換点に立っている。WTO加盟は、市場の競争環境に大きな変化をもたらしている。今後、大競争の時代において、企業は利益を重視する経営に転換しなければならない。その場合は、現在の国有株を中心とする株式所有構造は、市場競争の変化に対応できるのか、また、今までの企業ガバナンスの構造は、対応できるのか。さらに、混合所有制の下で、経

営に関わる企業家精神は、いかに発揮されるのか、経営者に対する評価システムは、どのように構築すればよいのか。この一連の問いかけに対して、今回の実証分析は、一定のインプリケーションを与えている。さらに、非流通株改革は、2005年4月から開始され、2007年までには基本的に終了した。この時期から国家株と法人株のデータが取れなくなり、その意味では、今回の1996年から2005年までの10年間の検証は、意義があると考えられる。

〈注〉

1) 中国共産党第18期中央委員会第3回全体会議（三中全会）で採択された「改革の全面的深化における若干重大な問題に関する中共中央の決定」（2013年11月12日）による。

2) 2017年10月18日に開催された共産党19回大会の習近平報告では、混合所有制経済を発展させることが強調された。

3) 2015年末現在、中国株式市場の時価総額は、8.17兆ドル（上海市場：4.54兆ドル、深圳市場：3.63兆ドル）に達しているが、香港市場（3.18兆ドル）を含めると、その合計は11.35兆ドルに達し、日本市場（東京市場：4.89兆ドル）を超えた。中国証券監督管理委員会と The World Federation of Exchanges のホームページを参照。

4) 2011年末現在、国有支配株式会社は、上場企業の47%を占め、その時価総額、総資産、売上、純利益がそれぞれ上場企業全体の74%、90%、86%、86%に達している。上市公司協会のホームページ（http://www.capco.org.cn/zhuanti/cjz/xi_znyq.html）を参照。また、民間中小企業の上場は、深圳市場の中小企業ボード（2004年）と創業ボード（2009年）が創設されてから増加した。2015年末現在、中小企業ボード（776社）と創業ボードの上場企業数（492社）は、1,268社に達している。上海市場は、中小企業ボードがないため、国有支配株式会社が比較的多い。ちなみに、2009年末現在、上海市場の国有支配株式会社は589社であり、上海市場上場企業（874社）の67%を占めていた。深圳証券取引所のホームページ、張編［2012］337頁を参照。

5) 中国上場企業の株式所有構造と企業効率に関する研究は、王［2004］を参照されたい。

6) 非流通株改革とは、非流通株という中国株式市場の構造の問題を解決するために、政府が実施した非流通株を流通化する措置のことを言う。同措置は、上場企業の非流通株主が流通株主に現金や株式の無償譲渡を支払い、それを対価として非流通株の流通権利を得る方法である。しかも、今回の改革は、非流通株改革案を通すために、株主総会で既存の流通株主の3分の2の賛成が必要になるという条件を設け流通株主に有利な条件を与えている。今回の非流通株改革を実施することによって、株式市場における株主間の最大規模の利益譲渡が発生した。なお、非流通株の絶対多数が国有株であるため、国有株主が流通株主に支払った対価は、国有資産の流出であると考える。

その意味では、今回の非流通株改革は、国有資産の最大規模の流出事件だといわなければならない。この問題の核心は、中国には「創業者利得」の概念が浸透していない点にある。つまり、国有株を中心とする非流通株主は、株式流通の権利を得るために、流通株主に無償に利益を譲渡する必要がない。今回の改革で譲渡した利益は、そもそも非流通株主が「創業者利得」として得るべき利益であると考える。非流通株改革については、王［2008］357-358頁、黄［2006］を参照。「創業者利得」の概念については、ヒルファディンク［1955］を参照されたい。

7）　『北京週報』1987年10月6日、第40号、28～30頁を参照。

8）　都市部では、地方政府や町（街道）などの組織に所属する集団所有制企業があるが、農村では、郷、鎮および村に所属する集団所有制企業もある。個人経営は、商工業者が7人以下の雇用で経営している企業である。私営企業は、8人以上の従業員を雇用している企業である。中国の企業形態については、伊藤・張［2005］を参照されたい。数字は、『中国統計年鑑 1999』423頁を参照。

9）　『中国統計年鑑 1999』546-547頁による計算。

10）　国有資産管理委員会の主任（当時）である李融栄氏の談話による。「李融栄：国有股在相当長時間内不会大量減持」『中国証券報』2008年8月11日を参照。

11）　翟［2004］の上場企業に関する財務分析でも、同じような結果が検出された。

12）　会計問題については、王［2000］を参照されたい。

13）　食品・飲料という業種は、醸造企業が多く、国家株比率が高く、利益も比較的高い。

14）　もし1978年の「改革・開放政策」を「第1次の開放」と見なされれば、WTO加盟は、中国にとって「第2次の開放」にたとえられる。銭［2000］を参照。

〈参考文献〉

今井健一［2002］「上場企業の所有構造と企業統治」丸川知雄編『中国企業の所有と経営』アジア経済研究所。

─────［2003］「中国国有企業の所有制度再編──大企業民営化への途」『社会科学研究』54(3)。

伊藤宣生・張佩［2005］「中国における企業形態──その現状の紹介」『山形大学紀要（社会科学）』35(2)。

王東明［2000］「中国株式市場の形成過程──A株（国内投資家向け株式）市場を中心に」慶應義塾大学地域研究センター編『アジアの金融・資本市場──危機の内層』慶應義塾大学出版会。

─────［2002］「中国の株式所有構造とコーポレート・ガバナンス」井村進哉・福光寛・王東明編『コーポレート・ガバナンスの社会的視座』日本経済評論社。

─────［2004］「中国上場企業の株式所有構造と企業効率──424社上場企業の分析」『証券アナリストジャーナル』42(12)、社団法人日本証券アナリスト協会。

─────［2008］「要覧：証券」中国研究所編『中国年鑑 2008』毎日新聞社。

─────［2014］「「移行経済型市場」の株式所有構造と企業効率──中国上場企業381社のプールド・テータによる検証」『大銀協フォーラム研究助成論文集』一般社団法人大阪銀行協会、第18号。

王忠毅［2001］「中国東北上場企業の株主構造と企業パフォーマンス」証券経済学会第56回全国大会の報告。

川井伸一［2000］「中国上場企業の所有構造」『愛知経営論集』142。

―――［2003］『中国上場企業――内部者支配のガバナンス』創土社。

黄孝春［2006］「中国の株式市場における『非流通株』問題の形成」『アジア経済』2006年2月。

ヒルファディング、岡崎次郎訳［1955］『金融資本論（上・中・下）』岩波書店。

翟林瑜［2004］「中国上場企業のジレンマ――規模の拡大と収益の低下」『証券経済研究』第49号。

賓国強・舒元［2003］「我国上市公司績効治理結構関係的実証分析」『管理世界』第5期。

常健［2003］「我国上市公司業績決定機制実証分析」『管理世界』第5期。

陳暁・江東［2000］「股権多元化、公司業績与行業競争性」『経済研究』第8期。

陳小悦・徐暁東［2001］「股権結構、企業績効与投資者利益保護」『経済研究』第11期。

国家国有資産管理局企業司編［1998］『国有股東手冊』東北財経大学出版社。

梁能編［2000］『公司治理結構――中国的実践与美国的経験』中国人民大学出版社。

林義相編［1998］『行業与上市公司分析（行業報告分析）』北京大学出版社。

凌耀倫・熊甫・斐倜［1982］『中国近代経済史』重慶出版社。

柳随年・呉群敢編［1987］『中国社会主義経済略史』北京週報社。

劉芍佳・孫霈・劉乃全［2003］「終極産権論、股権結構及公司績効」『経済研究』第4期。

陸百甫編［1998］『大重組――中国所有制結構重組的六大問題』中国発展出版社。

聶長海・姜優華・杜煊君［2003］「"一股独大"悖論――中国証券市場的経験証拠」『中国工業経済』第7期。

銭小安［2000］「加入WTO対中国銀行業和金融調控的影響及対策」『金融研究』第2期。

徐暁東・陳小悦［2003］「第一大股東対公司治理、企業業績的影響分析」『経済研究』第2期。

施東輝［2003］「転軌経済中的所有権与競争――来自中国上市公司的経験証拠」『経済研究』第8期。

上海証券取引所研究中心［2003］『中国公司治理報告』復旦大学出版社。

―――［2004］『中国公司治理報告』復旦大学出版社。

申銀万国証券研究発展中心主編『1999年股票年報（深圳証券市場、上海証券市場）』上海科学技術文献出版社。

呉淑琨・席酉民［2000］「公司治理与中国企業改革」機械工業出版社。

向朝進・謝明［2003］「我国上市公司績効治理結構関係的実証分析」『管理世界』第5期。

徐二明・王智慧［2000］「我国上市公司治理結構与戦略績効的相関性研究」『南開管理評論』第4期。

袁国良・鄭江淮・胡同乾［1999］「我国上市公司融資偏好和融資能力的実証研究」『管理世界』第3期。

中国証券監督管理委員会編『中国証券期貨統計』、各年版。

中国誠信証券評估有限公司・中誠信国際信用評級有限責任公司編『中国上場企業基本分析』中国財政経済出版社、各年版。

第6章　中国の株式所有構造と企業効率についての再検討

中国証券報社編『上市公司資料速査手冊』新華出版社、各年版。

宗寒［1996］『中国所有制結構探析』紅旗出版社。

張育軍編［2012］『上海証券交易所研究中心報告 2011』上海人民出版社。

朱武詳・宋勇［2001］「股権結構与企業価値──対家電行業上市公司実証分析」『経済研究』第 12 期。

朱国泓・方栄岳［2003］「管理層持股──沪市公司管理層的観点」『管理世界』第 5 期。

Chen, Jian［2001］"Ownership Structure as Corporate Governance Mechanism: Evidence from Chinese Listed Companies," *Economics of Planning*, 34(1,2).

Chen, Y.［1998］"Ownership Structure and Corporate Performance: Some Chinese Evidence", Unpublished Working Paper, San Francisco State University.

Chen, Y. and S. Gong［2000］"Ownership Structure and corporate performance: some Chinese evidence," *Advances in Pacific Basin Financial Markets*, 6.

liu Guy & Sun Pei［2002］"The Class of Shareholdings and its Impacts on Corporate Performance-A Case of State Shareholding Composition in Chinese Publicly Listed Companies," *Economics and Finance Working Papers*, Brunel University, 02-19.

Sun, Qian, Wilson Tong & Jing Tong［2002］"How Does Government Ownership Affect Firm Performance? Evidence from China's Privatization Experience," *Journal of Business Finance & Accounting*, 29(1,2) January/March.

Sun, Q. and W. Tong［2003］"China Share Issue Privatization: The Extent of its Success," *Journal of Financial Economics*, 70, pp. 183-222.

Tian, Lihui［2001］"Government Shareholding and the Valueof China's Modern Firms," *William Davidson Institute Working Paper*, 395, University of Michigan Business School.

Xu, Xiaonian and Yan Wang［1997］"Ownership Structure, Corporate Governance, and Firms' Performance: The Case of Chinese Stock Companies," *World Bank Policy Research Working Papers*, 1794. World Bank, Washington DC.

第Ⅱ部　中国経済の発展フレームワークの変貌と転換

第7章

日中合弁企業のペア・マネジメント

――海信日立の事例を中心に

範大鵬・時晨生・郝燕書

はじめに

　中国が改革開放政策を実施してから約40年に近づいている。この間に中国経済は飛躍的に発展を遂げて、企業経営管理のレベルも格段に向上し、中国国内もグローバル大競争の時代に突入した。こうした経営環境の変化のなかで、競争の熾烈な大市場において、在中の日本企業も事業展開において大きく変化し、とくに中国企業との協力形態は大きく変容してきている。日本企業は、中国に進出し中国で直接投資を行い、現地生産に踏み込んだ場合、一般的に単独投資、合弁企業、委託生産という形態をとっている。そして、時代の変化とともに、協力形態も進化している。合弁企業に限ってみると、同じ合弁企業といっても、現段階の合弁企業は、改革開放当初に設立した合弁企業と比べて、経営管理のレベルや日中双方の分業・協働関係が質的に異なる[1]。

　本章では日本企業と中国企業の新たな協力形態について、日本企業の日立と中国企業の海信との合弁会社である海信日立の事例研究を通じて明らかにする。グローバル時代の激しい市場競争のなかで海信日立はいかに自らの競争優位を構築し、市場で強い競争力を発揮しているのか、事実の整理を通じてその実態を把握し検討する。とくに、合弁企業としての海信日立の運営管理方式、信頼関係づくりによる企業の競争優位形成の特徴を考察し、従来の多国籍企業の理論を再検討する。最後にペア・マネジメントという概念を提起することにより、日中合弁企業が中国市場で競争優位を構築する道筋を提

184

示し、その本質を追求したい。

1. 合弁企業の概要

日中合弁会社である海信日立の正式名称は青島海信日立空調系統有限公司
（Qingdao Hisense Hitachi Air Conditioning Systems Co. Ltd）（以下、海信
日立と略称する）であり、日本の日立アプライアンス株式会社（Hitachi
Appliances, Inc.）（以下、日立 AP と略称する）と中国海信集団公司（以下、
海信と略称する）の対等投資により、2003 年に中国で設立された業務用空
調機を製販する合弁会社である。この会社は設立以来、良好な経営業績を上
げ、大きく成長し注目されている。

（1） 双方の親会社
本節では、まず海信日立の双方の親会社を紹介する。

海信グループの概況
中国海信グループは海信集団有限公司を投資の母体として構成された超大
型電子情報産業集団である。海信の英語名は Hisense で日本語ではハイセン
スと表記し、本社は中国の青島に立地している。海信がその事業構成のなか
で主に注力するのはマルチメディア・家電・通信と情報・不動産開発、それ
にアフターサービスおよび関連事業の六つの産業領域で、主導的な製品には
テレビ・空調機（家庭用と業務用）・冷蔵庫・洗濯機・調理用電器・携帯電
話・光通信・スマート交通システム、業務用レジ機・医療電子機器・金型・
高級住宅などがある。

海信は中国青島市に立地する地方の国有企業であるが、傘下の各子会社に
はさまざまな所有形態がある。そのなかに上場企業が 2 社あり、そのほか中
外合弁会社、および個人が株式をもつ株式会社もある。現在海信グループは
中国の国内外において 40 余りの子会社を擁し、従業員数は 7 万人ほどであ
る。2015 年現在、グループ会社の売上高は人民元 990 億元に達し持続的に

第Ⅱ部　中国経済の発展フレームワークの変貌と転換

成長している。

　海信が誕生したのは 1969 年で、最初はラジオの生産からスタートし、その後テレビの製造に参入した。80 年代に海信は中国の数多くのテレビ工場と同じように日本から先端的なカラーテレビの生産ラインを導入した。最初は松下の生産ラインと設備を導入し、その後東芝と三洋の技術も導入した。この技術導入によって、先進的な生産管理のノウハウを習得し、中国で高水準の品質が実現した。90 年代に入ると、海信は多角化戦略を推し進め、三洋電機からの技術導入による家庭用エアコン、コンピュータ、産業用アプリソフト、冷蔵庫、日立からの技術導入による携帯電話、日立との合弁による業務用空調システム、光通信、ワールプールとの合弁による洗濯機などの分野 に 進 出 し、家電（Consumer Electronics）、情報（Computer）、通信（Communication）などの 3C を中心とする製品構造を確立した[2]。

　海信は 1985 年から外国との輸出入貿易を始めたが、「走出去（海外に進出する）」と「ブランドの国際化」という戦略を策定し、21 世紀に入ってから国際化とグローバル化の進展を加速させた。現在世界各地に支店を設置しているほか、南アフリカやエジプトなどに工場を 4 カ所、欧米に三つの研究開発センターを設立すると同時に、海外の販売ネットワークを構築し、製品を 130 以上の国と地域に輸出している。

　海信は「100 年続く企業を作り、国際ブランドを創出する」ということを目標にし、「技術立企（技術で企業を成長させる）」と「穏健経営（健全な経営）」、そして「以人為本（従業員を大事にする）」という経営理念を掲げ、46 年間にわたって企業規模と利益を拡大し続け、中国のテレビ市場でのシェアは 12 年連続で第 1 位を保っている。

　海信は技術革新が企業発展の原動力であると認識している。技術の導入、外国企業との合弁や提携などの事業も、最終的に自社が知的所有権をもつ自主技術に転化しなければならないと考えている。新製品を開発する際に、海信は「技術孵化産業」というモデルをもち、新産業領域に進出している。まず、研究チームを立ち上げて、当該領域の先端技術を研究し、潜在的な市場を開拓する。新しい技術が市場に現れたら、迅速に技術チームを立ち上げ、

186

社内で当該技術を育成する。技術を習得したら企業化する。このモデルの最大のメリットは高い着眼点から新産業領域に参入し、新製品の開発を続け、企業の競争力を継続的に形成することができることである。

海信は終始穏健的な経営方針を実施している。つまり「規模より利益が重要、利益よりリスク管理が重要、短期利益より長期利益が重要、企業の価値観に合わない不良利益を徹底的に取り除く」という考えを徹底的に貫いてきた。会社はこの原則に従って、経営戦略・意思決定メカニズム・財務管理や品質保証などさまざまな側面における運営管理の方法を決めている。たとえば、財務管理ではグループ本社による垂直的な管理を行っており、各子会社の財務担当者がグループ本社から派遣され、同時に子会社とグループ本社の財務部門の両方に財務状況を報告する義務を負っている。財務報告も統一のフォームで行われ、会計監査と財務管理の詳細な規則がある。データ改ざんや財務制度の違反に対しては厳しい処罰が与えられる。

海信は「人材が経営力の源泉である」という経営理念にもとづき、従業員の採用基準を徐々に高め、優秀な人材を集めるように努めてきた。海外留学経験のある人材も積極的に導入している。また社内に海信学院を設立し、体系的に教育訓練を行っている。人材を定着させるには、何よりも待遇、事業、雰囲気が重要だと認識している。

日立グループの概況

株式会社日立製作所は 1910 年設立された。日立グループは世界に 35 万人の従業員を擁し、2014 年の売上高は 9 兆 7619 億円で、『フォーチュン』誌 2014 年世界 500 大企業ランキングのなかでは 78 位であった。「技術の日立」と称される著名企業として、日立グループの事業分野は電力設備、産業用設備、鉄道システム、情報通信システム、エレベーター、医療機器、家庭製品、建設機械、自動車部品、電機部品・材料などに及ぶ。

日立アプライアンス株式会社（Hitachi Appliances, Inc.）（以下、日立 AP と略称する）は日立グループのなかで家庭用製品と中央空調システムを担っており、主な製品として業務用空調機器、家庭用エアコン、空調機用コンプ

レッサー、冷蔵庫、洗濯機、キッチン調理用電器、温水器、LED 照明などがある。日立 AP は中国の上海、青島、広州、蘇州、蕪湖、台湾、フィリピン、タイ、マレーシア、インド、スペイン、ブラジルなどに生産工場をもち、世界に販売拠点を有する。2014 年 3 月期の連結ベース年間売上高 6557 億円、従業員は 1 万 8800 名であり、とりわけ業務用空調機器の性能と品質では全世界をリードし、中核部品であるボルテックス型コンプレッサーを開発している。

（2） 海信日立の概況

　青島海信日立空調系統有限公司（Qingdao Hisense Hitachi Air Conditioning Systems Co. Ltd）（以下、海信日立と略称する）は、2003 年 1 月に中国の海信集団と日本の日立 AP と共同出資で設立され、現在、日立 AP の日本本土以外では最大規模となるインバータマルチ業務用空調システム（マルチエアコン）とインバータ家庭用中央空調システムの開発・生産・販売企業である（表 7-1）。

　海信日立は業務用空調機器の開発、製造、販売と顧客サービスなどを行っている。工場は青島市黄島経済技術開発区にあり、従業員数は約 2331 名（2014 年 10 月現在）である。主力製品はインバータマルチ業務用セントラル空調システム（以下、マルチエアコンと略称する）とインバータ家庭用中央空調システムである。中央空調の技術は日本発祥であり、競争力のある企業が日本に多い。海信日立が設立された 2003 年時点では中国の中央空調機器の市場規模は 210 億元で、そのうち海信日立の主力製品であるマルチエアコン[3]の市場規模は 10%にすぎなかった。2014 年になると、中央空調機器の市場規模は 535 億元に拡大し、うちマルチエアコンは 250 億元に達し中央空調機の主流製品となった。中国市場で有力なマルチエアコンのメーカーは日立、ダイキン、三菱電機、三菱重工業や東芝などの日本企業が占める。ヨーク、マッカイ、サムソン、LG、および中国企業も参入している。図 7-1 は 2009～14 年の中国のマルチエアコン（VRF = Variable Refrigerant Flow）市場における各社の受注額シェアの推移であり、海信日立は 2014 年段階で

表 7-1　海信日立の概要

会社名	青島海信日立空調系統有限公司 (Qingdao Hisense Hitachi Air Conditioning Systems Co. Ltd)
設　立	2002 年 11 月 18 日 50 年間合弁契約を締結
所在地	中国青島市黄島経済技術開発区
登録資本	1 億元
総投資額	設立時 2 億元、2011 年増資 3390 米ドル（2 億元）
投資形態	合弁企業
投資比率	海信集団（ハイセンス）49％、日立 AP49％、その他 2 ％
事業内容	業務用空調システムの開発・製造・販売
従業員数	約 2331 名（2015 年）

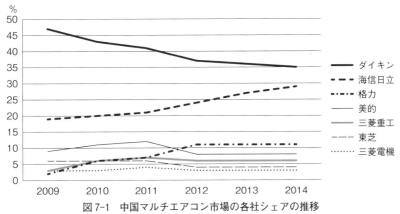

図 7-1　中国マルチエアコン市場の各社シェアの推移

出所：社内資料より筆者が作成。

第 2 位だが、そのシェアは拡大中である。また図 7-2 は中国におけるマルチエアコンの市場規模の推移を示している。

　海信日立を設立するまで、日立は数年間中国で中央空調機器の販売を続けてきたが、思うように実績が上がらず、一時的に 60％のシェアをもっていたダイキンに遠く及ばなかった。一方、海信も独自にマルチエアコンを開発し、一部地域で販売していた。海信は市場を開拓する力はあったものの、製品の性能や安定性が不十分だったため、こちらも成果が上がらなかった。そこで、日立の製品技術と海信の販売力を結合しようとの考えにもとづき合弁

第Ⅱ部　中国経済の発展フレームワークの変貌と転換

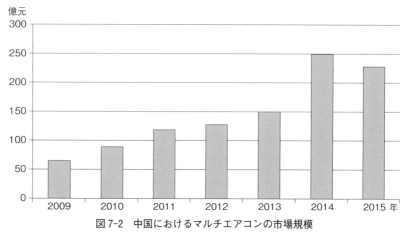

図 7-2　中国におけるマルチエアコンの市場規模
出所：社内資料より筆者が作成。

企業の海信日立が設立された。

　合弁企業を設立するにあたっては、双方が対等に投資を行った。役割分担は日立側が製造技術と品質保証を担当し、海信側は工場の建設、市場開拓と人事管理を担当する。このように、双方の強みを生かした連携を通して 50 年間におよぶ合弁事業が始まった[4]。

　海信日立は、まず「日立」ブランドで、高級オフィスビルへ向けてマルチエアコンを売り込んだ。5 年のうちに高級オフィスビル市場で第 3 位のシェアを獲得した。2008 年の世界経済危機に対処するために中国政府が投資拡大政策を採ると、海信日立はマンション向けエアコンの分野に進出し、多くの大手不動産企業との連携に成功した。2011 年には一般消費者向けの中央空調の分野にも参入を果たした。適切な価格設定と強力な市場プロモーションを通して、販売業績は急速に伸び企業は大いに成長した（表7-2）。

　さらに 2012 年に海信日立は市場を掴むために「海信」ブランドをも打ち出した。国内市場で、海信日立は「海信」というナショナルブランドで、「格力」や「美的」などと中国市場で競争している。海信日立の売上高は 2003 年の 2000 万元から、2015 年には 45 億元に成長し、利益額も最初はマイナスであったが、2006 年にはプラスになり、その後年々増加している（図

第 7 章　日中合弁企業のペア・マネジメント

表 7-2　海信日立の沿革（2002-2013）

時間	内容
2002 年 11 月 18 日	海信と日立が合弁契約に署名、対等出資による海信日立を設立
2003 年 12 月	「ISO9001：2000」の品質管理認証システムを獲得
2003 年 12 月	「青島市ハイテック企業」に認定される
2004 年 12 月	韓国へ輸出する契約を締結し、国際市場へ参入
2005 年 2 月	青島市重点技術創新項目計画に認定される
2005 年 11 月	「ISO14001」の環境管理認証システムを獲得
2006 年 3 月	製品の「CRAA」認証を獲得
2006 年 7 月	工場の生産ライン拡張工程が完成
2007 年 2 月	全国中央空調機業界省エネ製品認証第 1 陣に獲得
2007 年 12 月	青島市「契約を守り、信用を重んじる企業」に選出
2008 年 7 月	自主開発「IVX mini」マルチセントラル空調機研究成果が技術認定を合格
2009 年 10 月	国家業務用領域省エネ製品目録に選出、省エネ製品に推奨
2009 年 12 月	万科・瑞安と戦略的提携協定を結び、不動産市場に進出開始
2009 年 7 月	日本と共同開発「水源マルチ空調機」が業界で先行発売
2010 年 3 月	自主開発「低温空气源ホットポンプ」が山東省科学技術進歩 3 等奨受賞
2011 年 5 月	3390 万米ドルの増資を行う。株主比率は不変
2011 年 9 月	職業健康安全管理システム認証を獲得
2012 年 6 月	2 期工場完成、生産ライン稼働
2012 年 8 月	セントラル空調と床暖房と生活用水兼用マルチ空調機開発成功
2012 年 10 月	自主開発「多機能マルチ空調機」など五つのプロジェクトが技術認定に合格
2013 年 1 月 8 日	立於信・精於業・行於勤をテーマとする会社設立十周年の祝賀会開催
2013 年 4 月	中国都市不動産開発商戦略連盟と契約締結、共同受注サプライヤーに
2013 年 7 月	コンバーターマルチ空調機の新製品「S-PRO」を北京で発表
2013 年 11 月	五つの研究開発成果が技術認定に合格

出所：社内資料より筆者が作成。

7-3）。加えて、国家ナノサイエンスセンター、広州星河湾半島（高級住宅団
地）などの大型プロジェクトの受注にも成功した。

　海信日立の株式は海信グループが 49％を、日立グループも同じく 49％を
保有している[5]。それに日本の仲介商社が残りの 2 ％の株式を保有している。
董事長会（取締役会）の構成もそれに対応し、海信側が 3 名、日立側が 3 名、

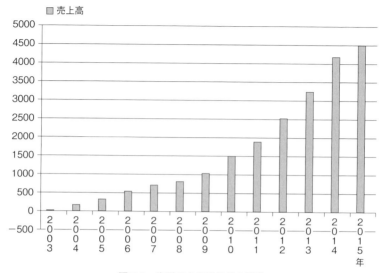

図7-3　海信日立事業規模の推移
出所：社内資料より筆者が作成。

商社が1名である。株主権利からみれば、二大株主が対等に投資をし、同じ株主権利を擁する。会社定款のなかで重要な経営事項に関わる意思決定は必ず3分の2以上の賛成で、しかも二大株主が一致しなければならないと定められている。これにより海信と日立のいずれかが一方的に取締役会をコントロールできないようになっている。この規定の目的は、二大株主が対立することでなく、お互いのコミュニケーションと協力関係の強化にある。

　会社の定款によると、海信日立の取締役会長は日立側が担当し、同職位は非常勤である。会長が取締役会を招集し、総経理（社長）は海信側が派遣し、日常の経営管理を担う。4名の副総経理（副社長）については、マーケティングと人事総務の副総経理は海信側が派遣し、マーケティング、事務管理、人的資源管理および日常の運営管理を担当する。技術と財務の副総経理は日立側が派遣し、製品開発、生産管理、品質保障、財務管理を担当する。そして、財務部長は海信側が派遣し、日立側の財務副総経理と共同で財務管理を行っている（図7-4参照）。

第7章　日中合弁企業のペア・マネジメント

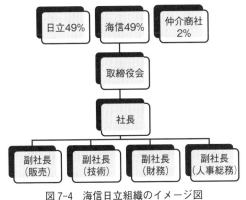

図7-4　海信日立組織のイメージ図
出所：社内資料から。

2．海信日立の運営管理の特色

　海信日立は市場での位置づけと経営戦略を調整し、絶えず新製品を市場に投入し、競争力を高めてきていた。この過程のなかで独自の運営管理上の特色が徐々に形成され、中日合弁企業の優秀モデルとして評価されている（表7-3）。

（1）　運営管理上の特色
市場重視の経営
　海信日立では、「すべての仕事を市場中心に考える」という原則をもっており、営業から生産まで市場需要への対応を重視している。本部の従業員は良好なサービス意識を樹立し、販売現場からの要望に対して迅速に対応し、全力で協力し、販売現場を強力にサポートする。一方、工場側は絶えず生産過程の改善を行い、市場変化に対する対応速度を高めて、迅速に製品を提供する。
　海信日立は支社や事務所を全国に展開し、全国の地区レベルに販売拠点があり、地域によっては郷鎮のレベルにまで販売拠点を設けている[6]。海信日

第Ⅱ部　中国経済の発展フレームワークの変貌と転換

表7-3　海信日立の名誉（奨励と称号）（2003-2013）

日付	奨励内容
2003 年 12 月	「青島市ハイテク企業」と認定される
2006 年 11 月	中国空調学術年会において全国学術年会貢献賞を受賞
2006 年 12 月	国家建設部に「中国建設科学技術自主創新優勢企業」の称号授与
2007 年 12 月	「青島市契約を守り、信用を重んじる企業」と選出される
2008 年 11 月	「中国不動産業ベストサプライヤー」との称号を獲得
2010 年 11 月	「国家火炬企画の重点ハイテク企業」と選出される
2010 年 10 月	「中国不動産住宅産業化のための推奨製品」の称号を獲得
2011 年 7 月	中国電子信息業界の優秀品質管理一等賞を獲得
2011 年 7 月	中国品質協会「全国優秀品質管理サークル賞」を獲得
2011 年 9 月	「中国セントラル空調ベストブランド」の称号を獲得
2011 年 9 月	「中国空調業ブランドベスト顧客満足賞」を獲得
2011 年 11 月	「ベスト家庭用品低炭素環境保護賞」を獲得
2011 年 11 月	第 3 回日立（中国）CSR 特別賞を獲得
2011 年 12 月	第 2 回中国不動産工程購入「ゴルドパートナー賞」を獲得
2013 年 7 月	中国建築業協会材料分科会の「魯班工程ベストサプライヤー」を獲得
2013 年 9 月	QC サークル活動が「全国優秀品質管理サークル」の称号を獲得
2013 年 3 月	「中国不動産開発企業 500 強の空調機ベストサプライヤー」の称号を獲得
2013 年 5 月	中国不動産金融開拓連盟「2013 誠信優良サプライヤー」に選出される
2013 年 9 月	「製品とサービス品質の誠信ユニット」の称号を獲得
2013 年 11 月	「2013 年度中国家庭用品業界における最大影響力賞」を獲得
2013 年 11 月	日立「Inspiration of the Year Global 2013」中国地区環境賞を獲得

出所：社内資料から。

立は販売員の人数が同業他社に比べて少なく、ライバル会社の５分の１程度とみられる。しかし、海信日立の販売員たちは、製品の知識、表現の技、販売チャンネルの開拓、巨大プロジェクト獲得などの側面において体系的な教育訓練を受けているので、より高い販売効率を達成している。さらに重要なのは、各事務所がすべてチームワークを重視し、会社に対する忠誠心が高く、やる気に満ちあふれ、よく助け合って、顧客の心を掴むための工夫をしている。これは海信日立が数年にわたり高い成長を達成していることのもっとも

重要な要因の一つである。

　海信日立は販売代理店方式を採っている。販売代理店に対し、技術上のサポート、技能の養成訓練およびプロジェクトの情報共有、プロジェクト権限と販売政策の諸側面にサポートを提供している。そうすることで、ほかのライバル企業が提供できないようなサポートと支援を行うことにより、販売代理店により多くの利益を与えることができる。高いモチベーションと技能をもった販売代理店の人材を確保することが海信日立の競争力の重要な側面である。

　海信日立は大学新卒で採用した従業員を1年間の教育訓練を経て、販売現場に送り出し、販売・技術サポート・セッティング等の仕事を経験させて販売現場の中核人材として育成している。また、エンジニアチームを派遣して、受注獲得の支援に当たらせている。教育訓練センターでは、これらの販売現場の中核者に対して反復教育訓練を行い、製品に対する理解と販売能力を高めている。どの部門でも、販売現場から要求があれば、必ずただちに行動し最善を尽くして満足のいく対応をすることを目指している。顧客からの発注によりオーダーメイドの製品をつくることもある。また、販売促進の一環として、顧客の工場視察を実施している。

研究開発

　海信日立は製品の現地化を行う際に日立の技術と品質基準を採用し、完全に日立の基準にもとづいて部品とサプライヤーを選択している。海信日立は中国市場で成功するには、さまざまな需要に対応できるような開発体制をもたなければならないと考えている。単に日立の製品を国産化するだけでなく、自社の研究開発能力をもつ必要がある。そのため、毎年売上高の3％を研究開発に投入している。2013年末時点で、研究開発に従事する技術者はすでに200名以上で、新製品の半数以上を独自に開発している。さらに博士号をもつ研究者と日本の技術専門家とで未来研究チームを立ち上げ、将来的ビジョンに必要な研究を行っている。

生産管理と品質管理

海信日立の生産管理は日立の基準にもとづいて行われている。トヨタ生産方式の要素を導入して、海信日立独自の「HPS（Hisense Hitachi Producing System）」を形成している。

品質保証のため、部品について日立の検査基準にもとづき日立の部品認定を受けている。日立による部品の認定を持続的に行うことは容易なことではない。なぜなら日本のやり方を導入した多くの中国企業はだいたい簡略化したやり方か近道を行こうとするからである。だが、海信日立は依然として今日まで日立の部品認定と検査基準を厳格に執行している。たとえば1本のネジでも18の指標と半年もかかる認定試験をクリアしなければならない。

海信日立は改善提案制度を設け、全従業員に改善活動に参加し、定期的に評価と奨励活動を設けて、良い提案を表彰する。また、会社は従業員が効率の向上とコストの低減をテーマとするプロジェクトに積極的に参加するよう奨励し、QC活動も盛んに行っている。さらに会社側は管理者を社外に派遣し優良企業を考察させ、優れたやり方を吸収、学習するようつとめている。

人材育成

海信日立の製品は業務用エアコンである。技術集約型の製品で技術の進歩の速い業界である。販売スタイルはB2B（Business to Business）である。販売員は礼儀正しく、技術と製品を熟知し、顧客の機種選択を手助け、設計を解説する能力が必要とされている。海信日立では人材採用の段階でまず一流大学、いわゆる211大学[7]の卒業生に限定しているほか、中途採用の場合も4年制大学卒で、4年間以上の勤務経験と業界での経験を要求している。新卒の社員はまず数回の厳格な面接試験を、最後に経営者層の面接をパスしなければならない。また社内での人材育成を重視し、日本から数名の日本人指導員を招聘し指導をあおいでいる。充実した教育訓練の体系を設け、各ポジションの従業員の教育訓練を行い、従業員の求心力と技能の向上に力を入れている。新卒の社員は入社日からまず海信本社で半年間の集中的な教育訓練とジョブローテーション実習を行う。そうすることで、新入社員は会社の

各方面の知識を把握し、会社に対する一体感を向上させ、基本となる仕事の知識を身につける。半年後の職場配置の段階においては、彼らはみな海信日立の企業文化が染みついている。このような新人たちは、開発や製造、また販売などどこに配置しても、いち早く現場担当者の信任を得て、各現場の中核となる。また現場で仕事をしながら、専門知識と技能を向上させるための教育訓練も継続的に行われる。潜在的な管理能力をもつ従業員は「管理人材」に選抜され、さらに体系化された管理能力の育成訓練を受ける。生産ラインの作業者も持ち場につく前に2週間、座学の教育訓練を受ける。持ち場についたあとでも、彼らは製品知識、操作技能などの教育訓練のコースに参加し、労働技能競技大会にも参加する。

　従業員の昇進コースには「双通道」がある。管理者としての昇進コースのほかに、専門技術者としての昇進コースが併設されており、後者は給与と福利待遇面で同等の管理職に相当する。二つの昇進ルートが各種の人材それぞれに設けられ、事務や秘書などの職員も自らの昇進チャンネルを有している。

企業文化

　海信日立は顧客と販売代理店に対する「誠実と信用」を重視している。「約束が一つでも千両の黄金に等しい」という信条を厳格に守り、偽りの情報を提供しない。できることを徹底的に実行し、できないことはできるといわない。一旦承諾を出したら実現に全力をあげる。顧客に対する担当者が代わっても、前任の担当者が行った約束を必ず後任に引き継ぐようにしている。また、社内においても、ごまかさないこと、誇張しないこと、歪曲しないこと、責任を逃れないこと、誠実と信用関係を築くことをモットーとしている。海信日立は「敬人」を核心理念とし、「従業員が満足すれば、従業員が顧客によく対応し満足させる」と考えている。各種のコミュニケーション手段を通して、従業員の仕事の状況、意識の変化、従業員の個人的な困難[8]を即時に把握し、問題解決の手助けをする。一方、従業員も問題があれば、気軽に上司や会社の経営層に相談できる。会社は従業員の心身健康の増進を目的としたさまざまな趣味クラブを設立し、定期的に経費を援助しそれらの活動を

サポートする。愛心互助基金会を設立し、従業員やその家族に病気などがある場合、基金会はすぐに援助の手をさしのべる。「愉快工作・健康生活（楽しく仕事、健康に生活）」という理念は海信日立の従業員のストレスのない快適な生活を表している。十数年間で、従業員自らの意思にもとづく辞職による主動離職率は３％以下であり、98％の従業員が労働契約書を更新している。

海信日立が十数年間の経験で得られた核心的理念は「誠実・信用・着実・元気」である。これは二大株主のDNAを受け継いでいる。海信日立の一方の出資者である海信のモットーは「誠実・信用・正直・着実」であり、もう一方の出資者である日立の理念は「和・誠・開拓者精神」である。２社の親会社の理念は似ており、海信日立はそれぞれを受け継いでいる。

海信日立の経営規模と市場における地位は変化し続けているが、唯一不変なのは海信日立の個々の従業員が終始創業者の心構えで自分自身を見つめていることである。創業者精神は海信日立発展の源泉である。創業者精神によって、海信日立の精神は長く活力と情熱を保っている。会社の上から下まで全員が危機感をもち、従業員が自ら持続的に新たな成長のポイントを探求している。また持続的な改善意識が企業文化に浸透し、従業員が自らイノベーションを追求し、進歩し続けている。

（２）　他の日系企業との比較

中国に進出した日系製造企業の多くは生産拠点として位置づけられている。なかには販売部門や購買部門をもたず、もっぱら与えられた部品や材料を指示通りに加工して本社に引き渡すだけのところもある。さらに大部分の日系企業には研究開発部門がなく、日本本社のグローバル戦略のコマとして位置づけられているのみである。欧米企業の場合は中国に研究センターと中華圏統括本部を置き、中国で研究開発から営業まで独立して行う体制をもっているところが多いが、この点では日系企業は総じて遅れをとっている。それに対し、ほかの「生産拠点」のような日系企業と異なり、海信日立は独自の経営自主権と完全なバリューチェンを擁している。そのうえ、最大限の経営自

主権が与えられていることは日立の長期的戦略と中国市場を重視する姿勢を表している。

　海信日立は「日立」と「海信」という二つのブランド戦略を採用している。この二つのブランドは市場における位置づけに応じて明確に棲み分けられている。「日立」ブランドはハイエンド市場に位置づけられるが、それに対して「海信」ブランドはハイエンド市場とローエンド市場の、ミドルの市場に位置する。今まで両ブランドはともに順調に発展している。この不思議にも思われるブランド戦略は、日立と海信という二大株主の長期的視野とマクロ的戦略を示し、同時にそれも海信日立の経営層の高度な運営能力を表している。

　また、海信日立は高い研究開発能力をもっている。海信日立は200人の研究開発技術者と30室の試験室、完備された研究開発管理体系を擁している。そして、海信日立には十数年の研究開発の経験があり、博士の学位取得者と日本人の技術専門家を主とする研究開発のチームを擁している。こうして研究開発から営業までカバーしており、経営自主権が与えられているのも海信日立の特徴である。

3．多国籍企業論と海信日立の事例

　本節では、多国籍企業と国際経営に関する代表的な理論など、先行研究を検討し、海信日立の画期性を考察する。

（1）　多国籍企業論の検討[9)]
海外進出企業の「優位性」

　多国籍企業の経営活動に関する議論は比較的新しく、1960年代以降一連の理論が登場した。その嚆矢はハイマー（Hymer［1960］）の優位性論である。ハイマーによれば、海外に進出した企業は本来、地元企業に対して不利なはずなので、外国企業であることの不利を克服するためには、地元企業を上回るなんらかの優位性を有している必要がある。この優位性の源泉となるのは、

企業や製品のブランド、製品開発力、生産技術、マーケティング力などの能力で、加えて経営者の企業者としての能力も有用な源泉となる。ハイマーの仮説は、以降、多国籍企業理論の基礎となる「優位性」の問題として認識され、国際経営論でももっとも重要な論点の一つとなった。

プラハラードとドーズのフレームワーク

プラハラードとドーズ（Prahalad and Doz [1987]）は、グローバル統合（Integration）と現地適応（Local Responsiveness）の二つの「相反する要因」の組み合わせが産業により異なることを明確にした。グローバル統合とは、海外拠点の数が次第に増えるに従い、企業全体としてのまとまりを維持し、効率性を向上させることが重要であることを意味する。これに対して、現地適応とは原材料、人材、資金などを現地で調達することの重要性を指す。組織全体として、海外各拠点の現地化を進めるほど、組織全体としてのまとまりはつきにくくなり、全体としての効率性は低下する。つまりグローバル統合と現地適応は基本的には二律背反の関係にあるが、海外進出に成功している企業は二者を択一的に取り扱うのではなく、企業戦略のレベルで両者の最適バランスを見出し、積極的に活用している、と彼らは指摘する。

経営資源の海外移転論

日本企業の多国籍化に関しては、日本的経営システムという経営資源を海外へ移転することについて論じる研究が多い。多国籍企業は、海外で事業を展開する際に自らの経営資源を海外に移転する必要がある。ここでの経営資源とは、ヒト・モノ・カネ、もしくは情報も含まれる。そして工場や生産設備などのハードウェアのみならず、生産技術や知識、ノウハウ、もしくは経営管理システムなどのソフトウェアも含まれている。先進諸国の企業は、自らの生産技術や経営ノウハウなどの競争優位性を十分に発揮するために、こうした経営資源を海外子会社に移転する。一方、移転先の国々は、先進国からの直接投資、生産技術、管理システムの導入を積極的に行い、そして、外資の導入によって、出遅れていた自国産業の近代化を図ることができる[10]。

結局、経営資源を移転する先進国と移転の受け入れ側の発展途上国は、とも
に経営資源の移転を望んでいる。ただし、経営資源の移転は必ずしも順調に
進むわけではない。企業の経営資源とその優位性は、自国の社会的、文化的
要素に強く依存しており、それを基盤としながら成り立っている。先進国企
業は、発展途上国の企業に対し経営資源の優位性をもっている。その場合、
移転側は受け入れ側よりも重要な役割を果たし、その意味では進出側は主導
的な地位にあり、受け入れ側は従属的な地位にある、と一般的には認識され
ている。

国際経営の現地化論

現地化論では、企業が国際経営を展開するには、ヒト、モノ、カネなどの
経営資源の現地化を推進しなければならないと強調している。海外子会社の
現地化、とくに経営幹部の現地化が遅れているという指摘がしばしばある。
海外子会社の場合は、現地人が意思決定の過程に必ずしも十分に参加してお
らず、親会社の国際化もそれほど進んでいないという問題も指摘されている。
国際経営の現地化、とくに経営幹部の現地化は、海外現地法人子会社の業績
と直接に関係するといわれている。日本企業の海外子会社における経営者は、
その大部分が日本人で、現地人がトップ経営者の座に就く海外子会社数は非
常に限られている。このような現状に対し、現地子会社のトップ経営者の現
地化はとくに重要になる、と強調している（吉原［1996]）。

グローカル経営論

国際経営に関するもう一つの視点はグローカル経営論である。グローカル
経営とは、グローバルな経営戦略とローカルな現地化の同時達成を唱えるも
のである（根本［2004]）。近年、ビジネスあるいは企業経営の分野のみならず、
政治・経済をはじめ、芸術・文化・スポーツなどの多様な分野でも、ますま
すグローバル化が進んでいる。一方、経営の現地化、すなわちローカリゼー
ションが不可欠であるとの認識も示され始めている。グローカリゼーション
ということばは、「グローバリゼーション」と「ローカリゼーション」を組

み合わせた造語である。それは「Think Global, Act Locally」＝「グローバルに考え、ローカルに行動する」という意味である。国際経営において、この「グローカル経営」は重要な概念として位置づけられ、グローバル化とローカル化の両立は大きな課題である。「グローバルに考え、ローカルに行動する」という両側面を同時に視野に入れ、その矛盾を巧みに乗り越える方向は、グローカル経営論の核心となっている。日系企業の現地活動を考察する際、このグローカル経営論は一つの重要な視点となる。ただし、どのようにローカルに行動するか、という問題に対する具体的内容は、個別の事例研究を積み重ねることによって研究を深める必要がある。

「適用」と「適応」のハイブリッド経営モデル

　日本多国籍企業研究グループは、「適用」と「適応」のハイブリッド経営モデルを提唱している（安保［1994］）。同グループは、日本の経営風土で生まれた日本的経営・生産システムを経営環境の異なる海外に移転することが可能かどうかについて長年にわたって研究し続けてきた。日本的経営・生産システムは、柔軟な作業組織や技能形成、全員参加型の品質管理や設備保全、長期相対型のサプライヤー関係などの特徴をもっている。それらの強みをもつ現場主義的な管理運営システムは、どのような形で現地に移転され、定着するのか。あるいは、日本的システムの強みを導入しようとする外国企業は、どのような条件の下でそれを可能にすることができるのか。具体的には、日本方式を持ち込むことが可能な場合を「適用」とし、現地の方式にあわせて修正する場合を「適応」としている。同モデルは、日本的経営・生産システムを移転し評価する国際標準の一つとなり、同研究グループの三十数年間におよぶ世界各国における調査研究では、現地に進出する日本企業は、例外なく日本方式と現地方式を混合しハイブリッド工場になるという結果が観察されている。これらの結果に裏づけられた同グループの研究は、日本企業の海外現地生産の実態を把握するうえで非常に優れたものである。しかし、国際経済環境の変化が激しい時代に、なぜ現地に進出する企業の適用度の度合いが異なっているのか。また、それをもたらす根本的な原因はなにか。さらに、

この「適用」と「適応」の度合いは企業のパフォーマンスとどのような相関関係があるのか、さらに追求する余地がある。

競争優位の戦略的提携論

海信日立の事例を考察するうえでは、多国籍企業論だけでなく、競争優位の戦略的アライアンスという視点も導入することが有効である。それは、持続的な競争優位を達成するためには、ライバル企業もしくは潜在的なライバル関係にある独立した企業どうしが、公式的あるいは非公式的に提携し、相互的に長期志向的な企業間関係を構築する必要がある、という見方である（牛丸［2007］）。

対等株式持合信用関係論

中国の劉素らは海信日立の事例にもとづき、対等株式持合関係下の企業の動態変化を検討した。彼らの視点は、資源の相互依存性と文化の類似性は、対等出資を決める要因であり、企業を運営する成功の要因である、というものである。合理的かつ有効的な企業のガバナンスの設計は、双方の利益を維持し、資本運営のリスクを軽減し、相互信頼を強化し、合弁企業を有効に運営するための制度上の保証となる。企業の発展段階に応じ、双方の理解と信頼を深めることは、合弁企業の自主性拡大に、自主経営は市場環境の変化および会社運営に対する柔軟な対応を可能にし、企業の成長に有利である、と主張している（劉素［2014］）。

以上に示した既存の研究と理論を念頭におきながら、以下、海信日立の事例から得た示唆を整理し、新しい研究視点を提起する。

（2）　海信日立の画期性

海信日立のケースは先に示したいくつかの多国籍企業の枠組みに必ずしもうまくフィットしない。本節では、多国籍企業の理論と諸視点を吟味しながら、事例から得た示唆をまとめ新しい理論的枠組みを提示する。

理論の吟味

多国籍企業理論に関する従来の視点は、経済学的アプローチによる「優位性論」に立脚し、当該企業の海外進出について、ハイマーやダイニングなど多国籍企業の優位性を海外直接投資の説明要因として強調し、現地側の優位性をあまり視野に入れておらず、あるいは、比較的軽視する傾向があった。

経営資源の海外移転論は進出企業の経営資源の移転に着目し、進出する企業が現地でどのように優位性を保つのかに関心をもっているが、基本的に進出側の優位性と役割が強調され、現地側のパートナーにも優位性がありうるという視点が欠落している。

現地化論の提唱者たちは、進出側の優位性よりも現地側の有利性を強調する。この点が強調されるあまり、ときには現地化が強行され、進出側の優位性を損なう傾向さえもある。経営トップの現地化についても、トップ経営者に現地人を登用することに関心があるだけで、肝心の経営者の能力に対する配慮に欠ける場合もある。

グローカル論（Think global, act locally グローバルに考え、ローカルに行動する）は投資側と現地側という両方の要素に着目している。つまりグローバルな視点で問題を考え、同時に当該進出企業が現地にしっかり根付くことを提唱している。その意味では、バランスの良い概念として評価に値するが、実際にどのような点で両者に配慮し、具体的なルートと方法はなにかなどの、実証研究が必要である。

「適用・適応」論は、日本的経営・生産システムの海外移転を研究するための、有効な枠組みである。日本的経営・生産システムの海外での適用と適応により、海外でハイブリッド経営を行うことは、基本的に多国籍企業の優位性論を継承しつつ、現地側の要素も視野に入れている。しかし、この理論枠組みも基本的には優位性が投資側にあり、投資側の優位性を現地に移転しなければならない、いわゆる「適用」である。一方、現地側の社会的、文化的な要素の影響を受け、投資側の優位性が移転できない場合は現地の要素にあわせ、現地方式を採らざるをえない、いわゆる「適応」の側面もある。この視点は現地側の要素の重要性を認めるものの、強い優位性は依然として移

転側にあると考え、現地側の優位性を積極的に取り入れるという視点に乏しい。

競争優位戦略提携論の核心は、戦略的に提携することよりライバル企業同士は競争優位を獲得することができる、という点にある。現実には、競争優位の獲得を目指すためのライバル企業間の提携関係の構築により、成功する企業もあれば、失敗する企業もあり、その道は平坦ではない。その原因を追求するために、個別企業の事例研究を積み重ねることによって初めて真の競争優位を構築するための戦略的提携の道を発見することができるのである。

対等株式持合信用関係論の画期的な点は、進出側と現地側の信頼関係を構築し強調する点にある。しかし、資源をどのように共有し、いかに融合するのか、新しい競争優位をいかに構築するのか、その要素はなにかなどを、さらに明らかにする必要がある。

以上の各理論の枠組みの貢献と限界を念頭におきながら、以下、事例から得た示唆を整理し、新たな研究視点を提起する。

事例からの示唆

海信日立の事例からは、下記のような示唆を得ることができる。

まず、優位性と業績については、日本の日立と中国の海信が対等投資により設立した合弁企業である海信日立は、十数年の間に強い競争優位を形成し、中国市場で強い競争力を示し、高い業績を達成した。

優位性の共有に関する相乗効果については、競争優位は投資主体たる両親会社の有する強い優位性を継承した結果として得られる相乗効果によって形成されている。日立の優位性は、高い製品開発力と生産能力、品質管理能力、現場改善能力などにある。海信の優位性は、人的資源管理、人材育成能力、強力な市場開拓能力などである。加えて、双方の優位性は補完的である。双方の共通点は、人材を大事にし、技術を重視し、誠実で信用を重んじる社風・企業文化にある。このように海信日立は、親会社の理念と文化を継承することで、優れた企業文化を形成しているのである。

次に、双方の優位性の結合は、単なる混合ではない。双方の優位性は合弁

第Ⅱ部　中国経済の発展フレームワークの変貌と転換

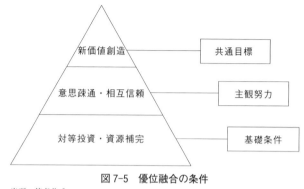

図7-5　優位融合の条件

出所：筆者作成。

企業である海信日立で有機的な融合を実現した。海信日立は独立自主の経営権および完全なバリューチェンを擁するもとで、双方の親会社から最大限に優位性を継承し吸収したうえで、独自の優位性を形成している。

　なお、双方の優位性を融合させるためには三つの前提条件がある。第一に、双方が対等な投資を行い、投資者双方が海信日立に対し同等の発言権をもつこと。会社定款のなかに意思決定のプロセスが詳細に決められ、重要な意思決定は取締役会で3分の2以上の賛成がなければならないと規定している。つまり二大株主の意見は一致する必要があり、どちらも一方的に取締役会をコントロールすることはできない。これにより、制度上、二大株主間には密接なコミュニケーションが要求され、協力し合わなければならず、対立は許されない。第二は、会社の経営陣のポストには双方がそれぞれ各自の優位性を代表できる人物を派遣し、自らの優位性を十分に発揮し、有効な運営と管理を行うことである。優秀な経営管理者たちは、十分なコミュニケーションをとり、密接に協力しあうことにより、それぞれの優位性を十分に融合し、相乗効果をもたらすことが期待されるのである。第三は、目標が一致していることである。合弁事業を通じてそれぞれの親会社の利益を実現することよりも、合弁企業自身の競争力を向上させ、顧客に最大の価値を提供するという事業目標を共有することである（図7-5）。これは海信日立のケースから得た最大の示唆であり、合弁企業を成功へ導いたもっとも重要な優位性である。

第 7 章　日中合弁企業のペア・マネジメント

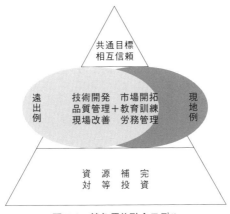

図7-6　競争優位融合モデル
出所：筆者作成。

これも新しい段階における日中合弁企業の新たな協力形態であり、海信日立の画期性といえるのである。

新しい視点

　上記の理論検討と事例考察を通じて、われわれは下記の新しい考察の枠組みを得ることができる。これを競争優位融合モデルと呼ぶことにしよう（図7-6）。ここではとくに合弁双方の優位性の融合を強調する。従来の先行研究のように進出側の片方の優位性を強調することとは異なる。とくに事例では中日企業の双方が優位性をそれぞれもち、経営資源の相互依存性が強く、補完性が高いことが観察され、そのうえ、企業文化の類似性をベースに対等投資に踏み切り、十分なコミュニケーションにより意思決定を行い、相互理解と信頼関係づくりに力をいれ、双方の優位性を融合し、相乗効果を上げることにより新しい優位性を形成したのである。もっとも重要なことは、共通の理念と共同の目標を目指して、市場での価値創造の最大化を実現したことである。

　こうした海信日立の実践は、新しい時代に中国で事業を行う日系企業に対して有益な手本を示している。1980〜90年代の日中合弁企業では、日本側には自社ブランド製品の中国での拡販や中国の低廉な労働力の利用といった

第Ⅱ部　中国経済の発展フレームワークの変貌と転換

目的があり、中国側には社内の遊休資源の活用という目的があり、双方の目標は一致しなかった（丸川［2014］）。海信日立は事業目標を双方の親会社が共有している点で画期的な意義がある。そのうえ、海信日立は従来の多国籍企業論、とくに先進国から途上国への直接投資に関する議論では見落とされていた現地側パートナーの優位性に着目することの重要性を示唆している。経営資源の補完性が高く、企業文化においても多くの類似性をもつ 2 社が対等投資によって双方の優位性を融合し、共同の目標を追求するという新たな協力形態がここに見出されるのである。

おわりに

　企業が海外進出を果たしビジネスを行う際、進出側と受け入れ側の相互理解・相互信頼の関係を築くことは至極、当然のことと考えられる。しかし現実には、相互不信や軋轢の発生による失敗例が少なくない。すでに述べたとおり、従来の多国籍企業論では進出する側の優位性が強調されていたし、逆に経営現地化の主張ではとにかく現地化するほうが有利だと主張されており、進出側と受け入れ側双方の優位性の融合に関する研究は少ない。

　本章では、事例考察と理論検討を通じて、日中合弁企業のなかで中国市場で成功を収め、強い競争力を獲得する新たなモデルを発見した。それは進出側と受け入れ側が対等投資を行い、信頼関係づくりに力を入れ、共通の理念と目標をもち、十分なコミュニケーションを行い、双方の優位性を融合することで合弁企業の新たな優位性を形成し、相乗効果を発揮することにより市場での価値創造の最大化を達成するモデルである。この新しいモデルはペア・マネジメントによる競争優位融合モデルと呼ぶことができ、「相互信頼優位融合」という八つの文字で表現できる[11]。そのイメージを図7-6で示している。

　このモデルは、ペア・マネジメントという概念を強調し、進出する日本企業側と受け入れる中国企業側という双方の当事者が、相互理解・相互信頼の関係づくりに努力し、この基礎の上に双方の優位性を融合し、相乗効果をあ

208

げることによって、企業の高い競争力を実現する国際経営の理想的なモデルの一つである。この「相互信頼優位融合」によるペア・マネジメントこそ、中日合弁企業の競争優位の本質である。

　この日中企業の新しいビジネスモデルはグローバル経済時代に、企業が市場で生き残るための真髄であり、実践的な意義も大きい。これも日中企業が協力しあう、新しい段階における新しい形態である。広い意味では日中両国の協力関係を再構築し、ウィン・ウィン関係を実現するという観点においても大いに参考になり、またそうなることを筆者一同願っている。

　本章では一つの事例分析にとどまったが、今後さらに多くの事例を発掘するとともに、日中合弁企業の失敗事例とも比較し、優位性の融合が成功する条件を明らかにしていきたい。

〔謝辞〕本章は範大鵬・時晨生・郝燕書「日本企業と中国企業の新たな協力形態——海信日立の事例を中心に」(『アジア研究』アジア政経学会、第 60 巻第 4 号、2014 年 10 月) をベースに修正し加筆したものである。執筆にあたり丸川知雄教授から貴重な助言とコメントをいただいた。深くお礼を申し上げる。

〈注〉
1)　日中企業の分業関係と協働関係の変遷については、丸川［2014］を参照。
2)　海信の企業成長史について、詳細は郝［2011］を参照。
3)　1 台の室外機に複数の室内機を接続し、室内機を個別に運転できるものをマルチエアコンという。
4)　『中外合資経貿企業合営期限暫定規定』により合資企業の最長年限は 50 年である。
5)　海信日立の株主構成については、さらに細分すると、日立 AP が 29%、台湾日立が 20% を占めている。事実上、台湾日立は会社のガバナンス上で終始日立 AP と高度な一致を保っている。本章では簡潔明白のために、特別に台湾日立を明記せず、統一的に日立 AP により表現している
6)　中国の行政区域は省⇒地区⇒県⇒郷と鎮⇒村という 5 級に分けられている。
7)　211 大学とは中国教育部が指定する 21 世紀の一流の大学を指す。全国には 100 ほどの大学を含む。
8)　たとえば、種々の原因で夫婦が別の場所に住んでいること、家族の病気など日常生活で困っていること、悩んでいることを指す。
9)　企業の国際化および多国籍企業の既存理論の検討について、詳しくは鷲見［2013］を参照。
10)　経営資源の海外移転に関する詳細の検討は、董［2007］を参照。

第Ⅱ部　中国経済の発展フレームワークの変貌と転換

11)　ペア・マネジメントについての詳細は、時［2008］を参照。

〈参考文献〉

安保哲夫・板垣博・上山邦雄・河村哲二・公文溥［1991］『アメリカに生きる日本的生産システム——現地工場の「適用」と「適応」』東洋経済新報社。

牛丸元［2007］『企業間アライアンスの理論と実証』同文舘出版。

郝燕書［2006］「異文化経営におけるトップマネジメントの役割——日系企業の人材育成の事例を中心に」鈴木茂編『東アジアの経済発展とグローバル経営戦略』晃洋書房。

————［2011］「中国電機企業の技術創新能力の蓄積と形成——海信集団の事例を中心に」上山邦雄等編著『「日中韓」産業競争力構造の実証分析——自動車・電機産業における現状と連携の可能性』創成社。

時晨生［2008］『中国における日系企業のペア・マネジメント——東芝の中国事業展開の事例研究』文京学院大学経営研究科修士課程卒業論文。

鷲見淳［2013］「企業の国際化」明治大学経営学研究会編『経営学への扉（第4版）』白桃書房。

董光哲［2007］『経営資源の国際移転——日本型経営資源の中国への移転の研究』文眞堂。

根本孝編著［2004］『グローカル経営——国際経営の進化と深化』同文舘出版。

馬越恵美子［2000］『異文化経営論の展開』学文社。

丸川知雄［2014］「日本企業の中国事業——中国側との協力関係の変遷」『アジア研究』アジア政経学会、60(4)。

吉原英樹［1996］『未成熟な国際経営』白桃書房。

李捷生・郝燕書・多田稔・藤井正男［2015］『日系企業の人事・労務管理—人材マネジメントの事例を中心に』白桃書房。

（英語文献）

Dunning, John H. and Sarianna M. Lundan［2008］*Multinational Enterprises and the Global Economy*, 2nd edition, Northampton, MA: Edward Publishing.

Prahalad, C. K. and Yves Doz［1987］*The Multinational Mission: Balancing Locao Demonds and Global Vision*, The Free Press.

Hymer, Stephen H.（1960）*The International Operations of Nation Firms: A Study of Direct Investment*, Ph. D. Thesis, MIT Press.

（中国語文献）

劉素［2014］「対等股权下股东控制关系的动态变化」『中国工业经济』2014年1月1号。

第Ⅲ部

インド、メキシコ・ブラジル、東南アジアの経済成長戦略の変貌と転換

第8章

東南アジアにおける産業編成の転換
—— 自動車産業を中心に

折橋伸哉

　2012 年に、当時の野田内閣が尖閣諸島を国有化したのを契機に、日中の政府間関係は国交正常化以来最悪の状態に陥った。影響は政治だけにとどまらずに経済にも及び、一時は中国の消費者の間で、日本メーカー各社の製品を敬遠する動きさえもみられた。一連の動きは日本企業各社にとって、中国事業についての大きなリスクとして認識された。

　そうしたなかで、日本企業にとって「チャイナ・プラス・ワン」としてのASEAN の重要性が高まっている。むろん、先述の政治面の要因だけではなく、中国においては、賃金の急速な高騰および人材不足が顕在化してきており、輸出専用工場の立地先としての魅力が急速に失われてきていることも背景にある。

　本章では、自動車産業に焦点を絞り、こうした環境変化のなかで、東南アジアにおいてどのように産業編成が転換してきているのか、そしてその背景について概観していきたい。そのうえで、今後の展望について私見を述べたい。

1．日本の自動車メーカーにとっての ASEAN

　まず、日本の自動車メーカー各社にとって、ASEAN がどのような存在なのかを確認しておきたい。詳しくは、拙前著を参照いただきたい（折橋[2013] など）。

　第一に、各社は ASEAN において他の地域よりも長い期間にわたって操

業をしてきた。トヨタなど進出時期が早かったメーカーは、1960 年代初頭
にはすでに自動車の組立を開始していた。そのため、ASEAN 諸国における
日本の自動車メーカーのブランド・ロイヤルティはおしなべて高く、タイや
インドネシアなど、その市場占有率が日本国内よりもむしろ高い国さえある。
　第二に、市場規模は経済成長とともに拡大しており、その戦略的重要性は
飛躍的に増してきている。日本メーカーにとっては、中国市場よりもむしろ
大きい。2012 年には、ASEAN において 270 万台を売り上げたのに対し、
中国での販売台数は 250 万台であった。この背景には、冒頭で述べた政治的
な要因も大きく作用している。このように、日中関係の悪化は、日本企業に
とっての ASEAN の重要性を一層増しているのである。

2．日本自動車メーカーの ASEAN 事業のあゆみ

　次に、日本の自動車メーカーの ASEAN 事業の沿革を概観していく。

（1）　アジア通貨危機以前

　1960 年代以降、日本の自動車メーカー各社は、ASEAN の主要国におい
てそれぞれ小規模なノックダウン工場を設立・運営してきた。各国が当時と
っていたいわゆる輸入代替工業化政策に対応したものであった。当初はすべ
ての部品を日本から運び、組立作業だけを現地で行っていたが、現地での組
立台数の増加に加え、各国がその後導入した国産化規制への対応などから、
次第に関連部品メーカーの進出が進み、部品の現地調達率を徐々に高めてき
た。
　1980 年代末以降、ASEAN 域内の貿易について関税を低減するスキーム
が段階的に導入された。1988 年に最初に発効した BBC（Brand to Brand
Complementation）は、域内の自動車部品貿易について、2 国間の輸出入を
均衡させるといった要件を満たせば、関税を半減するといったものであった。
政府間の思惑の違いなどからなかなか認可が下りないなど、使い勝手はけっ
して良いものではなかったが、とりわけ各国にすでに生産拠点を展開してい

たデンソーは、アジア通貨危機以前の早い時期から、従来は各国でそれぞれの国内拠点向けにフルラインナップを多品種少量生産していたのを見直し、各国に各部品の生産を集約し、域内の分業体制を整備しようとしていた。もっとも実際に認可が下り、域内分業が実行に移されたのは、アジア通貨危機後に AICO（ASEAN Industrial Cooperation Scheme）が本格化した 1998 年以降であったが[1]。

（2） アジア通貨危機とその影響

1997 年のアジア通貨危機は、日本の自動車メーカー各社の世界戦略における ASEAN 事業の位置づけを大きく変化させた。拙前著（折橋 [2008] など）ですでに詳述したとおり、危機に伴って著しく低下した稼働率を回復させるため、タイにおける生産拠点を中心に、各社とも軒並み本格的な輸出を開始した。それが、各社の現地生産拠点における製造現場の競争力を飛躍的に高め、国際分業を担いうる存在へと脱皮させたのである。

また、先述のように、アジア通貨危機に伴って、ASEAN 各国政府は国内工業の維持についての危機感を強め、その結果として、ASEAN 域内の部品の相互融通についての認可が従来よりも円滑に下りるようになった。これには、域内生産工場を支援し、その撤退を思いとどまらせる狙いもあったものと推察できる。

（3） タイのみが世界分業の一翼に

こうして、2000 年前後には、日本の自動車メーカーのタイ工場は、軒並み 1 トンピックアップトラックなどの小型商用車の輸出を本格的に行うようになっていた。生産台数の急増に伴い、部品メーカーのタイへの新規進出・工場増設なども相次ぎ、その自動車関連の裾野産業の集積は、ASEAN 域内で群を抜くようになってきた[2]。さらに、そのグローバル戦略上の地位をさらに高めることになったのが、トヨタ自動車が展開した IMV（Innovated International Multi-purpose Vehicle）プロジェクトであった[3]。

IMV プロジェクトにおいてトヨタは、従来は国によって多様化していた、

第Ⅲ部　インド、メキシコ・ブラジル、東南アジアの経済成長戦略の変貌と転換

表8-1　タイ国内のメーカー別自動車生産能力（単位千台）

メーカー	乗用車	ピックアップトラック	その他	総生産能力
トヨタ	300	450	18	768
三菱	200	310		510
ホンダ	420	—		420
日産	220	150		370
いすゞ		300	30	330
Auto Alliance（フォード・マツダ）	140	100		240
GM	40	120		160
フォード	150			150
スズキ	100			100
その他	174	10	52	236
合計	1,744	1,440	100	3,284

出所：フォーイン［2015］および JETRO バンコク提供資料をもとに筆者作成。

海外向けのピックアップトラック、多目的車について、より大型のフルサイズピックアップトラックが主流である北米向けを除いて車台を統一し、タイトヨタをその中核拠点として世界規模での新たな供給体制を構築しようとした。日本ではその完成車生産を行わないのはもちろん、ベース車ももたず、部品もほぼ100％日本国外で調達することを目標にした。海外の生産拠点を有機的に結び付け、世界最適開発・調達・生産を進めることで、飛躍的に競争力を高めるのを狙った（折橋［2013］）。このプロジェクトは、大成功であったと評価されている。

　その一方で、タイ以外の国においては、スハルト独裁政権の崩壊とそれに引き続いた政情の不安、さらにそれに伴う国内経済の立ち直りの遅れに見舞われたインドネシア、国民車政策にかなり長い間引き続きこだわったマレーシアなど、それぞれ事情は違うが、タイでみられたような輸出拠点化への動きはなかった。ただし、トヨタは、同社インドネシア工場を、先述のIMVシリーズの一角を占めるミニバンタイプ、そしてそれに搭載するガソリンエンジンのベースとして位置づけた（タイは、ディーゼルエンジン中心）。

（4）　タイ自動車産業のさらなる成長への挑戦──エコカー政策

　タイ政府は、国内自動車産業の大きな柱として成長してきた小型商用車に加えて、小型乗用車を第二の国内自動車産業の柱とすることを目指し、2000年代半ばよりエコカー政策を推進してきた。この政策は、以下の五つの条件をすべて満たす場合、8年間にわたって法人税が免除となるのに加え、機械設備の輸入関税免除、原材料・部品関税を2年間で90％減免するとともに、物品税を17％に減免するといったものであった。

　第一に、ガソリン（または軽油）1ℓで20km以上走り、二酸化炭素の排出量は1km当たり120g以下で、排気量1300cc以下（ディーゼルの場合1400cc）の小型乗用車を生産すること。この条件を満たす小型乗用車は「eco car」に分類され、物品税は17％に抑えられる（同クラスの非「eco car」は30％）。

　第二に、投資額が50億バーツ以上であること。

　第三に、エンジンの主要5部品（シリンダーヘッド、シリンダーブロック、クランクシャフト、カムシャフト、コネクティングロッドなど）のうち4部品についてタイ製を使用していること。

　第四に、5年以内に年間10万台以上を生産すること。

　第五に、排出ガスがEuro 4を満たしていること。

　この政策を受けた参加各社の動きを概観する。

　日産は、2010年に小型乗用車マーチの生産を日本国内向けも含めて追浜工場から全面的に移管して生産を開始した。加えて、2011年からアルメーラ（セダン）もエコカー認定を受けて生産している。

　ホンダは、2011年に新興国向け戦略車ブリオの生産を開始し、2012年にはセダンのアメーズを追加している。

　三菱は、既存のラムチャバン工場の近隣（同じラムチャバン工業団地内）に用地を確保してエコカー専用工場を建設して、2012年初頭からミラージュの生産を開始し、日本にも輸出している。今回は既存の工場とは違って外注化を徹底せず、プレス工程からの一貫工場である[4]。2013年にはセダンのアトラージュを追加した。

第Ⅲ部　インド、メキシコ・ブラジル、東南アジアの経済成長戦略の変貌と転換

スズキは、従来は二輪車のみを生産していたが、スイフトがエコカーに認定され、四輪車の生産をラヨーン地区に新設した工場において 2012 年から開始した。2014 年には、セレリオを追加した。

最後に生産開始したトヨタは、ヤリスがエコカーに認定され、タイにおける乗用車生産拠点であるゲートウェイ工場に、2013 年に第 2 ラインを新設して生産していた（折橋 [2013] など）。

タイ政府は、このようにエコカー政策の第 1 期が成功を収めたのを受けて、2013 年 8 月からその第 2 期の募集を行った[5]。第 1 期との主な違いは、次のとおりである。

第一に、最低必要投資額が 50 億バーツから 65 億バーツに引き上げられた（新規参入の場合）。なお、第 1 弾にも参加した企業の場合は、50 億バーツである。

第二に、年間 10 万台の生産規模を達成するまでの期間が 5 年から 4 年に短縮された。

第三に、排出ガスの規制も、Euro 4 から Euro 5 へと厳しくなった。

第四に、二酸化炭素の排出量が、1 km 当たり 100 g 以下に厳しくなった（第 1 弾は、同 120 g 以下だった）。

第五に、法人税の免除期間が、8 年から 6 年へと短縮された。ただし、金型および部品分野に一定額以上の投資を行えば、最大 2 年間延長されることになっていた（フォーイン [2015]）

第六に、物品税は 14％（E85 対応車は 12％）と、減免幅が拡充された。

このように参加要件は大幅に厳しくなったが、2014 年 4 月にタイ政府投資委員会（BOI）は、第 1 弾に参加した 5 社（日産、ホンダ、トヨタ、三菱、スズキ）がいずれも再参加するのに加えて、5 社が加わって計 10 社から参加の申請があったと発表した[6]。仮にすべてが申請通りに稼働した場合、タイの自動車生産台数はさらに飛躍的に増加することが見込まれていた[7]。

なお、第 2 弾から参加した企業のうち、唯一の日系メーカーであるマツダはタイをピックアップトラックおよび小型乗用車（エコカー）を中心とした世界第 2 の生産ベースに位置づけ、1998 年から完成車の生産を続けている

218

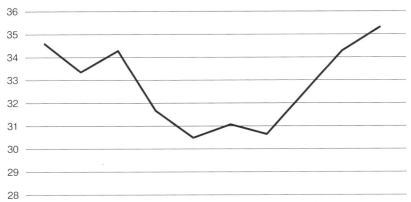

図8-1　タイバーツの対ドル為替レート

出所：JETRO。

フォードとの折半出資合弁会社、オートアライアンスタイランドに加えて、チョンブリー県にエンジン20万基およびスカイアクティブトランスミッション40万基を生産する能力のある生産拠点を設けた。2015年初頭よりまずはトランスミッションの生産を開始している。トランスミッションについては、タイ国内のみならず、マレーシア、ベトナム、メキシコ、中国など、マツダの世界中の生産拠点に供給されているという[8]。

（5）タイ自動車産業の抱える課題

タイ自動車産業の抱えている課題については拙前著（折橋［2013］）ですでに述べたが、現在もそれらの課題は解消することなく、むしろより深刻化してきている。以下では、前著での記述を引用しつつ、近況を加筆して述べていく。

第一に、部品メーカーのレベルアップが依然として課題である。とくに純粋タイ資本、二次以下においてそうである。

第二に、主に車体の外板に使われる高張力鋼板をはじめ、主要素材・原料のタイ国内での調達が依然として困難であり、日本、韓国、中国などからの輸入に依存していること。そもそも、タイ国内には高炉がなく、すなわち製

第Ⅲ部　インド、メキシコ・ブラジル、東南アジアの経済成長戦略の変貌と転換

銑工程すら存在していない（川端［2008］）。

　第三に、リーマン・ショック後の一時期は経済が落ち込んだが、図8-2 に
みられるように、比較的短期間で国内景気そして輸出は回復し、各社とも生
産規模を拡大させた。ただ、拡大していたのは、自動車産業だけではない。
各産業において、超円高の影響などでタイへの工場進出が相次いだ。したが
って、労働需給が逼迫し、かつてアジア経済危機前に見られたような転職ブ
ームの再燃が現実のものとなっている。すなわち、藤本隆宏らが指摘した
（藤本ほか［2009］）タイの強みである「安価な多能工」の喪失の危険性が高ま
っている。とくに、「世界の工場化」に伴う、エンジニア不足の深刻化が懸
念される。また、すでに建設現場など、タイ人に不人気のいわゆる 3K 職場
は多くをカンボジア、ミャンマーなど近隣諸国からの出稼ぎ労働者に依存す
るようになっていたり、実際に生産現場の応募倍率が低下したりしてきてい
るように、直接労働者の確保が次第に難しくなってきている。すでに、郊外
においては、比較的に賃金が高めで人を集めやすい自動車組立現場において
も作業者の確保が困難なところが出てきていることが、筆者が 2013 年に実
施した現地実態調査を通じて明らかになっている[9]。

　加えて、主要貿易港であるラムチャバン港がパンクしてしまう恐れもある。
また、輸出が増大し、国際収支が向上すると、将来的にはバーツ高も考えら
れる。2012 年までの急成長はアジア通貨危機以来のバーツ安に支えられて
いた面も大きいため、その局面にも耐えられるだけの実力をつけておく必要
がある。実際に図8-1 のように、直近では政情不安の影響で伸び悩んでいる
が、対ドルではバーツ高基調である。

　第四に、中国・インド・インドネシアの台頭。いかに競争力を高め、独自
色を打ち出して共存するかが課題である。基本的には、「ものづくりの組織
能力」を高め、すり合わせ製品の国際分業の一翼を任されることで生き残り
を図るしかなく、それだけの能力は十分にあると考える。

　第五に、昨今の国内政情不安。万一、産業政策にブレが生じた場合、カン
トリーリスクと捉えられ、新たな投資に冷や水を浴びせる恐れがある。

　その一例が、2011 年 9 月 16 日から 2012 年 12 月 31 日まで、当時のイン

ラック政権によって実施された First car buyer program である。この政策
では、購入自動車が以下の条件を満たし、かつ初めて自動車を買う人に対し
て最高 10 万バーツの税金が還付された[10]。

・排気量が 1500cc 以下の乗用車
・ピックアップトラックについては排気量に制限はないが、車両価格が
　100 万バーツ未満

　還付金は、自動車を 5 年間継続保有する条件で、車両登録後 1 年後に受け
取ることができる。このスキームを利用して、約 125 万台分の注文がなされ
た一方で、実際に納車されたのは約 110 万台だったという。
　なお、この政策は需要を先食いし、その反動と政情不安とで 2014 年の執
筆日現在、タイでは自動車の販売不振が続いている。
　第六に、国内生産メーカーはすべて日・欧・米出身の多国籍自動車企業で
ある。当然のことながら、それぞれの世界戦略は通常出身国にあるグローバ
ル本社で決定される。ということは、タイにおける生産拠点が比較優位を失
った場合、撤退もありうる。
　第七に、国内自動車市場における 1 トンピックアップトラックの比重が近
年じわじわ低下してきている。商用車から乗用車への需要のシフトは、モー
タリゼーションの進行に伴い、これまでも各国で共通してみられてきたごく
自然な現象である。しかし、これまでのタイ自動車産業の成長は国内でも旺
盛な需要がある 1 トンピックアップトラックとその派生車種の輸出に支えら
れてきた側面があり、これまで輸出拠点化を支えてきた一要素の消失となる
可能性もある（ただし、直近は景気低迷もあってピックアップトラックのシ
ェアがやや持ち直し気味である）。
　なお、これに関連して、タイでは 2016 年 1 月から自動車物品税制が改訂
された。新税制の税率表をみる限り、ピックアップトラックに対する優遇税
制は維持されたが、CO_2 排出量基準が加わり、内燃機関の燃焼効率の改善
が強く求められている。また、乗用車ユースで人気の高いピックアップトラ

第Ⅲ部　インド、メキシコ・ブラジル、東南アジアの経済成長戦略の変貌と転換

ックベースの SUV が最少５％増税されるのも、ピックアップトラックメーカーにとってきわめて痛いところである。このように、メーカー間の競争環境、ひいては各社の競争戦略にかなりのインパクトを与えている。

　第八に、2011 年秋の大洪水による甚大な被害は、タイ政府の対応の拙さも含め、タイの生産拠点としてのリスクを全世界的に印象づけた。ただ、自動車産業に限っていえば、ホンダを除いて洪水による直接被害を免れていることや、他産業と比較して生産設備の移設に多額のコストがかかることなどから、ただちに流出することはなかった。甚大な被害を受けたホンダも、浸水した生産設備を更新することを余儀なくされたものの、2012 年春に稼動を再開した。しかしながら、前述の人材供給面での不安、さらに 2015 年頭のタイ投資委員会（BOI）による新投資奨励制度の導入もあって、これまでよりも大幅に恩典が削られた自動車産業では、ティア２以下を中心に、新規の進出を躊躇する企業が出ているとみられる（東［2015］参照）。

　第九に、自動車自体のドミナント・デザイン、さらには製品アーキテクチャの変化の可能性。これは、既存自動車メーカー・自動車部品メーカー各社にとっても重大な脅威であり、各社ともに技術開発に余念がないのであるが、主流が電気自動車になった場合など、多様な可能性への対応についてあらかじめ考えておく必要がある。また、近年話題となっている、自動車メーカー各社による「メガ・プラットフォーム戦略」の採用が今後進めば、その影響は当然のことながら避けられない（目代・岩城［2013］）。こうした自動車産業自体のパラダイムシフトの動向についても今後注視していかなければならない。

（6）　タイの自動車産業の将来展望

　エコカー政策の第２弾を実施するなどといった、タイ政府による積極的な産業政策とは裏腹に、各階層における人材の深刻な供給不足などを考えると、タイはまさに自動車生産増加の踊り場に差し掛かっていると筆者は考える[11]。完成車生産の担い手が、すべて外国籍の多国籍企業であることを考えあわせると、タイ政府の期待とは裏腹に、「頭脳部分」が本国を離れてタ

222

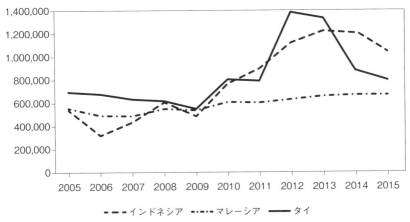

図 8-2　東南アジア主要 3 カ国自動車販売台数
出所：OICA のデータをもとに筆者作成。

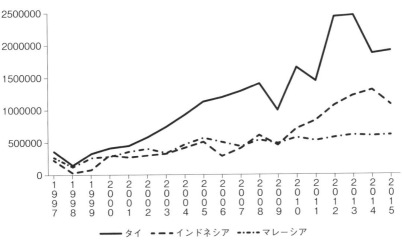

図 8-3　東南アジア主要 3 カ国自動車生産台数
出所：OICA のデータをもとに筆者作成。

イに移管されることは考えにくいし、その受け皿になるだけのエンジニアリング人材の供給力もタイにはない[12]。こうしたなかで、少なくとも現在の地位を維持するには、バーツ高や賃金上昇などのマイナス材料をオフセットできるだけの現場能力向上が求められる。それは、日系を中心とする外資の

第Ⅲ部　インド、メキシコ・ブラジル、東南アジアの経済成長戦略の変貌と転換

完成車組立メーカー・部品メーカーのみならず、当然のことながら地場資本の部品メーカーにも要求される。それに失敗すると、後述のインドネシアとの競合に敗れるなど、タイの自動車産業の国際的な地位の凋落を招くことになろう。

3．近年の変化──インドネシアの台頭を中心に

　近年、以上述べてきたような、東南アジアの自動車産業におけるタイへの一極集中ともいえる動きに大きな変化が生まれてきた。

　最大の変化は、インドネシアの台頭である。インドネシアは ASEAN において圧倒的に人口規模が大きく、全世界でも第4位の人口を擁する国であり、その市場の潜在的な魅力は元来大きかった。1990年代後半にスハルト独裁政権の崩壊とその後の政治的混迷もあって、タイなどの周辺諸国と同様に深刻な打撃を受けたアジア通貨危機からの立ち直りは遅れていたが、2000年代に入ってその政局は安定し、それに伴って経済成長が軌道に乗った。国内自動車市場は近年の高度経済成長に伴って急速に拡大し、それに対応して、日本の自動車メーカー各社には、インドネシアにおいて工場の増設などを行うところが続出してきた。以下ではまず、インドネシアの近況について概観する。

（1）　インドネシアの自動車産業の近況

　インドネシアの自動車市場は、東南アジアの他の主要国と同様に、その自動車税制の影響を強く受けており、図8-4にみられるように、圧倒的にいわゆるミニバン（MPV: Multi Purpose Vehicle）のシェアが大きい。とりわけよく売れているのは、トヨタとダイハツが共同開発したいわゆる U-IMV（Under Innovative International Multi-purpose vehicle）の Avanza（トヨタ）と Xenia（ダイハツ）である。7人乗りでありながら最安モデルで1億3000万ルピアであることからきわめて人気が高く、両モデルだけで総市場の約4分の1を占めている（デロイト［2013］参照）。また、図8-6にみられる

224

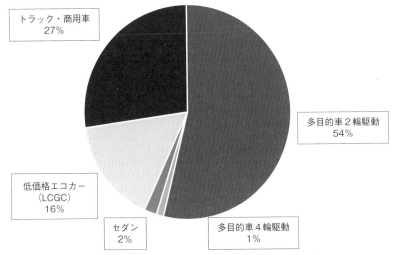

図 8-4　インドネシアの自動車市場（2015 年 1 〜 8 月）
出所：インドネシア自動車工業会（GAIKINDO）ホームページ。

ように、販売台数の半数あまりをトヨタ・ダイハツ・日野といったトヨタグループが占めている。それに、三菱自動車、スズキ、ホンダといった日本勢が続いており、日系が実に総市場のおよそ95％を占めている。

総市場は、図 8-2 にみられるように 2000 年代半ば以降、リーマンショックの影響や燃料補助金の打ち切りなどによる一時的な微調整はあったものの、そのほかは一貫して右肩上がりの成長を続けている。

自動車市場の拡大に伴い、図 8-3 にみられるように、自動車生産は順調に増加している。今後も、2017 年に三菱自動車が多目的車を生産する新工場を建設したり、トヨタが既存工場において小型多目的車の専用ラインを増設したりするなど、引き続き増加していくことが見込まれる[13]。それに伴って、日本の自動車部品メーカーおよび関連メーカーの進出が相次いでいる。また、インドネシア国内生産拠点向けの部品需要だけで一工場の採算ラインを確保できるようになってきたことから、先述のように、ASEAN 域内での相互融通体制を構築してきた大手部品メーカーの一部は、部品によっては従来の方針の見直しを始めている。

第Ⅲ部　インド、メキシコ・ブラジル、東南アジアの経済成長戦略の変貌と転換

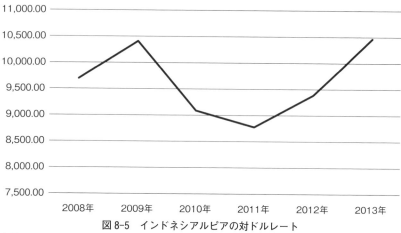

図8-5　インドネシアルピアの対ドルレート
出所：JETRO。

（2）　インドネシアの低価格エコカー政策

　インドネシア政府は、タイのエコカー政策の成功に続かんと、2013年に低価格エコカー政策を発表した。その内容は、以下の諸条件を満たした低価格エコカー（LCGC: Low Cost Green Car）については、奢侈品販売税10％が減免されるというものである（東［2013］参照）。

　第一に、セダンやステーションワゴン以外であること。

　第二に、排気量がガソリン車の場合は980 cc以上1200 cc以下、ディーゼル車の場合は1500 cc以下であること。

　第三に、燃費性能が、リッターあたり20 km以上であること。

　第四に、4.6 m未満の最小回転半径。

　第五に、部品の現地調達率が80％以上であること。

　第六に、補助金によって売価が安く固定されたレギュラーガソリンでなく、補助金なしのハイオクガソリンを使う仕様であること[14]。

　第七に、車両価格を一定以上に抑えること。たとえば、エアバッグなどの安全装置抜きの場合、車両販売価格を9500万ルピア以下に抑えることが義務づけられる。

　2014年の執筆日現在判明している、低価格エコカーに適合しているモデ

226

第 8 章　東南アジアにおける産業編成の転換

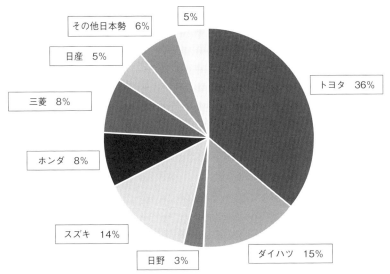

図 8-6　インドネシア自動車市場　ブランド別（2013 年）
出所：フォーイン［2015］、元データは GAIKINDO。

ルは、次のとおりである。

- トヨタ「アギア」・ダイハツ「アイラ」（いずれもダイハツの工場で生産し、ほぼ同一モデル。トヨタはダイハツから OEM 供給を受けている）
- ホンダ「ブリオ・サティヤ」
- スズキ「カリムン・ワゴンR」
- 日産「ゴー・パンチャ」（このモデルは、中国を皮切りに新興国をターゲットに順次展開している低価格ブランド「ダットサン」に属している）。

これらは、2013 年 9 月以降順次発売され、もっとも発売が遅れた日産のモデルも、2014 年半ばに発売された。

ただ、図 8-4 をみる限り、政策施行後 2 年程度が経過してもいまだにミニ

227

第Ⅲ部　インド、メキシコ・ブラジル、東南アジアの経済成長戦略の変貌と転換

バンタイプの牙城を崩すまでには至っておらず、本政策は、少なくとも執筆日時点では成功を収めているとはとてもいえない。

（3）　インドネシアの強みとリスク

　まず、インドネシアの強みは以下のとおりである。

　第一に、インドネシアの人材供給余力は豊富なうえ、訪問調査した地元企業の話によると人数だけではなく優秀な人材が容易に確保できるという。

　第二に、先述のとおり、潜在的に巨大な市場であること。とりわけ、ジャカルタ都市圏では、1人当たりGDPが1万ドルを超えて、中間所得層が出現してきており、国内自動車販売の急速な伸びを支えている。

　第三に、近年政情が安定しており、国論を二分する政治的対立とそれに伴う軍事クーデターなど、不安定さを増しているタイと対照的である点。

　第四に、上記の事情もあって、インドネシア政府は積極的にFTAの締結を進めており、かねてFTAに積極的なASEANの方針と相まって、インドネシア拠点は国際分業の一翼を担いやすくなっている。

　第五に、近年二次部品メーカーも含めて、サプライヤーの新規進出ならびに生産能力増強が相次ぎ、急速に裾野産業が充実してきている。もっとも、タイのそれよりは先述のとおりかなり見劣りしており、より一層の底上げが課題である。また、タイについても同様のことがいえるのであるが、華僑系資本が多くを占めるローカルメーカーの現場能力については大いに課題がある[15]。

　その一方で、インドネシアにはリスクもある。

　第一に、インフラ整備の遅れである。道路事情は、ジャカルタ首都圏を中心にきわめて立ち遅れており、連日のように深刻な交通渋滞を引き起こしている。ジャカルタ首都圏では、自動車の専有面積が道路の面積をすでに超えているという。また、貿易港の整備も、急増する貨物需要にまったく追いついておらず、入港まで沖合でかなり待たされるといった事態が常態化しているという。まさにインフラが経済成長の最大のボトルネックとなっている。

　第二に、労働組合運動が活発化していて賃上げ圧力が強く、賃金は毎年2

ケタの伸びを続けている。2013 年はとくに著しく、首都ジャカルタや自動
車関連産業が多く立地するブカシ地区およびカラワン地区を含む多くの地域
で、軒並み 30% を超える上昇を記録した。各地でこれが累積していくと、
急速に国際的な価格競争力を失っていくことになるだろう。また、ストライ
キの発生もけっして珍しくなく、活動家によって工場を包囲されるケースも
あるのだという。

　第三に、地域間の経済格差が著しく、社会不安の火種となっていること。

　第四に、燃料補助金の負担が膨らむ一方であり、2013 年には国家予算の
実に 12% を占めるに至っていた。先述のようにまさに喫緊の課題であるイ
ンフラ投資を含む資本支出を上回っていたのである。これに対して、2014
年に発足したジョコ新政権は、燃料補助金についてガソリンについては全廃、
軽油と灯油については削減しつつ一定の補助金を継続することを発表し、
2015 年 1 月 1 日から施行した[16]。このため、自動車販売は 2015 年に入って、
前年比大幅なマイナスとなっている。もっとも、中長期的には自動車販売が
拡大することは疑いなく、この 4 番目のリスクについては解消に近づいてい
るといえる。

（4）　マレーシア・ベトナム
①マレーシア

　マレーシアの自動車市場については、タイやインドネシアとは違い、乗用
車が市場の大半を占めている[17]。国民車メーカーが乗用車を中心に商品展
開してきたこと、高速道路網などインフラが比較的整っていて道路事情が良
好なことなどが理由として考えられる[18]。図 8-2 および図 8-3 をみると、
ここ 2、3 年、自動車販売台数でインドネシアに水をあけられてきているが、
元来人口規模が小さいうえに、ASEAN の主要国ではシンガポールに次いで
自動車の普及率が高いことから、残された伸びしろは少なく、致し方ない面
がある。近年の変化としては、依然として国民車に対する優遇政策は維持さ
れているのにもかかわらず、2000 年には総市場の 8 割強を占めていた国民
車のシェアが半数強にまで低下していることが指摘できる。とりわけ、プロ

第Ⅲ部　インド、メキシコ・ブラジル、東南アジアの経済成長戦略の変貌と転換

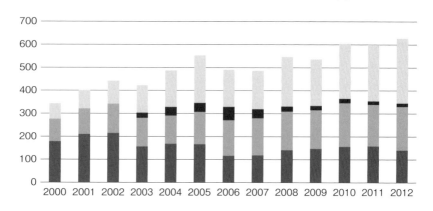

図 8-7　マレーシア自動車市場推移
出所：UMW Toyota Motor の資料（元データは、マレーシア自動車工業会調べ）。

トン社の地盤沈下が著しく、2000 年には 52％あったシェアが 2013 年には 21％にまで低下している。その一方で、もう一社の国民車メーカー・プロドゥアはダイハツの支援を受けつつ健闘し、3 割程度のシェアを維持している。

マレーシアは 1970 年代以来、日系をはじめとした輸出向けの電機産業が集積したことから電子部品産業が比較的強い（折橋［2013］参照）。そのことから、電装関連の自動車部品産業の集積が一定程度あり、ASEAN 域内で存在感を示している。マレーシア政府は、それを活用して次世代自動車のハブを目指すといった政策的方向性を示してきている。具体的な政策としては、2009 年以来 EEV（Energy Efficient Vehicle）に対してインセンティブを付与してきた。そのうち、電気自動車やハイブリッド車については、輸入車・CKD 組立車ともに輸入関税、物品税などが免除されてきたが、2014 年からは CKD 組立車のみが対象となっている。また、その他のカテゴリーの自動車も、CKD 組立車であることや政府の設定した燃費効率を達成することなどの要件を満たせば EEV に認定される。ただ、個別プロジェクトごとに政府が審査のうえ、「カスタムベース」でインセンティブを付与するということになっており、その恣意性に対しては国内外から強い批判がある。

第 8 章　東南アジアにおける産業編成の転換

②ベトナム

　ベトナムについては、国内市場が狭小であることから、各社とも多いところで年産 1 万台程度の小規模生産拠点を設けてきた。これでは、当然のことながら部品メーカーが生産拠点を設けられるような市場規模ではなく、したがってほとんどの部品をタイなどからの輸入に依存している。それでも、各社がベトナムに生産拠点を設けているのは、ASEAN 域内からの完成車輸入関税が 2013 年まで 60％と高率であったためである。しかし、AFTA の取り決めにより、後発国ということでこれまで猶予期間を与えられてきたベトナムにおいても、ASEAN 域内からの完成車輸入関税は 2014 年に 50％に引き下げられたのを皮切りに段階的に引き下げられ、2018 年には 0〜5％となる。こうした環境下で、各社のベトナムにおける小規模な完成車組立生産拠点が今後とも維持される可能性はきわめて低い。1996 年に操業開始し、極少生産から大量生産まで対応できるグローバル・ボデー・ライン（GBL）の試験導入が行われたことで著名なトヨタ・モーター・ベトナム（TMV）も含め、ベトナムから自動車組立生産拠点が無くなる可能性が高まっている[19]。ただ、人的資源は豊富かつ良質であることから、後述するように、タイを中核とした域内分業の一翼を担うようになる可能性および能力は十分にあると考えている。

　なお、ASEAN において自動車生産拠点が立地している国としては、これらのほかにフィリピンもある。同国は近年政情がようやく安定し、英語を公用語の一つとしていること、豊富な労働力を擁することなどから、生産拠点の立地先として急速に見直されてきている。ただ、本書のベースとなった科学研究費補助金調査では訪問していないうえに、筆者自身まだ一度も渡航したことさえないため、本章ではふれることができない。今後、その動向に注目していきたい。

おわりに

　冒頭で述べたように、日本の自動車メーカー各社にとって戦略的な重みを

231

第Ⅲ部　インド、メキシコ・ブラジル、東南アジアの経済成長戦略の変貌と転換

ますます増してきている ASEAN。その域内における自動車産業は、アジア通貨危機以降、タイの急速な輸出拠点化を中心として発展を続けてきた。しかし、今後はタイへの「一極集中」ではなく、インドネシアも自動車の一大生産基地となることについては疑う余地はないと考える。ただ、当面は輸出拠点としてではなく、潜在的には巨大なものになるだろう国内市場の旺盛な新車需要を充足する生産拠点として、同国の自動車産業は成長していくであろう。人件費の上昇が急なことやインフラ整備が緩慢なことなどから、現時点では将来ともに、タイのように輸出を大規模に行う生産基地となる可能性は低いとみている。

　また、本章において再三強調したとおり、タイ自体はすでに人的資源をはじめとして伸びしろがなくなってきていることから、今後同国がさらに自動車産業におけるプレゼンスを高めていくためには、本章ではふれなかったものの、カンボジアやラオス、ミャンマー、さらには完成車生産基地としては生き残りが難しくなってきているベトナムといった周辺諸国と一体となりながら成長をはかるほかないであろう。ミャンマーとの間では、タイとの国境付近の急峻な地形などに阻まれてインフラ整備にいまだ見通しが立っていないが、タイとカンボジアおよびラオス・ベトナムとの間には、日本の JICA の協力などで、それぞれ「南部経済回廊」（ホーチミン・シティ〜プノンペン〜バンコク〜将来的にはミャンマーのダウェイ港まで）および「東西経済回廊」（ベトナムダナン港〜ラオス〜タイ〜将来的にはミャンマーのモーラミャイン港まで）の整備が進んでいる（独立行政法人国際協力機構［2012］参照）。某日系部品メーカー幹部の言葉を借りるならば、「メコン経済圏」として一体的に自動車生産基地としての地位向上を図っていくならば、本章でタイが抱えている課題として指摘した諸点の多くは克服可能である。すでに、矢崎総業など一部の日系自動車部品メーカーは、実際にカンボジア、ラオス両国に進出し、タイの既存生産拠点との分業を始めている。

　日本の自動車関連産業が今後、タイやインドネシアなどだけではなく、ASEAN 地域全体の経済の底上げ・発展に寄与していくことを願ってやまない。

第 8 章　東南アジアにおける産業編成の転換

＊本章の記述は、2010 年 8 月に実施した科学研究費補助金基盤研究(A)、課題番号 21252004：「金融危機の衝撃による経済グローバル化の変容と転換の研究——米国・新興経済を中心に」（研究代表者：河村哲二・法政大学教授）を活用した現地実態調査（タイ、ベトナム、マレーシア、シンガポール）、2014 年 9 月に実施した科学研究費補助金基盤研究(A)、課題番号 26245047：「日欧自動車メーカーの「メガ・プラットフォーム戦略」とサプライチェーンの変容」（研究代表者：古川澄明・山口大学教授）を活用した現地実態調査（インドネシア、マレーシア）、2014 年 10 月に実施した東北学院大学共同研究助成を活用した現地実態調査（インドネシア、タイ）のほか、筆者が 1999 年以来継続して実施してきた現地調査や引用した各種文献・資料に基づいている。また、Orihashi [2013] をベースにして執筆したものである。

〈注〉

1)　AICO は、BBC とは異なり、産業を自動車部品産業のみに限定することなしに、ASEAN 域内における企業内貿易を対象として、AFTA で構想されていた域内関税の引き下げを前倒しで実施するものであった。

2)　2014 年 1 月に至っても、インドネシアのサプライヤー数はタイのそれの 3 分の 1 強にとどまるという（もっとも生産台数はタイの半分程度であるが）。

3)　多様なところで言及されているが、トヨタはインドネシア工場も IMV の中核拠点の候補として考えていたという。

4)　三菱自動車タイの既存工場については、折橋 [2013] を参照。

5)　『Nikkei Automotive Technology』2014 年 7 月号、72-75 頁を参照。

6)　他の 5 社は、各種報道によるとフォード、マツダ、GM、VW、上海汽車 CP である。フォーイン [2015] によると、うち VW のみは 2014 年末現在未認可だという。

7)　『日経産業新聞』2014 年 6 月 12 日第 5 面参照。

8)　マツダ株式会社ニュースリリース 2015 年 8 月 7 日付。

9)　2014 年 10 月に実施した現地実態調査によると、需要低迷に伴う生産台数減少により、人手不足は少なくとも完成車組み立て工場においては解消していた。ただし、完全雇用に近い状態は依然として継続している。

10)　*Bangkok Post*、2014 年 8 月 2 日付参照。

11)　なお、エコカー政策第 2 期に参加表明した、タイの大手華僑財閥 CP（チャロン・ポカパン）グループが中国の上海汽車と合弁で設立した上海汽車 CP が、2014 年 6 月から乗用車生産に乗り出している。英国ブランド車 MG（経営破綻し、のちに上海汽車が傘下に収めた南京汽車集団が買取した MG ローバーのブランド）を生産している。マレーシアなど、タイと同じ右ハンドルの周辺諸国への輸出も視野に入れているといい、同社の今後の動向が注目される（『日経産業新聞』2014 年 6 月 12 日第 5 面参照）。

12)　上述の CP のプロジェクトはたしかにタイ資本の CP 財閥が入っているが、かつて日系自動車メーカー各社に資本参加していた（一部は今も）サイアムセメントと同様、技術面ではなく、主に資本面での参加と見られる。

13)　『日本経済新聞』2014 年 9 月 14 日第 1 面。

14)　『日本経済新聞』2014 年 4 月 2 日第 9 面。

第Ⅲ部　インド、メキシコ・ブラジル、東南アジアの経済成長戦略の変貌と転換

15)　2014年10月の実態調査で訪問した某ローカルメーカーは、豊富な資金力で真新しい生産設備を買い揃えてはいるものの、生産現場の管理の面では明らかに多くの課題を抱えていることが、現場を概観しただけでも見て取ることができた。

16)　トラック、バスなどに使われる軽油への補助金は、1ℓ 1000ルピアに固定され、販売価格は市場価格の変動に連動することとなった（従来は固定価格制）。

17)　本項の記述はUMW Toyota Motorの資料を参考にした。

18)　ただし、道路事情が良くないボルネオ島北部の各州では商用車が主流。

19)　トヨタ自動車株式会社『トヨタ自動車75年史』第7節第3項参照。

〈参考文献〉

折橋伸哉［2008］『海外企業の創発的事業展開——トヨタのオーストラリア・タイ・トルコの事例研究』白桃書房。

————［2013］「東南アジアにおける自動車産業の発展経路と展望」馬場敏幸編『アジアの経済発展と産業技術』ナカニシヤ出版、第二部第六章。

川端望［2008］「タイの鉄鋼業——地場熱延企業の挑戦と階層的企業間分業の形成」佐藤創編『アジア諸国の鉄鋼業——発展と変容』日本貿易振興機構アジア経済研究所、251-296頁。

デロイトトーマツコンサルティング自動車セクター東南アジアチーム［2013］『自動車産業ASEAN攻略——勝ち残りに向けた五つの戦略』日経BP社。

独立行政法人国際協力機構［2012］『JICAのASEAN地域協力』2012年12月。http://www.jica.go.jp/publication/pamph/ku57pq00000najg5-att/asean.pdf（2014年11月11日アクセス）。

トヨタ自動車株式会社『トヨタ自動車75年史』http://www.toyota.co.jp/jpn/company/history/75years/index.html（2014年9月15日アクセス）。

日経BP社「タイ編：政情不安でも成長続けるタイ自動車産業」『Nikkei Automotive Technology 2014年7月号』72-75頁。

東幸治［2014］『低価格エコカー（LCGC）政策の活況に沸くインドネシア自動車産業』福岡県ホームページ　http://www.pref.fukuoka.lg.jp/uploaded/life/116476_17971894_misc.pdf（2014年9月13日アクセス）。

————［2015］「タイにおける新投資奨励制度の導入について」福岡県ホームページ http://www.pref.fukuoka.lg.jp/uploaded/life/174368_51177617_misc.pdf（2015年9月20日アクセス）。

フォーイン［2015］『ASEAN自動車産業2015』フォーイン。

藤本隆宏・天野倫文・新宅純二郎［2009］「ものづくりの国際経営論——アーキテクチャに基づく比較優位と国際分業」新宅純二郎・天野倫文編『ものづくりの国際経営戦略——アジアの産業地理学』有斐閣、第1章。

目代武史・岩城富士大［2013］「新たな車両開発アプローチの模索—— VW MQB、日産CMF、マツダCA、トヨタTNGA」『赤門マネジメント・レビュー』12(9)、613-652頁。

GAIKINDO［2014］Newsletter, September 19th, 2014.

Shinya Orihashi [2013] "Which country to put more emphasis in ASEAN; Indonesia or Thailand?," GERPISA International Colloquium, Paris.

第Ⅲ部　インド、メキシコ・ブラジル、東南アジアの経済成長戦略の変貌と転換

第*9*章

金型産業にみるアジアの GVC の変化

——日本依存から多極化への転換と韓国・中国の台頭

馬場敏幸

はじめに

　今日、アジアでは電子産業や自動車産業は各国の基幹産業として重要な産業となっている。それらの生産に必要な部品、素材、機械やツールなどの調達で GVC（グローバルバリューチェーン）とイノベーション体制の構築は各国にとって非常に重要な課題である。

　そもそもアジアの工業化の進展は、日米欧間の電子産業の競争や、1985年のプラザ合意後の恒常的な円高による各国への直接投資などが背景にあった。直接投資の受け入れ各国も工業団地整備、港湾・高速道路・鉄道など交通インフラ整備、電気・水道・ガス・重油などの供給の整備、関税や法人税などの優遇税制などにより積極的に海外からの投資・企業進出誘致を行ってきた。ところが進出した企業は、生産に必要な品質の機械、ツール、部品・素材などを現地調達できず、輸入に頼ることになった。

　今日ではアジア各国の成長が著しく、内需目当ての進出も増えたが、当初は先進国向け輸出の生産拠点としての進出が多かった。そのため日本企業が進出する際には、機械・ツール・部品などは日本から輸入し、製品は欧米市場向けに輸出することになった。このためアジア諸国では、対日貿易は赤字、アメリカなどへの輸出は黒字という、いわゆる「アジアの三角貿易構造」が出現し、1980〜90 年代初頭にかけて、アジア各国で大問題となった。

　しかしその後、アジア諸国では工業化が進展し、機械・ツール・部品産業分野での外資系企業の進出や地場企業の発展などもあり、各国の裾野産業

236

（サポーティング産業）は厚みを増した。その結果、母国企業や先進国からの輸入は減少し、進出国での現地調達や、発展した第三国からの調達も増えた。

　本章ではそうした裾野産業分野の調達の変遷について、製品の生産やR&D・イノベーションに重要なツールである金型に焦点を当てて検討したい。分析では主に国連商品貿易統計データベース（UN comtrade）のデータを用いて、各国の金型輸入調達先の変遷と国際競争力の変遷について検討を行うこととしたい。国際競争力係数は国のそれぞれの商品の輸出競争力を示す指標であり、「貿易特化係数」や「輸出特化係数」とも呼ばれる。式は、国際競争力係数＝（輸出額－輸入額）／（輸出額＋輸入額）である。国際競争力係数は－1から＋1までの値をとるが、－1に近づくほどその商品の国際競争力が弱く、＋1に近づくほど国際競争力が強いとみなすことができる。今回本章で対象とした国は、インド、タイ、中国、韓国である。いずれの国も金型の主要ユーザーである自動車産業や電気電子産業の発展が顕著であることが選定理由である。

　なお貿易統計による分析では以下のような問題が存在する。輸出企業が地場か、外資系かも重要な問題であるが、その点は考慮されていない。品質は考慮されていない。グローバル企業のグループ内輸送と外部取引は区別できない。国の産業政策や関税制度などは考慮されていない。金額は各年の名目値であり、厳密には年を超えた金額比較はできない[1]。なお UN comtrade のデータでは、台湾が「その他アジア」に含まれてしまう欠陥があるが、ここではアジアの金型産業状況を合理的に考えて「その他アジア」を台湾として取り扱った。そのため、本章の「台湾からの金型輸出入」は、台湾以外のデータも些少であるが混入している可能性は否定できない。

1．金型産業とは？

　今回焦点を当てる金型は量産型機械産業の裾野産業のなかでも、製品品質と競争力向上の要となるマザーツールである。樹脂、金属、ゴム、ガラスな

第Ⅲ部　インド、メキシコ・ブラジル、東南アジアの経済成長戦略の変貌と転換

どあらゆる工業製品の成形に用いられ、自動車製造では万単位の個数の金型が必要となる。高精度部品製造には金型に部品精度以上の精密さが求められる（たとえば加工精度2/1000 mm、誤差ナノオーダー）。また金型は、外観デザイン・性能・精度などの品質向上だけでなく、生産性向上と大量生産安定性に大きな貢献がある。後発国が高度量産機械産業として導入・育成を考えることが一般的な自動車産業や電気電子・情報産業にとって必須のツールなのである。

　筆者は新興国での金型の使用や製品生産を念頭に、複数の企業の協力をもとに金型の品質や構造の違いによる生産性実験を行ったことがある。結果、部品1個の延べ加工時間で20倍もの生産性の差が観察されたのである（馬場［2010a］）。生産性だけでなく、金型は製品開発（R&D）への寄与も大きい。設計で考えた材料で想定した形状がつくれるか、安定的に大量生産できるか、性能が発揮できるかなどは、金型の品質に大きく依存しているのである。細かく列挙すると、新素材・新機能製品の成形、複数工程の単一化、部品の大幅軽量化、耐腐食性向上、強度向上、難加工材の加工・成形、複雑形状の加工・成形、多数部品の一点化、複数材料を用いての一体成形、コスト低減、生産性向上などである。

　インテグラル型、モジュール型を問わず、考案された「アイデア」（設計＝夢）を競争力ある製品に「具現化」する必須のツールが金型といえる。金型は量産型機械産業にとって重要であり、金型産業の発展段階をみることで、その国の量産型機械産業の実情と発展可能性が予測できるのである。

　金型にはさまざまな種類がある。経済産業省の『機械統計』では、プレス用、プラスチック用、ダイカスト用、鍛造用、鋳造用、粉末冶金用、ゴム用、ガラス用に分類されている。『工業統計』では、金属用（プレス型、鍛造型、鋳造型・ダイカスト型、その他の金型・同部品・付属品）、非金属用（プラスチック型、ゴム型、ガラス型、その他の金型・同部品・付属品）に分類されている。多くの金型のなかでも世界的に生産が多いのが、プレス用とプラスチック用金型である。日本の場合、『機械統計』ベースでみると、プレス用（2013年39％）、プラスチック用（34％）であり、この2種類で全体の生

第9章 金型産業にみるアジアの GVC の変化

表9-1 Mold タイプと Die タイプの特徴

Mold タイプ金型の特徴
・ワーク形状が反転した成形面の金型に流体状あるいは軟体の材料を流し込んで成形。
・代表例はプラスチック成形用やダイカスト成形用、ガラス成形用、ゴム成形用など。
・成形方式は、射出成形、プレス成形、ブロー成形、ダイカスト成形、鋳物成形などさまざま。
・金型から成形物が想像できることが多い。
・近年、3D CAD での設計方法の確立や設計段階での流動解析精度向上などがみられる。そのため勘・コツ・経験への依存が従来より大幅に低下した。
・Mold の起源は青銅成形や土器づくりなどから始まる。その技術は、セルロイド成形、プラスチック成形などに応用されてきた。

Die タイプ金型の特徴
・固体状の材料を金型の上下で挟み込んで成形。
・代表例は金属プレス成形用や鍛造成形用など。
・加工内容は、打ち抜き、コイニング、絞り、シェイビングなどさまざま。
・金型から成形物が想像しにくいことも多い（順送金型など）。
・3D CAD での設計や、設計段階でのシミュレーションも行われているが、ワーク素材によっては挙動予測が難しい一面がある。そのため、勘・コツ・経験への依存は Mold タイプより高めである。
・Die はスタンプによる文字・模様の転写や板金をその起源とする。やがて打刻コインの製造、金属機械部品の製造などに応用されてきた。

出所：馬場［2010a］310 頁、表9-1。

産額の 73% に達する[2]。

他方、貿易統計ではダイタイプ金型（HS：820720 ＋820730）とモールドタイプ金型（HS：8480）に大きく二分されている。本章では貿易統計を分析に用いるため、金型分類はダイタイプ、モールドタイプの 2 分類で行った。ダイタイプには金属プレス用金型が含まれ、モールドタイプにはプラスチック射出成形用金型が含まれる。

2．インド、タイ、中国、韓国の金型産業 ──グローバル需給構造と国際競争力

（1） インド

　インドはアジアのなかでも自動車生産の歴史が長い国の一つである。アメリカ系自動車メーカーが1920 年代から本格的に自動車生産を開始した。地

場資本による自動車生産は 1940 年代以降である。1950 年代からは政府が自動車・部品の国産化政策、小規模工業優遇政策、大企業・外資規制などを導入した。これらの政策は競争のない高コスト体質を企業にはびこらせ、インドの自動車生産と技術は低迷した。この結果インドの自動車産業は国際的潮流から大きく取り残された。しかしものづくりの重層化がはかられ、技術蓄積が行われたことも事実である。1991 年以降の自由化の推進がきっかけとなり、インドの自動車産業は急速に成長した。国際自動車工業連合会[3]（OICA）によると 2014 年のインドの四輪自動車生産台数は 384 万台、世界第 6 位（シェア 4.3%）の自動車生産大国である。他方、インドの ICT 産業は自動車産業ほど盛んではないが、政府がふたたび育成をはかろうとしている。インドで国際競争力のある製品製造が試みられるなか、高品質金型の需要はますます高まっている。ものづくりの基盤はあるものの、高品質金型製作技術は一般的にキャッチアップ途上であり、国内調達先は限られている。需要の高まりを背景に国内金型産業の成長は著しいが、高品質金型については輸入依存が強いのが現状である。

①　インドの金型輸出入
——対外依存構造・需要拡大により金型貿易赤字拡大

　インドでは高品質金型需要の高まりに対し、国内供給サイドが質、量ともに十分な対応ができていない状況である。輸出に比べて輸入が圧倒的に多い。インドでも技術力を向上させ、難易度の高いモールドタイプ金型やダイタイプ金型を製作する企業は存在する。2015 年 9 月のインド訪問ではトップクラスの地場金型メーカーの技術力は世界的にみても高レベルに達していることが確認できた。しかしそうした企業はまだ数が少なく、またグループ内での内製が中心で金型の外販をやっていない企業も多い。このため高品質金型需要が高まるにつれ、金型輸入が増加しているのが現状である（図 9-1）。

　金型輸入損益をみると、経済発展で金型需要が急増した 2000 年代にモールドタイプ、ダイタイプともに大きく貿易赤字が拡大している（図 9-2）。2009 年に貿易損益が一時的に改善しているようにみえるが、これは図 9-1

第9章　金型産業にみるアジアのGVCの変化

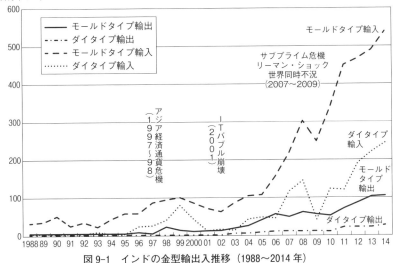

図9-1　インドの金型輸出入推移（1988〜2014年）

注：モールドタイプについてはHSコード8480、ダイタイプについては、820720と820730の合算。データ期間は同データベースで入手可能な最長期間。
出所：UN comtradeの抽出データにもとづき計算して作成。

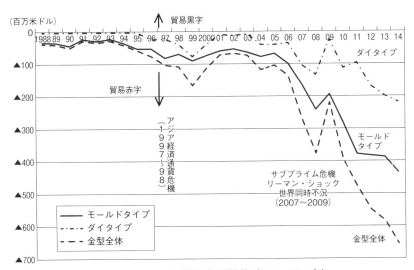

図9-2　インドの金型貿易損益推移（1988〜2014年）

注・出所：図9-1と同じ。

241

第Ⅲ部 インド、メキシコ・ブラジル、東南アジアの経済成長戦略の変貌と転換

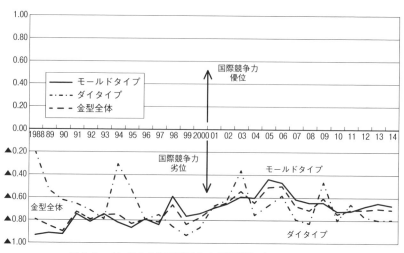

図9-3 インドの金型国際競争力拡散推移（1988〜2014年）
注・出所：図9-1と同じ。

に明らかなようにリーマン・ショック、世界同時不況により金型輸入が減ったからである。しかしその後、金型輸入はますます増加し、金型貿易赤字は大きくふくらんでいる。

② インドの金型国際競争力――きわめて弱い状態での推移

　国際競争力係数によりインドの金型国際競争力をみよう。国際競争力係数の値はモールドタイプ、ダイタイプともに1988年から2014年の全期間にかけてマイナスの値で推移している。2014年の国際競争力係数の値は、モールドタイプ：−0.7、ダイタイプ：−0.8、金型全体：−0.7である。インドの金型国際競争力はきわめて弱い状態が今日まで継続している。

③ インドの金型輸出入相手国
モールドタイプ：日本・台湾に加え韓国・中国が台頭
　インドのモールドタイプの輸入相手国を1990年から5年ごとにみると、2000年までは主要な金型依存先として、日本、台湾が顕著だった。ところが2000年代以降になると、韓国、中国のプレゼンスが急速に向上している。

242

第9章　金型産業にみるアジアの GVC の変化

表 9-2　インドのモールドタイプ輸出入相手国変遷（1990～2014 年）

輸入

	1 位	シェア	2 位	シェア	3 位	シェア	4 位	シェア	5 位	シェア
1990	日本	21%	台湾	20%	韓国	11%	西ドイツ	9 %	香港	8 %
1995	イタリア	15%	日本	13%	韓国	12%	ドイツ	12%	アメリカ	9 %
2000	日本	22%	台湾	19%	韓国	16%	アメリカ	8 %	イタリア	6 %
2005	韓国	28%	中国	13%	イタリア	9 %	台湾	8 %	日本	7 %
2010	韓国	25%	中国	24%	日本	11%	台湾	7 %	イタリア	6 %
2014	中国	32%	韓国	26%	マレーシア	8 %	台湾	7 %	日本	6 %

輸出

	1 位	シェア	2 位	シェア	3 位	シェア	4 位	シェア	5 位	シェア
1990	インドネシア	21%	ナイジェリア	16%	マレーシア	9 %	タンザニア	7 %	西ドイツ	7 %
1995	アラブ首長国連邦	11%	ケニア	10%	サウジアラビア	9 %	タンザニア	7 %	ドイツ	6 %
2000	アメリカ	14%	日本	13%	シンガポール	11%	ケニア	6 %	ナイジェリア	6 %
2005	アメリカ	16%	イタリア	14%	ナイジェリア	7 %	アラブ首長国連邦	6 %	ドイツ	5 %
2010	中国	8 %	日本	7 %	アメリカ	6 %	ドイツ	6 %	ナイジェリア	5 %
2014	ナイジェリア	7 %	日本	7 %	アメリカ	7 %	マレーシア	5 %	ドイツ	5 %

注：主要な金型貿易相手に「Other Asia, nes」がある。他国でも主要な貿易相手国として、この「その他アジ
　　ア」は頻繁に登場する。台湾は国として国連から認知されておらず、「Taiwan」は統計上あらわれないが、
　　冒頭で述べたとおりアジアの金型産業状況から合理的に考え、本章ではこれ以後も、これを「台湾」とし
　　て取り扱う。
出所：図 9-1 と同じ。

1990 年の金型輸入シェアは日本、台湾で約 4 割を占めた。しかし 2010 年に
は韓国と中国の 2 国のシェアが 5 割に達するようになった。日本と台湾のシ
ェアは合計しても 2 割以下になった。直近の 2014 年ではさらに中国・韓国
からの輸入が増え、中国からの輸入がトップになった。中国や韓国の金型産
業の発展、日本や台湾の金型企業の中国への進出などが大きな背景となって
いる。

　インドのモールドタイプ輸出は増えつつあるものの、図 9-1 にみられると
おり輸入に比べるとまだまだ少ない。訪問した企業のなかには、アメリカの
大手食品メーカーにプラスチック用金型を輸出している現地企業なども存在
した。また欧米に金型を輸出している外資系および現地企業も存在した。し

243

第Ⅲ部　インド、メキシコ・ブラジル、東南アジアの経済成長戦略の変貌と転換

表 9-3　インドのダイタイプ（プレス金型・部品）の輸出入相手国変遷（1990～2014 年）

輸入

	1 位	シェア	2 位	シェア	3 位	シェア	4 位	シェア	5 位	シェア
1990	日本	46%	イタリア	14%	イギリス	7 %	ベルギー・ルクセンブルグ	6 %	アメリカ	5 %
1995	ドイツ	29%	イタリア	13%	アメリカ	12%	日本	12%	フランス	7 %
2000	日本	75%	韓国	9 %	イタリア	5 %	イギリス	4 %	ドイツ	3 %
2005	韓国	77%	台湾	6 %	アメリカ	3 %	ドイツ	2 %	イタリア	2 %
2010	韓国	39%	日本	26%	台湾	21%	中国	4 %	ドイツ	2 %
2014	韓国	57%	中国	20%	台湾	8 %	イタリア	5 %	日本	3 %

輸出

	1 位	シェア	2 位	シェア	3 位	シェア	4 位	シェア	5 位	シェア
1990	カナダ	19%	イギリス	18%	香港	16%	オーストラリア	11%	シンガポール	7 %
1995	アメリカ	36%	アラブ首長国連邦	23%	スイス	14%	マレーシア	7 %	エジプト	6 %
2000	ドイツ	17%	イギリス	14%	アメリカ	12%	マレーシア	7 %	スリランカ	6 %
2005	アメリカ	21%	ネパール	11%	ドイツ	7 %	ブータン	6 %	イギリス	5 %
2010	ドイツ	31%	アメリカ	9 %	イギリス	6 %	南アフリカ	4 %	チェコ	4 %
2014	イギリス	36%	ドイツ	22%	アメリカ	4 %	バングラデシュ	3 %	スイス	2 %

注・出所：表 9-2 と同じ。なお本表はダイタイプのうち、HS コード 820730 のプレス用金型のみの数字である。

かしそうしたケースはまだ多くない。アドホックな金型輸出や、グローバル
企業グループ内での補修や金型移管などのケースも少なからず含まれると考
えられる。

ダイタイプ：日本・欧米に加え韓国・台湾・中国などが台頭

　インドのダイタイプ輸入のうち、プレス金型・部品について主要相手国を
みよう。1990 年代は日本、イタリア、ドイツなどがインドのプレス金型・
部品の主要輸入先であった。2000 年代に入ると、急速に韓国のプレゼンス
が向上した。2014 年にかけてさらに韓国のプレゼンスが高まっている。
2000 年代以降の韓国のプレス金型・部品のプレゼンス向上は、韓国のプレ
ス金型・部品の品質向上もあるが、現代自動車の現地生産拡大の影響も大き
い。現地調査にもとづくとインドのプレス金型・部品の輸入は、自動車向け
が多い。インドの 2014 年の国内乗用車販売シェアは第 1 位がマルチスズキ

244

（42％）、第２位が現代自動車（15％）、第３位がマヒンドラ＆マヒンドラ
（９％）、第４位がタタ・モーターズ（６％）、第５位がホンダ（５％）、第６
位がトヨタ・キルロスカ・モーター（５％）であった。日系および韓国系の
自動車部品メーカーも多く進出している。こうしたことからインドでは、日
本、韓国からの金型輸入が多い結果となっている。

　インドからのプレス金型・部品の輸出は図 9-1 にみられるとおり、輸入に
比べて圧倒的に少なく、輸出先は個別事情の影響で大きく左右される。

（２）　タイ

　タイは ASEAN でも自動車生産が盛んな国であり、国をあげてアジアの
デトロイトを目指している。タイの 2014 年の自動車生産は 188 万台、世界
第 12 位（シェア 2.1％）である。2013 年までは世界トップ 10 内を維持して
いたが、2014 年に生産台数・シェアともに下落し、順位を落とした。タイ
では電気電子産業も盛んであり、ハードディスクドライブのグローバルトッ
プ生産国である。こうしたことからタイでは自動車用、電気電子用の高品質
金型需要は大きい。現地調査によると、すでに多くの金型が現地の外資系・
地場金型企業から国内調達が可能な状況であるという。プレスのハイテン用
順送金型など難しいとされる金型も現地調達できているという。さらに
ASEAN 域内だけでなく世界中に金型輸出を行っているとの話も聞き取り調
査でよく耳にした。ベトナムやインド、ブラジルなどの現地調査でも、タイ
から金型輸入調達をしているケースが散見された。ただし一部高品質金型に
ついては、日本依存も残っているとの話であった。

①　タイの金型輸出入──拡大する金型輸入・金型貿易赤字

　タイの金型貿易統計を分析すると、現地調達ができるようになり、輸出も
行っているという聞き取り調査とは異なる印象を受ける。図 9-4 にみられる
とおり、タイでは経済成長・工業発展が進むにつれ、ほぼ一貫して金型輸入
が増え続けてきた。リーマン・ショック、世界同時不況などにより 2000 年
代後半には一時的に金型輸入の減退がみられたが、その後モールドタイプ、

第Ⅲ部　インド、メキシコ・ブラジル、東南アジアの経済成長戦略の変貌と転換

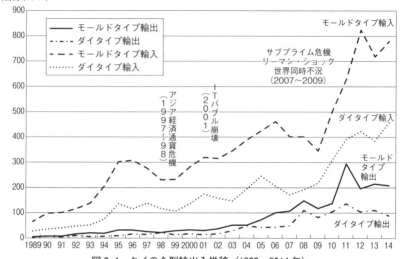

図9-4　タイの金型輸出入推移（1989～2014年）

注・出所：図9-1と同じ。

ダイタイプともに金型輸入は急増した。聞き取り調査のとおり輸出の拡大もみられるが、2011年をピークとして輸出の伸び悩みや漸減がみられる。しかも輸入に比べ輸出金額は少ない。

金型貿易損益をみると金型輸入が急増した2010年以降、金型損益は急速に悪化し、金型貿易赤字が拡大した（図9-5）。2013年には金型貿易赤字が若干緩和するかにみえたが2014年にはふたたび赤字が拡大した。

② タイの金型国際競争力——改善はみられるものの弱い状態で推移

国際競争力係数によりタイの金型国際競争力をみると、係数の値は1990～2000年代前半にかけて、−0.8前後で推移している。国際競争力がきわめて弱い状態での推移であった。しかし2000年代後半になると−0.5前後に値の改善がみられた。ところが2008年をピークとして、その後はおおむね漸減傾向に転じた。2010年代に金型輸入が急増し、一方で輸出が伸び悩んだことが原因である。

第 9 章　金型産業にみるアジアの GVC の変化

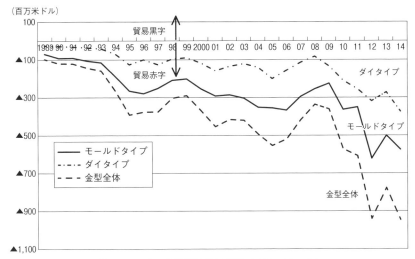

図 9-5　タイの金型貿易損益推移（1989～2014 年）

注・出所：図 9-1 と同じ。

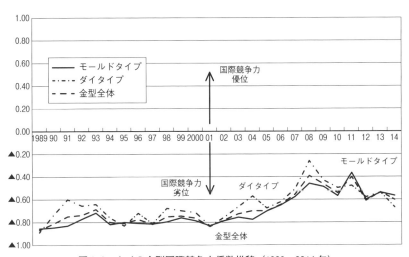

図 9-6　タイの金型国際競争力係数推移（1989～2014 年）

注・出所：図 9-1 と同じ。

第Ⅲ部　インド、メキシコ・ブラジル、東南アジアの経済成長戦略の変貌と転換

表9-4　タイのモールドタイプ輸出入相手国変遷（1990～2014年）

輸入

	1位	シェア	2位	シェア	3位	シェア	4位	シェア	5位	シェア
1990	日本	54%	台湾	12%	香港	6%	韓国	6%	シンガポール	5%
1995	日本	64%	台湾	12%	韓国	6%	シンガポール	3%	ドイツ	2%
2000	日本	57%	台湾	18%	韓国	7%	シンガポール	3%	香港	3%
2005	日本	53%	台湾	11%	中国	9%	韓国	8%	シンガポール	5%
2010	日本	48%	中国	15%	韓国	11%	台湾	9%	シンガポール	4%
2014	日本	35%	中国	28%	韓国	13%	台湾	9%	シンガポール	4%

輸出

	1位	シェア	2位	シェア	3位	シェア	4位	シェア	5位	シェア
1990	日本	43%	マレーシア	18%	シンガポール	9%	香港	7%	インドネシア	6%
1995	日本	23%	マレーシア	15%	香港	12%	インドネシア	11%	インド	9%
2000	日本	27%	香港	19%	中国	9%	マレーシア	9%	インド	8%
2005	日本	24%	中国	14%	アメリカ	9%	ベトナム	8%	マレーシア	7%
2010	日本	29%	アメリカ	15%	中国	7%	香港	7%	インドネシア	6%
2014	日本	27%	アメリカ	20%	インド	9%	インドネシア	9%	中国	7%

注・出所：表9-3と同じ。

③　タイの金型輸出入相手国

モールドタイプ：継続する日本依存に加え中国・韓国が台頭

　タイのモールドタイプの輸入相手国を1990年から5年ごとにみると、一貫して日本からの輸入調達が多いことが特徴的である（表9-4）。1995年には6割以上のモールドタイプを日本から輸入していた。その後一貫して日本シェアは減少したが、2010年でも5割弱が日本からの輸入である。自動車、電気電子産業とも日系企業の進出が多く、現地で調達できない金型を日本から輸入したからである。近年は日本からの輸入調達が減る一方で、中国や韓国からの輸入が増加し、輸入調達先のアジア多極化が進展している。2010年以降を各年でみると1位日本、2位中国、3位韓国、4位台湾で推移している。直近の2014年では、1位日本35%、2位中国28%、3位韓国13%で、この3国からで輸入の8割近くに達する。

248

第 9 章　金型産業にみるアジアの GVC の変化

表 9-5　タイのダイタイプ（プレス金型・部品）の輸出入相手国変遷（1990～2014 年）

輸入

	1 位	シェア	2 位	シェア	3 位	シェア	4 位	シェア	5 位	シェア
1990	日本	74%	台湾	13%	アメリカ	3 %	デンマーク	2 %	イタリア	2 %
1995	日本	82%	台湾	6 %	韓国	3 %	アメリカ	3 %	ドイツ	2 %
2000	日本	47%	台湾	15%	オーストラリア	11%	アメリカ	10%	韓国	4 %
2005	日本	60%	台湾	13%	マレーシア	7 %	アメリカ	4 %	韓国	4 %
2010	日本	45%	中国	14%	韓国	10%	台湾	10%	アメリカ	7 %
2014	日本	59%	韓国	23%	中国	5 %	アメリカ	3 %	台湾	3 %

輸出

	1 位	シェア	2 位	シェア	3 位	シェア	4 位	シェア	5 位	シェア
1990	日本	54%	インド	31%	西ドイツ	5 %	台湾	5 %	シンガポール	3 %
1995	日本	57%	ドイツ	34%	インドネシア	5 %	香港	3 %	マレーシア	1 %
2000	日本	75%	香港	15%	ベトナム	4 %	イギリス	2 %	フィリピン	1 %
2005	マレーシア	77%	台湾	7 %	日本	4 %	ナイジェリア	2 %	フィリピン	2 %
2010	アメリカ	41%	中国	15%	マレーシア	12%	日本	8 %	韓国	6 %
2014	メキシコ	22%	アメリカ	16%	パキスタン	10%	インド	10%	フィリピン	9 %

注・出所：表 9-3 と同じ。

　タイのモールドタイプ輸出では日本向けが一貫して多い。日本向けは進出
企業のグループや関連企業内での金型の移管・調整なども多いと推測される。
他方、近年ではアジア、中南米調査でタイからの金型調達も見聞きするよう
になった。直近の 2014 年では 1 位日本 27%、2 位米国 20%、3 位インド 9
%、4 位インドネシア 9 %、5 位中国 7 %となっている。

ダイタイプ：継続する日本依存、中国・韓国も台頭の兆し

　タイのダイタイプのうち、プレス金型・部品について輸入主要相手国をみ
ると、モールドタイプと同様、圧倒的に日本依存が強いことが印象的である。
1995 年には輸入調達の 8 割近くが日本からであった。2 位以下の国は 1990
年代では台湾、アメリカなどであったが、日本からの輸入に比べると金額割
合は非常に小さかった。2000 年代以降はマレーシアや中国、韓国からの輸
入も増えたが、日本からの輸入に比べると金額割合は小さい。2014 年時点

第Ⅲ部　インド、メキシコ・ブラジル、東南アジアの経済成長戦略の変貌と転換

の主要輸入先をみると第1位日本59％、2位韓国23％、3位中国5％と続く。2014年時点でも日本依存が強いが、韓国からの輸入もかなり増えている。中国からの輸入シェアはまだ小さいが着実に順位を上げている。モールドタイプと同様にプレス金型・部品でも日本一極集中依存から多極化へ転換する兆しがみえ始めている可能性もある。

　プレス金型・部品の輸出についてみると、2000年まではグループや関連企業内での調整・移管とみられる日本向けが圧倒的に多かった。しかしタイの金型産業の発展や自動車・部品メーカーのグローバル金型調達増加に伴い、他国への輸出も増えた。直近の2014年では1位メキシコ22％、2位アメリカ16％、3位パキスタン10％となっている。

（3）　中国

　中国は今日、自動車、電気電子産業の世界的な生産大国であり、世界の工場とも称される。中国の2014年の自動車生産台数は2372万台であり、今日の中国はグローバルトップの自動車生産国（シェア26.4％）に成長した。電気電子産業の生産もきわめて盛んである。

　現地調査にもとづくと、中国では2000年代前半までは、高品質金型の供給体制は整っていなかった。しかし、日本、欧米、台湾、香港、シンガポール、その他世界各地の金型技術を導入し、またそれらの国から金型企業が進出し、急速に金型産業が発展した。旺盛な金型需要に対し、金型自体を大量生産する、世界的にも特殊な形態の金型企業が何社もあらわれた。また金型生産についても、熟練を必要とする日本などの多能工型と異なり、熟練を必要としない単能工並列方式による生産形態も中国で一般化している。また金型精度が悪くとも、大量の労働力を用いて磨きなどで修正したほうがコスト安だと判断すると、それを採用するなど、技術経営やものづくりに対する考えが、日本の一般的製造現場における慣習とは異なる。日本の金型産業と中国の金型産業は、別の産業であると考えたほうがよいのかもしれない。

　金型の現地調達についての現地調査では、プラスチックやアルミダイカストなどのモールドタイプは、ごく一部の高品質金型をのぞいて中国現地調達

が可能になっている。ダイタイプは 2000 年代中葉までは日本からの輸入に依存することも多かったが、最近はかなり現地調達ができるようになった。現地調達先は、外資系だけでなく地場企業からも多い。

① 中国の金型輸出入
　　——急速に増えるモールドタイプ輸出、ダイタイプも輸出増

　中国では自動車、電気電子産業が 1990 年代後半以降急速に発展し、金型需要が急拡大した。当初はモールドタイプ、ダイタイプとも輸入や外資系企業からの現地調達に依存したが、やがて地場金型企業も成長した。図 9-7 にみられるように、ダイタイプ、モールドタイプとも 1990 年代は輸入超過状態であった。しかし、2000 年代にはモールドタイプの輸出増加が顕著で、2000 年代中盤以降、モールドタイプで輸出超過国となった。2010 年代に入り、ダイタイプの輸出も目にみえて増加している。2014 年にはモールドタイプの輸入が減少している。これが現地調達拡大により輸入必要性が減じたからなのか、一時的な減少なのかは興味深いところである。

　図 9-8 の金型貿易損益から明らかなように、金型全体ではモールドタイプの貿易黒字がダイタイプの貿易赤字を補填する形で 2010 年以降に貿易黒字となり、黒字幅は年々増加している。中国では 2007 年にモールドタイプ貿易が黒字に転換し、その後どんどん貿易黒字を拡大させている。一方でダイタイプは 2000 年代に入って、貿易赤字が一旦拡大した。聞き取り調査によると、中国でこの時期に自動車産業が大きく発展したが、金型ユーザーの要求水準をみたす金型が現地で調達できなかったため輸入依存したこと、製造ラインの新設にあたって金型を含め設備の多くを本国や技術先進国から輸入したことなどが理由である。2000 年代後半になってもダイタイプは貿易赤字であった。しかし 2010 年代に入りダイタイプ輸出が急増し、貿易赤字が年々縮小している。

第Ⅲ部　インド、メキシコ・ブラジル、東南アジアの経済成長戦略の変貌と転換

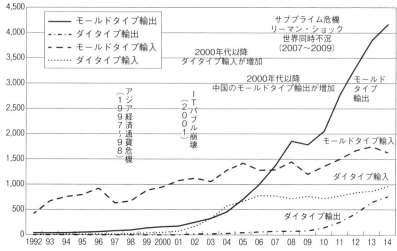

図9-7　中国の金型輸出入推移（1992～2014年）

注・出所：図9-1と同じ。

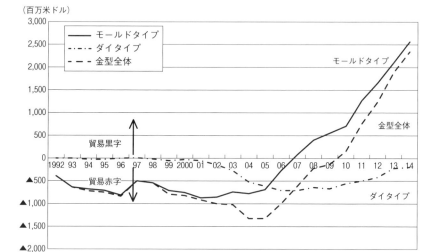

図9-8　中国の金型貿易損益推移（1992～2014年）

出所：図9-1と同じ。

252

第 9 章　金型産業にみるアジアの GVC の変化

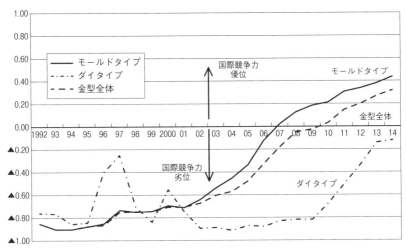

図 9-9　中国の金型国際競争力係数推移（1992〜2014 年）
出所：図 9-1 と同じ。

② 中国の金型国際競争力
　　——2000 年代後半以降、モールドタイプが国際競争力強に変化
　1990 年代の中国の金型国際競争力は非常に弱く、品質の良い金型は輸入調達か進出した外資系企業からの調達に依存する状態であった。2000 年代に入るとモールドタイプの国際競争力が急速に向上した。図 9-9 にみられるとおり 2000 年時点の中国のモールドタイプの国際競争力係数は－0.7 であり、国際競争力はかなり弱い状態であった。それが 2007 年に係数の値がプラスに逆転し、2014 年には＋0.44 にまで上がった。2000 年代に中国のモールドタイプの国際競争力は着目すべき向上がみられた。
　ダイタイプは 2000 年代も国際競争力はきわめて弱いままであった。図 9-9 にみられるとおり、1996〜97 年にかけて国際競争力係数の値がみかけ上高くなり、国際競争力が強くなったようにもみえる。これはアジア経済通貨危機の影響で、金型輸入が減った一方、世界的に安い金型需要が増え、一時的に輸出が若干増えたためである。しかし 2000 年代に入り、自動車用などで品質の良いダイタイプ需要が増えると、ふたたび輸入依存傾向は強まり、国

253

第Ⅲ部　インド、メキシコ・ブラジル、東南アジアの経済成長戦略の変貌と転換

際競争力係数の値は−0.9前後で推移するという極度の輸入依存体質が継続した。それが2010年以降、急速に国際競争力係数の値が改善し、国際競争力はきわめて弱い状態から、輸出入がほぼ同じ状態にまで劇的に変化した。これは図9-7にみられたように、ダイタイプ輸入がほぼ横ばいで推移している一方、輸出が目にみえて上昇したからである。近々にダイタイプも国際競争力が強い状態に移行すると予想される。

③　中国の金型輸出入相手国

モールドタイプ：輸入先は日本・韓国・台湾、輸出は世界各地へ

　中国のモールドタイプの主要輸入相手国は日本、台湾、韓国である（表9-6)。これは日系、台湾系、韓国系企業が多く進出していることも大きな理由である。国ごとの変遷でみると1995年には台湾からの輸入が3割ともっとも多かったが、2010年には1割にシェアを落としている。台湾企業は金型生産を台湾から中国に移管した企業も多く、これが影響していると考えられる。韓国からの輸入は1995年時点では5％にすぎなかったが、2010年には2割を超えるまでになった。韓国企業の進出に加え、韓国の金型製作技術が大きく向上し、日系も含め多くの国籍の企業で韓国金型が用いられるようになったことも大きい。2010年以降直近の2014年までをみると、2012年までは日本からの輸入が第1位であったが、2013年には韓国からの輸入が日本を抜き、韓国が中国のモールドタイプ輸入調達先のトップになった。2014年では第1位韓国25％、2位日本18％、3位中国13％、4位台湾12％、5位ドイツ9％となっている。3位に中国が入っているのは税制などの関係での輸出入による。

　中国からのモールドタイプ輸出先についてみると、1995〜2014年にかけて第一の輸出先は一貫して香港である。これは中国から世界に向けての金型輸出は広東省が地域的に先行したこと、本社や地域統括拠点の香港立地が多かったこと、積み出し港としての香港利用、税制の関係で香港と輸出入を行うことが多かったこと、などが関係している。2014年の香港以下の輸出先をみると、2位アメリカ10％、3位日本8％、4位ドイツ6％、5位インド

第 9 章　金型産業にみるアジアの GVC の変化

表 9-6　中国のモールドタイプの主要輸出入相手国変遷（1995～2014 年）

輸入

	1 位	シェア	2 位	シェア	3 位	シェア	4 位	シェア	5 位	シェア
1995	台湾	31%	日本	29%	香港	13%	ドイツ	7 %	韓国	5 %
2000	日本	34%	台湾	30%	韓国	10%	香港	7 %	ドイツ	5 %
2005	日本	33%	台湾	18%	韓国	17%	ドイツ	9 %	香港	3 %
2010	日本	25%	韓国	22%	台湾	11%	中国	7 %	カナダ	6 %
2014	韓国	25%	日本	18%	中国	13%	台湾	12%	ドイツ	9 %

輸出

	1 位	シェア	2 位	シェア	3 位	シェア	4 位	シェア	5 位	シェア
1995	香港	57%	アメリカ	11%	日本	6 %	シンガポール	6 %	台湾	4 %
2000	香港	44%	台湾	15%	日本	8 %	アメリカ	7 %	シンガポール	4 %
2005	香港	31%	日本	11%	アメリカ	9 %	台湾	5 %	タイ	3 %
2010	香港	19%	アメリカ	10%	日本	8 %	インド	5 %	ドイツ	5 %
2014	香港	17%	アメリカ	10%	日本	8 %	ドイツ	6 %	インド	5 %

注・出所：表 9-3 と同じ。

5 ％となっている。アメリカ、イギリス、ドイツなどでの現地調査先でも、中国金型を輸入して用いている企業が散見された。

ダイタイプ：継続する日本依存、韓国も台頭、世界各地への輸出も増加中

　中国のダイタイプのうち、プレス金型・部品について輸入主要相手国をみると、輸入先は圧倒的に日本からが多かった（表 9-7）。しかし近年は韓国からの輸入割合がかなり増え、2014 年にはついに韓国からの輸入がトップになった。ドイツからの輸入も増えている。直近の 2014 年をみると、1 位韓国 34％、2 位日本 31％、3 位ドイツ 12％、4 位台湾 8 ％、5 位スペイン 4 ％となっている。韓国・日本・ドイツからの輸入だけで中国のプレス金型・部品輸入の 65％にも達する。以前はアジアでは高品質プレス金型の供給は日本が独占していたが、近年は韓国など他のキャッチアップ国の技術向上、ドイツなど欧州の巻き返しなどもあり、金型供給国の多極化が進んでいる。

　中国のプレス金型・部品輸出は、2000 年代中葉までは香港経由が多かったが、近年は様子が異なってきている。2014 年時点の輸出先は、1 位アメリ

255

第Ⅲ部　インド、メキシコ・ブラジル、東南アジアの経済成長戦略の変貌と転換

表9-7　中国のダイタイプ（プレス金型・部品）の輸出入相手国変遷（1995～2014年）

輸入

	1位	シェア	2位	シェア	3位	シェア	4位	シェア	5位	シェア
1995	日本	89%	台湾	5%	香港	3%	アメリカ	2%	フランス	1%
2000	日本	44%	台湾	19%	ドイツ	7%	韓国	6%	アメリカ	6%
2005	日本	46%	韓国	22%	ドイツ	11%	台湾	10%	アメリカ	3%
2010	日本	44%	韓国	34%	台湾	8%	ドイツ	7%	アメリカ	2%
2014	韓国	34%	日本	31%	ドイツ	12%	台湾	8%	スペイン	4%

輸出

	1位	シェア	2位	シェア	3位	シェア	4位	シェア	5位	シェア
1995	香港	33%	台湾	19%	アメリカ	14%	日本	10%	インドネシア	7%
2000	香港	32%	台湾	23%	日本	18%	ミャンマー	11%	アメリカ	5%
2005	香港	23%	台湾	20%	アメリカ	19%	日本	17%	イラン	5%
2010	日本	17%	香港	15%	マカオ	13%	アメリカ	11%	メキシコ	7%
2014	アメリカ	17%	インド	8%	ドイツ	8%	日本	8%	イギリス	7%

注・出所：表9-3と同じ。

カ17%、2位インド8%、3位ドイツ8%、4位日本8%、5位イギリス7%である。中国のプレス金型・部品の輸出先は多極化が進んでいる。

（4）　韓国

　韓国は今日、自動車、電気電子産業の世界的なリーダー国の一つである。自動車産業では現代・起亜自動車グループ、ルノーサムスン自動車、韓国GMなどがあり、電気電子産業ではサムスン電子、LG電子など、いずれも世界的に名高い企業が揃っている。これらの製品は、欧米やアジアなどで日本製品と同等であるとの評価を受けている。韓国の2014年の自動車生産台数は452万台、世界第5位（シェア5.0%）の自動車生産大国である。電気電子産業では韓国企業が世界シェアトップの製品も少なくない。韓国ではこうした最終製品メーカーを支えるサポーティング産業もかなり発展している。金型産業についても、韓国は早くからその重要性に着目して、国を挙げて技術導入、人材育成、産業育成を行ってきた。本章のインド、タイ、中国の金型供給先でもみたように、韓国は今日では世界的な金型供給大国に成長して

第9章　金型産業にみるアジアのGVCの変化

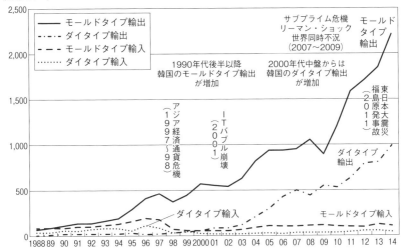

図 9-10　韓国の金型輸出入推移（1992〜2014年）

注・出所：図9-1と同じ。

いる[4]。

① 韓国の金型輸出入
　　——キャッチアップに成功し、世界的な金型輸出大国に

　韓国の金型輸出は1990年代半ばから急速に拡大し始めた。当初はモールドタイプが輸出を牽引したが、2000年代以降はダイタイプも輸出が拡大している（図9-10）。

　韓国はかつて1980年代後半まで金型貿易赤字国であった。高品質金型はモールドタイプ、ダイタイプとも日本に依存し、金型が対日貿易赤字の元凶の一つであるとされた時期もあった。しかし今日の韓国では、ごく一部の高品質金型をのぞいてはすべて国内調達が可能なレベルに達している。図9-10に明らかなように、両タイプの金型とも輸出に比べて輸入はきわめて少ない状態となっている。

　今日の韓国の金型貿易損益は両タイプとも黒字であり、金型貿易黒字は年々拡大している（図9-11）。モールドタイプは1990年に黒字に転じたが、

257

第Ⅲ部　インド、メキシコ・ブラジル、東南アジアの経済成長戦略の変貌と転換

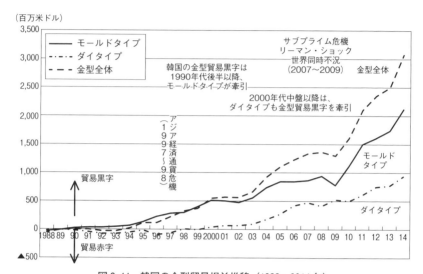

図 9-11　韓国の金型貿易損益推移（1988～2014年）
注・出所：図 9-1 と同じ。

ダイタイプは1990年代後半まで貿易赤字が続いた。ダイタイプの製作技術が、モールドタイプよりもキャッチアップしにくかったからである。しかしダイタイプの貿易も2000年以降は黒字に転じ、その後は黒字幅を拡大させている。

② 　韓国の金型国際競争力——1990年代に一気に国際競争力が向上

近年の韓国の国際競争力係数の値は＋0.9前後を推移しており、韓国の金型国際競争力はモールドタイプ、ダイタイプともきわめて強い状態を維持している（図9-12）。両タイプとも輸出に比べて、輸入がきわめて少ない。過去の経緯をみると、モールドタイプは1990年に国際競争力係数の値がプラスに転じ、1990年代に急速に値が上昇して2000年には＋0.8に達した。ダイタイプの国際競争力係数は1997年までマイナスの値であったが、2000年以降はプラスに転じ、2004年には＋0.8に達した。こうした韓国の金型国際競争力向上の背景には、長年にわたる産業・人材育成、技術導入、金型ユーザー産業との双方向の学習による技術蓄積、韓国の輸出奨励政策などに加え、

258

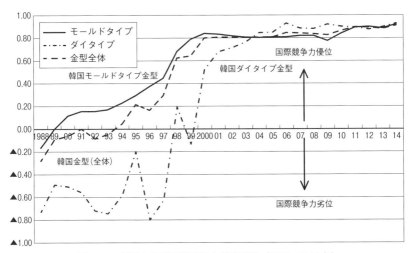

図 9-12　韓国の金型国際競争力係数推移（1988〜2014 年）
出所：図 9-1 と同じ。

金型生産方式の国際的なイノベーションと金型製作技術の標準化が背景にある。

③　韓国の金型輸出入相手国

モールドタイプ：日本依存から脱却して世界各地向けへの輸出大国に

　かつて韓国のモールドタイプ依存先は日本一極集中であった。1990 年の輸入シェアの 7 割が日本だった。この構造は長く続いたが、2000 年代に入って輸入先が多様になってきた（表9-8）。韓国で製作できない高品質金型は日本から輸入し、低難易度の安い金型は中国から輸入する構造になった。2000 年時点では中国からの輸入は 7 ％だったが、2005 年には中国からが 21％にまでなった。そして 2009 年には中国からの輸入シェアは 38％になり、ついに日本（23％）を抜いて韓国のモールドタイプ輸入先第 1 位となった。その後も中国からの輸入は増え、2 位以下の輸入先を大きく引き離すようになった。2014 年時点の韓国のモールドタイプ輸入先は、第 1 位中国 52％、2 位日本 22％、3 位ベトナム 6 ％、4 位ドイツ 4 ％、5 位アメリカ 4 ％である。

　韓国のモールドタイプ輸出先でも日本が長らく 1 位にあり続けた。これは

第Ⅲ部　インド、メキシコ・ブラジル、東南アジアの経済成長戦略の変貌と転換

表9-8　韓国のモールドタイプの主要輸出入相手国変遷（1990〜2014年）

輸入

	1位	シェア	2位	シェア	3位	シェア	4位	シェア	5位	シェア
1990	日本	71%	アメリカ	11%	西ドイツ	5%	イタリア	3%	フランス	2%
1995	日本	60%	オーストラリア	13%	ドイツ	6%	アメリカ	6%	イタリア	4%
2000	日本	50%	アメリカ	8%	中国	7%	ドイツ	7%	スイス	4%
2005	日本	43%	中国	21%	ドイツ	9%	アメリカ	6%	オーストリア	4%
2010	中国	40%	日本	25%	ドイツ	12%	オーストリア	5%	アメリカ	5%
2014	中国	52%	日本	22%	ベトナム	6%	ドイツ	4%	アメリカ	4%

輸出

	1位	シェア	2位	シェア	3位	シェア	4位	シェア	5位	シェア
1990	日本	44%	マレーシア	7%	インドネシア	7%	タイ	6%	アメリカ	5%
1995	日本	26%	インドネシア	12%	中国	10%	香港	8%	フィリピン	7%
2000	日本	50%	アメリカ	8%	中国	7%	ドイツ	7%	スイス	4%
2005	日本	36%	中国	20%	アメリカ	7%	インドネシア	4%	タイ	4%
2010	中国	21%	日本	18%	インド	10%	メキシコ	7%	アメリカ	6%
2014	日本	18%	中国	15%	ベトナム	8%	インド	8%	メキシコ	7%

注・出所：表9-3と同じ。

日本の金型メーカーがコスト削減のため、韓国の金型メーカーに荒加工まで
をアウトソーシングしたことが大きな理由である。近年は韓国の金型製作技
術が向上し、金型ユーザーが直接、韓国の金型メーカーに発注するケースも
増えた。やがて韓国製モールドタイプの輸出拡大に伴い、輸出先は、アジア、
欧米など、世界各地に広がった。また中国の製造業発展に伴い、中国向けの
輸出も増えた。2010年には、第一の輸出先が中国（シェア21%）になった。
しかし2011年以降はふたたび日本が1位となっている。2014年時点では、
1位日本18%、2位中国15%、3位ベトナム8%、4位インド8%、5位メ
キシコ7%である。世界各地への韓国の金型輸出拡大は、韓国企業の海外進
出の影響もあるが、韓国金型自体の品質が向上したことや、積極的な営業活
動を行ったことなども大きい。筆者の欧米での調査時にも、韓国企業以外の
金型ユーザーが韓国から金型を輸入調達しているケースをよくみかけるよう
になった。

第9章　金型産業にみるアジアの GVC の変化

表 9-9　韓国のダイタイプ（プレス金型・部品）の輸出入相手国変遷（1990〜2014 年）

輸入

	1 位	シェア	2 位	シェア	3 位	シェア	4 位	シェア	5 位	シェア
1990	日本	91%	アメリカ	5 %	西ドイツ	1 %	スイス	1 %	オーストリア	1 %
1995	日本	85%	ドイツ	8 %	アメリカ	4 %	イギリス	2 %	フランス	0 %
2000	日本	74%	ドイツ	8 %	マレーシア	5 %	アメリカ	4 %	台湾	2 %
2005	日本	81%	アメリカ	5 %	ドイツ	4 %	中国	3 %	イタリア	2 %
2010	日本	58%	中国	11%	イギリス	6 %	スイス	6 %	ドイツ	5 %
2014	中国	25%	アメリカ	20%	日本	17%	ドイツ	9 %	タイ	7 %

輸出

	1 位	シェア	2 位	シェア	3 位	シェア	4 位	シェア	5 位	シェア
1990	カナダ	51%	日本	29%	アメリカ	6 %	フランス	5 %	インド	4 %
1995	ウズベキスタン	62%	日本	11%	イギリス	6 %	フランス	5 %	タイ	5 %
2000	イギリス	24%	日本	21%	ポーランド	19%	台湾	8 %	マレーシア	3 %
2005	日本	32%	中国	22%	アメリカ	14%	インド	7 %	トルコ	3 %
2010	中国	27%	アメリカ	15%	日本	11%	メキシコ	7 %	インド	7 %
2014	中国	23%	アメリカ	13%	インド	12%	日本	11%	メキシコ	5 %

注・出所：表 9-3 と同じ。

ダイタイプ：日本依存から脱却して世界各地向けへの輸出大国に

　ダイタイプのうちプレス金型・部品の調達先はモールドタイプ以上に韓国は長く日本に依存した（表9-9）。1990 年時点のプレス金型・部品の調達先は 9 割が日本からであり、日本依存一極集中の状態であった。2005 年時点でも日本からの輸入割合は 8 割、2010 年時点でも 6 割が日本からの輸入だった。筆者の韓国や日本での企業訪問でも、高品質プレス金型を日本依存しているケースは散見された。ところが 2011 年を最後に日本は輸入先トップの座を他国に譲ることになった。2012 年は輸入先のトップはドイツ、2013〜14 年は中国がトップとなった。2014 年の韓国のプレス金型・部品の調達先は、1 位中国 25%、2 位アメリカ 20%、3 位日本 17%、4 位ドイツ 9 %、5 位タイ 7 %である。プレス金型・部品についても中国が輸入先トップの調達構造になった。

第Ⅲ部　インド、メキシコ・ブラジル、東南アジアの経済成長戦略の変貌と転換

　韓国のプレス金型・部品輸出は世界各地に向け多様である。近年は中国向けが多くなっている。2014 年時点では、中国、アメリカ、インド、日本、メキシコが輸出先トップ 5 である。日本向けは日本の金型メーカーのアウトソーシングや、製品・部品メーカーによる調達が多い。日本以外の国へは、進出・生産している韓国メーカーへの金型供給も多いが、モールドタイプ同様、韓国企業以外でも韓国からのプレス金型・部品の輸入調達はよくみられる。

おわりに

　本章では、アジア各国の急速な発展がみられた 1990 年代、2000 年代の金型の需給構造と各国の金型国際競争力について分析した。冒頭で述べたように、金型は自動車や電気電子産業など、アジアで発展する量産型機械産業の生産・開発にとって必要不可欠なツールである。設計した工業製品の具現化・量産には金型が必須であり、どこからか調達しなければならない。中国など一部で数十台以上の工作機械を導入し、金型を使わないで量産する方式もみられるが、生産スピードやコストなどからみてもまだまだ量産に金型が不可欠な状況が続きそうである。

　本章では、インド、タイ、中国、韓国のケースをみた。インドは工業の歴史が長く、基盤技術はもっているものの、拡大する金型需要に供給がまったく追いついておらず、高品質金型はモールドタイプ、ダイタイプともに海外依存が強かった。インドの現地調査ではインドの金型産業のめざましい発展もみられる。しかしインドの金型貿易損益はモールドタイプ・ダイタイプともに近年赤字がどんどん増えており、貿易分析からは海外依存がますます高まっていることが明らかとなった。国際競争力係数による金型国際競争力でも両タイプの金型がきわめて弱い状態で推移していることを示していた。金型の輸入調達先では以前は日本からが多かったが、近年は韓国、中国の台頭が日本を凌駕するようになった。2014 年ではモールドタイプではトップの中国と 2 位の韓国からの輸入が日本をはるかに上回っており、ダイタイプで

262

は57%のシェアを占めるトップの韓国からの輸入が圧倒的である。またインドのダイタイプ輸入でも中国の台頭が顕著である。

タイは ASEAN のなかでは工業化の歴史が古く、バンコク周辺を中心として産業集積が形成されている。企業訪問では現地調達がかなり可能になった印象を受け、ASEAN・インド・南米調査ではタイから金型を輸入調達している話も散見された。しかし貿易分析で金型損益をみると、金型貿易赤字が拡大しており、モールドタイプ・ダイタイプともに海外依存が顕著であった。金型国際競争力は近年改善の兆しも一時みられたが、依然両タイプとも弱い状態での推移が続いている。金型輸入調達先については、日本企業のタイ進出が多いこともあって、モールドタイプ・ダイタイプともに今日でも日本依存が強い。ただし輸入調達先は多極化の傾向がみられ、中国、韓国、台湾、シンガポール、アメリカなどからの輸入も増えた。とくにモールドタイプ輸入で中国のプレゼンス向上が顕著であり、韓国もプレゼンスを高めている。

中国は1990年代後半以降、工業化により急速な発展を遂げた。工業発展に伴って金型の輸入調達も増えた。一方で活発な外資系金型ユーザー・サプライヤーの中国進出や技術移転、地場金型メーカーの著しい成長がみられ、2000年代半ば以降モールドタイプを中心に金型輸出が急拡大した。金型国際競争力については、モールドタイプで2000年代半ばに競争劣位状態から競争優位状態に転換し、近年さらに競争力を強めている。ダイタイプは国際競争力が弱い状態であるが、急速に競争力が向上している。2014年時点で国際競争力が劣位から優位への転換点にさしかかっている。早晩の競争優位状態への転換と、さらなる競争力の向上が予想される。中国の金型輸入調達先はかつて日本からが多かった。しかし2013年にモールドタイプで韓国輸入が日本を抜いて輸入先トップになった。プレス金型・部品でも2014年に韓国が輸入先トップとなった。かつてのプレス金型・部品の日本一極依存は影を潜め、韓国の台頭と、ドイツ・台湾・アメリカなど調達先の多角化が顕著になっている。中国からの金型輸出についてはモールドタイプ・ダイタイプとも世界各地に輸出しており、本章で分析した各国でみられたように近年

第III部　インド、メキシコ・ブラジル、東南アジアの経済成長戦略の変貌と転換

のプレゼンス向上がきわめて著しい。

　韓国はかつて金型を日本に一極依存していた。しかし1990年代に急速な
キャッチアップを遂げ、ほぼすべてのタイプ・品質の金型を自国生産できる
ようになった。金型国際競争力をみるとモールドタイプは1990年代前半に、
ダイタイプは2000年代に急速に競争力を強めた。今日の韓国の金型国際競
争力は両タイプともきわめて強い競争優位状態を維持している。韓国の金型
輸入調達先はかつての日本一極集中から、多極化と中国プレゼンス向上によ
り大きく様変わりした。2014年時点で中国からの輸入はモールドタイプ・
ダイタイプともに日本を凌駕してトップである。輸出については、両タイプ
とも世界各地に向け幅広く輸出している。

　金型は製品の生産やR&D・イノベーションに重要なツールである。アジ
アの金型産業はかつて日本が飛び抜けて技術力、競争力が高かった。しかし
1990年代以降、アジア各国の金型産業は急速に発展した。日本など金型先
進国企業の金型関連企業の進出もあるが、地場金型関連メーカーのキャッチ
アップもめざましい。当初はモールドタイプで日本への一極集中依存から輸
入調達先の多極化が進展したが、技術難易度の高いダイタイプでは日本一極
依存が継続した。しかし韓国や中国をはじめとするアジアの金型産業発展は
顕著であり、2000年代後半から2010年代にかけてダイタイプでも構造変化
がみられた。今日、アジアの金型グローバル需給構造はかつての日本一極集
中から、調達先多極化の時代に移り変わった。今後のさらなる中国や韓国な
どのプレゼンス向上の兆候もみられる。アジアの製造業はものづくりの基盤
においても大競争時代に突入している。

　謝辞：本研究はJSPS科研費21252004、JSPS科研費26301024、法政大学比較経済研究
　所プロジェクトなどの助成を得た。記して感謝したい。

〈注〉
　1）　BEA（Bureau of Economic Analysis, US Government）による米ドルのGDPデフ
　　　レーターによると、2009年＝100とすると、1992年は70.64であり、2013年は
　　　106.73である。

第 9 章　金型産業にみるアジアの GVC の変化

2)　『機械統計』ベース。『工業統計』でもおよそ同様で、2 種合計で全体の 7 割弱を占める。

3)　国際自動車工業連合（OICA: Organisation Internationale des Constructeurs d'Automobiles）（http://www.oica.net/）

4)　馬場［2005］175-196 頁、馬場編［2013］203-224 頁などに詳述。

〈参考文献〉

インド自動車工業会（SIAM）（http://www.siamindia.com/　最終参照 2015 年 9 月 12 日）。

経済産業省『機械統計』（http://www.meti.go.jp/statistics/　最終参照 2014 年 6 月 3 日）。

─────『工業統計』（http://www.meti.go.jp/statistics/　最終参照 2014 年 6 月 3 日）。

国際自動車工業連合会（OICA）（http://www.oica.net/　最終参照 2015 年 9 月 15 日）。

国連商品貿易統計データベース（UN comtrade）（http://comtrade.un.org/　最終参照 2015 年 9 月 15 日）。

タイ工業連盟（http://www.fti.or.th/　最終参照 2015 年 8 月 10 日）。

日本金型工業会［2013］『新金型ビジョン』（http://www.jdmia.or.jp/document/　最終参照 2014 年 4 月 3 日）。

馬場敏幸［2005］『アジアの裾野産業』白桃書房。

─────［2009a］「アジアの金型産業発展と日本の競争力について──中国、韓国の金型産業発展の事例より（前編）『東アジアへの視点』20(2)、13-20 頁。

─────［2009b］「アジアの金型産業発展と日本の競争力について──中国、韓国の金型産業発展の事例より（後編）『東アジアへの視点』20(3)、37-46 頁。

─────［2010a］「裾野産業（サポーティング・インダストリー）の役割と産業競争力への貢献」『研究・技術・計画』24(4)、302-308 頁。

─────［2010b］「韓国の金型産業発展と日本の競争力優位保持への一考察──成功したキャッチアップ戦略とイノベーション志向への模索」『研究・技術・計画』24(4)、309-321 頁。

─────［2014］「アジアの金型需給構造の変遷──日本一極集中から多極化へ」『大阪経大論集』65(2)、75-98 頁。

─────［2015］「中国・韓国・日本の自動車部品の国際競争力変化──産業集積への含意（7 章）」近藤章夫編『都市空間と産業集積の経済地理分析』日本評論社、125-144 頁。

馬場敏幸編［2013］『アジアの経済発展と産業技術』ナカニシヤ出版。

第Ⅲ部　インド、メキシコ・ブラジル、東南アジアの経済成長戦略の変貌と転換

第 *10* 章

NAFTA 体制下におけるメキシコ 自動車産業の発展過程とその課題

芹田浩司

はじめに── 本章の目的・構成

　2017 年のアメリカ・トランプ政権の誕生は、メキシコにおける産業界、とりわけ本章で取り上げる自動車産業・同部品産業を中心とする輸出産業、より具体的にいえば、これまで NAFTA（北米自由貿易協定）体制の枠組みを前提としてオペレーションを展開してきた産業界（企業や業界団体など）に大きな動揺を与えている。ドナルド・トランプ氏が政権誕生前から掲げていたアメリカ第一主義にもとづく NAFTA の見直し（再交渉）が現実的な動きとなり、その再交渉の内容次第で、これら企業は、メキシコでの生産・調達などの戦略について根本からの見直しを迫られる可能性もあるからである。

　トランプ政権誕生以前、メキシコ自動車・同部品産業においては、「バヒオ」（bajío）地区と呼ばれる同国の中央高原地域を中心に形成された産業クラスターが新たな成長のエンジンとなる形で、投資および生産・輸出の拡大傾向が続き、同産業の見通しについては総じて明るい（楽観的な）見通しが大勢を占めていたといえる。後述するように、この「バヒオ」地区は、メキシコで最も古く、1960 年代から自動車産業の集積地となった「首都圏クラスター」、1970 年代後半頃からアメリカ系自動車メーカーがオフショア生産戦略を展開し始めるなかで形成された「北部クラスター」に次いで、3 番目の新たな自動車産業クラスターとして近年、台頭してきた地域であり、また

266

同地域のクラスター化を主導しているのは、日本企業であることから、自動車業界をはじめとした日本国内の産業界からも高い注目を集めている地域である。同地域、ひいてはメキシコ経済・産業への急速な関心の高まりは、2011年以降、日本の自動車メーカー（マツダ、ホンダ、日産、トヨタ）が相次いで同地区に対する生産投資（新規投資だけでなく、既存の生産能力拡大のケースもある）を発表したことをきっかけとしていると考えられるが、こうした動きに伴い、一次サプライヤー（Tier 1）を中心とする部品関連の日系企業の同地区への進出も加速した。JETRO（2017）によると、「バヒオ」地域へ進出した日系企業の数は2011年には87社だったに過ぎないが、4年後の2015年には452社へと急増した。同期間における同地域の邦人数も1580人から3570人へと大きく増加した[1]。

　日本とメキシコの間の経済的結びつきは、2005年4月の両国間におけるEPA（経済連携協定）発効以降、強まってきたといえるが、この近年の自動車関連の投資ブームが大きな後押しとなり、「バヒオ」地区を含むメキシコ全土へ進出した日本企業の数は957社と、1000社近くに上る状況となっている［2015年10月時点：JETRO（2017）］。このような日墨間の経済的結びつき強化を背景に、日本のメキシコへの経済的利害・関心も高まっており、その意味で、トランプ政権によるNAFTA再交渉の行方は、日本にとっても決して対岸の火事ではない状況となっている。

　筆者が2017年3月に行ったメキシコでの現地調査によると、今後のトランプ政権による政策が、自動車・同部品産業をはじめとするメキシコ国内の産業や企業、より広くいえば、現在のNAFTA体制に与える影響については限定的であろうとの見方が大勢であった。その理由としては、NAFTAはまず何よりもアメリカの企業・産業に大きな恩恵をもたらしてきた制度的枠組みであると考えられること、またたとえ、NAFTA体制が終焉したとしても、WTO（国際貿易機関）の体制が続く限り、メキシコからアメリカへの輸出に関しては最恵国待遇の税率が適用され、それはすでに低率（乗用車の場合で2.5％）であることなどが考えられよう[2]。しかしその半面、同調査では、メキシコ（バヒオ地区）への進出を検討している自動車部品関連

第Ⅲ部　インド、メキシコ・ブラジル、東南アジアの経済成長戦略の変貌と転換

の企業がその進出を見直す動きをみせるなど、企業のメキシコ進出を取り巻く環境については急速に不透明感が高まっていることも事実であろう。少なくとも、アメリカ・トランプ政権の誕生は、それまでバヒオ地区を中心に大きく拡大傾向を示していたメキシコ自動車・同部品産業成長の勢いに冷や水を浴びせる格好となったことは否めない。

　本章の執筆はNAFTAの再交渉プロセスがこれから本格化し出す時期（2017年12月）であるため、NAFTA再交渉の内容や結果、またそれらが日本の自動車・同部品メーカーをはじめ、メキシコ国内で操業する企業、ひいては同国の自動車産業の発展パターンにどのような影響を及ぼすのか、について分析することはできない。そのため本章では、1980年代末頃から、同国における開発（工業化）戦略の基本路線となっている経済自由化およびNAFTA体制の確立へと至った政治経済的背景や、またこのNAFTA体制を前提（所与）として、同国の自動車・同部品産業はいかにして成長を遂げてきたのか、その成長パターンの特質はどこにあるのか、さらには今後一層の産業発展を実現する上での課題や制約はどのようなところにあるのか、などについて考察することをおもな目的としたい。このように、いわばトランプ政権誕生までの時期の「総括」の作業を行っておくことは、今後可能となるNAFTA再交渉後の同産業に関する種々の分析・考察を行う上でも有益であると考えられる。

　本章はまず、メキシコ、広くいえばラテンアメリカ諸国における開発体制（以下、開発モデルと呼ぶ）の変遷を振り返りつつ、同国における1980年代末以降の経済自由化・グローバル化路線、いい換えれば、NAFTA体制下におけるメキシコ自動車・同部品産業の発展問題を考える上で有効になると考えられる理論的枠組み（分析枠組み）の問題を論じる（第1節）。次の第2節では、1994年のNAFTA体制確立の背景に着目しながら、同国における開発モデルの転換について述べ、その後、NAFTA体制におけるメキシコ自動車産業の成長パターンと発展上の課題についておもに論じる（第3節）。そして第4節では、国内部品産業（サポーティング・インダストリー）育成の重要性およびその理論的根拠について検討し、最後に、本章の要約お

び本章での考察から得られる若干の政策的含意を述べ、締めとしたい。

1. ラテンアメリカ諸国における開発モデルの変遷および理論的枠組みの検討

　19世紀前半に政治的独立を果たした多くのラテンアメリカ諸国（メキシコは1821年にスペインから、ブラジルは1822年にポルトガルからそれぞれ独立）は、同世紀後半頃からの先進工業国に対する工業原材料や食糧等の一次産品輸出に特徴づけられる「輸出経済期」を経て、工業化（輸入代替工業化）の道へと歩み出すことになるが、その最大のきっかけが、1929年の「世界大恐慌」であった。すなわち、世界恐慌に伴う先進諸国における一次産品需要の低迷などを背景に、それまでの輸出拡大を軸とした経済路線が急速に行き詰まりをみせるなか、貿易収支悪化に直面したラテンアメリカ諸国は、工業製品の輸入制限、それに代わっての工業製品の国内生産（拡大）へと向かうこととなった[3]。ただし、この時代の工業化はどちらかといえば経常収支（国際収支）危機への対応という側面が大きく、また輸入代替の中身としては繊維・衣類や食品加工などの軽工業（非耐久消費財）を主としたものであった（第1次輸入代替）が、国家の開発戦略の中心として工業化が明確に位置づけられ、本章の対象とする自動車・同部品や電機・電子等の耐久消費財や、鉄鋼・化学製品などの重化学分野での工業化政策（第2次輸入代替）が本格的に遂行されるようになるのは1950年代以降であった。次節で詳述するが、メキシコにおいては1962年の第1回自動車令によって、またブラジルでも1950年代半ば以降、GEIA（Grupo Executivo da Indústria Automobilística）の設立などを機に、本格的な自動車国産化政策が推進されるようになる。また同諸国、広くいえば発展途上諸国の工業化を理論面で支えたものとして、UNCTAD（国際連合貿易開発会議）の初代事務局長を務めたラウル・プレビッシュなどの理論、すなわち、一次産品の輸出経済体制を自国の交易条件悪化を招くものとして批判した長期的交易条件悪化説（中心‐周辺理論）が特筆できよう。

269

第Ⅲ部　インド、メキシコ・ブラジル、東南アジアの経済成長戦略の変貌と転換

　この第２次輸入代替期における開発モデルの特徴は、高関税や輸入制限（禁止）、外資の出資制限、ローカルコンテンツ規制などの政策ツールによって代表される、国家（政府）による「規制」型にあった。この自国市場への積極的な政府介入をその旨とする開発戦略は、理論的に考えれば、「幼稚産業保護」論に代表されるように、一般に後発国が工業化を遂行していくために必要な手段と考えられ、これは、ラテンアメリカ諸国に限らず、戦後のアジア諸国をはじめ、広く後発国（発展途上国）へと普及していく「開発主義国家」モデルとして整理できるものである。また第２次輸入代替プロセスにおいて指摘すべきは、外資導入の必要性が急速に増したことである。それは、第１次のプロセスに比し、資本や技術的な集約度（要請度）が格段に増し、自国資本（企業）のみでは工業化の達成が困難となってきたからである。外資の活用は一般に、資本出資（導入）を伴う海外直接投資や、それを伴わない技術供与や OEM 生産等の形態が考えられるが、メキシコやブラジルをはじめ、ラテンアメリカ諸国では前者の形態が主流となった。

　このように、1950〜60 年代以降、ラテンアメリカ諸国の産業、とりわけ自動車・同部品等の耐久消費財産業では、外資（多国籍企業）への依存が急速に高まることとなった。実際、メキシコやブラジルの自動車産業、とくに完成車部門では、地元資本のメーカーは次第に淘汰され、もっぱら多国籍企業が産業の担い手となっている。ここに、外資を受け入れる側の同諸国の政府と多国籍企業間のバーゲニング（交渉）という視角に光を当てる重要性があるといえる。つまり、両者の利害は根本的なレベルでは異なると考えられる状況下では、両者間のバーゲニングのあり方やその帰結が、産業の特性やパフォーマンスなどを決定づける重要な要素となるからである。

　この外資のコントロール力を含めた、ラテンアメリカ諸国の「開発主義国家」モデルは、低インフレの下で長期の安定的成長を遂げた「メキシコの奇跡」（1940〜70 年代初頭）や、工業部門を中心に高度経済成長を遂げた「ブラジルの奇跡」（1968〜73 年）に代表されるように、一定の効果を上げたが、その評価としては、新古典派経済学者の議論に代表されるように、おもに産業の国際競争力が育たず、非効率な生産体制を温存させた、として総じてネ

270

ガティブなものだったといえよう。そして、次節で述べるように、1982 年の累積債務危機の発生を契機に、この開発モデルは大きな転換期を迎えることとなる。これに対して、その「開発主義国家」モデルが高い評価を与えられてきたのが、韓国やシンガポールをはじめとする東アジア地域であった。同地域では、輸出志向の多国籍企業の誘致やそれとの合弁事業を成功に導きつつ、先進国（おもにアメリカ）市場への輸出主導にもとづく高度な経済発展が実現され、それは「東アジアの奇跡」（1993 年の世界銀行レポート）とも呼ばれた。この両地域のパフォーマンスの差を説明するファクターとして、政府の"自律性"（民間企業など、社会からの圧力に屈しない強い政府）や"能力"（官僚の一貫した政策実行能力）が開発主義国家論者によって指摘された[4]。すなわち、ラテンアメリカ諸国では、政府の自律性や能力という要素が乏しかったため、企業（社会）からのレントシーキング（特定の利益追求や利益誘導）活動の影響を受けるとともに、長期の一貫した政策遂行も実現されず、結果、東アジアでみられたような、高度な経済発展を導くことに失敗したとされる。

　上記のような「開発主義国家」モデルやそれをめぐる議論は、90 年代以降の世界的なグローバリゼーションの時代を迎え、地域を問わず、大きな見直しを迫られてきている。本章では紙幅の制約上、こうした問題について詳しく論じることはできないが、一般に金融や経済活動のグローバリゼーションによって、金融資本や多国籍企業の自由度やそれによる影響力が格段に増大する反面、国家の役割や能力は大きな低下を余儀なくされるという通説に対し、必ずしもそうとは言い切れない、すなわち、対企業（多国籍企業）との関係でいえば、国家の役割・能力や政策の有効性は、それとのバーゲニング次第である、といった見方が対峙する形で議論が進行しているといえよう[5]。

　後者の議論を支える理論的根拠は以下の点、すなわち、国家は、本章の対象とする発展途上国の場合でも、何らかの"優位性"（advantage）を有しているのが一般的であり（もちろん、例外が存在することは否定しない）、こうした優位性（バーゲニング論者の用語でいえばバーゲニング・チップ）

第Ⅲ部　インド、メキシコ・ブラジル、東南アジアの経済成長戦略の変貌と転換

をもとに、国家（政府）は、資本（多国籍企業）の側の間で競争を生じさせ、自らに有利な形で政策展開できる余地が存在する、という点にある。

　発展途上国が有する有力なバーゲニング・チップは、⑴大きな国内市場とその将来的有望さ、⑵巨大な市場へのアクセスの良さ（近接性）、⑶低廉で優秀な労働力（単純労働に従事する非熟練労働者だけでなく、エンジニアなどの技術者や熟練労働者）の豊富な存在、⑷部品の現地調達や、さまざまな有用な情報の入手、近場での専門的人材の確保を可能にする、高度に発達した産業クラスターの存在、⑸豊富な天然資源の保有―に大きく整理できるだろう（人材登用という点では⑷は⑶と重なっている）。このようにみてくると、たしかに、経済自由化・グローバリゼーションを受け、上述したように、途上国における開発戦略の基本的体系は、規制型から促進型へと大きく変化し、それにより、途上国政府がとりうる政策の範囲も従前に比べ狭まってきている面もあるといえようが、⑴や⑶をはじめ、多くの優位性を背景に、自動車や電機・電子（IT）産業等を中心に、自国資本の成長も伴いつつ、長期にわたる高度な発展を遂げている現代中国の例が示唆しているように、こうした議論には一定の妥当性があるように思われる。本章ではこうした見方をもとに、メキシコ自動車産業の将来的な発展課題等について検討することがおもな目的である。

　メキシコ自動車産業は、80 年代初め頃までの輸入代替期には⑴の優位性をもとに国内市場を中心に成長し、それ以後は、⑵と⑶の低廉な非熟練労働の存在という優位性をもとに、おもに世界最大のマーケットであるアメリカ向けの輸出拡大を通じて成長を遂げてきた。しかし、80 年代以降の発展形態は、依然、低賃金労働に依存した組立輸出の域を脱しておらず、後述するように、グローバリゼーション時代において、こうした形態は持続可能性を持ちえない。したがって、同産業における今後の発展の方向性としては、これまでの⑵と⑶の優位性だけでなく、⑷の優位性獲得に向けた政策を積極的に展開していくべきであろう。すなわち、クラスターの充実化（とくに SI の発展）が、さらなるサプライヤーの誘致や新規設立を呼び込み、より厚みのあるクラスターへと成長させるという好循環をつくりだし、そのことを通

じて、そのクラスター内の企業が撤退（Exit）オプションを採用した場合の機会コストを高めることが重要になるといえよう。こうした方向性は、上述したように、部品や材料の現地調達が重要となってきている状況において、より現実味のある戦略だと考えられるし、またこれは現在、同国でも主流となっている「促進」型の政策ツールによっても可能といえよう。ただし、最後でも述べるが、(4)の優位性獲得は、(1)の優位性とも関連していることにも留意しなければならない。それでは次に、上述した規制型から促進型への開発モデルの転換が、メキシコ自動車産業においては具体的にどのように現れたのか、みていくことにしたい。

2．メキシコにおける開発モデルの転換：NAFTA 体制確立の背景

　前節で述べたように、メキシコは 1960 年代頃から国家による積極的な産業保護主義にもとづく「輸入代替工業化」（第二次輸入代替）モデルを推し進めてきたが、こうした開発モデルが大きく転換するに至った契機となったのが、1982 年 8 月に同国で勃発した累積債務危機問題であった。すなわち、同国はこの問題を機に、それまでの国家規制・国内市場志向を基本とする「内向き」の開発モデル（輸入代替戦略）から、対外開放（積極的な外資誘致）や輸出志向を基本とする「外向き」の開発モデルへと 180 度転換したのである。そしてこの開発モデル転換の重要な背景には、債務危機に陥った同国への最後の資金の出し手となった IMF（国際通貨化基金）や世界銀行主導の構造調整政策があった。すなわち、これら国際機関は、メキシコへの融資の条件として、国内経済の自由化・規制緩和をおもな内容とする構造調整政策の実施を同国に課したのであるが、その狙いは、この債務危機の背景を成した対外借款をはじめとする外国資本に大きく依存した経済構造からの脱却を図るべく、輸出拡大を通じ自前で十分な外貨を稼ぎ出せる経済体制を創出することにあったといえよう。

　つまり、IMF などによれば、この新たな輸出経済体制の創出のためには、貿易や投資、為替レートをはじめとする国内経済の抜本的な自由化が不可欠

第Ⅲ部　インド、メキシコ・ブラジル、東南アジアの経済成長戦略の変貌と転換

であり、それにより同国に比較優位のある産業の国際競争力が向上し、持続
的な輸出拡大への道が開かれるとされた。このような比較優位の原理に則り、
メキシコ経済は、1980年代半ば以降、本格的な自由化路線を歩むことにな
る。まず貿易面からみると、平均関税率は1990年までに、85年当時の
23.5%から12.5%にまで大きく引き下げられ、最高関税率も20%という低
水準となった[6]。また外国投資の面でも、1989年、そして1993年の外資法
改正（新外資法）によって、基本的には一部の規制業種を除き、外資を内国
民待遇とする新たな姿勢が打ち出され、無条件で100%外資出資が認められ
るようになるなど、大幅に自由化されるに至った。

　そして、このような貿易・投資を中心とする自由化路線の総決算ともいえ
るのが、サリナス政権時（1988-1994）に進められたNAFTA交渉およびそ
の締結である。これは、アメリカ・カナダ・メキシコの間で自由貿易圏を創
設するという協定で、3国間の関税撤廃については、即時、5年、10年、15
年のスケジュールで実施され、自動車や繊維・アパレル、農産物などの利害
対立の大きな品目を除き、大部分の品目は同協定が発効した1994年1月以
降、関税ゼロとなった[7]。この協定で注目すべきなのは、その経済規模が世
界最大級［総生産約6兆ドル、人口約3億6000万人（発効当時）］の自由貿
易圏であるということもさることながら、一発展途上国が、世界の超大国で
あるアメリカを含む二つの先進工業国と地域経済統合を果たしたという構成
国間の経済力の非対称性にあり、このような3国間（以上）の自由貿易圏の
創設は歴史的にも類がない事例として世界からも注目を浴びた。

　メキシコはさらに、このNAFTA参加以外にも、1986年のGATT加盟
を皮切りに、1993年にAPEC（アジア太平洋経済協力会議）への参加、
1994年にはOECD（経済協力開発機構）加盟を果たす一方、北米圏のみな
らず、南米、アジア、欧州といった世界各国・地域と積極的にFTA（自由
貿易協定）締結戦略を展開し、2017年時点では世界46ヵ国との間でFTA
を結んでいる、いわば「FTA」大国となっている[8]。特筆すべき点として、
同国は、世界の三大市場ともいえる北米（アメリカ）とEU（欧州連合）、
そして日本の何れともFTA（EPA）を締結しているということが挙げられ

274

第10章　NAFTA 体制下におけるメキシコ自動車産業の発展過程とその課題

るだろう。このように、メキシコは 80 年代末以降、まさに"自由化の優等生"と呼ばれるように、積極的な対外開放路線を推し進めてきたが、こうした他にあまり類をみない同国の特異な"立ち位置"が、メキシコ自動車産業の発展パターンにも大きな影響を与え、それを独特なものとしているといえよう。それでは次に、この同国における開発モデルの転換に伴い、同国自動車産業の成長パターンはどのように変化し、またそれはどのような課題を生み出したのか、などについて次節で検討したい。

3．NAFTA 体制におけるメキシコ自動車産業の成長パターンと発展上の課題

3-1　メキシコ自動車産業政策の変遷

　メキシコ自動車産業の歴史は古く、それは 1925 年のフォード社による同国でのノックダウン生産の開始にまで遡れるといわれるが、まず、同産業の発展段階については、1）1920 年代から 1960 年代初頭までのノックダウン生産期、2）1960 年代から 1980 年代初め頃までの輸入代替期（部品の国産化）、より具体的にいえば、国産化率向上と輸出振興とが同時に推進された時期、3）1980 年代末頃からの大幅な自由化・輸出志向期―に大きく整理できるだろう。以下、2）から 3）への政策転換と、その下での生産・輸出額推移や、多国籍自動車メーカーの販売や立地戦略の変化（産業クラスターの地理的移動）などの問題を中心に述べていく。

　2）の時期は、1962 年の第 1 回「自動車令」（政令）公布によって開始されたが、これ以降、同産業では基本的に、この政府による「自動車令」によって産業のあり方が規定されていくことになる[9]。初期の自動車令は、完成車の国産化率 60％以上の義務づけ（62 年の自動車令）や、（アセンブラーに対する）国産化義務部品（エンジンなど）の指定および生産ライン・モデルの制限（1972 年の第 2 回自動車令）、部品メーカーに対する外資出資比率の制限（外資 40％以下）（同 72 年）、企業（アセンブラー）別の年間の「外貨

275

図 10-1　メキシコにおける自動車の生産拠点

出所：筆者作成（各種資料による）。

予算」制（収支均衡義務）の導入（77年・83年の第3回・第4回自動車令）等々、もっぱら「規制」型の政策内容によって特徴づけられた。この時期、完成車や主要部品の輸入が事実上不可能となったことにより、アメリカのビック3やフォルクス・ワーゲン、日産自動車が相次いで同国に進出ないし追加投資を行い、自動車の本格生産を開始、もっとも人口の集中する首都圏を中心にクラスターが形成されていった（図10-1参照）。メキシコにとっては、上でも確認したように、国内の雇用・付加価値増大や技術水準向上を目的に、本格的に国内市場（発展）を中心とした輸入代替戦略が推進され始めた時期であり、産業の裾野の広い自動車はまさにその代表的な戦略産業であったといえよう。

　自動車令はその後、「規制」型に加え、輸出パフォーマンスに従って、国産化義務に関しより低い比率を容認するなど、おもに輸出振興を目的とする「促進」型の内容も入り込むようになり、そして債務危機後の1989年、最後の自動車令となる第5回自動車令によって、3）の段階へと進むことになる。すなわち、開発モデルの大きな枠組みでいえば、上述したIMF・世銀主導の構造調整政策の下、同産業においても、輸出拡大およびそのために必要とされる種々の規制緩和や自由化が断行され、62年以降、一貫して掲げられてきた輸入代替・国産化路線が事実上放棄されるに至ったのである。具体的には、89年の自動車令により、⑴国産化率（国内付加価値率に名称変更）の段階的引き下げに代表される部品調達の自由化、⑵（アセンブラーに対する）貿易収支均衡義務の規制緩和、⑶（貿易収支黒字の下での）新車輸入の自由化、⑷部品セクターにおける外資の出資比率規制の撤廃[10]——などの自由化プロセスが進行した。またこの89年の自動車令およびそこで定められた自由化プロセスは、NAFTAのスケジュールと連動しながら進展し、最終的には2004年以降、NAFTA体制へと完全に組み込まれた。すなわち、2003年末をもって自動車令は事実上廃止となり、その歴史的役目を終えることになるのである。これ以降、自動車産業に関する政策は基本的に、各国・各地域とのFTA（EPA）戦略の枠組みのなかで決まるようになり、その政策体系は、FTAないし自動車貿易協定の締結とそれによる自動車生

第Ⅲ部　インド、メキシコ・ブラジル、東南アジアの経済成長戦略の変貌と転換

産・輸出拠点としての魅力のアピールを通じた外資企業の誘致に代表される、「促進」型へと大きく転換した。

3-2　NAFTA 体制におけるメキシコ自動車産業の "光" と "陰"

　それでは、上記のようなメキシコにおける開発モデルの転換に伴い、同国自動車産業の特性やパフォーマンスはどのように変化したのであろうか？

　そのポイントは以下、すなわち、1）完成車両やエンジンなどの主要部品の輸出急拡大とそれに伴う中間財（部品）などの輸入急増、2）（アメリカ市場により近い）北・中部地域における自動車産業クラスターの台頭（図10-1 の(A)、(B)の新クラスター）、3）部品セクターにおける変化、すなわち外資（100％）の進出増加と、内資（メキシコ資本）中心から外資中心の構造への転換、4）1）と関連するが、サポーティング・インダストリー（以下 SI という表記も用いる）の弱体化とそれに伴う貿易収支の悪化——という点に整理できよう。もちろん、これらは関連しており、全体として捉える必要がある。

　2）から付言すると、GM やフォード、日産自動車による北・中部地域（首都圏よりも北方の地域）への（アメリカ向け）輸出中心の新工場設立の動きは、すでに 1970 年代後半頃からみられ、その背景には、おもに日・米企業間の競争激化とそれに伴うコスト低減の必要性増大があったと考えられるが、このように、賃金メリットのある同国を、おもにアメリカ市場への輸出拠点（オフショア生産拠点）として位置づけようとする多国籍企業の利害と、輸出振興を目指すメキシコ政府の利害とが一致し、この北方地域が新たな自動車生産拠点として台頭し、次第に同産業の中心的役割を担うようになるのである。そして、この新クラスターの発展は、図 10-2 で表されているように 1）の驚異的な輸出パフォーマンスを生み出すことになる。同図によると、同産業の輸出額は、NAFTA 体制確立（1994 年）の前後辺りから大きく増加し始め、リーマン・ショックの影響を受けた 2009 年を除き、基本的に一貫して右肩上がりに増大してきた。とくに、ペソの大幅下落を余儀な

278

第 10 章　NAFTA 体制下におけるメキシコ自動車産業の発展過程とその課題

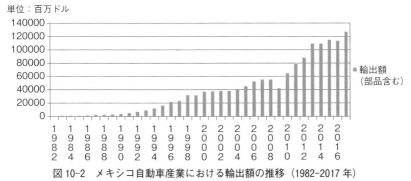

図 10-2　メキシコ自動車産業における輸出額の推移（1982-2017 年）
出所：INEGI, *La industria automotriz en México*（各年版）。ただし、1993〜2017 年のデータは INEGI Webpage（http://inegi.org.mx/inegi/）の Banco de Información Económica（BIE）を参照。

くされたメキシコ通貨危機（1994 年末〜95 年初頭）の後や、2010 年代以降、その水準を大きく切り上げてきたことが読み取れよう。最大の輸出先は、上記の新クラスター形成の経緯・背景から推察されるように一貫してアメリカ市場である。自動車（完成車両）の輸出先構成を確認すると、年による若干の変動はあるが、アメリカにカナダを加えた北米（NAFTA 域内）向けが輸出全体の約 8 割（アメリカ一国で約 7 割）を占め、残りの輸出は、同じく FTA を締結している EU 市場向け、また自動車貿易協定を締結しているブラジルをはじめ南米市場向けなどによって構成されている。このように、上でも触れたが、メキシコは「FTA 大国」としての立地優位性を背景に、アメリカ（NAFTA 域内）市場向けを中心とする世界のマーケットへの「輸出拠点」としての地歩を次第に固めてきたといえよう。そしてこのことは、同産業のプレイヤーが完成車セクターではもっぱらアメリカや欧州、アジア等の多国籍自動車メーカーによって、また部品セクターもおもに、これら世界の多国籍部品メーカーによって担われていることをふまえると、メキシコは、世界の自動車・部品メーカーのグローバル戦略のなかで、製品の「生産・輸出基地（コストセンター）」として位置づけられてきたことを意味しており、その企業戦略に影響を及ぼしたのが、メキシコ側における低賃金労働の存在と、FTA を活用した関税メリットに特徴づけられる立地要因であったと整理できよう。

279

第Ⅲ部　インド、メキシコ・ブラジル、東南アジアの経済成長戦略の変貌と転換

　しかしながら、このような同産業における目覚ましい輸出成長は、その一方で部品輸入の急増をもたらした[11]。その背景としては以下の点、すなわち、同産業における輸出は、コストや品質、納期（いわゆる QCD）等の面で厳しい競争原理が貫かれる先進国（おもにアメリカ）市場向けであるため、同産業のメインプレーヤーである多国籍自動車メーカーは、上述した 80 年代末頃からの輸入自由化の流れのなかで、メキシコ産部品ではなく、これら QCD の面で優位性のある輸入部品への選好を高めたことが指摘できよう。

　つまり、上述したように、「規制」型の時代においては使用を義務づけられていた現地産部品から、輸入部品への調達の切り替えが広範に生じることとなった訳であるが、ここで留意すべきは、先進工業国に比し、もともと、SI の競争力が弱いと考えられる同国（広くいえば発展途上国）では、輸出の拡大と、国産化率維持（向上）との間には一定のトレード・オフ関係が存在するという点であろう[12]。前者を重視すればするほど、その半面、後者、そしてそれを支える国内の SI が犠牲になる（4）の問題）という側面があるのである。

　たしかに、外資部品メーカーのメキシコ進出は、上述の 89 年自動車令や、2）の新たな自動車生産拠点の形成、また NAFTA 締結などを背景に、90 年代以降、増大傾向を示してきた（上記の 3）が、その大半は大手の一次サプライヤーであり、その意味で、とくに二次、三次の裾野の広がりという点で、SI の発展度合いは依然、不十分な水準にあるといえる。

　まず古い調査ではあるが、筆者は日産自動車が操業するアグアスカリエンテス州において、1998 年および 2002 年に部品メーカー（一次サプライヤー）の調達動向に関する現地調査を行ったが、まず前者の調査では、一次サプライヤー（対象 6 社）の現地調達率（金額ベース）はそれぞれ 16％、12％、残り 4 社がほぼ 0％という結果であった。後者の調査（対象 6 社）ではやや現地調達化が進んでいることが分かったが、それでも同比率（単純平均）は約 19％の水準であった[13]。これに対し、アセンブラー（日産自動車）の現地調達率は金額ベース 60〜70％、部品点数ベース 41％であった。日産が同州において自動車の生産を開始したのは 1983 年であったが（図 10-1 参

280

第 10 章　NAFTA 体制下におけるメキシコ自動車産業の発展過程とその課題

表 10-1　メキシコ・ブラジル自動車産業：完成車両の生産台数と輸出比率推移
（上が生産台数、下が輸出比率）

（生産台数単位：万台、輸出比率：%）

	2001	2002	2003	2004	2005	2006	2007	2008	2009	2010
メキシコ	184.7	181.5	157.8	156.2	166.6	206.9	209.7	216.4	155.9	234.0
	76.3	72.6	72.7	72.4	74.6	75.3	78.8	78.5	81.2	82.1
ブラジル	181.7	179.2	182.8	231.7	253.1	261.2	298.0	321.6	318.3	364.6
	21.5	23.7	29.3	32.7	35.4	32.3	26.5	22.8	14.9	21.0

出所：メキシコ：INEGI Webpage（El Banco de Información Económica, http://dgcnesyp.inegi.org.
mx/bdiesi/bdie.html）、
ブラジル：

照）、それから 20 年近く経った段階において、完成車メーカー（日産）の現
地調達は比較的進展したといえるものの、一次サプライヤーにおける現地調
達率は依然として低かった、すなわち二次以下の SI が脆弱であったことを
同調査は示した。

　次に、安藤（2015）の調査によると、メキシコ自動車産業は 2013 年の時
点で、完成車メーカー（OEM メーカー）の数が 17 社、自動車生産台数が
計 305 万台であったが、それを支える一次サプライヤー（Tier1）が 450 社、
二次（Tier2）と三次（Tier3）の合計が約 800 社であった。これに対し、タ
イの自動車産業（2012 年）は、OEM メーカーの数でも、自動車生産台数で
もメキシコには及ばない（それぞれ 14 社、248 万台）ものの、Tier1 の数が
690 社、Tier2 と Tier3 の合計が約 1700 社と、サプライヤーの数ではメキシ
コを大きく上回り（とくに二次以下はメキシコの倍以上の企業が存在）、完
成車生産を支える SI の発展レベルという点ではメキシコを大きく凌駕して
いることを同調査は示している[14]。また、工程別に現地調達率を調べた浜
銀総合研究所の調査（2013）によると、プレスや鋳造（Casting）、鍛造
（Forging）、ダイカスト（Die casting）、表面処理（Surface finishing）、デ
ザイン・設計など、ほとんどの生産工程で現地調達率は 50% を切っており、
とりわけ、上述したように日本の自動車・同部品メーカーが多く進出してい
る「バヒオ」地区では、鍛造や金型、ダイカストの専業メーカー誘致が急務
である、という[15]。ただ近年、「バヒオ」地区への日本の自動車メーカーの

281

第Ⅲ部　インド、メキシコ・ブラジル、東南アジアの経済成長戦略の変貌と転換

相次ぐ生産投資計画に象徴されるように、同産業における自動車生産台数の一層の拡大（将来的な増加見通しを含めて）が、二次サプライヤー以下のメキシコ進出をさらに促し、一定の SI 発展をもたらす可能性もあると考えられるが、この点についてはまた最後に触れたい。いずれにしても、生産台数が約 350 万台規模で、いまや世界第 7 位（2016 年）の自動車生産大国にまで成長した完成車セクターの規模を考えると、それを支える SI は依然として不十分な発展レベルに留まっているといえよう。

　以上述べたきたように、1980 年代末以降の自由化・輸出指向路線の下、メキシコ自動車産業は、輸出を爆発的に増大させる一方で、SI の脆弱化という問題を抱えるに至ったのであるが、以下に示すように、1990 年代以降のグローバリゼーション時代において次の成長のエンジンとなり、また持続可能な発展モデルとして今後取り掛かるべき課題は、SI の発展を軸としたクラスターの充実化・高度化こそにあると考えられる。次にこの問題について詳しく述べたい。

4．SI 育成の重要性およびその理論的根拠

　メキシコ自動車産業における SI の脆弱性の問題はこれまで同産業の研究者達によってしばしば指摘されてきた[16)]が、ここでは、SI 育成の重要性について、とりわけ 90 年代以降のいわゆる、グローバリゼーションと呼ばれる時代の文脈をふまえつつ、その理論的な根拠を示したい。

　SI およびその発展は、いうまでもなく、その国の雇用拡大や国内付加価値の増大、技術発展（蓄積）に大きく寄与するだけでなく、マクロ経済の安定的維持という点においても重要な鍵を握っている。すなわち、SI の脆弱性は、実際、1980 年代末以降のメキシコ自動車産業（製造業）でもみられたように、経済自由化と相まって、輸入依存の傾向を招き、ひいては、経常収支（赤字）問題とそれをカバーするための過度の短期資本依存の構造へと発展する可能性を有しているが、この過度の短資依存が、現代の金融グローバリゼーションのなかで、通貨・金融危機を引き起こすファクターとなり得

282

るからである。1994 年末の同国の通貨危機（いわゆる"テキーラ・ショック"）も基本的にはこのような構図のなかで起こったものと理解できよう。

さらに、現代のグローバリゼーション時代において、SI の充実化（裾野産業の発展・深化）、より広く言えば、産業クラスターの発展（量的拡大や質的向上）は、その国の産業競争力をも規定するファクターとして、ますますその重要性を高めてきているように思われる。一般に経済自由化・グローバル化は、企業（多国籍企業）に対し、その自由度や移動性（mobility）を高め、よりフットルース（footloose）に動ける環境を提供すると考えられる。同時に、それは、国家（政府）に対しては政策体系の転換、すなわち、産業・外資政策の例で考えると、従前の国産化規制や輸入禁止（制限）といった「規制」型の政策体系から、積極的な外資誘致や税制などの面でのインセンティブ付与をはじめとする「促進」（promotion）型のそれへの転換をもたらすといえよう。このような状況の下、その国が、自国の産業・技術発展のため、アセンブラー（完成品組立業者）や一次サプライヤーだけでなく、二次以下のサプライヤーも含め、数多くの外資の誘致を実現したり、自国企業の育成を図ったりするためには、またこれら企業が地元経済に定着し、製品や製造プロセス、開発・設計からアフターサービスに至るまでの工程（機能）面などにおいてアップグレーディング（高度化）を進めていくためには、その国・地域内の産業クラスターの魅力を高めていくことがますます重要な要件となってきていると考えられる。裏を返せば、メキシコのマキラドーラに象徴されるように、低賃金労働に依存した単なる組立加工型の発展形態、あえてクラスターという言葉を用いれば、きわめて不十分なクラスター化は、賃金が上昇さえすれば、企業の撤退を招きやすく、その意味で、持続可能性に乏しいということである。このような産業クラスター発展の必要性は、グローバリゼーションによって企業間のコスト競争が一層激化し、現地調達部品へのニーズが高まっていること、また、もの造りのシステムとして、ジャスト・イン・タイムに象徴されるトヨタ生産システム（日本型生産システム）が世界的にも普及してきている現代の状況下において、ますますその現実味を帯びているとも考えられよう。

第Ⅲ部　インド、メキシコ・ブラジル、東南アジアの経済成長戦略の変貌と転換

　以上述べたように、SI の発展は、国内における雇用拡大や付加価値増大、技術発展への寄与だけでなく、マクロ経済安定化や持続可能な（長期的な）産業発展の実現という点においても極めて重要かつ経済的意義を有していると考えられよう。

おわりに

　本章は、ブラジルと並び、ラテンアメリカの大国であるメキシコにおける開発戦略（工業化戦略）の転換やそれに伴う諸問題について、同国の主要産業である自動車・同部品産業の事例をもとに考察することを主な目的とした。またそれは、今後本格化する NAFTA 再交渉過程を前にして、これまでのメキシコにおける経済（産業）成長・発展の過程およびそこで生じた諸問題・課題の総括を行うことも目的としたものであった。

　第 1 節で提示したバーゲニング論の分析枠組みを踏まえ、メキシコ自動車産業の発展過程を簡単に振り返ると、同産業は、1980 年代初め頃までの輸入代替工業化期には、(1)の「大きな国内市場とその将来的有望さ」という優位性を背景に、それまで同国の市場には製品輸出（CKD 部品輸出含む）の形で自動車を販売していたアメリカ・ビッグ 3 をはじめとする多国籍企業の誘致、現地生産化に成功し、国内市場を中心に成長を遂げてきた。この時期の政府の産業政策の主要目的は高い国産化率の達成であり、それゆえ、そこでは国内部品産業（サポーティング・インダストリー）の育成を重視した開発戦略が展開された。しかし、1980 年代初頭に勃発した累積債務危機問題を契機として、同国の開発戦略は、それまでの政府による産業保護にもとづく「内向き」な輸入代替路線から、積極的な対外開放にもとづく「外向き」な自由化・輸出志向路線へと 180 度転換、「FTA 大国」と呼ばれるほどに、自由化政策が推し進められた。この同国の大きな開発戦略転換に伴い、メキシコ自動車産業もそれまでの発展パターンを大きく変容させた。すなわち、同産業は、1980 年代末頃から、(2)の「巨大な市場へのアクセスの良さ（近接性）」、(3)の「低廉な労働力の豊富な存在」という優位性を背景に、オフシ

ョア生産戦略を採る多国籍自動車・同部品メーカーにとって最適な立地環境を提供し、NAFTA 体制のもと、世界最大のマーケットであるアメリカ市場向けを中心とする輸出拡大路線にもとづく成長パターンへと大きく変容するに至ったのである。

　しかしその一方、こうした 80 年代末以降の徹底した自由化・規制緩和を背景に、多国籍自動車メーカーは調達政策を大きく変化させた。すなわち、国内部品から輸入部品への切り替えが進むなかで、同国の SI は弱体化・脆弱化を余儀なくされ、完成車両の生産では世界 7 番目のボリュームを有する自動車生産大国にしては足腰の弱い国内裾野産業（SI）という課題を生み出した。この意味において、たしかに近年、「バヒオ」地区を中心とする自動車生産拡大を背景に、おもに外資部品メーカーの進出にもとづく SI 発展の機運はみられるものの、大枠としては依然、低賃金労働に依存した「組立・加工型」の域を脱しているとは言い難く、上述したように、現代のグローバリゼーション時代において、こうした発展形態は持続可能性を持ち得ないといえよう。したがって、同産業における今後の発展の方向性としては、これまでの(2)と(3)の優位性だけでなく、(4)の「部品の現地調達や、様々な有用な情報の入手、近場での専門的人材の確保を可能にする、高度に発達した産業クラスターの存在」の新たな優位性獲得に向けた政策を積極的に展開していくべきであろう。すなわち、クラスターの充実化（とくに SI の発展）が、さらなるサプライヤーの誘致や新規設立を呼び込み、より厚みのあるクラスターへと成長させるという好循環をつくり出し、そのことを通じて、そのクラスター内の企業が撤退（Exit）オプションを採用した場合の機会コストを高めることが戦略上、重要になってくるといえよう。

　こうした産業クラスターの充実化（量的拡大）や高度化（質的向上）のために有効な施策としては、地元の中小・零細企業向けを中心とした産業金融、ひいては、国内の教育システムの改善等がポイントとなるであろうが、さらに重要な必要（前提）条件として、生産ボリューム自体をさらに大きく拡大していくということが欠かせないであろう。そのためには、外需（輸出）の拡大と内需の底上げの双方の戦略が考えられるが、前者は、これまでみてき

第Ⅲ部　インド、メキシコ・ブラジル、東南アジアの経済成長戦略の変貌と転換

たように、メキシコがまさに 1980 年代末以降、一貫して採用してきた戦略である。すでに製品の輸出比率は 80% 以上に達していることに加え、トランプ政権以降、NAFTA の見直し交渉に象徴されるように、アメリカでの保護主義が高まっている状況下、同国がこれまで採ってきた輸出一辺倒の発展戦略は大きな曲がり角に立たされているといえよう。

　この点において大きな参考になると考えられるのが、ラテンアメリカのもう一つの大国であるブラジル自動車産業の事例である。ブラジルの自動車産業は、80 年代初頭の累積債務危機を契機に輸入代替から輸出志向へと転換したメキシコとは異なり、戦後ほぼ一貫して輸入代替にもとづく国内市場中心の発展戦略を遂行してきたが、特筆すべきは 2000 年代前半頃からの国内マーケットの急拡大にもとづく急速な発展過程である[17]。すなわち、労働者党のルーラ政権が誕生した 2003 年から同政権の後を引き継いだルセフ政権の 2012 年の 10 年間において、同国における自動車（乗用車＋商用車）の販売台数は約 142 万 9 千台から約 380 万 2 千台へと、200 万台以上（率にして約 266% 増）も増加した。これは、中国、アメリカ、日本に次ぐ世界第 4 位の自動車マーケット規模であった。そして、このような同国における自動車市場急拡大の背景には、ルーラ政権時より積極的に実施されてきた、「ボルサ・ファミリア（Bolsa Familia）」等に代表される貧困世帯向けの社会・福祉政策と、それによる所得格差の大幅な改善および中間層の急速な台頭があったと考えられている。こうした 2000 年代の政策を通じて、同国では、中間層世帯が全世帯の過半を超えるほどまでに経済・社会構造が質的に大きく改善された。このことは同国が長年、世界でも最も不平等度の高い国の一つとして知られていたことを踏まえると、画期的な経済・社会変化として押さえておくべきポイントであろう。以上述べてきたようなブラジルの事例は、もともと、若年層（生産年齢人口）を中心に人口が多く、マーケットの潜在力のある国において、積極的な社会・福祉政策が伴えば、爆発的な成長をもたらすことを示しているといえよう。

　メキシコも、ブラジルほどではないものの、1 億 3 千万人近くの人口規模を有し、世界的にみても有数の人口大国であり、またその構成も、先進諸国

第 10 章　NAFTA 体制下におけるメキシコ自動車産業の発展過程とその課題

とは異なり、若年層を中心としておりマーケットの潜在的成長力はきわめて大きいと考えられる。したがって、これまでのアメリカ市場に大きく依存した輸出拡大戦略が厳しい局面を迎えている状況下、今後における生産ボリューム拡大の方向性としては、国内市場の底上げ（さらに分厚い中間層の創出）を通じた内需拡大戦略がより合理的な選択になると考えられよう。その意味で、今回の NAFTA 再交渉の動きは、同国におけるこれまでの米国一辺倒の輸出指向戦略見直しの好機になるといえるのではないだろうか。

附記：本研究は、2016 年度立正大学経済研究所による研究助成（個人研究）を受けたものである。

〈注〉
1)　中島信浩 ［2017］。
2)　2017 年 3 月の JETRO や金融機関など、関係者へのインタビュー調査（メキシコ市内）。
3)　ラテンアメリカ経済の歴史については、Furtado, Celso ［1976］、細野 ［1983］ などを参照。なお、工業化の萌芽は、一次産品の輸出拡大に伴う国内所得の上昇を背景に、すでに「輸出経済期」の頃からみられていた（Furtado ［1976］ pp. 100-110）。
4)　発展途上国の経済発展における国家の役割を重視した代表的な研究としては、Amsden ［1989］、Wade ［1990］ などがある。
5)　芹田 ［2000］、Chang ［2003］ など
6)　Lustig（［1998］ pp. 117-120）。最高関税率については、87 年 2 月に 100％から 20％にまで引き下げられ、その後にわたりこの水準が維持された。尚、この 20％という水準は、メキシコが GATT（当時）参加のための議定書において合意された最高 50％を大きく下まわるものであった。
7)　1994 年 1 月 1 日以降、即時に関税ゼロとなった品目数および全体に占めるその割合は、アメリカの対メキシコ輸入については、7300 品目、84％で、メキシコの対アメリカ、対カナダ輸入については、5900 品目で、順に 43％、41％となっている（日本貿易振興会 ［1993］ p.42）。
8)　JETRO ホームページより（https://www.jetro.go.jp/world/cs_america/mx/trade_01.html）。
9)　メキシコ自動車産業における自動車令の詳細については、芹田 ［2000］ を参照。
10)　正確にいえば、89 年政令によって、メキシコ外資法の規定外となる国内供給業者（Proveedor Nacional）というカテゴリーが新たにつくられ、これにより外資 100％の部品メーカー設立が可能となった。
11)　メキシコ自動車産業の貿易収支について確認すると、本格的な自由化が始まった

287

第Ⅲ部　インド、メキシコ・ブラジル、東南アジアの経済成長戦略の変貌と転換

1990 年以降、赤字に転落、その後も輸入が拡大し、94 年まで大幅な赤字が続いた。具体的な輸出入額では、90 年の輸出額 48 億 3800 万ドルに対し、同年輸入額は 57 億 7800 万ドル、94 年では輸出額 107 億 9600 万ドル、輸入額 114 億 7100 万ドルだった [INEGI, *La industria automotríz en México*（各年版）参照]。

12)　この問題について、詳しくは芹田［2000］［2010］を参照。

13)　より詳しくは、芹田［2000］［2007］を参照。

14)　安藤［2015］を参照。

15)　浜銀総合研究所［2016］を参照。

16)　芹田［2000］、中畑［2014］、安藤［2015］などを参照。

17)　ブラジル自動車産業については、二宮［2010］、芹田［2014］などを参照。

〈参考文献〉

安藤裕之［2015］「自動車・部品メーカーのメキシコ活用戦略」『Mizuho Industry Focus』Vol. 168。

内多允［2011］「成長する中南米自動車産業」『季刊　国際貿易と投資』Summer 2011（84）、国際貿易投資研究所。

岡崎孝裕［2011］「FTA 下の南米自動車市場」『ジェトロセンサー』2011 年 1 月号。

細野昭雄［1983］『ラテンアメリカの経済』東京大学出版会。

芹田浩司［2000］「経済グローバル化とメキシコ自動車産業――国内部品産業に対する多国籍企業戦略のインパクト」『アジア経済』41(3)、アジア経済研究所。

―――――［2007］「メキシコにおける経済自由化と産業クラスター――自動車産業の事例」『釧路公立大学地域研究』16。

―――――［2010］「輸出指向戦略は万能か？――メキシコ自動車産業の事例」田中祐二・小池洋一編『地域経済はよみがえるか――ラテンアメリカの産業クラスターに学ぶ』（「失われた 10 年」を超えて――ラテンアメリカの教訓　第 2 巻）新評論。

―――――［2014］「ブラジルにおける自動車産業・市場の発展と多国籍自動車メーカー戦略」上山邦雄編『グローバル競争下の自動車産業――新興国市場における攻防と日本メーカーの戦略』日刊自動車新聞社。

中島信浩［2017］『メキシコ概況』プレゼン資料（JETRO メキシコ事務所）。

中畑貴雄［2010］『メキシコ　経済の基礎知識』ジェトロ（日本貿易振興機構）。

―――――［2014］「メキシコ経済と自動車市場の動向」『JAMAGAZINE』2014 年 8 月号、日本自動車工業会。

二宮康史［2010］「ブラジル経済と自動車産業」『JAMAGAZINE』2010 年 3 月号、日本自動車工業会。

日本貿易振興会［1993］『北米自由貿易協定 NAFTA を読む』JETRO

浜銀総合研究所［2016］「メキシコ自動車市場月次報告（2016 年 1 月）」、浜銀総合研究所調査部　産業調査室（担当：深尾三四郎）

Amsden, Alice H.［1989］*Asia's Next Giant: South Korea and Late Industrialization*, Oxford University Press.

Chang, Ha-Joon［2003］*Globalisation, Economic Development and the Role of the State*,

第 10 章　NAFTA 体制下におけるメキシコ自動車産業の発展過程とその課題

Zed Books.

Furtado, Celso [1976] *Economic Development of Latin America: Historical Background & Contemporary Problems* (Second Edition), Cambridge University Press.

INEGI, *La industria automotríz en México* (各年版).

Lustig, Nora [1998] *Mexico: The Remaking of an Economy*, The Brooking Institution.

Wade, Robert [1990] *Governing the Market: Economic Theory and the Role of Government in East Asian Industrialization*, Princeton University Press.

第Ⅲ部　インド、メキシコ・ブラジル、東南アジアの経済成長戦略の変貌と転換

第 *11* 章

世界金融危機後の中国企業のグローバル化
――ブラジルへ進出する中国自動車企業を中心に

苑　志佳

はじめに

　リーマン・ショック以降、中南米新興経済地域向けの中国企業の直接投資
は、着実に増えている。とりわけ、中国の自動車企業による対中南米直接投
資と現地生産の動きは活発化している。そもそも自動車産業分野では中国企
業の国際競争力が弱いとされるが、これまでのように中国製自動車が中南米
市場に輸出されただけでなく、リーマン・ショック以降、中国企業は中南米
での現地生産体制も立ち上げ始めた。この勢いのままでいくと、数年後、中
南米自動車市場における中国企業は、先発の欧米企業および後発の日韓企業
の強力なライバルとして現れる可能性がある。では、なぜ、金融危機以降、
中国自動車企業は中南米地域への直接投資を積極的に行い始めたのか。また、
途上国中国の自動車企業による対ブラジル直接投資はどのような理論的イン
プリケーションをもつのか。本章はこの2点を中心とする問題意識にもとづ
き、中南米最大の自動車市場ブラジルに参入した中国企業を中心に実証的に
検証することによって中国企業のグローバル化のパターンを明らかにする。
　対外直接投資に対しては金融危機発生直後は中国のなかでも慎重な姿勢が
みられ減速したが、2009年以降徐々に積極的な動きもみられ、なかでも目
を引くのは資源確保のための対外直接投資と、海外の先進的な技術、生産設
備、経営ノウハウの獲得のための対外直接投資である。その背後には、中国
企業の海外戦略があると思われる。つまり、金融危機発生後、国際的には、
資源や商品価格が暴落し、海外の資源開発会社やメーカーが経営難に陥り、

290

中国企業が資源権益や技術の獲得を目的とした対外直接投資を行いやすい環境となっている。一方、国内的には、中国政府の金融規制緩和と対外直接投資に対する許認可制度の簡素化により、企業が対外直接投資を行うに際し潤沢な資金力をもつようになったことがあり、大手国有企業だけでなく、民間企業も海外での買収攻勢を強めている。金融危機以降の中国の対外直接投資の一つの特色は、技術や生産設備、経営ノウハウの吸収を目的とした自動車や小売関連産業への投資が積極的に行われていることである。これは、中国政府が金融危機後に打ち出した産業の高度化と世界的競争力の強化を目的とする「十大産業振興政策」がその背景にあると思われる。とりわけ、高度な技術力をもたない自動車業界では、短期間で独自の技術力とブランド力を構築し確立するために、海外の優れた技術やノウハウを企業買収という形で獲得しようとする動きが活発である。その流れのなかで中国企業による中南米自動車市場への直接投資は世界から注目を集めている。

　本章の問題関心地域のブラジルと自動車産業について説明すると、中南米最大の自動車市場ブラジルの自動車生産台数が 2010 年に 350 万台を超えたことは広く知られている。ビッグ 4 と呼ばれるフィアット、GM、フォルクスワーゲン（VW）、フォードを中心に欧米自動車メーカーが構成され、4社の合計シェアは 7 割以上を占める。また、ブラジルの自動車販売台数はドイツを抜いて世界第 4 位となった。マクロ経済をみると、2012 年の年頭に、ブラジル経済がイギリスを追い越し、世界で 6 番目の経済規模に成長した。旺盛な内需とコモディティ商品と呼ばれる資源の輸出拡大、そして 2014 年のサッカー W カップ、2016 年のオリンピックの二大メガイベントの追い風を受けて、大型投資プロジェクトが本格的に動き出したことがこの背景にある。

　上記のように世界有数の自動車市場になりつつあるブラジルには、中国自動車企業が 2000 年以降から関わるようになったが、リーマン・ショック以降、中国企業によるブラジル市場への進出パターンは、「輸出中心」から「直接投資・現地生産」へ急速にシフトし始めた（後述）。この行動はかつての多国籍企業が歩んだロードマップではない。本章はこの点を一番重視し、

第Ⅲ部　インド、メキシコ・ブラジル、東南アジアの経済成長戦略の変貌と転換

その背景・理由および戦略について詳しく分析することによって中国企業のグローバル化のパターンを探る。

1. リーマン・ショック前後における中南米・ブラジルと中国との経済関係の変化

　中南米と中国の間の経済関係には貿易があるが、両地域間の貿易規模は一貫して拡大傾向をたどっている。図11-1は、リーマン・ショック前後における中国の輸出入金額に占める中南米およびブラジルのシェアを示すものである。リーマン・ショック翌年の2009年を除いて2005年から2010年にかけての時期に中国の対中南米輸出入はおおむね一貫して伸びている。したがって、本章の分析対象のブラジル向けの輸出入は、右肩上がりの上昇傾向を示している。金融危機が発生しても、その堅実な成長は変わらなかった。一方、中南米からみた中国との貿易関係もますます重要になった。そこで、中南米の貿易相手国の特徴的な変化として、伝統的な貿易パートナーのアメリカの輸出入シェアの低下傾向が続く一方、中国のそれが増加していることがあげられる。中南米の輸出入総額に対するアメリカと中国のシェアは、2006年から2009年にかけて、中国が増加する一方、アメリカは減少傾向をたどっている（表11-1）。同表によれば、中南米の輸出総額に占める対中輸出のシェアは、2006年の3.4％から2009年には6.9％に上昇した。リーマン・ショックも影響して、世界の貿易が低迷した2009年も中南米の輸出総額は23％減となったが、逆に対中輸出は5％増を記録した。また同年の輸入は減少して、対中輸入も15％減となったが、総額の25％減よりは低い減少率であった（内多［2011］50-51頁）（表11-2）。

　一方、中国の対中南米直接投資についてはほぼ同じ経緯で推移してきた。まず、中国企業による対中南米地域全体の直接投資をみると、2009年、中国による対中南米の直接投資は前年の40％増であった。とくに対ブラジル投資の増加が目立った。投資内容としては、ペルーの銅開発、ブラジル、アルゼンチンの石油・天然ガス、鉄鉱石などの投資が目立った。2008年以降、

292

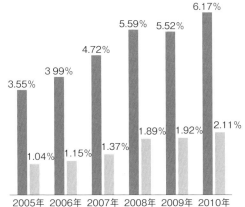

図 11-1　中国の輸出入に占める中南米とブラジルのシェア
出所：国家統計局ホームページ。

表 11-1　金融危機前後における中南米の中国と
アメリカに対する輸出入シェアの推移

	2006 年	2007 年	2008 年	2009 年
中国	3.4%	4.6%	5.0%	6.9%
アメリカ	47.6%	44.0%	41.4%	39.8%

出所：内多［2011］。

表 11-2　中南米貿易総額と対中国の前年比伸び率

	輸出		輸入	
	総額	対中国	総額	対中国
2008 年	16%	26%	22%	32%
2009 年	−23%	5%	−25%	15%

出所：内多［2011］。

　世界的な経済危機の発生により、世界の対外直接投資は減少したが、中国の対外直接投資は、増加傾向にあり、世界の対外直接投資の減少を補うとともに、中国にとっては、経済危機で価値が減少した資産の取得ができた。

　この分野で先行研究を行った内多允は、中国企業による中南米への直接投資の業種別特徴について下記のように分析している（内多［2011］）。つまり、中国の対外直接投資のなかでも資源開発やインフラ部門については、政府機

第Ⅲ部　インド、メキシコ・ブラジル、東南アジアの経済成長戦略の変貌と転換

関の資金協力が果たす役割が大きい。これら2部門では、国有企業の対外投資が増えていることも影響している。中国政府機関の中南米向け資金協力（2002〜07年、投資も含む）の形態別内訳によれば総額267億6100万ドルのうち、その約9割に相当する243億8900万ドルが投資である。これら資金協力の分野別内訳では地下資源採掘・生産が全体の約70％（185億8500万ドル）を占めている。これに次ぐ規模が28％（75億3500万ドル）のインフラ・公共工事となっている。中国は首脳外交を利用して各国への資源開発やインフラ整備への資金協力や開発・工事の実施を取り決めていることが、このような資金協力の構造を形成している。近年、中南米でも中国企業による企業買収が増加している。その主要な対象業種は資源関係が目立っている。石油部門では2010年に、次のような買収が実現している。Sinopec（シノペック、中国石油化工集団）などの石油企業がブラジルとアルゼンチンで、油田の権益を買収した。ブラジルではスペインの石油大手であるRepsolのブラジル子会社のRepsol Brazilが71億ドルの増資を行う際に、シノペックがこれを全額引き受けた。これは2010年における中国の対外直接投資では、最大の案件であった。この増資引き受けで、Repsol Brazilの出資比率はRepsol 60％、シノペック40％となる（内多［2011］58-60頁）。本章の産業関心分野の中南米自動車産業への中国直接投資について内多は、下記のように指摘している。「中国の自動車メーカーは、中南米に生産拠点を強化しようとしている。これに関連して部品メーカーの買収への関心も高い。2010年には中国の太平洋世紀汽車系統有限公司（Pacific Century Automotive Systems Company）が、ゼネラル・モーターズ（GM）系列の自動車部品メーカー Nexteer Automotive（以下、ネクステア）を買収した。買収額は未公表であるが4億ドル台から5億ドルと推定され、中国の自動車部品業界としては最大規模の買収である。ネクステアはステアリング分野の有力メーカーで、世界各地で工場を操業している。中南米ではメキシコとブラジルに系列工場がある。中国の自動車メーカーもメキシコとブラジルへの進出意欲が高いことから、ネクステアのような有力部品メーカーが、中国資本の傘下に入ることは中国自動車産業界の海外進出基盤を充実させる効果が期待され

294

る」（内多［2011］61-62頁）。

　そして、本章の研究ターゲット地域のブラジルと中国の貿易および直接投資に関しては若干の先行研究がある。神谷はブラジルと中国の間の貿易・直接投資の関係は 2000 年以降、下記のように展開してきたと分析している（神谷［2012］）。

　ブラジルの経済発展の過程において、中国との貿易、直接投資による関係も強化されている。ブラジルにとって中国は、最大の貿易相手国となっている。ブラジルと中国との貿易関係は、2003 年に日本との貿易量を追い抜き、ブラジルにとって中国はもっとも重要な貿易パートナーとなっている。両国の貿易関係は、2010 年には、輸出、輸入、それぞれが 250 億米ドルを超える水準まで成長している[1]。さらに、リーマン・ショック後のブラジルと中国の経済関係には変化がみられた。具体的には、中国は 2009 年に、アメリカを抜きブラジル最大の貿易パートナーとなり、また、最大の投資国となった。2011 年には 2 国間貿易は、ブラジルからの輸出が 443 億米ドル、輸入が 328 億米ドルで、総額 771 億米ドルに達した。ブラジル側の対中国貿易黒字は 115 億米ドルに達し、ブラジル全体の貿易黒字の 38% を占めるに至った。中国はブラジルの最大の輸出国となり、輸入に関してはアメリカに次いで第 2 位の地位を占めることとなった。こうした両国関係の進展のなかで、ブラジル企業は、中国向け原料供給を通じた国際的なサプライチェーンを強化していくことになった。こうしてブラジルは、中国にとっても、ラテンアメリカ最大の貿易パートナーとなった。

　したがって、中国企業の対ブラジル直接投資を見ると、直接投資は基本的には天然資源の獲得を目的としているが、同時に急速に成長を続けるブラジルの国内市場への進出も目指すようになっている。

　さらに、中国企業によるブラジルへの直接投資の特徴について下記の点が指摘されている。まず、中国企業の投資形態は、大きく、合併・吸収（M&A）、ジョイントベンチャー（JV）、新規投資に分けられ、企業買収（M&A）が 67%、JV による投資が 10%、新規投資が 23% であり、合併・吸収（M&A）による投資が全体の 3 分の 2 を占めた。M&A の例としては、

第Ⅲ部　インド、メキシコ・ブラジル、東南アジアの経済成長戦略の変貌と転換

Sinopec が、Repsol Brazil 社のシェア 40% を 71 億米ドルで買収し、Repsol Brazil Sinopec を設立した例がある。JV の例としては、武漢鉄鋼（集団）公司（Wisco）が MMX 社（EBX グループ）に出資し、リオデジャネイロ州に製鉄所を建設する計画（投資金額 35 億米ドル）がある。新規投資の例としては、奇瑞汽車（Chery Automobie）がサンパウロ州に投資額 4 億米ドルで自動車工場を建設するための投資がある（後述）。次に、中国企業の対ブラジル直接投資戦略は、豊富なブラジルの天然資源へのアクセスと大規模かつ成長過程にあるブラジル国内市場へのアクセスという、二つの目的を達成しようとするものである。投資額でみた場合、前者の天然資源開発への投資の方がはるかに大きいが、中国企業のブラジル経済への影響に関しては、投資額が少ない後者の影響が大きいことに留意する必要がある。とくに中国の自動車産業のブラジル進出の例では、低コスト生産による先進技術がブラジルにもたらされることになり、その経済効果は大きい。すでに中国の自動車生産大手である、江准汽車（JAC）、奇瑞汽車（Chery）、東風汽車の 3 社が総額 6.2 億米ドルの投資を表明しており、今後中国の自動車メーカーは、生産拠点を、ブラジルをはじめとする中南米に移す戦略である（神谷［2012］65頁）。

2．中国自動車企業の対ブラジル直接投資の背景と要因

　さて、中国自動車企業の対ブラジル直接投資の実態およびこれに関連する背景と要因は、どのようなものであろうか。本節では、国内要因と国際要因に分けて中国企業による対ブラジル進出を分析する。

（1）　中国自動車企業の対ブラジル直接投資の現状
　中国自動車企業の対ブラジル直接投資は動き出したばかりであるため、中国では現在これを統括してまとめるオフィシャルな統計データはまだ整っていないのが現状である。本節では、まず中国の対ブラジル直接投資の全体的状況を確認するうえで、ブラジル側の関係統計資料によって中国自動車企業

296

第 11 章　世界金融危機後の中国企業のグローバル化

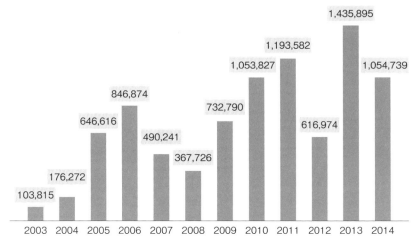

図 11-2　中国企業による対中南米直接投資額の推移（フロー、万ドル）
出所：商務部『2014 年度中国対外直接投資統計公報』。

の対ブラジル進出状況を説明する。

　中国の対中南米全体への直接投資が図 11-2 に示されたように、金融危機前には年間 80 億ドルのレベル（2006 年）に達したのち、下り坂に転じた。危機発生の 2008 年には 36 億ドルに縮小し、これまでのピーク金額に比べて半分以下に落ち込んでしまった。そして、金融危機発生の翌年になると、対南米直接投資金額は V 字型回復し、これまでのピークは上回らなかったものの、対前年比では倍以上の増加をみせた。2009 年は中国による対中南米直接投資が加速した時期である。さらに、2013 年における中国の対中南米直接投資金額は史上最高のレベルを更新し、初めて 140 億ドルの大台に乗り上げた。

　そして、中国企業による対ブラジル直接投資は、上記の対中南米直接投資の全体動向と同様の動きを示した（図 11-3）が、対ブラジル直接投資の独特な特徴もみられる。まず、対中南米全体の投資にはみられない現象の一つとして、2003～14 年の間に大きな落ち込みをみせないことがあげられる。要するに、中国企業の対ブラジル進出は、「不況知らず」というユニークな特徴をもっている。これは、ブラジル経済の好調およびその発展潜在力に起因

第Ⅲ部　インド、メキシコ・ブラジル、東南アジアの経済成長戦略の変貌と転換

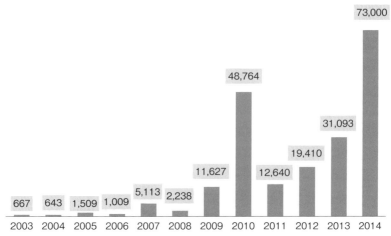

図 11-3　中国企業の対ブラジル直接投資の推移（フロー、万ドル）
出所：商務部『2010 年度中国対外直接投資統計公報』、46 頁。

すると考えられる。次に、リーマン・ショック後、中国企業による対ブラジル直接投資がこれまでなかった勢いで伸び始めた、という点は最大の特徴である。しかも、前年度比では倍増の年も多い。たとえば、2009 年の金額に比べて 2010 年の対ブラジル直接投資は、約 4 倍に増加した。

そして、本章の関心分野である中国自動車企業の対ブラジル直接投資については、ブラジル側の統計データにもとづいて説明しよう[2]。図 11-4 は産業別からみた中国企業の対ブラジル直接投資（2003～11 年）状況である。ブラジル商工開発省の統計によると、上記の期間中には中国企業の対ブラジル直接投資は、68 件を数えたが、そのうち、二輪車メーカーの投資件数は最多の 18 件であった。これに四輪自動車の投資案件 7 件を加えた「自動車関係」の投資件数は 25 件に上り、投資件数全体の 4 割を占める。つまり、金融危機発生前後、中国自動車企業の対ブラジル進出は目立って多い。さらに、投資額と企業進出立地からみると、中国自動車企業の対ブラジル進出の特徴がはっきり映される（表 11-3）。自動車企業の投資金額は、金属採掘・加工業、石油・ガス・石炭業に次ぐ第 3 位の業種であって 16.61 億ドルの規模になった（二輪を含む）。また、投資地域をみると、四輪車事業の立地は、

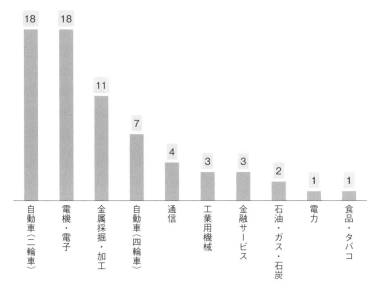

図11-4　産業別からみた中国企業の対ブラジル直接投資（2003～11年、件）
出所：ブラジル商工開発省RENAI。

ブラジルの東南部に集中している点が注目される。サンパウロを中心とするブラジルの東南部地域は、経済的な中心地域だけでなく、自動車産業の集積地でもあり、先発の欧米企業や後発の日本企業もこの地域に現地生産体制を立ち上げている。このため、自動車組立に欠かせない自動車裾野産業も発達している。ブラジル市場を真剣に開拓しようとする中国自動車企業がこの地域に工場や事業所を設置することは当然であろう。

　中国のオフィシャルな統計資料の不備のため、中国自動車企業の対ブラジル進出の実態には不明な部分が多いが、筆者のブラジル現地調査を通じて下記の点が明らかにされた。つまり、中国企業の対ブラジル進出は、共通点──「時期集中」（2010～11年の間）、「比較的大規模」（数億ドルの規模）、「現地での組立生産」──を有することがわかった。具体的にいくつかの事例をみよう。2011年中国の自動車メーカー長安汽車は、ペリロ州内のアナポリス市の自動車工場建設で同州政府との間で合意した。長安汽車は、1億5000万レアルを投資して年間5万台の自動車を生産し、最終的には年間8

第Ⅲ部　インド、メキシコ・ブラジル、東南アジアの経済成長戦略の変貌と転換

表11-3　中国企業の対ブラジル直接投資先（2003～11年、100万ドル）

	東南部	北部	北東部	南部	総計
金属採掘・加工	13,240	1,540	1,569	—	16,349
石油・ガス・石炭	10,170	—	—	—	10,170
自動車（四輪車）	1,107	52	—	—	1,159
工業用機械	210	—	29	—	239
化学品	60	2	—	—	62
プラスチック	32	—	—	—	32
金融サービス	19	—	—	—	19
通信	14	—	—	—	14
自動車（二輪車）	11	468	23	—	502
企業サービス	3	—	—	—	3
電機・電子	—	222	84	6	312
食品・タバコ	—	—	300	—	300
紙・印刷・包装	—	—	62	—	62
電力	—	—	—	179	179
消費財	—	—	—	11	11

出所：ブラジル商工開発省。

万台から12万台の自動車生産に拡大することとなっている。同社の自動車生産開始は2014年であり、州都から64km離れたアナポリス市の工業団地に、同社の自動車工場が建設されている。そして、ほぼ同じ時期に安徽省の自動車メーカー江淮汽車はブラジルに完成車工場を建設すると発表した。投資額は9億レアル（約348億円）である。江淮汽車がブラジルに工場を設けるのは初めてのことである。工場の建設地はバイーア洲カマサリ市にある。工場の年産能力は10万台で、2011年11月中にも着工し、2014年下半期から稼働した。現地工場の従業員数は3500人程度で、現地では関連業種を中心に1万人の新規雇用が創出されている。ブラジル政府は2011年9月、部品の現地調達率が65％に満たない自動車製品に対し、工業製品税（IPI[3]）を暫定的に最大30％引き上げる措置を開始した。同措置を受け、江淮汽車のブラジルへの1カ月当たりの輸出販売台数も、引き上げ開始前の約3000

第11章　世界金融危機後の中国企業のグローバル化

表 11-4　中国自動車企業の対ブラジル投資案件（2010～11 年）

投資企業	時期	投資金額	進出形態	事業内容
奇瑞汽車	2010 年 9 月	4 億ドル	単独出資	乗用車生産
宗申集団	2011 年 11 月	0.8 億ドル	合弁	二輪車生産
力帆汽車	2011 年 3 月	0.7 億ドル	単独出資	乗用車生産
江淮汽車	2011 年 8 月	5 億ドル	単独出資	乗用車生産
長安汽車	2011 年 2 月	2 億ドル	合弁	乗用車生産
北汽福田	2011 年 10 月	5 億ドル	単独出資	トラック生産
東方鑫源	2011 年 10 月	0.5 億ドル	単独出資	二輪車生産

出所：神谷 [2012]。

台から約 1800 台に急減しており、江淮汽車のバイーア州での工場建設計画もいったん見送られていた。ただブラジル政府が発表した自動車産業政策の実施細則が現地での工場建設にあたって有利な内容であったため、江淮汽車側は一転して計画実施に至ったとみられている。そして、2011 年 10 月、商用車大手メーカーの北汽福田汽車がブラジルに 3 億ドル（約 235 億円）を投じてバイーア州に新工場を建設する方針を明らかにした。北汽福田汽車は 2013 年末から生産を開始し、2017 年までに年間生産台数を 3 万台に引き上げる計画である。北汽福田汽車のブラジル現地生産事業は、中国から必要な部品を輸入し、現地で組み立てるノックダウン形式でトラックを生産しており、2017 年には 1000 人の直接雇用が見込まれている。現地生産の開始に伴って北汽福田汽車は、国産化比率の引き上げが義務づけられているために、2017 年の国産化比率を 65％と見込んでいる。したがって、ブラジルにおける中国自動車企業の現地生産の最大プロジェクトは、民族系大手メーカーの奇瑞汽車の現地事業である。2010 年、奇瑞汽車は、ブラジルでの現地生産計画を発表し、2 年後の 2012 年 7 月にブラジルのサンパウロ州に工場建設起工式を行った。これは奇瑞汽車の南米現地生産事業における最大級のプロジェクトである（後述）。

　以上の中国自動車企業 4 社の対ブラジル直接投資は、中国自動車企業の「ビッグフォー」とも呼ばれる代表的なケースである。これ以外の中国自動車企業によるブラジル投資もあるが、投資規模や現地生産のレベルは、比較

第Ⅲ部　インド、メキシコ・ブラジル、東南アジアの経済成長戦略の変貌と転換

図 11-5　リーマン・ショック後のブラジル自動車市場の変化（千台）
出所：『ブラジル特報』2013 年 5 月号、日本ブラジル中央協会。

的低い（表 11-4）。

（2）　中国自動車企業の対ブラジル直接投資の外部背景と要因

　以上のように、リーマン・ショック後、ブラジル市場を開拓する中国自動車企業は急速に輸出から現地生産へ切り替えた。では、なぜ、このような変化が生じたのか。本節ではこれをもたらす外部背景と要因を探る。
　中国自動車企業による対ブラジル直接投資の第一要因は、リーマン・ショック後の世界自動車市場の変化である。リーマン・ショックの影響で、先進諸国では、自動車販売が停滞し、生産余剰が目立っている一方、自動車販売が増加しているブラジルは輸入が増加し市場も拡大しつつある。図 11-5 に示されるように、リーマン・ショック後のブラジル自動車市場は、金融危機の影響がみえないような形で伸び続ける「不況知らず市場」といえるほどで

第 11 章　世界金融危機後の中国企業のグローバル化

ある。金融危機後も経済成長をみせてきたブラジルは 2011 年に 351.5 万台の新車総販売台数を記録し、ドイツを抜いて世界 4 位の自動車市場に成長した。この 351.5 万台の販売登録台数のうち、海外からの輸入車の割合は 18.8%であった。2005 年は 5.1%であったことを考えると、シェアは 3 倍以上伸び、さらに台数にすると、2005 年の約 8.8 万台から 10 年には 66.0 万台と 7.5 倍以上の伸びを記録した。さらに、2012 年の新車販売台数は 380 万台を突破し、その成長の勢いを保っている。このままの成長ペースでいくと、近い将来、日本を抜いて世界第 3 位の自動車市場に成長することも期待されている。ブラジルの自動車ブームの引き金の一つは新中間層の台頭である。近年の経済成長と政府による貧困対策のなかで貧困層が減少し、購買力をもつ低・中間所得層がかなり増えた。消費者の購買力が上がるにつれて、テレビや携帯電話、コンピューター、オートバイなどの消費に火がついたが、最近ではこうした動きが自動車やマイホーム購入にまで広がっている。また、ブラジル自動車市場の潜在的需要も市場拡大に拍車をかけている。ブラジル自動車市場をみると、先進国では 2 ～ 3 人に 1 台の割合で自動車が普及しているが、ブラジルの自動車 1 台当たりの人口は約 8 人のみである（2012 年）。この数字はメキシコの同 4.7 人、アルゼンチンの同 5.2 人と比べても高い。つまり、2 億人弱の人口を抱えるブラジルの自動車市場の見通しはかなり有望である。そして、リーマン・ショック後、成長のペースがダウンした中国では自動車市場が伸び悩んでいる。とりわけ、外資系企業に比べて技術的優位性と生産規模の優位性をもたない民族系企業が、中国以外の市場への開拓を模索し始めたところ、ブラジル市場が順当にその攻略ターゲットになった（後述）。

　次に、中国自動車企業による対ブラジル直接投資を後押した二番目の原因は、リーマン・ショック以降にブラジル政府が採用した国内市場保護政策である。そもそも、ブラジル自動車市場の急拡大要因の一つは、ブラジル通貨レアル高に由来した輸入の拡大である。たとえば、既述した 2010 年に記録した 351.5 万台の販売登録台数のうち、輸入車の割合は 18.8%であった。このブラジル市場への輸入車急増を後押しした要因の一つがレアル高である。

第Ⅲ部　インド、メキシコ・ブラジル、東南アジアの経済成長戦略の変貌と転換

2011 年 7 月のレアルの対ドルレートは 1.53 レアルと、1999 年 1 月にレアル
が変動相場制を開始して以来もっとも高くなった。2008 年 7 月にも 1.60 レ
アル／ドルを超えるレアル高を記録したが、その後発生したリーマン・ショ
ックによって 2008 年 11 月には 2.50 レアル／ドル近くまで急激に下がった。
しかしその後はレアルがふたたび堅調に回復し、2011 年 8 月は 1.55〜1.60
レアル／ドルのレンジで推移している。このようなレアル高の流れに恩恵を
蒙っているのが現地生産の先発メーカーでなく、後発の中国自動車企業であ
る。つまり、レアル高傾向のなかで輸入車を投入することによって、市場参
入コストも低く抑えることができ、ブランド力の確立と近い将来の現地生産
に向けた体力を備えることができたとみることができる。たとえば、中国メ
ーカーの江淮汽車は 2010 年に地元の自動車販売会社と提携してブラジル市
場に参入し、ブラジルの国内販売網を一気に拡大し、販売開始から 1 カ月で
4000 台を超える自動車販売を達成してしまった。同社は、2013 年にブラジ
ル自動車市場シェアの 3 ％を目指し始めた。ところが、急拡大した外国自動
車の輸入を受けたブラジル政府は、危機感を抱くようになった。結局、ブラ
ジル政府は 2011 年 9 月、ブラジル国内における粗利益の最低 0.5％をブラ
ジルでの技術開発に投資することを義務づけるとともに、11 ある自動車の
生産工程のうち 6 工程以上をブラジル国内で実施すること、国内またはメル
コスール域内での平均調達率 65％を達成していなければ、国産または輸入
車の IPI の税率を 30％引き上げると発表した。たとえば 1000 cc クラスの乗
用車には 7 ％の IPI が課されているが、これらの条件を達成していない場合、
37％の IPI 税が課されることになった。ブラジル政府が取り入れた上記の措
置は、急速に市場シェアを拡大する中国や韓国自動車メーカーに脅威を感じ
ていたためのものであると考えられる。実際、ブラジル政府による同措置の
採用によって中国自動車企業はこれまで享受してきたブラジル市場開拓の優
位性をかなり失ってしまった。さらに、ブラジルでの現地生産を行わないと、
この市場から締め出される恐れがあった。このため、危機感を抱き始めた中
国メーカーは一斉に現地生産に踏み切ることになった。
　第三に、先進国市場に比べてブラジル自動車への参入ハードルは比較的低

304

い。これも中国自動車企業の対ブラジル直接投資を促す背景の一つである。自動車先進国に比べてブラジルのオートメーションの歴史ははるかに短い。このため、ブラジルの自動車購買者は、途上国の特徴——ブランドや品質や快適さよりも価格面で魅力のある自動車を希望する——をもっている。いうまでもなく、自動車はほかの製品と異なり、低価格だけで市場を制することはできない。自動車はその国のなかで大きな位置を占めるものであり、販売網の構築や補修サービス、品質保証サービスを徹底させなければならない。そして真に市場を確保するために重要なのが、消費者の口コミである。ブラジル市場で中国産自動車が登場した後、徐々に評判が高まっていた。なぜなら、中国車の販売価格が安いし、見た目も悪くないからである。また、品質も保証されている。これらによって多くのブラジルの消費者が初めて「新車」を買うようになった。そして、ブラジル自動車市場では、大衆車といわれるリッターカーが販売総数の多くを占める。ブラジルで大きなシェアをもつ欧米各社はこのクラスに多くの車種を投入しているが、中国メーカーのなかでは、奇瑞汽車、江淮汽車がこれまで安価な小型車をブラジル市場に投入した。このため中国産自動車の口コミも広がっていった。したがって、所得水準の低い現地消費者にとって、「環境にやさしい、乗心地のよい車」よりもむしろ、「安価で見た目が悪くない」小型車を入手することは、消費の満足度が高い。これこそ、現在中国産自動車がブラジルで成功しているもう一つの要因である。

（3）　対ブラジル直接投資の内部背景と要因

　上記の外部背景とともに、中国自動車企業の対ブラジル進出をもたらした内部背景と要因も存在している。

　まず、リーマン・ショック後、中国国内自動車市場の成長減速と低迷は中国企業、とりわけ民族系自動車メーカーの海外進出を誘発した。中国では、2008年のリーマン・ショックを受けて輸出が大幅に落ち込み、景気減速を余儀なくされたが、政府が素早く実施した拡張的財政・金融政策が功を奏し、経済成長率は、V字型回復をみせた[4]。しかし、産業別の景気回復状況はば

第Ⅲ部　インド、メキシコ・ブラジル、東南アジアの経済成長戦略の変貌と転換

らつきが大きい。とくに、自動車産業における民族系企業は厳しい状況にある。リーマン・ショック後、中国政府は景気刺激のためにさまざまな対策を打ち出したが、2011年に入ると、購入税の割引や「汽車下郷」政策[5]（農村への自動車普及策）の終了、合弁メーカーとの競争などにより、国内メーカーは新たな挑戦に直面している。自動車市場が低迷するなか、国内メーカーは自立すべきだという認識が徐々に高まった。そして、どのように政策依存から脱却し市場競争力を高めていくかという新しい課題に取り組まなければならない。広く知られているように、中国の自動車産業は、外資依存の性格がある。現在、中国自動車市場において外資系メーカーは約7割のシェアを占め、地場メーカーは約3割を占めている。外資系企業のなかでドイツ、アメリカ、日本および韓国のメーカーがそれぞれ大きな市場シェアを占めている。外資系企業は高い競争優位性（技術力、販売力、資金力など）をもっている反面、民族系企業は全面的な競争劣位にある。そのため、これまで中国自動車市場における外資系と民族系企業の競争構図は明確であった。つまり、利益率と価格帯が高い領域は、外資系企業が占めているのに対して、民族系企業はニッチ市場や利益率の低いセグメントに縛られていたのである。

　民族系企業はこの限定的市場をキープしたうえで、将来、外資系もしくは国内メジャー（外資系企業と組む大手国有企業の上海汽車、一汽集団、東風汽車など）の市場を攻略する、という戦略と構想をもっていたが、リーマン・ショック以降、外資系は利幅の小さい市場セグメントもしくはニッチ市場をも攻めるようになった[6]。これによって伝統的な市場セグメントを失い始めた民族系企業は新たな市場を開拓せざるをえなくなった。その一つの選択肢が海外進出であった。しかし、進出ハードルの高い先進国市場への直接投資はけっして容易ではない。結局、市場潜在力が高く比較的進出しやすいブラジル市場が中国自動車企業のターゲットになった。

　次に、中国の通貨人民元高とこれに関連する労働コストの上昇という構造的状況変化も自動車企業の海外進出を促した。リーマン・ショック以降、中国の経済成長率が急減速するなか、米ドルに対する人民元の為替相場が継続して上昇した。振り返れば、人民元の対ドルレートが切り上がり始めたのは

2005年7月以降であった。具体的には1ドル＝8.3元から2012年の6.23元に累計33％切り上がった。金融危機以降、世界市場がドル安期待に変わり、企業を中心にドル資金を人民元に転換する動きが加速したと考えられるが、持続する人民元高は、中国自動車企業にとって死活問題になった。これまで民族系企業の対ブラジル進出の手段は完成車の直接輸出であった。ところが、2008年の金融危機以降、国内自動車産業を保護するためにブラジル政府が実施したIPI増税に、人民元高という不利な条件が加わった。中国自動車企業の輸出はダブルパンチを受けたといえる。そもそもブラジル市場における中国民族系自動車企業の競争優位は、低コストでつくられた安価な小型車および長期的アフターサービス保証であった。とりわけ、「安価で見た目も悪くない」という商品イメージでブラジルの中低所得者層に照準を合わせたのは、中国企業の市場戦略であったが、持続的人民元高とIPI増税はブラジル市場における中国企業の競争優位を完全に無力化した。この深刻な問題を解決する唯一の方法はブラジルに現地生産事業を立ち上げることであった。

　第三に、中国政府のバックアップも自動車企業の海外進出と強い関連性がある。金融危機以降に加速した中国企業の海外進出は、政府の政策的・政治的バックアップという要因を抜きには語れない。すでに金融危機以前に提唱された「走出去[7]」（海外進出）という政府の政策的誘導が広く知られているが、金融危機発生後、国際的には資源や商品価格が暴落し、海外の資源開発会社やメーカーが経営難に陥り、中国企業が資源権益や技術の獲得を目的とした対外直接投資を行いやすい環境となっている。国内的には中国政府の金融規制緩和と対外直接投資に対する許認可制度の簡素化によって企業が対外直接投資を行うに際し潤沢な資金力をもつようになったことがあり、大手国有企業だけでなく、民間企業も海外進出の戦略を強めている。前掲表11-4に現れた中国企業によるブラジル直接投資の数億ドルのような大型案件の背後には当然、政府の強いバックアップが存在しているはずである。

　第四に、外国企業の買収や合弁事業などの海外進出によって企業自身の弱みと欠点を克服するというユニークな考え方も要因の一つである。これまで中国企業による対外直接投資には外国企業を買収する方式（M&A）が多か

307

った。この M&A 方式による対外直接投資の中心は国有企業であったが、現在では、民営企業の「走出去」に果たす役割が増えつつある。ブラジルへの中国自動車企業による M&A 案件は少ないが、2010 年、国有大手石油企業の中石化集団によるスペインの Repsol 社のブラジル企業の 40％の株式取得（71.39 億ドル）という大型 M&A がブラジルの世論によって大きく注目された。なぜ、中国企業は M&A を利用して海外進出を図るか。実際、既存企業を買収することによって中国企業自身の弱み——国際経営経験・ノウハウの欠如、世界市場に通用するハードウエアの不備、現地市場販売やサービス・ネットワークの開拓能力の不足、など——を一気に解決できるからである。言い換えれば、M&A を通じて海外の戦略資産が獲得されることが可能であるため、M&A は海外市場へのアクセスの最短ルートだと認識されている。

3．中国自動車メーカーのブラジル進出戦略の検証
——奇瑞汽車、江淮汽車、長安汽車 3 社を中心に

（1）　対象企業の概要
　本節ではブラジルに進出した中国自動車企業のうち、投資規模の大きい 3 社——奇瑞汽車、江淮汽車、長安汽車——の事例を中心に中国企業の対ブラジル進出戦略を検証する。対象企業 3 社の概要が表 11-5 に示されているとおりである。3 社に共通する点は中国のビッグ 3 と呼ばれる巨大自動車メーカー 3 社（上海汽車、東風汽車、一汽集団）のワンランク下にある中堅企業であることである。中国の自動車市場をみると、現在、年間 200 万台以上の生産・販売規模を有する企業は、上記のビッグ 3 だけである。本章の検証対象企業 3 社はともに 200 万台のライン以下のメーカーである。また、3 社はともに地方の国有企業である。周知のとおり、中国自動車産業の場合、ごく少数の民営企業以外ほとんどのメーカーは国有企業である。この意味では本章の対象企業は一般性をもつものである——3 社のうち、2 社——奇瑞汽車、江淮汽車——は安徽省の国有企業であり、残りの 1 社は重慶市の企業（長安

第 11 章　世界金融危機後の中国企業のグローバル化

表 11-5　対象企業 3 社の概要（2012 年現在）

社名	奇瑞汽車股分有限公司	江淮汽車集団有限公司	重慶長安汽車股份有限公司
本社所在地	安徽省合肥市	安徽省合肥市	重慶市
設立	1997 年 8 月	1964 年（1999 年、株式会社に改編）	1957 年
企業属性	国有企業	国有企業	国有企業
主要製品	SUV、乗用車	商用車（トラック、バン）、SUV、乗用車	乗用車、エンジン
生産能力	60 万台（年間）	46 万台（年間）	乗用車：20 万台（年間）
海外 KD 工場	13 社	10 社	2 社

出所：各社の HP およびマスコミ報道により整理作成。

汽車）である。これら 3 社の海外事業をみると、奇瑞汽車はもっとも多くの
海外拠点をもつ（13 社）。長安汽車はわずか 2 拠点しか海外に設立していな
い。江淮汽車は中間（10 社）に位置する。実際、海外進出の姿勢でみると、
中国の自動車企業は、「消極派グループ」「中間派グループ」「積極派グルー
プ」に分けられる。「消極派グループ」はビッグ 3 と呼ばれる上海汽車、東
風汽車、一汽集団の 3 社である。この 3 社は中国国内市場におけるシェアが
高く、国内市場から十分な利益を獲得している。しかも 3 社は、かなりの生
産規模をもっているため、「規模の経済性」が十分に発揮できる。また、3
社とも海外の有力企業との合弁事業を有するため、海外からの直接的または
間接的な技術・情報サポートを得やすい。このため、ビッグ 3 企業は、不確
実性が高くかつ競争が激しい海外市場に直接投資する企業行動に簡単には踏
み切らない。そして、「積極派グループ」に属する企業には共通点がある。
つまり、国内市場のシェアを多くもたず、企業自身の規模もビッグ 3 に及ば
ない企業である。このグループに属する企業は年間 20～70 万台の生産規模
をもつものが多いが、これ以上の規模への拡充は難しい。その理由として、
1）地方メーカーが多いこと、2）技術的優位性が少ないこと、3）外資と
の協力関係をもたないこと、4）政府からの規制を受けること、などがあげ
られる。また、このグループの企業は中国国内市場の激戦区セグメント（乗
用車を例にとると、排気量 1.0～1.6 リッターの市場分野）への関与度合が
低い。このため、市場および生産規模が伸び悩んでいる企業が多い。周知の

309

第Ⅲ部　インド、メキシコ・ブラジル、東南アジアの経済成長戦略の変貌と転換

ように、自動車産業は「規模の経済性」が強く効く分野である。生産規模を一定レベル以上に拡大することができなければ、企業自身が大きく成長できないという特徴がある。本章の分析対象企業の3社はともに上記の悩みを抱える企業である。実際、これらの企業の悩みこそが海外進出の決定的要因である。

　そして、対象企業3社のブラジル進出は「防衛型対外直接投資」の性格が鮮明であると考えられる。一般的に一企業が外国のある市場に最初に直接投資を行い、その市場におけるシェアを野心的に奪おうとする場合、この投資を「攻撃型対外直接投資」と呼ぶ[8]。これに対して国内同業他社が先に外国市場へ直接投資を行ったことによって国内市場シェアの既存状況が将来的に変わる可能性があると判断された場合に行われた投資は、「防衛型対外直接投資」と呼ばれる。中国の自動車企業の対ブラジル直接投資は貿易摩擦の回避と国際競争力の強化などに目的があるため、防衛型投資に属すると考えられる。既述のように2008年のリーマン・ショック以降、ブラジル政府は自国自動車産業を保護するために輸入車のIPIの税率を30％引き上げる決定をしたため、それまで順調にブラジル市場へ輸出していた対象企業3社は、輸出という選択肢を失った。世界有数の潜在的自動車市場への進出基盤を固める唯一の方法は現地生産を開始することである。したがって、3社ともブラジルでの現地生産を通して自社の国際競争力を強化しようとする強い期待をも抱いている。

（2）　対象企業3社のブラジル進出の特徴と戦略

　本章の分析対象企業3社のブラジル事業は表11-6に示したとおりである。3社に共通する第一の特徴は進出の歴史の浅さである。3社とも2000年以降にブラジル市場へアクセスし始めた企業である。そのうち、長安汽車のブラジル進出が一番早く（2006年）、江淮汽車が一番遅い（2010年）。奇瑞汽車の進出は2社の中間（2009年）である。3社のブラジル進出の背後には、1）中国国内における上記の市場的要因、2）政府の「走出去」戦略のバックアップという政策的要因、3）ブラジル自動車の飛躍的拡大という外部的

310

要因、4）リーマン・ショック後の国内市場低迷という世界経済的要因、があると考えられる。これらの外部的もしくは内部的要因の変化がなければ、各社が競ってブラジルでの現地生産に踏み切ることは考えられないであろう。実際、3社のブラジル進出が3、4年の間に連鎖的に発生した理由は上記のとおりである。

　第二の特徴は、3社のブラジル市場への進出パターンがかなり類似していることである。つまり、「輸出→現地生産」というコースは3社の特徴である。周知のように先進国企業の海外進出の場合、「輸出→海外提携（ライセンシング生産）→現地生産」という段階的な展開が普通のパターンである。つまり、企業の多国籍化は一般的に取引コストの低い選択肢から合理的に海外進出の戦略を採用する。これを理論化したのが内部化理論である。内部化理論は企業が原材料、部品、製品を市場で調達するよりも、自社内で調達・生産するほうが、利益がより大きいとするものである。市場調達には取引コストがかかりすぎるためである。多国籍企業はこの外国調達活動を事業所・工場建設や他企業の買収（M&A）を通して行うが、これは換言すれば直接投資を行うことである。それゆえ、直接投資は市場調達を内部化する行為であるといえる。内部化理論を提唱するバックレイとカッソンは、内部化の意思決定要因として、1）産業特殊的要因、2）地域特殊的要因、3）国家特殊的要因、4）企業特殊的要因に分類している（バックレイ&カソン［1993］36頁）。しかし、内部化理論が折衷理論といわれるように、企業の多国籍化過程の因果関係が非常に包括的で曖昧といわざるをえない。本章では理論的な検討は行わないが、ブラジルに進出した中国企業3社がなぜ、輸出と現地生産の中間に存在するはずの「海外提携」という段階を飛ばしたのかという点に筆者は関心をもっている。表11-6に示されたように、そもそも中国企業3社のブラジル進出の初期段階では、輸出から海外提携へ切り替えようとした動きがみられた。つまり、3社とも現地パートナーを最初から選択し、ブラジルでの提携事業を着々と準備していた。もし時間的な余裕があれば海外提携が中国企業によって採用されていたかもしれない。しかし、リーマン・ショック後にさまざまな不確実性（人民元高、労働コストの上昇という内部

第Ⅲ部　インド、メキシコ・ブラジル、東南アジアの経済成長戦略の変貌と転換

表 11-6　ブラジルにおける中国自動車 3 社の現地事業

	奇瑞汽車	江淮汽車	長安汽車
ブラジルへの進入時期	2009 年	2010 年	2006 年
最初の進出方式	輸出→①奇瑞ウルグアイ工場で生産された SUV 車「Tiggo」、「A1」をブラジルに輸出。②中国から「QQ」、「A3」を輸出。	輸出→乗用車「J3」、「J5」、「J6」モデルを中国からブラジルへ。	輸出→「欧諾」「ブンブン」モデルを輸出。
現地のパートナー	輸出車の販売は、ブラジル Venko 社を協力。現地生産工場は単独出資。	SHC 社、ブラジル最大の自動車販社	ブラジルの大手販社 DISTRICAR 社
現地生産のきっかけ	①ブラジル政府が導入した IPI 増税；②拡大するブラジル自動車市場；③サンパウロ州政府の優遇措置。	①人民元高；②国内のコスト上昇；③ブラジルの IPI 増税；④州政府の優遇政策。	ブラジル政府の IPI 増税。
現地生産の規模	2017 年に 17 万台の規模に。投資規模は 4 億ドル。	2014 年に 10 万台（乗用車とトラック）生産工場を完成。投資規模は 5 億ドル。	① 2014 年に現地生産工場を完成；②ゴイアス州に年間 12 万台の工場。投資額は 2 億ドル。
現地生産までの流れ	輸出→現地生産	輸出→現地生産	輸出→現地生産
今後の戦略	ブラジル市場向けの製品がすべて現地生産に。サンパウロ州の工場所在地に部品を含む工業パークを完成し、現地調達率を引き上げる。	現地生産車向けの部品を現地生産に。4S 販売ネットワークを構築。	軽自動車と軽トラックの全量現地生産に。
グローバル化方針	先に途上国、後に先進国。先に CKD、後に合弁。	南米から北米、東欧から西欧。	

出所：各社の HP およびマスコミ報道により整理作成。

不確実性と、ブラジル国内 IPI の増税などの外部不確実性）が現れたため、3 社はともに現地生産の選択肢を採用した。つまり、3 社はこれをもっとも低い取引コストの方式として採択したと考えられる。

　第三に、中国企業 3 社はともに強い競争優位にもとづいてブラジル市場へ進出したわけではない。前述のようにブラジル自動車市場におけるリーダー格の存在は欧米メーカーである。新規参入企業としてブラジルに進出した中国 3 社は、最初から別の競争戦略によって市場を開拓し始めた。江淮汽車を例にすれば、同社は先発欧米企業から市場シェアを奪う手段として、1）他

社より長い無料修理の保証期間の設定、2）欧米企業にない幅広いサービス・ネットワークの構築、3）中国企業の得意な安価な価格設定、などがあげられる。ブラジルにおける欧米メーカーは、無料修理保証の期間を3～4年に設定したケースが多いが、江淮汽車は「走行距離と関係なく6年保証」の寛大な保証期間を消費者に提供している。また、江淮汽車は日系企業から4Sディーラーネットワークの経験も取り入れて現地の協力パートナーと一緒に短期間で多数のネットワークを構築した。そして、長安汽車の場合は、ブラジル側の協力パートナーとの関係をフル活用することによって急激な市場参入を実現した。ブラジルの販売ディーラーDISTRICAR社はブラジル全国に25カ所の販売店を設け、長安汽車が生産する5車種を代理販売するようになった。2012年、ブラジル政府がIPI増税の措置を導入してから中国企業は、これまで構築した販売ネットワークと欧米企業より優れた保証期間をキープしながら、現地パートナーと合弁企業を設立した。

　第四に、3社の現地投資形態にはバラツキがある。奇瑞汽車は単独出資を選択したが、長安汽車と江淮汽車は合弁の方式を採用した。現在、ブラジルに直接投資した、もしくは投資しようとする中国企業の大半は合弁企業の形態を採用する傾向がある。本国から遠く離れた南米地域に進出する中国企業は、現地市場・法律・商慣習に精通する人材や現地市場を開拓するノウハウをもつ人的資源など「立地特殊優位」を十分にもっていないため、現地パートナーと手を組んでやるしかないと考えられる。そして、奇瑞汽車が採用した単独出資の背後には特殊な事情がある。実際、2007年、奇瑞汽車はアルゼンチンの自動車企業SOCMA社が所有したウルグアイ製造事業に資本参加したことによって南米での製造拠点を獲得した。そもそも奇瑞汽車は諸コストが安いウルグアイ製造工場で自動車を生産し、これをブラジル市場へ輸出すれば、ブラジル市場を攻略することが可能だと判断したが、ブラジル政府の増税措置の導入は奇瑞汽車の市場戦略を大きく揺るがした。同時にウルグアイ工場も予想外の困難に直面した。つまり、人口小国のウルグアイでは、労務管理や経営環境が相当厳しい。大量の自動車部品の調達も困難である。さらに、アルゼンチンのパートナーSOCMA社との間にも経営方針をめぐ

第Ⅲ部　インド、メキシコ・ブラジル、東南アジアの経済成長戦略の変貌と転換

って度々衝突が発生した。この失敗から教訓を得た奇瑞汽車は単独でブラジルに直接投資するようになったわけである。しかしながら、単独出資によるブラジル進出はかなりの不確実性を伴うに違いない。なぜなら、これまで中国自動車企業の海外進出案件には単独出資のケースが少なく、しかも前例の投資案件には失敗が多かったからである[9]。

　第五に、中国自動車企業のグローバル戦略には、興味深い点がある。対象企業３社のうち、江淮汽車と奇瑞汽車の事例に示されたように、「途上国市場→先進国市場」という海外進出のロードマップが存在している。つまり、海外進出の初期段階では攻略困難な先進国市場を避けて先に自国市場に類似するもしくはそのレベル以下の市場を攻略してから、先進国市場へ最終的にアクセスしようとする構図は中国自動車企業の戦略だと考えられる。奇瑞汽車の事例をみると、同社は「先に途上国、後に先進国」、「先にCKD生産、後に合弁」というグローバル方針と戦略をもっている。奇瑞汽車は現在、中国自動車企業のなかで外資と組んでいない数少ない民族企業であると同時にグローバル化レベルは一番高い企業でもある。同社はなるべく堅実なグローバル化路線を追求している。奇瑞汽車のブラジル市場攻略は、「直接輸出→周辺国に現地生産→ブラジルに現地生産」という順でレベルアップしてきた。ブラジルにおける奇瑞汽車の投資案件は同社の史上初の海外単独出資子会社である。したがって、単独出資工場の周辺には「工業パーク」も建設している。完成後の工業パークには中国から一次下請部品メーカーが入居する予定である。この本格的な海外進出事業の背後には、中南米市場だけでなく、将来の北米市場も狙っていると推測される。

おわりに　ブラジルに進出した中国企業が提示した
インプリケーション──「後発国型多国籍企業」

　以上、ブラジルに進出した中国自動車企業の進出背景、特徴および進出企業の事例をみたが、ブラジルにおける中国自動車企業の「不可解な多国籍化行動」──先進国企業の進出手順と異なる進出、競争劣位のままでの現地進

第11章　世界金融危機後の中国企業のグローバル化

出、多数の企業による集中進出、現地企業との緊密な連携、周辺から中心への攻め、など——が数多くみられた。この新しいタイプの多国籍企業行動はどのように解釈したらよいのか。少なくともこれまでの主流派の多国籍企業伝統理論はこれらを説明できない。

　ここでは先進国多国籍企業を想定した「折衷理論」の考え方を借用して考えよう。「折衷理論」の開拓者のダニング（Dunning）によると、国際生産を志向する企業にとっては、輸出、技術供与、提携、直接投資などのいくつかの選択肢があることになる。自社の戦略としてどのように判断するべきかについて、ダニングは、1970年代に「折衷」というコンセプトを提示した。「折衷」とは、企業の意思決定に際しては、所有（owner）、立地（location）、内部化（internalization）の優位性の源泉となる三つの要素の優位所有状況を確認することで、判断するという考え方である[10]。ダニングは、このように所有特殊的優位、立地特殊的優位、内部化優位の三つの要素をもって検討したときに、それらの三つがすべて企業に備わっている場合には、直接投資をする、現地に子会社をつくって、そこで生産販売するという判断がなされるとしている。もし、あえて現地で生産をする利点がない、つまり立地特殊的優位性がなければ、自国からの製品の輸出が最適な形態といえる。あえて自社の子会社を現地に設立して事業を展開する内部化優位が認められなければ、現地の企業に技術を供与することで、ロイヤリティを受ける選択が考えられる。たとえば、市場に成長性があまりない場合や自社に直接的に進出するだけの能力がない場合や直接投資のリスクが高いと判断される場合は、自社で乗り出すよりは、技術を供与して安定的な収入を得るということが考えられる。このように、三つの折衷案が、自社の戦略を選択する際の一つの目安になるのである。このように折衷理論においては、基本的に優れた経営資源を保有する企業が、海外直接投資、輸出、ライセンス供与の各々に必要となるコストを比較することにより、もっとも安価な手段が選択されると結論づけられることとなる（Dunning［1981］）。以上のように、ブラジルに進出した中国自動車企業がダニング流の三つの優位性をもっているとは言い難いにもかかわらず、なぜ、中国企業はブラジルへの現地生産に踏み切った

315

第Ⅲ部　インド、メキシコ・ブラジル、東南アジアの経済成長戦略の変貌と転換

か。われわれは別の角度からこの問題を考える必要がある。

　発展途上国企業の多国籍化を研究したウェルズ（Wells）は、多国籍企業の理論の重鎮であるバーノン（Vernon）の「プロダクト・ライフ・サイクル（PLC）」のモデルをベースにして途上国多国籍企業理論に適合するようにそのモデルを拡張し、独自のアプローチを示している。つまり、途上国企業による対外直接投資は通常、「輸出市場防衛」の動機を明確にもつ。つまり、海外のこれまで確保していた輸出市場におけるシェアが奪われるような事態になると、途上国企業は、直接投資の戦略をとることによって海外市場をまもろうとする。いいかえれば、途上国企業の対外直接投資は、強い防衛的（defensive FDI）性格をもつ（Wells [1983]）。これまで分析したように、ブラジルに進出した中国自動車企業は、「輸出→直接投資」という戦略の選択は、ウェルズの「輸出市場防衛」型直接投資に属すると考えられる。

　また、1990年代以降、多国籍企業が活動する世界市場は、さまざまな大変動を体験した。これらの変動は、多国籍企業の理論研究にも新たなテーマを与えた。さらに、1990年代以降、急増している途上国多国籍企業の対外直接投資は、伝統的理論では説明しきれない事態になっている。たとえば、先進国の多国籍企業が、「資産利用型」（Asset-exploiting）の直接投資戦略をとるのに対し、発展途上国の多国籍企業は、「資産利用型」に加えて、「資産増大型」（Asset-augmenting）の直接投資戦略も併用するとする。発展途上国の多国籍企業が、十分な経営資源をもたない場合には、不足している経営資源を補うために、外国企業の技術、ブランド、流通網、研究開発能力、経営力の獲得を目指して「資産増大型」の直接投資を行うと考える[11]。発展途上国企業は、さまざまな競争と協調の過程を通じて、自国に進出した先進国企業から、生産技術、研究開発能力、資金等を獲得することができ、これを自社の強みと結びつけることによって、国際競争力を強化できる。さらに、自ら先進国に進出し、そうした経営資源の一層の獲得が図られることもある。そうした企業発展は、当該国が保有している動態的な比較優位、あるいは、競争優位のレベルを超えて行われる（手島 [2008]）。

　以上のように、途上国多国籍企業に関する議論は、中国企業のブラジル進

第11章　世界金融危機後の中国企業のグローバル化

出を部分的に説明できると考えられるが、納得できる仮説は必要になる。本章では「後発国型多国籍企業」の仮説も用いてブラジルに進出した中国企業を説明してみたい。

「後発国型多国籍企業」とは、1990年代以降に現れた、後発国に立地し、先発国多国籍企業と異なる特徴をもち、本国以外の1カ国以上の国・地域において直接投資を行い、現地生産・経営活動を行う企業である（苑 [2012]）。おおざっぱにいえば、1990年代まで、企業による海外進出は〔企業誕生・成長→競争優位確立→海外進出〕の順に沿って行われる傾向がみられた。その理由は、伝統主流派理論の説明の通りである。つまり、企業は、独自な競争優位を駆使し、「さらなる成長を求めるために海外へ」進出した。ところが、1990年代以降になると、既述したように企業の海外進出環境が、大きく変わったため、海外進出に必要となる競争優位をもたないとされる後発国企業は、「競争優位を獲得するために海外へ」進出する、というかつてなかった選択肢をとるようになった。つまり、現在、一部の後発国企業は、〔企業誕生・成長→海外進出→競争優位の獲得〕の順に沿って企業行動を起こすようになった。上記の企業行動の順番における変化はきわめて重要である。そこで提起された大きな理論的問題は、「競争優位をもたない企業がなぜ、海外進出できるか」ということである。さらにいえば、かつての海外直接投資を支える「優位前提」という発想は崩れる可能性がある。以下より、図11-6にもとづいて「後発国型多国籍企業」のパターンを考えよう。

この図には2種類の要素が導入されている。一つは、企業成長に不可欠の要素「競争優位」の多寡である（縦軸）。もう一つは、企業行動の立地的志向を示すもの（横軸）である。市場経済体制という「理想的な」条件のもとでは、企業は一国内に誕生してから優勝劣敗の淘汰を経て徐々に成長し、次第に多くの競争優位をもつようになる。つまり、B-B'の過程が示すように企業は第3象限から第2象限へ進む。やがて企業は、海外へ進出する（B'-B"）。その海外への進出理由は、伝統主流派理論の主張通りである。このようなB-B'-B"というロードマップは明らかに「先発国型多国籍企業」が示す企業行動パターンである。同時に後発国における多数の企業も依然と

317

第Ⅲ部　インド、メキシコ・ブラジル、東南アジアの経済成長戦略の変貌と転換

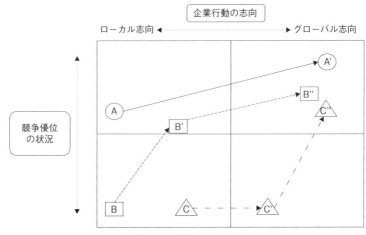

図 11-6　異なる多国籍企業のロードマップ

出所：筆者作成。

してこのロードマップに沿って進化していると考えられる。

　そして、図における C-C'-C" という企業パターンは、1990 年代以降にしかみられないものである。つまり、一国内に誕生した企業は、国内において多くの競争優位を獲得していないうちに、いきなり海外へ進出する。これらの企業の海外進出理由は、先発国型企業のそれと同様なもの（利益獲得、市場獲得、取引コストの低減、競争ライバルとの競争対策、天然資源獲得、など）もあれば、後発国型企業特有のものもある。その理由の一部として、1）国際分業に参加すること、2）地域統合への対策の一環、3）海外の戦略資産を獲得すること、4）技術を獲得すること、5）海外資金を利用すること、6）本国政府の政策による行動、などがあげられる。したがって、海外進出した企業は、徐々に競争優位をもつようになる（C'-C"）。その競争優位を獲得する理由として、1）海外で獲得した戦略資産をうまく生かすこと、2）海外で獲得した先進技術を駆使すること、3）その得意な後進国向けの（製品、製造、生産、管理）技術を駆使すること、4）進出ホスト国のパートナーとの同盟関係を生かすこと、などが考えられる。

　第三のパターンは、A-A' という「異例な」ものであるが、現実的には多

くの事例がある。とりわけ、中国や中近東などの後発国多国籍企業の場合、政府や王室などの出資によって設立された資源・エネルギー、金融、投資などの企業は、最初から強い競争優位（規模、資金力、人的資源、情報力など）を有する。しかも最初から海外進出という行動に踏み切るケースが多い。このパターンもかつて存在しなかったもので、1990年代以降に現れた典型的な「後発国型多国籍企業」である。

　以上の「後発国型多国籍企業」のコンセプトはリーマン・ショック後、ブラジルに進出した中国自動車企業に触発された仮説であるが、この仮説はどこまで通用するかという疑問が残る。振り返ってみると、中国企業の本格的なグローバル化（海外進出）は2004年以降に動き出したばかりであり、さらに自動車企業の海外進出はごく最近の現象である。本来、これを一般化もしくはモデル化するのは時期尚早かもしれないが、中国多国籍企業の今後の可能性を提示することは本章の目的の一つである。

〈注〉
1)　神谷 [2012]、独立行政法人石油天然ガス・金属鉱物資源機構 HP（http://mric. jogmec.go.jp）による。
2)　ブラジル側の統計データの入手も簡単ではないが、2012年に実施された現地調査の際に、在ブラジル日系業界団体（商工会議所など）および日系人業界団体から一部の情報を入手することができた。
3)　自動車にかかる IPI は、「工業製品税」の略称であり、2011年12月から2012年12月末まで、規定税率から30ポイント引き上げられていた。新規則は2013年1月以降の措置を定めており、2012年4月3日付法令7,716号により、現地調達率の引き上げや技術開発投資などを条件に、引き上げられた IPI 税率の減額措置を定めた。制度の名称は「自動車産業に関わるイノベーション・科学技術・裾野産業振興プログラム（INOVAR ― AUTO）」。新たな制度では、進出自動車メーカーは既存、新規参入にかかわらず、30ポイントを上限に、ブラジル国内または南米南部共同市場（メルコスール）域内で製造された部品、原材料、製造に関わる機器の調達額に応じて、減額措置（IPI の税クレジット）を受けられる。また、科学技術分野での研究開発投資を行った企業は、さらに2ポイントの減額措置を受けられる。したがって IPI の減額措置は、最大で32ポイントになる。2011年12月から適用されてきた現行規則では、65％の域内調達率などの要件をクリアして政府の承認を受けていれば、30ポイントの引き上げ免除が自動的に行われる方式になっている。65％の域内調達率の分子には、広告費や人件費など製造に直接関わらない費目も含まれている。新規則ではそれを排

第Ⅲ部　インド、メキシコ・ブラジル、東南アジアの経済成長戦略の変貌と転換

除し、しかも域内調達率に応じて最大 30 ポイントの範囲内で減免の幅が決まること
になる。新規則に適合するためには、すでに進出している企業は以下の四つの要件の
うち三つを満たす必要がある。その条件とは、a．研究開発・イノベーションへの投
資、b．エンジニアリング、基礎工業技術への投資、c．国内での製造工程の履行、
d．国家度量衡・規格・工業品質院（INMETRO）による省エネ・ラベリングへの対
応である。

4)　経済危機からの脱却に向け、中国政府は 2008 年 11 月に前年の GDP の 16％に相当
する 4 兆元（約 57 兆円）の超大型の景気刺激策を発表した。この景気対策が効果を
発揮し、中国の GDP 成長率は 2009 年度もプラス 6％を達成したと推測された。世
界全体がマイナス成長のなかでは、突出した数値である。

5)　「汽車下郷」政策とは、2009 年 3 月に中国政府によって導入された景気刺激政策で、
農村部の住民がオート三輪や旧式のトラックから自動車を買い替える場合に、購入価
格の 10％を補助したり 1600 cc 以下の乗用車の車両取得税を引き下げるといった優遇
措置を含む減税措置である。これにより、年間の自動車生産台数は 2009 年 1379 万台
（2008 年は 938 万台）に達し、自動車生産台数は日米を抜いて世界第 1 位となった。
同政策は 2011 年をもって終了された。

6)　これを示した事例は、中国に進出した日系企業の戦略変化である。これまで日系企
業は利幅の大きいモデルを現地生産し販売してきたが、最近、中国の低所得層を対象
とするモデルも次々と投入し始めた。たとえば、ホンダ技研はリーマン・ショック以
降、中国市場専用の小型車モデルを開発し市場に投入した。

7)　中国政府は 1990 年代末から、輸出の促進に加えて、中国企業の海外進出や投資を
促す「走出去」（企業の海外展開）方針を打ち出した。おもな目的は、(1)市場の開拓
(2)資源の確保 (3)技術やブランドの確保 (4)国際市場での競争を通じた中国企業の競争
力の向上である。この方針は外貨準備が急増した 2004 年ごろから本格化した。さら
に、2001 年からの「第 10 次 5 カ年計画」では、対外投資の奨励などを盛り込んだ
「走出去」戦略の推進が外資の積極的活用とは別の 1 節として明記された。また、
2002 年 11 月の第 16 回共産党大会では、「走出去」戦略の実施を「対外開放の新段階
の重要な動き」と評価したうえで、「比較優位のあるさまざまな所有制の企業が海外
に投資し、実力のある多国籍企業と有名ブランドを作り上げることを奨励する」とい
った目標を明らかにした。5 ヵ年計画や党大会で相次いで明記され、承認されたこと
により、「走出去」は、中国の国家戦略の一つとして位置付けられた。

8)　中国企業の海外進出タイプについては、姜［2011］を参照されたい。

9)　これを示した好例は上海汽車による韓国双竜自動車の買収である。

10)　ダニングの折衷理論については、Dunning［1981］を参照されたい。

11)　このような問題提起を行ったものとして、手島［2008］の研究がある。ここの記述
は、手島論文の内容を引用している。

〈参考文献〉

内多允［2011］「拡大する中南米・中国経済関係」財団法人国際貿易投資研究所『季刊
　国際貿易と投資』Spring 2011(83)、国際貿易投資研究所。

江原規由［2012］「中国企業の対外進出における M&A 事情」財団法人国際貿易投資研究所『季刊 国際貿易と投資』Summer 2012(88)。

苑志佳［2012］「東南アジアに進出する中国多国籍企業の競争パターン――「後発国型多国籍企業」の特徴とその諸側面」愛知大学現代中国学部の学会紀要『中国21』38。

神谷夏実［2012］「ブラジルと中国の貿易、投資関係の発展」『金属資源レポート』61。

姜紅祥［2011］「中国の「走出去」政策と対外直接投資の促進――技術獲得を中心に」龍谷大学『経済学論集』51(1)。

手島茂樹［2008］「発展途上国からの直接投資――発展途上国を基盤とした多国籍企業」国際貿易投資研究所、季刊『国際貿易と投資』Summer 2008(72)。

独立行政法人「石油天然ガス・金属鉱物資源機構」ホームページ（http://www.jogmec.go.jp）。

西島章次［2011］「中国との経済関係におけるブラジルのジレンマ」『ラテンアメリカ時報』1397、社団法人ラテンアメリカ協会。

P. J. バックレイ& M. カソン［1993］（清水隆雄訳）『多国籍企業の将来』文眞堂。

Dunning J. H.［1981］*International Production and the Multinational Enterprise*. Geoge Allen and Unwin Ltd.

Wells, Jr., Louis T.［1983］*Third World Multinationals: The Rise of Foreign Investment from Developing Countries*, Cambridge, MIT Press.

第Ⅲ部　インド、メキシコ・ブラジル、東南アジアの経済成長戦略の変貌と転換

第*12*章

2000年代のインドにおける新たな機会と新たな回帰

加藤眞理子

はじめに

　インドは、1990年代、2000年代において大幅な自由化を推し進め、さらに新たにIT技術という巨大な推進機関を得たことによって、膨大な人口をバックとした巨大な労働力と購買力を背景として、2000年代に入ると年率8％に近い1人当たりGDP成長率を記録した。さらに、2015年度の経済成長率は2016年のIMF速報値で7.5%と、中国の成長率を超えた。その成長プロセスにおいては、国内には膨大な購買力が生まれ、耐久消費財や新しい通信機器の購入主体となる、新たなインドの中間層が拡大した。さらに、購買力を得たことで、BOPビジネス（プラハラード［2010］）やソーシャルビジネスのような新たな財の需要が膨大な貧困層にも生まれた。つまり、2000年代に入ると、あらゆる所得階層において、所得の上方流動性が生まれ、インドが長らく待望していた、貧困層を巻き込んだ「包括的な成長：インクルーシブな成長」（Inclusive Growth）に向けた道筋が、はじめて現実的なものとなったといえる。

　このような、貧困層を含めたあらゆる階層を成長過程に「巻き込む」ことは、初代首相ジャワハルラル・ネルーの思想にもとづいた、インドの長らくの悲願であった。ネルーは、政教分離を志向したセキュラリズム（世俗主義）のもとで、社会的正義の実現を理想とし、民主主義国家としての確固たるあり方を提示し、独立を達成した。その後もインディラ・ガンディー、ラ

ジブ・ガンディーと、ネルー家から3代にわたり首相を輩出し、ネルー家が首魁をつとめるエリート主義的な国民会議派は、数度の政権交代はあったものの、長きにわたって、絶大な政治的なイニシアティブを有し続けてきた。

しかしながら、2010年を境に、インドの政治、経済環境は大きく変化したといってよい。のちに検討するが、2010年までは、FDIのたゆまない流入、国内市場の成長、IT・BPO（Business Process Out Sourcing）を中心としたサービス産業の輸出増加によってインド経済は華々しい躍進を続けた。この時期の社会・経済的に特徴的であった点は、多くの企業がインド市場を志向することになった、膨大な「新たな中間層」の形成と成長である。

1991年以前の「古い」インドにおいては、中間層といえば、きわめて高い学歴を有し、英語教育を受けた専門職に従事する人々が主であった。しかし、経済成長期に出現した「新たな中間層」は、新規成長産業の恩恵を得た人々である。こうした新たな中間層は、古い意味における中間層の文化を否定することで、新たな中間層としてのアイデンティティを確立しようとする存在であるが、同時に政治的には、ヒンドゥー教的な価値観を重視するBJP（インド人民党）のような政党との親和性が高い（Dyer［2000］［2011］）。すなわち、より多くの富をもち、家族が幸せな生活を送れることが生活の目標となり、そのためにヒンドゥーの神々に祈ろうとする意識を高くもつのがこの階層である（Kaur［2014］）。この新しい中間層に近い意識をもつ人々には、これまで中間層と思われなかった、人口のほぼ30％を占めるNRMBs（Not Rich, Not Middle Class, Not Below the Poverty Line）も含まれる（Kaur［2014］）。

こうした中間層の拡大を受けて、2014年、インドの政治経済体制に大きな変化が起きた。これまで政権を担ってきた国民会議派は、インド下院（ローク・サバー：Lok Sabha）の総選挙において「壊滅状態」というほどの大敗を喫し、かわりにナレンドラ・モディを擁するBJPがおもに北インド地域で圧倒的な大勝利をおさめた結果、インド史上初の国民会議派ではない単独政権を樹立した。国民会議派からBJP、しかも、モディという人物像が熱狂的に支持されるに至った経緯には、2000年代のインドにおける経済成

323

第Ⅲ部　インド、メキシコ・ブラジル、東南アジアの経済成長戦略の変貌と転換

表 12-1

| | 投票者の経済階層構成 | | 経済階層ごとによる政党支持率 | | | |
| | | | 国民会議派 | | BJP | |
	2009	2014	2009	2014	2009	2014
貧困	41	20	27	20	16	24
低所得層	33	33	29	19	19	31
中間層	20	36	29	20	22	32
高所得層	6	11	29	17	25	38
全体			29	19	19	31

出所：Sridharan［2014］より。なお、本参照資料は NES（National Election Studies）調査に
もとづいているが、NES が提示する所得階層は被調査者自身の自己申告によるため、
いずれの期間においても明確な所得ラインは設定されていない。

長がもたらした、経済的な「新たなチャンス」に起因する二面性が色濃く反映されている。モディがもともとヒンドゥー教的思想にもとづいた急進的組織である RSS のメンバーであること、2002 年、1000〜数千人のイスラム系の死者を出したグジャラート州における暴動事件への関与を疑われていること、現在も反イスラム主義的な政策を行い、パキスタンやバングラデシュなどとの関係の悪化を招いていることなど、さまざまな問題を抱えていた。しかしながら、前回の 2009 年の総選挙から 2014 年の総選挙にかけては、自らを貧困層だと認識する人々は激減し、かわりに中間層だと認識する人の割合が激増しており（表 12-1）、インドにおいて、中間層が大きく成長したことが裏づけられている。そのなかでも、比較的高いカーストに位置する中間層、あるいは、高所得層のヒンドゥー教徒の若年、青年層（35 歳以下）は BJP支持にまわった（Sridharan［2014］）。

　モディの強みとして、BJP 政権がことさら強調するのは、グジャラート・モデルといわれる経済成長を、モディがグジャラート州首相在任時に達成した点である。グジャラートにおいては、汚職が経済的効率性を損なうということで、徹底的に汚職を排除する姿勢が明確に打ち出され、この政治的姿勢は総選挙にも引き継がれた。一方で、ソニア・ガンディーの娘婿と土地デベロッパーの DLF 間における土地不正取得問題[1]が浮上するなど、国民会議派の汚職問題が深刻視された。さらに BJP の議員年齢に 75 歳未満とする年

齢制限をかけるなど、政治改革に尽力した。また、モディはいわゆる「その他の後進階級」（Other Backward Castes: OBCs）に属する階級の出身であり、これまでのインドの指導者と異なり、エリート的なキャリアを有していない。新たな中間層や、新たに中間層へ加わろうとする人々が切望する「新たな」志向性が、グジャラートにとどまらず、ほぼ北インド全体に広がったことを、モディの勝利は示している。さらに、新政権は、「Make in INDIA」をスローガンに、製造業の大々的な振興を図ることを決定し、中国をはじめとした各国の製造業関連企業の誘致を目指した FDI の大緩和に乗り出した[2]。

　このように、2000 年代においては、インドは多くの経済的な大変化を経験し、さらには政治的な大転換がもたらされた。本章はそうした 2000 年代において、インドが経験した経済・社会環境の変化について検討を行う。

1．インドにおける流動性

　急速な経済成長は、大規模な人的移動と所得移転を喚起する。2000 年代の経済成長によって、これまでアメリカをはじめとした国外へと向かっていた労働力がインドへ環流するという現象、すなわち頭脳流出（Brain Drain）ならぬ頭脳環流（Brain Gain）が生じた（Chacko [2007]）。さらに、1998 年、BJP が政権を取ると、ヒンドゥー的な連帯が重視されるようになり、NRI に対する働きかけが積極的に行われるようになり、ディアスポラとして海外に移住していた多くの NRI がインドに戻ろうとする志向を強めた（Dwyer [2011]）。

　自由化による FDI の増加が経済成長に寄与した部分が大きいことはもちろんであるが、FDI と同等、あるいはそれ以上の影響力をもつといわれる「成長の原資」は、国外在住インド人（Non Residential Indians: NRI）から受け取る海外送金である。インドが海外から受け取る送金は、2013 年度の対 GDP では 3.7% と推定されている。対 GDP において私的な送金が占める割合は、中国（0.7%）の 5 倍以上、ブラジルの 30 倍以上となっており、イ

第Ⅲ部　インド、メキシコ・ブラジル、東南アジアの経済成長戦略の変貌と転換

表 12-2　インドへの私的所得移転元となっている地域の分布

	湾岸諸国	北アメリカ	南アメリカ	ヨーロッパ	アフリカ	東アジア	その他	合計額 （100万ドル）
2006-07	0.29	0.33	0.04	0.17	0.02	0.06	0.09	30,835
2007-08	0.29	0.33	0.04	0.17	0.02	0.06	0.09	43,508
2007-08	0.31	0.29	0.04	0.20	0.03	0.04	0.09	46,903
2008（4-9月）	0.31	0.30	0.04	0.19	0.03	0.04	0.09	26,371
2009（4-9月）	0.31	0.30	0.04	0.19	0.03	0.04	0.09	27,515

出所：Reserve Bank of India より作成。

表 12-3　送金の用途

年度	家族の生活資金	銀行預金	土地、資産投資	株式投資	その他
2008-09	61	20	4	3	12
2005-06	54	20	10	3	13

単位：パーセント。
出所：Reserve Bank of India［2010］［2006］より作成。

ンドにおいて海外からもたらされる送金は他国と比較しても大きな規模にある。

　1970 年代には湾岸諸国における非熟練労働者（おもにケーララ州出身の労働者）による送金が多かったが（Rajan［2007］; Ramachandran［1997］）、インドの一連の自由化政策によるアメリカとの経済的結びつきの強化によって、北アメリカと湾岸諸国からの送金の割合は同程度になっている（表 12-2）。一方で、こうした送金の大部分はインドにいる家族の生活用途に充てられている（表 12-3）。

　したがって、このような海外からの送金は、資本投資というよりは、家計の消費を支えるための原資という色彩が強い。一方で、国内で州をまたぐ移住は 1990 年代と比較して 2000 年代には 2 倍程度に増加したにもかかわらず、海外移住率は低下し（加藤［2010］）、ハリヤナ、マハラシュトラ、グジャラートへの人口流入が大きくなり、ケーララにおいては、海外のみならず、インド国内への人口流出が増加している（Navaneetham and Dharmalingam［2011］）。人的ネットワークを通じて、海外からの資金が国内に還流するようになったため、2000 年代のインドの莫大な内需が担保されたといえる。21 世紀のイ

326

第12章　2000年代のインドにおける新たな機会と新たな回帰

表12-4　移住の類型

	全移住者		男性移住者	
	1999-2000	2007-2008	1999-2000	2007-2008
農村-農村	61.7	61.7	30.2	24.4
都市-農村	6.5	5.7	10.6	8.6
農村-都市	18.9	19.5	36.5	41.6
都市-都市	12.9	13.1	22.7	25.5
農村人口に占める移住者の割合	24.3	26.1	9	6.5
都市人口に占める移住者の割合	33.3	35.4	32	31.4

出所：Kundu and Saraswati［2012］。

ンドの巨大な中間層の形成においては、NRIの存在は欠くべからざる存在であり、海外から還流した資金は、おもに都市部へと流入することによって、経済成長の推進力となったことは間違いない。

　国内の人口、所得移転を検討するためには、急成長を果たす都市部門と、巨大な人口を農村部に擁するインドのような国においては、ルイスやラニス＝フェイによる農村と都市の2部門モデルが有用である。一般的に経済成長期には、賃金水準の低い農村から、賃金の高い都市へと向かう移住が増加すると想定される。農村と都市の格差が大きく、インドと並ぶ人口を有する中国では、こうした2部門モデルの検討がさかんに行われている。すなわち、都市の成長、農村における生産性の増加、農村の余剰労働力の枯渇という現象が連関することによって到達すると考えられる「転換点」の有無についての議論である（大塚［2006］,田島［2008］,南［2009］）。しかし、インドの農村における労働力はいまだに全労働力の50％を超過している（表12-4）ことから、明らかに中国のような段階には到達していない（Binswanger［2013］）。

　インドでは1999～2000年、2007～08年を比較しても、男性の移住者に農村－都市移住が増加した点は認められるが（Kundu and Saraswati［2012］表12-4）、農村-農村移住が圧倒的である点については、ほとんど変化がない。これは、農村部において、結婚を理由として移住をする女性が多いためである。ライフタイムにおける移住の有無についてのデータを提供している1991年センサスによれば、雇用動機にもとづく男性の移住者は全体の10％程度であるのに対して、結婚を理由とする女性の移住が約半数を占めている

第Ⅲ部　インド、メキシコ・ブラジル、東南アジアの経済成長戦略の変貌と転換

表12-5　移住者の有無による1人当たり消費水準

男性移住者から送金を受け取っている家計/受け取っていない家計の推定平均消費水準[3]

	1993年度 （MPCE 400ルピー以下の農村部家計を対象）					2007-08年度 （MPCE 1500ルピー以下の農村部家計を対象）				
	国内・州外		国外		移住者なし	国内・州外		国外		移住者なし
	送金あり	送金なし	送金あり	送金なし		送金あり	送金なし	送金あり	送金なし	
被差別階級 (SC)	185.4 (4.13)	197.4 (9.95)	242.3 (15.50)	202.1 (25.85)	187.2 (4.45)	715.6 (25.43)	735.2 (31.36)	789.6 (61.53)	653.8 (52.48)	650.8 (4.86)
その他後進階級 (OBCs)	— —	— —	— —	— —	— —	770.9 (19.62)	756.9 (21.31)	819.6 (31.10)	906.1 (37.58)	731.5 (3.77)
その他の家計	202.3 (2.94)	225.8 (5.35)	238.8 (5.53)	257.8 (10.25)	216.4 (3.19)	858 (22.09)	923.1 (23.26)	891.9 (47.82)	1006.4 (64.91)	868.3 (4.71)

（　）内は標準誤差。2007-08年度の送金あり家計と送金なし家計の差異はすべて有意。
出所：加藤（2011）より。なおそれぞれの期間における消費水準はデフレートされていない値である。

（加藤［2009］）。

　2部門モデルを背景とした議論がインドに適合することは上で述べたが、その枠組みにおいて、高賃金が人口移動の誘引となるプル要因よりも、家計の貧困、あるいは、低い経済水準によって、農村から人々が押し出される、プッシュ要因が主な人口移動要因であると考えられてきた（Connel *et al.* ［1976］; Lipton［1980］）。1993年度と2007〜08年度において、国内において州外へ移住していった男性のいる家計と、誰も移住せずとどまった家計の1人当たり月間消費水準を比較すると、1993年度には、男性移住者のいる家計と男性移住者のいない家計の間には、ほとんど差異が存在しなかったのにもかかわらず、2007〜08年には、移住者のいる家計の消費水準は、あらゆる社会階層を通じて、移住者のいない家計よりも著しく改善している（加藤［2012］表12-5）。とりわけ、OBCや被差別階級（Scheduled Castes: SCs）では家計の1人当たり消費水準に大きな変化がみられる。つまり、2000年代における経済成長は、社会的・経済的後進階層に対しても、新たなモビリティと生活水準を改善するための新たな機会を与えたといってよい。

　一方で、2007〜08年度において、都市への移入家計と、都市にもともと住んでいた家計の1人当たり消費水準を比較すると、移入者の経済水準は非移住家計の約1.3倍近く高い一方で、農村の消費水準は都市部の半分の水準

にすぎない。とくに教育水準の差はそのまま都市部の消費水準の差として現れており、高学歴層に経済的便益が集中していることが指摘されている（Vakulabharanam and Guha［2013］）。

　つまり、この時期における経済成長によって、機会は広く開かれたものの、便益は特定の階層、つまり、ヒンドゥー教徒の高カーストに集中したために、結果的に経済的な価値上昇によって担保された階層的な利益はかえって強化された。つまり、新たな中間層の台頭、およびそうした階層の経済力の拡大によって、保守的な文化的価値がより大きな経済的根拠を得るようになったといえよう。

2.「雇用なき成長」と女性の経済的価値

　本節においては、労働市場から、インドの成長を検討する。まず、労働参加率の変化を以下の表12-7に示す。農村部においても、都市部においても、15〜19歳および20〜24歳の年齢帯における労働参加率が年を追うごとに低下しており、とくに都市部における男性の労働参加率の低下が顕著である。1993〜94年と比較して、2011〜12年度には、都市部男性の15〜19歳の労働参加率は著しく低下した。すなわち、都市部若年男性の労働参加率は、直近の約20年の間に、約40％減少したのである。農村部よりも都市部において男性の労働参加率の減少が顕著であるという点は、こうした年齢層の若者が高等教育を志向していることを表している。1999年から2010年までの間に、若年男性が教育機関に就学する人数は、わずか10年あまりで倍増した（Chandrasekhar and Ghosh［2011］）（表12-6）。こうした高等教育普及の増加には、二つの要因があると考えられる。第一は、よりよい環境下において、将来のキャリア形成を可能にするためという積極的要因であり、専門教育を志向する。第二は、希望通りの職種に就けなかった若者にとっての、モラトリアム期間という消極的要因である。

　1999〜2000年度から2004〜05年度という、インドのGDP成長率は平均で年率にして5.9％（1993 constant priceベース）と、経済パフォーマンスがき

第Ⅲ部　インド、メキシコ・ブラジル、東南アジアの経済成長戦略の変貌と転換

表 12-6　雇用状態の変化：15 歳以上人口（単位：100 万人）

| | 都市部
男性 | | 都市部
女性 | | 農村部
男性 | | 農村部
女性 | |
	1999-00	2009-10	1999-00	2009-10	1999-00	2009-10	1999-00	2009-10
臨時雇用	39.7	39.5	3.4	4.0	69.8	86.8	36.3	35.6
常時雇用	9.0	13.2	5.8	8.8	17.3	19.8	3.1	4.4
自営業	44.8	47.2	5.7	6.9	104.0	120.2	39.0	40.3
失業	2.3	3.4	1.2	1.5	4.1	4.2	1.1	1.9
学生	18.6	36.1	9.1	15.3	19.4	34.6	9.4	20.8

出所：Chandrasekhar and Ghosh［2011］より。

表 12-7　労働参加率の変化（単位：1000 人あたり）

| | 農村部 | | | | 都市部 | | | |
	1993-94	1999-00	2004-05	2011-12	1993-94	1999-00	2004-05	2011-12
男性								
15-19	598	532	529	333	404	366	381	256
20-24	902	889	891	788	772	755	769	664
25-29	980	975	975	963	958	951	957	951
全世代	561	540	555	553	542	542	570	563
女性								
15-19	371	314	331	164	142	121	144	89
20-24	469	425	435	297	230	191	250	197
25-29	530	498	530	369	248	214	261	253
全世代	330	302	333	253	164	147	178	155

出所：NSSO より作成。

表 12-8　2000 年代における GDP における産業シェア（2004-05 年価格）

	04-05	05-06	06-07	07-08	08-09	09-10	10-11	11-12	12-13
農業関連	0.190	0.183	0.174	0.168	0.158	0.146	0.146	0.144	0.139
工業	0.160	0.280	0.287	0.287	0.281	0.283	0.279	0.282	0.273
製造業	0.153	0.153	0.160	0.161	0.158	0.162	0.162	0.163	0.158
サービス業	0.530	0.537	0.540	0.544	0.561	0.571	0.575	0.574	0.588

出所：CSO（Central Statistical Office）より作成。

わめて好調な時期においてすら、都市部男性の労働参加率は微増にとどまっている。経済成長の鈍化傾向が指摘されはじめた 2011～12 年にかけては、急激な男性の労働参加率の下落が生じており、1999～2000 年度と比較して 2009～10 年度には失業率が増大している。したがって、若年層男性の労働参加率の 2010 年以降における急激な低下は、積極的な要因ではなく、消極

第 12 章　2000 年代のインドにおける新たな機会と新たな回帰

表 12-9　1999-2000 年度より 2009-10 年度にかけての労働力人口および雇用のシェア

| | 雇用の増加 (実数：100 万) | | 雇用弾力性 | | 労働力人口 | | 雇用シェアおよび GDP に対するシェア 1999-00-2004-05　2004-05-2009-10 | | | |
	99-00 - 04-05	04-05 - 09-10	99-00 - 04-05	04-05 - 09-10	99-00 - 04-05	04-05 - 09-10	雇用 (労働力)	GDP 比	雇用 (労働力)	GDP 比
農業	21.25	−15.71	0.84	−0.42	1.44	−1.04	59.9	23.8	52.9	19
製造業	11.72	−7.23	0.76	−0.31	4.01	−2.29	11.1	15.5	10.5	15.3
非製造業	9.11	26.14	0.92	1.63	6.23	11.02	5.3	11.8	12.2	12.7
サービス業	18.77	−0.48	0.45	−0.01	3.12	−0.07	23.7	48.9	24.4	53
合計	60.7	2.72	0.44	0.01	2.4	0.1	100	100	100	100

出所：Planning commission, NSSO 61st and 66th Round Survey (2009-10)；Working Group on Twelfth Plan-Employment, Planning & Policy.

的な要因、すなわち、志向した職に就けなかったために高等教育機関に進学するという消極的要因のほうが大きいのではないかと考えられる。

　産業ごとの労働力・雇用をみると、インドの好調な経済の牽引力であり、いわゆる「輸出の花形」としてのサービス業がインドの GDP に占める割合は 2004〜05 年度から 2012〜13 年度にかけて、5 ％以上増加したものの、サービス分野が雇用に占めるシェアは、1 ％も増えていない（表 12-8、表 12-9）。つまり、インドにおけるサービス分野の成長は十分な雇用を創出していないと結論づけられる[4]。さらに、2012〜13 年度にはそのサービス分野の成長にもかげりがみられ、年の成長率はこれまでの 2 桁成長から 6.8％に落ち込んだ（Economic Survey, GOI, 2012）。さらに、製造業においてすら、雇用は増加していない。製造業、サービス業ともに、実数ベースにおいても、弾力性ベースにおいても 1999〜2000 年度から 2004〜05 年度には増加をみせたのに対し、2004〜05 年度から 2009〜10 年においては、ともに下落した。1999〜2000 年度からの最初の 5 年間においては、製造業、サービス業あわせて約 3000 万人の雇用を生み出したのに対し、そのあとの 5 年間においては、製造業からは 700 万を超える雇用が失われたと考えられる（表 12-9）。

　農業部門に存在する労働力はいまだに 50％を超えているにもかかわらず、農業が GDP に占める割合は 20％を下回っている。その一方で、4 分の 1 の労働力しか吸収しておらず、十分な雇用を生み出していないサービス部門は、

331

第Ⅲ部　インド、メキシコ・ブラジル、東南アジアの経済成長戦略の変貌と転換

GDP の半分以上を稼ぎ出すという不均衡が顕著である。農業から生み出される GDP シェアは「最初の 5 年」から「次の 5 年」にかけて 7 ％急落し、かわりにサービス部門のシェアが 5 ％増になったにもかかわらず、経済的なシェアを増やしたサービス部門における雇用は 1 ％も伸びていない。製造業における雇用シェアも減少している。雇用の増加を伴わないサービス部門に偏重した成長は、硬直的かつ成長を伴わない労働市場を通じて、農村と都市の格差のみならず、都市内における格差すら拡大させていると考えるべきである。

　なお、この時期において成長している非製造業部門における雇用とは、おもに建設需要によって生み出された雇用である。成長部門であるサービス業において雇用吸収力がほとんど成長しておらず、非熟練労働者が大量に存在しているという条件のもとで、建設需要が雇用の下支えとなっていることを意味している。

　さらに、インドは連邦制を採用しているうえに、地理・歴史的に政治・経済的な制約条件が地域ごとに大きく異なっているために、地域ごとの経済構造が大きく異なり、地域格差を招きやすい構造となっている。

（1）　グジャラートとビハール

　2000 年代のインドの新たな経済成長地域として、しばしば象徴的に言及されるのはグジャラート州とビハール州である。どちらも、強力な政治的リーダーシップを有し、次期のインド首相と目された政治家のもとでインド平均を上回る急成長を果たしたという点において、共通点を有する。

　ビハールは長らく貧困地域としてみなされており、いまだに人口の半数が貧困層とみなされているが、2005 年に州首相に就任したニティシュ・クマールのリーダーシップのもとで急速な経済成長を果たした（表 12-10）。グジャラートが急速な成長を果たした時期は、まさにナレンドラ・モディが州首相の任にあった時期であり、モディ在任期における経済成長は、「グジャラート・モデル」と呼ばれた。

　ビハールではこの時期にガバナンスが向上し、インフラ建設などによって

332

第 12 章　2000 年代のインドにおける新たな機会と新たな回帰

建設業が成長し、周辺のサービス産業が成長したことによって経済成長が牽引された（Das Gupta [2010]）。これは、2004〜05 年度と 2009〜10 年度を比較すると、非製造業の雇用が 200% 以上の成長を記録している点に現れている。さらに、女児に自転車を無料で与えることで、女児が学校に通えるようにするというキャンペーンは大きな成功をおさめ、女子の就学率は大幅に上昇し、そのトレンドは継続している（表 12-10）。しかし、製造業における雇用増加は認められておらず、貧困率の大幅な減少もみられていない。

　一方、グジャラートでは、2004〜05 年度から 2009〜10 年度にかけての製造業 GDP の成長率が 13% を超えたのを筆頭に、農業、サービス業においてインド平均の成長率を大きく上回っている。全産業においてインド平均を上回る高成長を達成したことに加え、特筆すべきは、ほとんどの州においては、サービス業の成長率が製造業の成長率を上回っているのに対して、グジャラートにおいては、逆の関係がみられる点である。結果として、サービス業のみならず、製造業においても雇用の増加が観察され、貧困率は大幅に減少した（表 12-10、表 12-11）。この製造業の成長こそ、グジャラート・モデルの優れた特徴とされており、モディや BJP はそのグジャラートの成功を根拠として、北インド地域から大きな支持を集めるに至った。

　また、二つの対照的な州における高成長は、人口移動の二つの力、プッシュ要因とプル要因を象徴的に表している。MOSPI（Ministry of Statistics and Programme and Implementation）によれば、2007〜08 年度の調査において、もっとも多くの移民を抱えている州はマハラシュトラで、約 560 万人である。次いでデリーの 440 万人、その次にグジャラートの 208 万人となっている。一方で、もっとも多くの移民の送り手となった州はウッタル・プラデシュ州の約 850 万人であり、次いでビハールの 481 万人となっている。つまり、グジャラートの成長率と経済水準の高さが移民を呼び込むプル要因となっており、ビハールの低い経済水準は貧困ゆえに外に経済機会を求める移出要因、すなわち、プッシュ要因として機能しつつも、全体的にビハールの所得が上がったことで、貧困層に新たにモビリティが付与されたことを受け、さらなる州外への移民を促進した（加藤 [2011]）。

333

第Ⅲ部　インド、メキシコ・ブラジル、東南アジアの経済成長戦略の変貌と転換

表 12-10　主要州の経済成長率と社会指標

	2005-10平均成長率	2010-13平均成長率	2011-12州GDP（単位1000万ルピー）	2004-05貧困率	2009-10貧困率	純就学率：初等教育（2009-10）	初等教育女児就学率（2009-2010）	2008-09～2010-11女児就学率の変化（％）
アンドラ・プラデシュ	8.84	8.08	411,184	29.6	21.1	80.22	49.2	−0.28
ビハール	7.94	13.19	142,646	54.4	53.5	—	47.8	0.54
グジャラート	10.47	8.54	395,738	31.6	23	85.8	46.64	−0.245
ハリヤナ	9.75	7.24	176,526	24.1	20.1	73.51	47.1	−0.86
カルナータカ	8.30	6.25	281,707	33.3	23.6	99.23	48.36	−0.07
ケーララ	8.30	7.71	204,957	19.6	12	65.48	49.6	−0.04
マディヤ・プラデシュ	8.25	8.63	195,409	48.6	36.7	88.01	49.32	−0.03
マハラシュトラ	10.00	8.16	787,426	38.2	24.5		47.09	0.015
パンジャーブ	7.45	5.84	156,955	20.9	15.9	89.6	45.29	−0.55
ラジャスタン	7.86	8.03	224,103	34.4	24.8	99.15	46.57	0.21
タミル・ナードゥ	10.32	8.23	433,353	29.4	17.1	95.69	48.55	0.04
U.P.	7.09	6.61	421,871	40.9	37.7	86.52	49.47	−0.005
ウェスト・ベンガル	6.95	6.39	327,769	34.2	26.7	—	49.43	0.08
全インド	8.74	6.69	5,247,530	37.2	29.8	98.28	48.46	0.015

出所：CSO (Central Statistical Office), Planning Commission, District Information System for Education より作成。

　ビハール、グジャラートともにほかの諸州と比較すると、成長率が高いことは事実であるが、モデルとするほどの成長類型なのかといえば、大きな疑問が残る。ビハールにおいては、特段の産業振興がなされていたわけではない（Das Gupta [2010]）。

　さらに、新政府が掲げるグジャラート・モデルの有効性についても、疑問視する見方が提起されている。まず、製造業の成長率が大きかったのはグジャラートだけではないうえ、グジャラートの製造業部門の雇用シェアが特段大きくはない点である。さらに、人間開発を犠牲にして工業成長に政策を振り向けたのでは、という懸念がぬぐえない。たとえば、初等教育（1年生から5年生まで）の純就学率をみると、2009～10年度におけるグジャラートの純就学率は全インド平均よりも低く、女児の初等教育就学率も他州と比較すると顕著に低い（表12-10）。なお、この女児就学率の低さはインド35州のうち、下から5番目である。教育水準のほかにも、グジャラートでは貧困層

第12章　2000年代のインドにおける新たな機会と新たな回帰

表 12-11　主要州における産業別の雇用シェア

	産業別GDP成長率（%）2004-05 から 2009-10				産業別の雇用シェア 2009-10				2004-05～2009-10 の雇用の変化				
	農業	工業	製造業	サービス業	農業	製造業	非製造業	サービス業	農業	製造業	非製造業	サービス業	全産業
アンドラ・プラデシュ	5.29	9.74	9.30	10.08	51.2	11	13.5	24.3	−0.5	−4.4	100.0	−11.0	2.8
ビハール	1.76	15.04	8.15	9.24	63.8	5.1	10.7	20.4	−19.3	0.0	222.2	27.9	−3.2
グジャラート	4.64	12.53	13.34	10.66	52.2	13.7	13.9	29.4	−17.8	6.3	38.5	29.4	−2.4
ハリヤナ	3.61	7.84	7.69	13.80	44.8	15.4	11.9	27.9	−14.0	36.4	57.1	17.4	4.4
カルナータカ	5.16	7.99	8.14	9.62	57.3	9.9	7.7	25.1	−13.1	3.9	75.0	11.7	−2.2
ケーララ	−0.42	6.54	5.88	11.02	32.1	12.4	16.3	39.2	−17.7	−5.9	40.0	15.9	1.6
マディヤ・プラデシュ	5.13	10.64	12.98	8.64	64.4	6.3	14	15.3	2.2	−28.0	166.7	−30.2	1.1
マハラシュトラ	4.51	10.46	11.02	10.76	52.9	10.8	6.5	29.8	18.2	−25.4	6.7	−11.5	2.1
パンジャーブ	1.87	12.44	13.97	8.21	45	12.7	13.2	29.1	30.6	−23.5	0.0	−26.8	−2.8
ラジャスタン	2.19	9.33	12.32	9.78	47.7	5.9	27.3	19.1	−25.3	−27.3	196.0	18.2	2.6
タミル・ナードゥ	5.23	10.05	12.46	11.48	41.8	17.2	14	27	−13.1	−14.8	90.9	−4.7	−4.2
ウッタル・プラデシュ	2.34	8.27	8.42	9.22	60.4	9.6	10.9	19.1	−8.1	−11.1	140.0	7.7	1.1
ウェスト・ベンガル	3.03	5.36	7.06	9.13	43.4	18.4	7.9	30.3	−4.5	18.9	68.8	11.8	7.9
全インド	3.20	9.03	10.06	10.34	52.3	10.66	12.58	24.46	−10.1	−8.7	103.6	2.5	0.4

出所：Planning Commission, NSSO 61st and 66th Round Survey (2009-10); Working Group on Twelfth Plan-Employment, Planning & Polic, CSO より作成。

の栄養水準の低下、健康・衛生状態の低下が以前より指摘されていた（Chandhoke［2012］）。こうした背景から、グジャラートの体験を今後のインドの経済成長に活かすことができるのか、その適合性は大きな議論の的となっている。

（2）　女性の労働機会

　インドでは、かつては女性が工場など外に出て働くことがあまり一般的ではなかったが、南部の製造業の経済特区（Special Economic Zone：SEZ）に進出したグローバル製造企業の事例においては、生産ラインに積極的に女性や被差別層を採用し、直接雇用のうち70％を女性が占め、90％を貧困層から雇用していた（2010年、河村インド調査[5]）。階層制に象徴される特殊な社会構造を堅持してきたインドにおいては、これまで、女性や貧困層は大きな社会的後進性や社会的排除に直面してきていたが、低廉な労働力を希求し続け、いわば「安い労働力であれば、働く人が誰であろうとかまわない」という、グローバル企業の論理が優越する経済成長過程において、強固な社会・経済的階層に対し、さまざまな流動性を新たに賦与し、エンパワーメント手段となりうる可能性が提示されたといえよう。経済成長によって、女性の雇用によ

335

第Ⅲ部　インド、メキシコ・ブラジル、東南アジアの経済成長戦略の変貌と転換

表 12-12　雇用成長率の変化：15 歳以上人口（単位：%）

全体		男性		女性		都市部		農村部	
1999-2000 から 2004-05	2004-05 から 2009-10	1999-2000 から 2004-05	2004-05 から 2009-10	1999-2000 から 2004-05	2004-05 から 2009-10	1999-2000 から 2004-05	2004-05 から 2009-10	1999-2000 から 2004-05	2004-05 から 2009-10
2.66	0.83	2.49	1.70	3.14	−1.72	4.00	0.42	4.00	1.92

出所：NSSO より。

表 12-13　家庭内の労働に従事する女性の比率

	農村部	都市部
1993-94	29.1	41.7
1999-2000	29.2	43.3
2004-05	27.2	42.8
2009-10	34.7	46.5

出所：NSS2009-10 を用いた Thomas による推計値 [2012]。

表 12-14　家庭内の労働に従事する女性数の変化　2004-05 年から 2009-10 年（単位：100 万）

	文盲	初等、中等教育	高等学校、高等教育、高専	大学院卒以上	総計
2009-10	84.8	81.4	37.1	12.7	216.1
2004-05 から 2009-10 までの増加数	13	16.8	14.4	4.6	49.4

出所：NSS2009-10 を用いた Thomas による推計値 [2012]。

る社会進出が進むことで、女性のエンパワーメントが強化され、女性がもつ経済的価値が上昇することによって、社会的地位が上昇するのではないかと思われた。

　しかし、農村部、都市部ともに、2004〜05 年度に女性の労働参加率は上昇したものの、2010〜11 年度には女性の労働参加率は激減し、1993 年の水準よりも悪化した（表 12-12）。つまり、経済成長によって、女性の労働機会が「失われた」といえる。

　全国標本調査データから推計された女性の家庭内労働参加率および女性の家庭内労働参加数（Thomas [2012] による推計）によれば、家庭内の労働に従事する女性の比率が都市部、農村部ともに 2004〜05 年から 2009〜10 年にか

けて増加している。つまり、女性が外に出て働く機会が失われ、家庭に入ってしまったのがこの 2000 年代の経済成長期なのである[6]。

そのような若年女性の労働参加率の低下は、若年男性と同様に、高等教育の普及による効果がある点は否めない。実際、1999〜2000 年度と 2009〜10 年度と比較すると、15 歳以上の女性が教育を受けている率は、都市部においても農村部においても増加している（GOI）。

しかし、インドにおいて、この時期に女性の高等教育が急増した要因については、女性の労働条件よりもむしろ、インド固有の文化的背景がより強く作用していると考えられる。教育水準が高く、社会的・経済的に条件の高い男性は、教育水準の高い女性を配偶者として望むため、女性の高等教育は、結婚市場において女性の価値を高め、また、結婚の条件を有利にする効果がある（Lukose [2009], De Neeve [2011]）。とりわけ、中間層にとっては女性の学歴は女性自身のキャリアのためではなく、結婚市場においての価値、さらに、家庭に入ってから、妻としての地位を高めるための手段であるとみなされている（Lukose [2009]）。さらに中間層においては、ある種の家庭に対する保守的な志向があるために、学歴が賃金や労働機会と結びつくことは問題ではなく、むしろステイタスである。興味深いことに、南インドでは、経済成長の象徴である IT 分野において女性が賃労働を行っている場合、自分より低いカーストと結婚する傾向があるために、中間層の女性は IT 分野の高等教育機関への進学を好まない（De Neve [2011]）。こうした中間層の保守的な志向は、社会的後進階層や貧困層がすすんで工場労働者となっており、IT 企業に雇用されているという調査結果（2010 河村調査）とは、まったく対照的である。したがって、経済成長による便益は、労働市場を通じた所得機会の拡大というよりはむしろ、社会階層的価値の増大に大きく転化されたため、中間層の保守主義的な価値観に寄与していると考えられる。

また、この時期に形成され、社会的に大きな影響力をもち出した「新たな中間層」と「中間層」は、社会的な上昇志向が高く、結婚によって保持、あるいは獲得される階層的利益についてより保守的な指向を有し、親などによって決められた、社会的に望ましいと想定される相手と結婚するケース

337

第Ⅲ部　インド、メキシコ・ブラジル、東南アジアの経済成長戦略の変貌と転換

表 12-15　人口における性比の変化（男性＝1000 とする）

	全人口		0-6 歳	
	2001	2011	2001	2011
インド（全体）	933	940	927	914
アンドラ・プラデシュ	978	992	961	943
ビハール	919	916	942	933
グジャラート	920	918	883	886
ハリヤナ	861	877	819	830
カルナータカ	965	968	946	943
ケーララ	1,058	1,084	960	959
マディヤ・プラデシュ	919	930	932	912
マハラシュトラ	922	925	913	883
オリッサ	972	978	953	934
パンジャーブ	876	893	798	846
ラジャスタン	921	926	909	883
タミル・ナードゥ	987	995	942	946
ウッタル・プラデシュ	898	908	916	899
ウエスト・ベンガル	934	947	960	950

出所：センサスより作成。

（arranged marriage）がほとんどである（Lukose [2009], De Neve [2011], van Wessel [2011]）。社会階層的に望ましい結婚相手は数が限られる。一方で、若年世代においては経済自由化の影響が大きく、恋愛結婚に対する憧れが強まっており、親の意向のみによって定められた相手と結婚したいとは考えない。したがって、親世代と子世代が協調することが必要となり、結果的に、中間層ではより保守的な結婚が行われる傾向が強い（van Wessel [2011]）。2012 年の arranged marriage についての意識調査によれば、全インドでは 79%が家庭によって定められた結婚を望ましいと考え、UP、ハリヤナ、ラジャスタンなどの北部諸州では 88%というきわめて高い選好を示している（NDTV [2012]）。

結婚により維持・獲得される社会的な地位は、経済的な裏づけを得るが、そのような社会的地位から得られる経済的便益は経済成長期にことさら増大するという構造をもつ。アマルティア・センが長らく憂慮していた「失われた女性」（Missing Women）問題、男性人口、あるいは男性の出生数が女性人口よりも不自然に多いために現れるインドの極度な男女人口比のゆがみ

338

（Sen [1990]）もまた、階層的な経済的価値が結婚によって保持され、経済成長による価値増加を得ることによって引き起こされる。

ヒンドゥー教的価値観にもとづく社会においては、社会階層が一致しなければ結婚できない、あるいは、女性は自分より高い社会階層とは結婚可能であるため、結婚によって社会的地位を高めようとするインセンティブが強まる。したがって、結婚市場は女性にとってより競争的になる。労働的価値をもたない女性の相対的な経済的価値の減価が起きるため、それを埋め合わせ、さらに自らの価値を高めるため、さらには女性が本来有するべき潜在的な相続財産額が上昇するために[7]、多くのケースにおいて結婚に際しては持参金（Dowry）が女性側に課せられ、経済成長に伴って高騰する（Rajaraman [1984], Caldwell *et al.* [1983], Bhat and Halli [1999]）。このような負担を回避するために女性を減らそうとするインセンティブが働き（Drèze and Sen [2002]）ヒンドゥー教徒間には男児をもつことへの強力な選好が形成され、女児をもった場合には胎児堕胎（Arnold *et al.* [2002], Bhat and Zavie [2007]）やネグレクト（Sen and Sengupta [1983]）がしばしば起き、男児を得た時点で子供をもつことをやめる意思決定がなされる（Bhat [2002a][2002b]）ため、インドでは男女の人口比はきわめていびつなものとなり、そうした傾向は外部的な経済価値の上昇によって強まる。

2001 年においては、男性人口を 1000 に対して女性人口は 933、小児人口比で 927 であったが、2011 年の 6 歳以下の小児人口比は 914 にまで悪化した。とくに急成長を果たした地域（ラジャスタン、マハラシュトラ、ビハールなど）で小児人口比の悪化が顕著である。つまり、所与の社会階層的システムのもとで、この時期における経済的な価値の増大が男女格差を増幅させたと考えられる（表12-15）。

このような女性および女児に対する不当な扱いは、適切な教育や労働機会が与えられれば是正される（Drèze and Sen [1999]）はずであるが、2000 年代のインドにおいては、男性の雇用は一定程度改善したのに対して、女性の労働力と雇用は大幅に失われてしまった。

インドでは、新たな経済的機会が創出され、階層的な上方流動性が広く大

第Ⅲ部　インド、メキシコ・ブラジル、東南アジアの経済成長戦略の変貌と転換

表 12-16　インドにおける貧困率：社会階層別

	1993-94	2004-05	2009-10 農村部	2009-10 都市部
被差別階層（SCs）	48.11	36.8	42.3	34.1
その他の被差別階層（Other Backward Castes）	—	47.2	31.9	24.3
特定部族（Scheduled Tribe）	51.94	26.7	47.4	30.4
その他（被差別階層に該当しない）	—	16.1	—	—
全平均	37.27	42	33.8	20.9

出所：Planning Commission より。

衆、すなわち、新たな中間層を志向する人々に組み込まれていくというプロセスが現れた。しかし、逆に階層が硬直化し、女性の経済価値が内部化されやすくなる構造が強化され、より女性が「失われ」やすい構造が新たに広まったと考えられる。

3．貧困層への効果

　インドを長らく悩ませてきた問題といえば貧困問題である。世界銀行の推計によれば、1990 年代に人口の約半分を占めていた、1 日 1.25 ドル未満（2005 年の購買力にもとづく米ドルベースの旧貧困基準）という低い水準で生活する貧困線以下人口は、90 年代、2000 年代と著しい低下を続け、2004年から 2009 年の間にかけて、全インドおよび農村部において、10 ポイント近く低下した（表 12-16）。

　高度に市場化された都市において雇用と消費が低迷する一方で、農村の貧困層の購買力が上昇しているという指摘もある。クレディ・スイス銀行のレポート（2013 年）によれば、農村部における消費の伸び率は、2008～10 年度と比較して、2010～12 年度においては、すべての所得階層（所得階層に応じて第 1 位から第 10 位まで分類する）において、15％以上の高い消費の伸びを示している。その一方で、好調なインド経済を支えてきた都市部においては、貧困層、あるいは、貧困層ではないが貧困層に近い層、すなわち所得第 1 分位から第 3 分位の消費増加率が 20％に近いのをピークとして、所得階層が上層するとともに、消費の増加率は右肩下がりに減少している（表

340

第 12 章　2000 年代のインドにおける新たな機会と新たな回帰

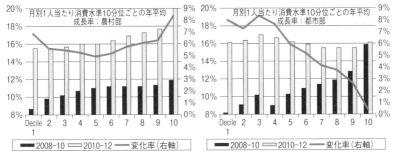

図 12-17　月別 1 人当たり消費水準・10 分位ごとの年平均成長率
出所：クレディ・スイス［2013］より。

12-17)。なお、この時期の農村部における消費水準は、ほぼすべての階層において都市部の消費水準のちょうど半分程度となっている（GOI）。つまり、もっとも経済成長の恩恵を受けていたはずの都市部富裕層は、2010 年以降の経済成長率の停滞によってもっともその不利益をこうむった。逆に、低所得層では、そのような経済停滞にかかわらず、旺盛な消費・経済力の増加を示し続けている。たしかに、現在においてはスラムのなかですらテレビや冷蔵庫が設置してあるのが通常であり、農村に家をもつ貧困なタクシー・ドライバーは、これまでまったく AV 機器をもっていなかったにもかかわらず、ソニーの薄型テレビを購入したという（2010 年河村調査）。中間層の男性の多くが大きなリターンを求めてキャリア志向の学歴を身につけたのに対して、貧困層の多くは、より低廉に貨幣化された労働市場へのアクセスを得ることにより、比較的大きな消費能力を獲得したと考えられる。

　経済の停滞にかかわらず、これまでの成長物語のメイン・アクターではなかった農村の貧困層を中心として消費が大きな伸びをみせているということは、貧困層が増加したというよりは、貧困から抜け出すことが現実的となった層が増加していることを示している。また、いったん貧困線を脱してしまえば、農村の低所得者層は、NRMBs（Not Rich, Not Middle Class, Not Below the Poverty Line）として、新たな中間層を構成する階層へと変化していくであろう。これまで単純に貧困層と考えられていた農村の人々が、着実な消費を重ね、これまでの貧困層とは違い、フォーマルな消費を行い、新

341

第Ⅲ部　インド、メキシコ・ブラジル、東南アジアの経済成長戦略の変貌と転換

たに上方へ向かう階層として再構成される可能性は大きく高まった点は、この時期において評価できる点ではないだろうか。

しかし、新たな上昇機会と階層による利益によって、インドの階層構造がもたらす問題はさらに深刻化していく懸念はぬぐえない。

おわりに　課題と展望

国内の都市部を中心に作り出された経済成長によって、これまでは社会的、経済的に阻害されてきた人々が経済的機会にアクセスできるようになったことは事実であり、消費においては、貧困層をも「巻き込んで」いる。一方で、新たな中間層、あるいは新たな中間層を形成しつつある人々は、経済の停滞、とくにフォーマルな経済部門の雇用の停滞の影響を直接的に受ける。そのため、2000年代の最初の10年においては、新たな中間層は、もっとも便益を受けた階層でいながらも、その後の低成長、つまり、「雇用なき成長」による不利益、不満をもっとも感じやすい階層であったともいえる。

なお、女性の雇用が大幅に減少し、全体として雇用増加が見込めなかったという点は、中国やブラジルとは対照的であり、こうした女性の雇用減少は、製造業の停滞に起因する部分も多いと考えられる。男女比のゆがみは、改善をみせなかったどころか、「女性から得られる便益」と「女性にかかるコスト」の不均衡が経済成長によって助長されてしまった。つまり、女性への差別が経済的な裏づけを得たことにより差別が正当化される危険性が増加し、男女の不均衡な人口比がインドで頻発する女性への性的暴力の温床となっているという見方も強い（Sen [2013], Trent et al. [2013]）。前述したように、インド家庭では、伝統的に女性がどれだけ社会階層的に良い結婚相手に恵まれるかということが、いまだに重要な価値観となっている。社会に上方流動性が生じたことによって、結婚、とくに上昇婚による社会・経済的利益がより強化されることによって、結婚市場における競争がかえって激化しかねない構造となっている。また、このようなヒンドゥー的価値観にもとづく社会階層的意識や、あるべき家族像に対するイメージは、「新たな中間層」にとって、

より強固なものとなっていることから、女性の労働参加率は、短期的に上昇するとは思えない。

情報革命とグローバリゼーションによってもたらされた経済成長によって、インドがこれまでにない速度で成長し、かつてない規模の人口において、あらゆる階層において所得の上方流動性が生じたことを反映している。豊かになったからこそ、逆に人々は不満を抱え、不満を共有しやすくなり、その不満を発露しやすくなっている。このような中間層の成長がもつ二面性こそが、2014年のモディ政権に対する期待に転化されているといえよう。

新政権が打ち出した製造業の推進と汚職の削減による経済効率化を目指す諸政策は、このようなインドの「雇用なき成長」によって顕在化した諸問題への解答であり、実行に移されれば、停滞するインド経済にとって一定の打開策となる可能性が高い。

新政権になってそう時間は経っていないものの、2012〜13年度のGDP成長率は5.1%であったが、2014〜15年度の暫定値によれば、7.4%まで回復し（Rajakumar and Shetty［2015］）、インフレ率も2014年度は6.4%と低位に抑制されており、新たな経済政策は一定の成果を示しているとみてよい。さらに、2015年度の経済成長率は中国を超えたことが確定的となった。その一方、2014年度の国内銀行からの貸付利率は全産業分野で12%程度だが、なかでも製造業がもっとも高くなっている（Rajakumar *et al.*［2015］）しかし、2015年度の新規雇用は減少し、自動車産業の雇用が減少したことがLabour bereauの2016年の統計によって明らかになっている。

今後もFDIが大きな役割を担うことになり、2015年5月に行われた「インド首相」モディの中国訪問はグジャラート首相時代の2011年以来であり、アジアインフラ銀行においては中国に次ぐ出資国としての地位を固める大きな出来事であった。しかし依然としてインフラ不足が指摘されており、製造業振興政策の短期的な成功の実現には疑問が残る。なお、中国から中央アジア、インド、パキスタンまでを包含するいわゆる「シルク・ロード構想」の再構築に対しては積極的な言及はせず、距離を保っている。

最後に、モディとBJPに対する圧倒的な支持は、ヒンディー・ベルトと

343

第Ⅲ部　インド、メキシコ・ブラジル、東南アジアの経済成長戦略の変貌と転換

呼ばれるヒンディー語が主要言語である地域のみに限られており、南インド
や北部インド諸州においては、BJP に対する支持は低い。また近隣地域、
国内のムスリムや過激派などとの関係の悪化の可能性についての懸念は払拭
できていない。モディ政権のリーダーシップは対抗するべき国民会議派の脆
弱性によって保たれているものの、政権発足時に期待されていたほどの変化
は起きていないというのが現状であろう。

〈注〉
1)　http://online.wsj.com/news/articles/SB10001424052702304512504579495611787698756
2)　それぞれ復元乗数によって推定された平均値。
3)　インドの GDP に占める農業、工業、サービス業のシェアおよび労働力に占める農
　　業、工業、サービス業のシェア

	GDP に占めるシェア			労働力に占めるシェア		
	農業	工業	サービス業	農業	工業	サービス業
1999–2000	24.6	26.6	48.8	59.9	16.2	23.9
2004–05	21.1	27.2	51.7	56.4	18.8	24.8
2009–10	14.6	28.1	57.3	53.1	21.5	25.4

4)　「金融危機の衝撃による経済グローバル化の変容と転換の研究──米国・新興経済
　　を中心に（研究代表者：河村哲二、研究課題番号：21252004）」による現地調査に依
　　拠している。
5)　全国標本調査において、Usual Activity Status（普段の活動）として報告されたも
　　のの推計値。
6)　通常長男が遺産を相続するため、女性は相続権をもたないが、潜在的には相続すべ
　　き財産が女性に付随すると考えられている。

〈参考文献〉
C. K. プラハラード［2010］『ネクスト・マーケット［増補改訂版］』英知出版。
大塚啓二郎［2006］「中国　農村の労働力は枯渇──「転換点」すでに通過」『日本経済
　　新聞』2006 年 10 月 9 日。
加藤眞理子［2011］「インドにおける送金および移住能の比較分析──1993 年と 2007-
　　08 年、高成長期における経済・社会的後進階層を対象として」『サステイナビリティ
　　研究』2(1)。
田島俊雄［2008］「無制限労働供給とルイス的転換点」『中国研究月報』第 62 巻第 2 号。
南亮進・馬欣欣［2009］「中国経済の転換点──日本との比較」『アジア経済』50(12)。
Bhat, P. N. Mari［2002a］"On the Trail of Missing Indian Females: I: Search for Clues,"
　　Economic and Political Weekly, 38(51), pp. 5105-18.

344

第 12 章　2000 年代のインドにおける新たな機会と新たな回帰

――――[2002b]"On the Trail of Missing Indian Females: II: Illusion and Reality,"
Economic and Political Weekly.

Bhat, P. N. Mari and A. J. Francis Zavier [2007] "Factors Influencing the Use of
Prenatal Diagnostic Techniques and the Sex Ratio at Birth in India," *Economic and
Political Weekly*, 42(24).

Binswanger-Mkhize, Hans P. [2013] "The Stunted Structural Transformation of the
Indian Economy. Agriculture, Manufacturing and the Rural Non-Farm Sector,"
Economic and Political Weekly, 48(26,27).

Chandrasekhar, C. P. and Ghosh, Jayati. [2011] "India: The Latest Employment Trends
from the NSSO," The Business Line, July 12, 2011.

Chacko, Elizabeth. [2007] "From brain drain to brain gain: reverse migration to
Bangalore and Hyderabad, India's globalizing high tech cities," *Geo Journal*, 68(2,3).

Chowdhury, Subhanil [2011] "Employment in India: What Does the Latest Data Show?,"
Economic and Plitical Weekly, 46(32).

Connell, John. *et al.* [1976] *Migration from Rural Areas: the Evidence from Rural
Studies*. Delhi: Oxford University Press.

as Gupta, Chirashree [2010] "Unravelling Bihar's 'Growth Miracle'," *Economic and
Political Weekly*, 46(52).

Chandhoke, Neera [2012] "Modi's Gujarat and Its Little Illusions," *Economic and
Political Weekly*, 47(49).

Credit Suisse [2013] India Market Strategy.

De Neve, Geert [2011] "Keeping it in Family," Donner, Henrike eds., *Being Middle-Class
in India*, Routledge.

Department of Industrial Policy & Promotion, GOI [2012] "Fact sheet on foreign direct
investment (fdi)" http://dipp.nic.in/English/Publications/FDI_Statistics/2012/india_
FDI_December2012.pdf

Desai, Sonalde [2010] "The Other Half of the Demographic Dividend," *Economic &
Political Weekly*, 45(40).

Drèze, J. and Sen, Amartya, Kumar [1996] *Economic Development and Social
Opportunity*, Oxford University Press, New Delhi.

――――[1999] *The Amartya Sen and Jean Drèze Omnibus: Poverty and Famines;
Hunger and Public Action; India: Economic Development and Social Opportunity*, New
York: Oxford University Press.

――――[2002] *India : Development and Participation*, 2nd edition, Oxford University
Press.

Dwyer, Rachel [2000] *All You Want Is Money, All You Need Is Love: Sex and Romance
in Modern India: Sexuality and Romance in Modern India*, Cassell.

――――[2011] "Zara hatke [somewhat different]," Donner, Henrike ed., *Being
Middle-Class in India*, Routledge.

Fred, Arnold, Kishor, Sunita and Roy, T. K. [2002] "Sex-Selective Abortions in India,"

345

Population and Development Review, 28(4).

Jadhav, Aditya Mohan and Reddy, V Nagi [2013] "Does FDI Contribute to Growth? Evidence from the Capital Goods Sector in India," *Economic and Political Weekly*, 48 (12).

Kato, Mariko [2012] "The Role of Migration and Remittances for the Poor in Growing India: Perspectives on Social Classes in Bihar," *Economic Science*, 60(2).

Kaur, Ravinder [2010] "Bengali Brides Diaspora: Cross-region, Cross-culture Marriage as a Livelihood Strategy," *Economic and Political Weekly*, 45(5).

———— [2014] "The 'Emerging' Middle Class Role in the 2014 General Elections," *Economic and Political Weekly*, 49(27,28), pp. 15-19.

Kundu, Amitab and Sarangi, Niranjan [2007] "Migration, Employment Status and Poverty: An Analysis across Urban Centres," *Economic and Political Weeily*, 42(4).

Kundu, Amitabh and Saraswati, Lopamudra, Ray [2012] "Migration and Exclusionary Urbanisation in India," *Economic and Political Weekly*, 47(26,27).

Lipton, Michael [1980] "Migration from Rural Areas of Poor Countries: The Impact on Rural Productivity and Income Distribution," *World Development*, 8(1), pp. 1-24.

Lukose, Ritty [2009] *Liberalization's Children: Gender, Youth, and Consumer Citizenship in Globalizing India*, Duke University Press Books.

NASSCOM [2012] http://www.nasscom.in/indian-itbpo-sector-revenue-estimated-cross-usd-100-billion-mark.

———— [2011] http://www.nasscom.in/sites/default/files/researchreports/Exec%20 Summary.pdf.

National Sample Survey Organization, GOI [2010] Employment and unemployment Situation in India, 2009-10, Report No. 537, http://www.indiaenvironmentportal.org. in/files/file/NSS_Report_employment% 20and%20unemployment.pdf.

Navaneetham, K. and Dharmalingam, A. [2011] "Demography and Development: Preliminary Interpretations of the 2011 Census," *Economic and Political Weekly*, 46 (16).

NDTV [2012] "NDTV mid-term poll: Does India still want arranged marriages?" http: //www.ndtv.com/ article/india/ndtv-mid-term-poll-does-india-still-want-arranged -marriages-260295.

Patnaik, Utsa [2013] "Poverty Trends in India 2004-05 to 2009-10: Updating Poverty Estimates and Comparing Official Figures," *Economic and Political Weekly*, 48(40).

Perwez, Shahid, Jeffery, Roger, and Jeffery, Patricia [2012] "Declining Child Sex Ratio and Sex-Selection in India: A Demographic Epiphany?," 47(33).

Rajakumar, J. Dennis. and Shetty, B. Anita [2015] "GDP Sectoral Growth Rates: What Is Driving Growth?," *Economic and Political Weekly*, 1(9).

Rajakumar, J. Dennis, Krishnaswamy, R. and Deokar, Bipin [2015] "Investment Revival: Not by Lending Rates Alone," *Economic and Political Weekly*, 1(26,27).

Rajan, Irudaya S. and Zachariah, Kunniparampil Curien [2007] "Remittances and Its

Impact on the Kerala Economy and Society," mimeo, The Institue of Social Studies, http://www.iss.nl/content/download/8303/81035/file/Panel%202_Rajan.pdf.

Ramachandran,V.K. [1997] "On Kerala's Development Achievements," Drèze, Jean, and Amartya Sen eds., *Indian Development: Selected Regional Perspectives*, Oxford University Press.

Reserve Bank of India [2012] "Foreign Direct Investment Flows to India" http://rbidocs.rbi.org.in/rdocs/Content/PDFs/FDIST_110412.pdf.

———— [2010] "Remittances from Overseas Indians: Modes of Transfer, Transaction Cost and Time Taken" http://rbidocs.rbi.org.in/rdocs/Bulletin/PDFs/01ART120410.pdf.

———— [2006] "Invisibles in India's Balance of Payments" http://rbidocs.rbi.org.in/rdocs/Bulletin/PDFs/74250.pdf.

Rodgers, Gerry and Rodgers, Janine [2012] "Inclusive Development? Migration, Governance and Social Change in Rural Bihar," *Economic and Political Weekly*, 46 (23).

Sen, Amartya, Kimar [1990] "More Than 100 Million Women Are Missing," *The New York Review of Books*, December 20, 1990.

———— [2013] "India's Women: The Mixed Truth," *The New York Review of Books*, October 10, 2013, http://www.nybooks.com/articles/archives/2013/oct/10/indias-women-mixed-truth/.

Sen, Amartya, Kimar and Sengupta, Sunil [1983] "Malnutrition of Children and the Rural Sex Bias," *Economic & Political Weekly*, 18(19-21).

Sridharan, E. [2014] "Class Voting in the 2014 Lok Sabha Elections-The Growing Size and Importance of the Middle Classes," *Economic and Political Weekly*, 50(39).

Thomas, Jayan, Jose [2012] "India's Labour Market during the 2000s-Surveying the Changes," *Economic and Political Weekly*, 49(51).

Trent, Katherine, South, Scott J., and Bose, Sunita [2013] "The Consequences of India's Male Surplus for Women's Partnering and Sexual Experiences," http://paa2013.princeton.edu/papers/130180.

Vakulabharanam, Vamsi and Guha, Saswata [2013] "Why do Migrants do better than Non-migrants at Destination? Migration, Class and Inequality Dynamics in India," *Singapore Economic Review*, Forthcoming.

von Wessel, Margit [2011] "Cultural Contractions and Intergenerational Relations," Donner, Henrike ed., *Being Middle Class in India*, Routledge.

索　引

A
AFTA（アジア自由貿易圏）　*23*
AICO（ASEAN Industrial Cooperation Scheme）　*215*
ASEAN（東南アジア諸国連合）　*4,23, 25,215*

B
BBC（Brand to Brand Complementation）　*214*
BOP ビジネス　*322*
BPO（Business Process Out Sourcing）　*323*
BRICs　*5,23,24*
B2B（Business to Business）　*196*

E
ECB　*13,15,18-20,25*
EEV（Energy Efficient Vehicle）　*230*
ESM　*15,19,25*
EU　*4,13,19*

F
FTA　*23*

G
G20　*6,23*

H
HPS（Hisense Hitachi Producing System）　*196*

I
IMV　*215*
IPI　*300*

IT
IT 革命　*5*
IT バブル　*12*

M
Make in INDIA　*325*
MBS　*16,17*

N
NAFTA（北米自由貿易協定）　*268*
NRMBs（Not Rich, Not Middle Class, Not Below the Poverty Line）　*323,341*

O
OEM 生産　*270*

R
RCEP（東アジアの地域包括的経済連携）　*23*
RMBS（住宅抵当貸付担保証券化証券）　*11,12*

T
TPP　*20*

W
WTO　*158*

ア行
アジア通貨危機　*215*
アジア NIEs　*24,25*
アジア発通貨危機　*56*
新たな中間層　*323,337,340,341*
アベノミクス　*18,19,25*
アメリカ金融危機　*167*
アメリカ発金融危機　*55*

349

アメリカ発経済危機　*56,57,77*
安価な多能工　*220*
移行経済型市場　*154,155,165,168,179*
異次元金融緩和　*18,19,21*
以人為本（従業員を大事にする）　*186*
一大二公　*159*
「失われた女性」問題　*338*
失われた20年　*19*
エコカー政策　*217*
オフショアリング　*8,9*
オリーブ型の分配構造　*124*
穏健経営（健全な経営）　*186*

カ行
改革開放政策　*160,184*
開発区建設　*128*
開発主義国家　*270*
「格差」拡大　*5*
株主資本利益率（ROE）　*167,169,170*
環境問題　*129*
汽車下郷　*306*
技術孵化産業　*186*
技術立企（技術で企業を成長させる）
　186
規模の経済　*176,178*
競争優位の戦略的提携論　*203*
競争優位融合モデル　*207,208*
銀行迂回（ディスインターメディエーショ
　ン）　*11*
金・ドル交換性の停止　*11*
金融革新　*11*
金融工学　*9*
金融市場の「カジノ化」　*11*
金融自由化　*11*
金融の「量的緩和」（QE）　*15,16*
金融不安定性　*4*
グジャラート・モデル　*324*
グローカル経営論　*201,202*
グローバリゼーション　*125*
グローバル・アウトソーシング　*8,9*

グローバル化　*3*
　金融——　*4*
グローバル金融危機・経済危機　*7,10,*
　20,21,26
　——の「第一幕」　*14,18*
　——の「第二幕」　*19*
　アメリカ発の——　*13*
グローバル・シティ　*7-10,12,24*
グローバル資本主義化　*19,20,22*
グローバル成長連関　*7,9,10,12,13,15,*
　16,18-25
グローバル統合（Integration）　*200*
経営資源の海外移転論　*200,204*
計画経済体制　*159,179*
経済開発区　*127*
経済回復・再投資法　*14*
経済格差　*124*
経済特区（SEZ）　*335*
京津冀経済圏　*125*
ケインズ主義　*4*
現代企業制度　*154,161*
現地適応　*200*
工業化　*55,56,126*
工業製品税（IPI）　*300*
工業特化都市　*56*
攻撃型対外直接投資　*310*
構造的脆弱性　*86*
後発国型多国籍企業　*314,317,319*
ゴールドマン・サックス　*9*
国際経営の現地化論　*201,204*
国民車　*229*
五小工業　*99*
戸籍制度　*131*
国家的都市システム　*55-57,68,77*
雇用創出　*134*
雇用なき成長　*329,342,343*
混合所有制　*154,179*

サ行
財政の崖　*16,17*

350

サブプライム・ローン危機　6,12
サブプライム・ローン問題の表面化　56
サプライ・サイド改革　96
産業空洞化　8
三中全会　154
市場化　116
市場経済発展容認的アプローチ　100
ジニ係数　136
社会主義経済体制　159
社会主義市場経済　154,165,179
社会主義的改造　159
社会・福祉政策　286
社会保障制度　133
シャドウ・バンキング　11,22,23,25,84
ジャスト・イン・タイム　283
就業優先　124
住宅価格の暴騰　112
住宅抵当貸付担保証券化証券（RMBS）
　　11
住宅バブル　12
証券化メカニズム　6,11-13
所得格差　16
シリコンバレー　8,12
シルク・ロード構想　343
新型都市化　125
新興経済　21
新興経済地域　5,6,22-24
新古典派経済学者　270
新自由主義　18,20
新常態　23,167
新成長戦略　20,21
新帝国循環　7,9
人民公社化　159
裾野産業　215
スタグフレーション　3
頭脳還流（Brain Gain）　325
頭脳流出（Brain Drain）　325
成熟した寡占体制　8
成長するアジア　8,23,24
成長の原資　325

製品アーキテクチャ　222
政府機能の新自由主義的転換　7
世界の工場化　220
世界大恐慌　6,13
世界のフラット化　5
セキュラリズム（世俗主義）　322
戦後パックス・アメリカーナの衰退と転換
　　11
専門ビジネスサービス　8
相互信頼優位融合　208,209
走出去　186,307,308
ソーシャルビジネス　322
属地的経済　85

タ行
第12次5ヵ年計画　23
対等株式持合信用関係論　203,205
第2次の開放　176
太平洋トライアングル構造　25
大躍進運動　159
地域開発　125
地球温暖化　5
地方保護主義　143
地方融資プラットフォーム　84
チャイナ・プラス・ワン　213
中間層　286,287,337,338
中国沿海部の不動産バブル　20
中国経済の脆弱性　84
中国自動車企業　290,296,298,299,
　　301-304,306
中南米　291,292,294
長江デルタ開発　125
通貨・金融危機　282
低価格エコカー政策　226
低賃金・長時間労働　127
出稼ぎ労働者　127
「適用」と「適応」のハイブリッド経営モ
　　デル　202
出口戦略　20,21
デリバティブ　9,11

351

「同株同権利」の原則　156
東西経済回廊　232
都市化　55
ドッド＝フランク法　22

ナ行

内需拡大　124
内需連関　23
南部経済回廊　232
日銀　13, 15, 18, 20, 25
日本型生産システム　283
ニューエコノミー　5
ニューディール型銀行・金融規制　11
ニュー・ノーマル　96
ニューヨーク金融市場　13
農民工　129

ハ行

バーゲニング（交渉）　270
バーゼルⅢ　22
バブル　114
「パラレル・バンキング」システム　25
パリバ・ショック　12
パワーシフト　5, 23, 24
反グローバリズム　4
販売代理店方式　195
東アジアの奇跡　271
1株あたり純利益（EPS）　167
非流通株改革　157-159, 163, 165, 177, 180
ファイナンシャライゼーション　6, 9, 11, 24
ブランドの国際化　186
文化大革命　159
分税制　84
分配改革　137
ベアスターンズ　12
ペア・マネジメント　184, 208, 209
ヘッジファンド　11
防衛型対外直接投資　310
崩壊国家　5

包括的な成長：インクルーシブな成長　322
ボルカールール　22

マ行

マイナス金利　20
メガ・プラットフォーム戦略　222
メコン経済圏　232
メルコスール（南米南部経済同盟）　24
ものづくりの組織能力　220

ヤ行

優位性論　199, 204
ユーロゾーン危機　20
ユーロゾーンの財政危機　15
輸出志向（型）工業化　55, 124
輸入代替工業化　269

ラ行

リーマン・ショック　6, 12, 290-292, 302, 303, 311
リーマン・ブラザーズ　12
理財商品　84
リストラクチャリング　8
流通解禁待ち株式　158, 164
量的緩和措置（QE）　16, 17, 20, 25
「量的緩和」の縮小（Tapering）　20, 26
累積債務危機　271
レーガノミクス　11
レバレッジド・ファイナンス　9
連銀　15, 18, 20, 21, 26
連邦財政赤字　15
連邦準備制度　13
連邦政府債務　15, 19
労働基準法　133
労働契約法　124
労働者保護　133
労働集約的輸出型業種　127
労働条件　132

執筆者紹介 （執筆順、＊は編者）

＊河村哲二（かわむら・てつじ）
1951 年群馬県に生まれる。1975 年東京大学経済学部卒業。1980 年東京大学大学院経済学研究科博士課程単位取得。経済学博士（東京大学）。帝京大学経済学部教授、武蔵大学経済学部教授を経て、現在、法政大学経済学部教授。2013-2015 年、Visiting Professor, University of Massachusetts, USA 兼任。理論経済学、アメリカ経済論、グローバル経済論専攻。『パックス・アメリカーナの形成』（東洋経済新報社、1995年）、『現代アメリカ経済』（有斐閣、2003 年）、Hybrid Factories in the United States under the Global Economy（編著、Oxford University Press, 2011）ほか、多数。

近藤章夫（こんどう・あきお）
1973 年生まれ。東京大学大学院総合文化研究科博士課程修了。博士（学術）。現在、法政大学経済学部教授。『立地戦略と空間的分業』（古今書院、2007 年）、『都市空間と産業集積の経済地理分析』（編著、日本評論社、2015 年）ほか。

朴　倧玄（パク・チョンヒョン）
1969 年生まれ。東京大学大学院理学系研究科地理学専攻。博士（理学）。現在、法政大学大学院経済学研究科教授、法政大学大学院グローバル地域研究所所長、『韓日企業のアジア進出からみたアジアの国際的都市システム』（古今書院、2006）ほか。

王　京濱（おう・けいひん）
1969 年生まれ。中国山東大学外国語学部卒業。東京大学大学院経済学研究科博士課程修了。博士（経済学）。大阪産業大学経済学部教授を経て、現在、天津理工大学管理学院教授。中国経済専攻。『中国国有企業の金融構造』（御茶の水書房、2005 年）、『中国の電力産業』（共著、昭和堂、2008 年）、『中国セメント産業の発展』（共著、御茶の水書房、2010 年）、『中国経済はどう変わったか』（共著、国際書院、2014 年）、ほか。

李　捷生（リ・ショウセイ）
1957 年生まれ。東京大学大学院経済学研究科博士課程修了。博士（経済学）。現在、大阪市立大学大学院経営学研究科教授。主著は『中国「国有企業」の経営と労使関係』（御茶の水書房、2000 年）。

王　東明（おう・とうめい）
1963 年生まれ。中国厦門大学経済学院計画統計系卒業、東京大学大学院経済学研究科博士課程単位取得。修士（経済学）。現在、大阪市立大学大学院経営学研究科准教授。金融・証券市場専攻。『アジアの金融・資本市場』（共著、慶応義塾大学出版会、2000 年）、『アメリカ型企業ガバナンス』（共著、東京大学出版会、2002 年）、『コーポレート・ガバナンスの社会的視座』（編著、日本経済評論社、2002 年）、『グローバル資本主義と新興経済』（共著、日本経済評論社、2015 年）、ほか。

範　大鵬（はん・たいほう）
1973 年生まれ。中国西安交通大学電子と信息工程学院卒業、中欧国際工商学院
EMBA 卒業、香港理工大学経営学博士後期課程在学中。海信集団公司傘下の日中合
弁企業の副社長を経て、現在文泰商学院の学院長を務める。組織論、人的資源管理と
企業文化論専攻。「日本企業と中国企業の新たな協力形態」（共著、アジア政経学会
『アジア研究』第 4 号、2014 年）。

時　晨生（じ・しんせい）
1956 年生まれ。中国北京師範大学卒業、千葉大学工学研究科修士課程修了、文京学
院大学大学院経営学研究科修士課程修了、法政大学経済学研究科博士後期課程中退。
国際経営論専攻。「中国への外国企業の進出と華南の IT 産業集積」（共著、明治大学
経営学研究所『経営論集』2003 年 3 月）、『ラテンアメリカにおける日本企業の経営』
（共著、中央経済社、2009 年）、「日本企業と中国企業の新たな協力形態」（共著、ア
ジア政経学会『アジア研究』第 4 号、2014 年）。

郝　燕書（かく・えんしょ）
1956 年生まれ。北京経済貿易大学卒業、東京大学大学院経済学研究科修了。博士
（経済学）。現在、明治大学経営学部教授。中国経済経営論専攻。『中国の経済発展と
日本的生産システム』（ミネルヴァ書房、1999 年）、「中国企業の創出と進化」（日本
経営学会年報、2013 年）、ほか。

折橋伸哉（おりはし・しんや）
1973 年生まれ。東京大学経済学部卒業、東京大学大学院経済学研究科博士課程修了。
博士（経済学）。現在、東北学院大学経営学部教授。経営学専攻。『海外拠点の創発的
事業展開──トヨタのオーストラリア・タイ・トルコの事例研究』（白桃書房、2008
年）、『東北地方と自動車産業──トヨタ国内第 3 の拠点をめぐって』（共編著、創成
社、2013 年）、ほか。

馬場敏幸（ばば・としゆき）
東京大学博士課程修了。博士（学術）。現在法政大学経済学部国際経済学科教授。『金
型産業の技術形成と発展の諸様相──グローバル化と競争の中で』（編者、日本評論
社、2016 年）、『アジアの経済発展と産業技術──キャッチアップからイノベーショ
ンへ』（編者、ナカニシヤ出版、2013 年）、『アジアの裾野産業──調達構造と発展段
階の定量化および技術移転の観点より』（白桃書房、2005 年）ほか。

芹田浩司（せりた・こうじ）
1969 年生まれ。東京大学大学院総合文化研究科博士課程単位修得満期退学。現在、
立正大学経済学部教授。専門分野は開発経済学・多国籍企業研究・ラテンアメリカ政
治経済研究。『グローバル資本主義と新興経済』（共著、日本経済評論社、2015 年）、
『グローバル競争下の自動車産業──新興国市場における攻防と日本メーカーの戦略』
（分担執筆、日刊自動車新聞社、2014 年）ほか。

苑　志佳（えん・しか）

1959 年生まれ。（中国）対外経済貿易大学国際貿易学部卒業、東京大学大学院経済学研究科博士課程修了。博士（経済学）。現在、立正大学経済学部教授。世界経済（中国経済、アジア経済）専攻。『現代中国企業変革の担い手――多様化する企業制度とその焦点』（批評社、2009 年）、『中国企業対外直接投資のフロンテア――「後発国型多国籍企業」の対アジア進出と展開』（創成社、2014 年）、ほか。

加藤眞理子（かとう・まりこ）

東京大学経済学部経済学科卒業、東京大学大学院総合文化研究科国際社会科学専攻、英国サセックス大学経済学部修士課程、ロンドン大学東洋アフリカ学院経済学部博士課程を経て、東京大学大学院総合文化研究科国際社会科学専攻修了。博士（学術）。現在、西南学院大学経済学部准教授。開発経済学、地域経済学専攻。『グローバリゼーションと経済発展』（スナンダ・セン著、訳書、新泉社、2012 年）、ほか。

グローバル金融危機の衝撃と新興経済の変貌
中国、インド、ブラジル、メキシコ、東南アジア

2018 年 8 月 31 日　初版第 1 刷発行　（定価はカヴァーに表示してあります）

編　者　河村哲二
発行者　中西　良
発行所　株式会社ナカニシヤ出版
　　　　〒606-8161　京都市左京区一乗寺木ノ本町 15 番地
　　　　TEL 075-723-0111　FAX 075-723-0095
　　　　http://www.nakanishiya.co.jp/

装幀＝白沢　正
印刷・製本＝創栄図書印刷
Ⓒ T. Kawamura et al. 2018　Printed in Japan
＊落丁・乱丁本はお取り替え致します。
ISBN978-4-7795-1304-6　　C3033

本書のコピー、スキャン、デジタル化等の無断複製は著作権法上での例外を除き禁
じられています。本書を代行業者等の第三者に依頼してスキャンやデジタル化する
ことはたとえ個人や家庭内の利用であっても著作権法上認められておりません。

土地所有権の空洞化
東アジアからの人口論的展望

飯國芳明・程明修・金泰坤・松本充郎 編

近年、都市部を中心に深刻化する所有者不明土地問題。その起源は中山間地にあった。人口論と東アジア諸国との国際比較の観点から、土地所有権空洞化問題の起源と特質を解明し、その対策を明らかにする。　三六〇〇円

欧州周辺資本主義の多様性
東欧革命後の軌跡

ボーレ／グレシュコヴィッチ 著　堀林巧ほか 訳

中東欧の資本主義はどこへ向かうのか。中東欧の旧社会主義圏一一ヵ国の体制転換を、ポランニー理論に基づいて分析する決定版。二〇一三年、優れた社会科学の比較研究に与えられるスタイン・ロッカン賞受賞。四八〇〇円

ソブリン危機の連鎖
ブラジルの財政金融政策

水上啓吾

政府信用危機に繰り返し直面しながら、累積債務問題や通貨危機の影を乗り越え、ブラジルはいかにして経済成長を達成してきたのか。変革期のカルドーゾ政権における財政金融政策を中心に考察する。　三八〇〇円

人と動物の関係を考える
仕切られた動物観を超えて

打越綾子 編

動物実験における倫理的福祉的配慮、畜産動物のウェルフェアレベルを上げる努力、自治体・動物愛護センターにおける愛玩動物の保護、野生動物をめぐる法的な課題、動物園における実践等、最前線の報告と対話。二〇〇〇円

表示は本体価格です。